디지털금융의 법과 실무 1

디지털금융의 법과 실무 1

대표 저자 천창민

캐피털북스

발간사

 2024년 7월 19일부터 시행된 가상자산이용자보호법은 그간 특정금융정보법과 행정지도 등에 의존하던 우리 가상자산규제법이 가진 규제 흠결을 치유하기 위한 한발을 내디뎠다는 점에서 큰 의의가 있다. 특히, 불공정거래규제 측면에 대한 특칙의 도입으로 그간 형법 등을 의존함에 따른 규제의 실효성이 떨어지는 문제를 치유할 수 있게 되었다. 그러나 가상자산이용자보호법은 가상자산이용자의 예치금과 가상자산의 보호 및 불공정거래행위 규제에 대해서만 규정하고 있고 그 밖의 쟁점에 대해서는 다루지 않고 있어 향후 실효성 있는 체계적인 규제체계를 수립하기 위한 노력이 여전히 필요하다.
 이에 반해, 유럽은 2024년 12월 말부터 전격 시행된 유럽판 가상자산규제법이라고 할 수 있는 MiCAR를 제정하였으며, MiCAR는 현존하는 가장 체계적인 가상자산규제법으로 평가받고 있다. 일본도 MiCAR와 같은 단일법 체계는 아니지만 공시규제를 제외하고 가상자산과 관련한 업규제와 불공정거래규제 및 스테이블코인에 대한 규제체계를 마련하여 가상자산 관련 규제정비에 가장 적극적인 나라 중 하나로 인식되고 있다. 또한, 미국은 트럼프 대통령의 취임과 더불어 가상자산 친화적인 규제체계의 마련이 예상되어 있고, 단계적 입법을 추진 중인 영국도 느슨한 형태의 가상자산 규제체계의 마련과 법화준거형 스테이블코인 규제를 도입할 예정이다. 따라서 올해부터 본격적인 2단계 입법과 관련한 논의가 시작될 예정인 우리나라의 측면에서 외국의 입법이나 입법 관련 논의 동향은 상당한 시사점을 줄 수 있을 것이다.

이러한 점을 감안하여 필자는 2024년 3월 디지털금융(특히, 가상자산) 분야의 관련 전문가 6인을 모시고 "디지털금융혁신포럼"이라는 공부 모임을 결성하였고, 같은 해 4월부터 매월 가상자산을 비롯한 광의의 디지털금융과 관련한 열띤 발표와 토론의 시간을 가졌다. 본서는 바로 지난 1년간 가졌던 공부 모임의 결과물이다. 디지털금융혁신포럼은 창립 시부터 서적의 발간을 목적 중 하나로 설정함으로써 연구의 질적 수준을 높이려 노력하였다. 디지털금융은 실무적 쟁점을 올바로 이해하는 것이 무엇보다 중요하기에 실무적 쟁점을 파악하기 위한 노력도 잊지 않았다. 그래서 본서의 제목도 "디지털금융의 법과 실무"로 정하였다.

이 책은 크게 두 개의 부로 구분하고, 각 부에 네 개의 주제를 배분하고 있다. 우선, 제1부는 "우리나라와 주요국의 가상자산 규제와 동향"이라는 표제 아래 우리나라의 가상자산이용자보호법과 미국 및 EU의 가상자산규제법과 관련한 주제를 다루고 있다. 미국과 EU의 가상자산규제법이 향후 가장 영향력 있는 입법 모델로 대두될 것이라는 판단 아래 일본이나 영국 등의 입법례는 추후 연구과제로 남겼다. 제2부는 "디지털금융 관련 기술적·사법적 측면 분석"이라는 표제 아래 NFT와 DeFi, 가상자산사업자의 사이버보안 규제체계 및 디지털자산 거래의 국제사법적 쟁점을 다룬다. 빠르게 변하고 있는 NFT와 DeFi와 관련하여 최신의 시장 현황과 규제적 쟁점을 담으려고 노력했고, 일부 보안 전문가 외에는 미지의 세계로 감춰져 있는 가상자산사업자의 사이버보안과 관련한 쟁점은 물론 가상자산거래의 국제성을 감안하여 국제사법적 쟁점도 다루었다.

지난 1년간 촌각을 아껴가며 한 번도 빠지지 않고 포럼에서 소중한 발표와 토론을 해주시고, 옥고를 제출해 주신 김정민 변호사님(법무법인 위온), 김준영 변호사님(김·장 법률사무소), 류경은 교수님(고려대 법전원), 장규현 교수님(호서대 디지털금융경영학과) 및 한서희 변호사님(법무법인 바른)께 발간사라는 이 공간을 빌려 감사의 말씀을 드린다.

2025년에도 디지털금융과 관련한 다양한 주제로 다시 공부 모임을 시작할 계획이다. 독자들에게 더 유익한 내용을 담기 위해 디지털금융혁신포럼 회원 모두 더 열정적으로 연구할 것임을 약속드린다. 마지막으로, 어려운 출판시장 상황에도 불구하고 이 같은 전문 서적의 발간을 흔쾌히 맡아 주신 캐피털북스의 김정수 대표님께 존경을 담은 감사의 말씀을 드리며 발간의 글을 맺는다.

2025. 3.
불암산 자락 연구실에서
대표 저자 천창민

전체 목차

제1부 우리나라와 주요국의 가상자산 규제와 동향

1. 가상자산이용자보호법과 2단계 입법의 방향성
2. 미국의 디지털자산 최근 규제 현황 및 시사점
3. EU 암호자산시장법: MiCAR의 적용범위와 업규제를 중심으로
4. 가상자산이용자보호법률에서의 불공정거래행위규제

제2부 디지털금융 관련 기술적·사법적 측면 분석

5. NFT 규제 현황과 실무상 주요 쟁점
6. 탈중앙화 금융(디파이) 규제 현황 및 규제 방향
7. 가상자산사업자의 사이버보안 규제체계 연구
8. 디지털자산 거래의 물권적 측면에 관한 준거법

세부 목차

제1부 우리나라와 주요국의 가상자산 규제와 동향

1. 가상자산이용자보호법과 2단계 입법의 방향성
―――――――――――――――――――――――――― 한서희

- I. 들어가며 ·· 2
- II. 논의의 전제 ··· 3
- III. 가상자산시장과 자본시장의 차이 ···································· 3
  - 1. 발행주체 특정 여부 ·· 3
  - 2. 거래구조상의 차이점 ·· 4
- IV. 해외 규제체계의 방향성 ··· 5
  - 1. 미국 ··· 5
  - 2. EU ··· 7
  - 3. 일본 ··· 8
  - 4. 소결 ··· 9
- V. 우리나라 가상자산 2단계 입법 방향성 ························ 10
  - 1. 업자 규제 ··· 10
  - 2. 이해상충방지 방안 ··· 11
  - 3. 비트코인 ETF를 위한 규제 정비 ··························· 13
  - 4. 소결 ··· 15
- VI. 결론 ··· 15

2. 미국의 디지털자산 최근 규제 현황 및 시사점
- 투자계약과 관련한 미국 하급심 법원의 판단 및
FIT 21 법안을 중심으로

류경은

I. 들어가며 ·· 17
II. 미국의 가상자산 규제체계 ··· 20
   1. 각 기관별 개별적 규제 ·· 20
   2. 바이든 대통령의 책임있는 디지털자산 개발보장을 위한 행정명령 ······ 22
   3. SEC의 적극적 규제 권한 행사 ······························· 23
III. 최근 규제 현황의 구체적 분석 ····································· 25
   1. SEC 규제 관련 행정적·사법적 측면 ····················· 25
     (1) Ripple 사건 ··· 25
     (2) Teraform 사건 ·· 30
     (3) Coinbase 사건 ··· 36
     (4) Binance 사건 ··· 42
   2. 입법적 측면: FIT 21 법안을 중심으로 ··················· 50
     (1) 논의 배경 ·· 50
     (2) 법안의 주요내용 ·· 51
     (3) 디지털자산의 구별 및 규제 ······························ 52
     (4) 검토 ·· 55
IV. 우리나라에의 시사점 - 증권성 측면에서 ···················· 57
V. 맺으며 ··· 61

3. EU 암호자산시장법
- MiCAR의 적용범위와 업규제를 중심으로

천창민

I. 들어가며 ·· 62
II. MiCAR의 적용범위와 주요규제 ···································· 66
   1. MiCAR의 적용범위 ··· 66
     (1) 물적 적용범위 ··· 66
     (2) 인적 적용범위 ··· 82

　　　　(3) 규범적 적용범위 ································· 85
　　　　(4) 영토적 적용범위 ································· 86
　　　　(5) 시간적 적용범위 ································· 88
　　2. 그 밖의 MiCAR상 주요규제와 그 평가 ··················· 91
Ⅲ. MiCAR상의 업규제 ······································· 96
　　1. 암호자산업자의 유형과 진입규제 ······················· 97
　　　　(1) 암호자산업자의 유형과 개념 ······················ 97
　　　　(2) 암호자산업자에 대한 진입규제 ·················· 101
　　2. 암호자산업자에 대한 행위규제 ······················· 110
　　　　(1) 암호자산 보관업자 ···························· 111
　　　　(2) 암호자산 거래플랫폼운영자 ···················· 114
Ⅳ. 업규제 등과 관련한 2단계 입법 시 고려사항 ············· 117
　　1. 규제대상 가상자산의 유형화와 그 범위 ················ 119
　　　　(1) 가상자산의 유형화 ···························· 119
　　　　(2) 규제대상 가상자산의 범위: 적용 제외 ············ 122
　　2. 가상자산업의 확대와 유형 분류 ······················ 125
　　3. 금융업자의 겸영 허용 여부:
　　　　이른바, '금가분리원칙'의 폐지 여부 ················ 129
　　4. 가상자산플랫폼을 통해 보유하는
　　　　가상자산투자자 권리의 보호 ······················ 131
Ⅴ. 맺음말 ··· 133

4. 가상자산이용자보호법률에서의 불공정거래행위규제

　　　　　　　　　　　　　　　　　　　　　　　　　한서희

Ⅰ. 서론 ··· 135
Ⅱ. 가상자산 및 가상자산시장의 특성 ······················· 136
　　1. 가상자산의 특성 ·································· 136
　　2. 가상자산시장의 특성 ······························ 138
　　3. 소결 ·· 139
Ⅲ. 자본시장법상 불공정거래행위 규제 ····················· 140
　　1. 미공개중요정보 이용행위 ·························· 141
　　2. 시세조종행위 ···································· 142

3. 부정거래행위 …………………………………………………143
   4. 소결 ……………………………………………………………143
Ⅳ. 해외의 가상자산 불공정거래행위 규제………………………144
   1. 미국 ……………………………………………………………144
      (1) 적용 규정 ……………………………………………………144
      (2) 미공개중요정보 이용행위 사례 …………………………145
      (3) 가상자산거래소에서의 시세조종행위 사례 ……………145
      (4) 가상자산을 기초자산으로 하는 파생상품에 대한
          시세조종행위 사례 …………………………………………146
   2. 일본 ……………………………………………………………149
   3. 유럽연합(EU) …………………………………………………151
   4. 소결 ……………………………………………………………154
Ⅴ. 국내 가상자산시장에서의 불공정거래행위 규제 방향 ……155
   1. 가상자산이용자보호법의 보호법익 …………………………155
   2. 미공개중요정보 이용행위에 대한 규제 ……………………156
      (1) 의의 …………………………………………………………156
      (2) 수범자 ………………………………………………………156
      (3) 대상 정보 …………………………………………………158
   3. 시세조종행위에 대한 규제 …………………………………161
      (1) 의의 …………………………………………………………161
      (2) 행위의 장소적 범위 ………………………………………162
   4. 부정거래행위에 대한 규제 …………………………………166
      (1) 의의 …………………………………………………………166
      (2) 부정한 수단, 계획 또는 기교를 사용하는 행위 ………166
      (3) 중요사항의 허위기재 또는 중요사항 기재의 누락 등 …167
      (4) 풍문 유포 등의 행위에 대한 처벌 가능성 ………………169
Ⅵ. 결론 - 향후 규제체계의 방향성에 대하여 …………………169

제2부 디지털금융 관련 기술적·사법적 측면 분석

5. NFT 규제 현황과 실무상 주요 쟁점

김준영

I. 들어가며 ·· 172
II. NFT에 대한 국내 규제 ·· 174
   1. 특정 금융거래정보의 보고 및 이용 등에 관한 법률 ·············· 174
   2. 가상자산 이용자 보호 등에 관한 법률 ···································· 176
   3. NFT의 가상자산 판단 가이드라인 ·· 177
III. NFT에 대한 해외 규제 ·· 183
   1. 미국의 NFT 규제 현황 ··· 184
   2. 유럽연합의 NFT 규제 현황 ··· 186
     (1) MiCA 주요 내용 ··· 186
     (2) MiCA NFT 규제 ··· 188
   3. 일본의 NFT 규제 ··· 190
     (1) 일본의 NFT 규제 개요 ··· 190
     (2) NFT 관련 민간 협회 가이드라인 ······································· 193
   4. 기타 주요 국가의 NFT 규제 현황 ·· 195
     (1) 두바이의 NFT 규제 개요 ··· 195
     (2) 독일의 NFT 규제 개요 ··· 197
IV. NFT 관련 주요 실무 이슈 ··· 199
   1. NFT의 가상자산 해당 여부 ··· 199
     (1) 티켓 NFT ··· 200
     (2) 멤버십 NFT ·· 201
     (3) 아트 NFT ·· 202
     (4) 조각형 NFT ·· 203
   2. NFT의 증권 해당 여부 ··· 203
     (1) 자본시장법상 투자계약증권의 요건 ································· 203
     (2) 금융위원회의 토큰 증권 가이드라인 ······························· 204
     (3) 하급심 판결례의 입장 ··· 206
   3. NFT 마켓플레이스 운영 관련 라이선스 이슈 ························ 207

6. 탈중앙화 금융(디파이) 규제 현황 및 규제 방향

김정민

I. 들어가며 ·· 209
II. 탈중앙화 금융(디파이)의 특징 ······································ 211
   1. 탈중앙화 금융의 정의 ·· 211
   2. 탈중앙화 금융의 주요 개념 ··································· 212
     (1) 스마트 컨트랙트 ·· 212
     (2) 지갑과 개인키 ·· 214
     (3) 탈중앙화 금융서비스 유형 ································· 216
   3. 탈중앙화 금융의 특징 ·· 218
     (1) 탈중앙성 ·· 218
     (2) 투명성 ··· 218
     (3) 무신뢰성 ·· 218
III. 탈중앙화 금융 규제 논의의 현황 ······························· 219
   1. IOSCO 권고안 (2023년 12월) ······························ 219
   2. FATF 가이드라인 (2021년 10월 - 2023년 6월) ······ 220
   3. 미국 CFTC 기술자문위원회 DeFi 보고서 (2024년 1월) ······ 223
   4. 미국 SEC의 DeFi 대상 연방증권법 준수 규정 추가
     (2024년 2월) ·· 224
   5. 미국 SEC의 토큰 증권성 주장에 근거한 Uniswap 기소 예정 통지
     (2024년 4월) ·· 226
   6. EU의 탈중앙화 금융 포함 규제 ···························· 229
   7. 일본의 탈중앙화 금융 규제 ··································· 230
   8. 국내 탈중앙화 금융 규제 ······································ 231
IV. 탈중앙화 금융의 규제 방향 ··· 233
   1. 고려사항 ··· 233
   2. 탈중앙화 금융에 대한 조사와 연구 강화 ············ 234
   3. 자금세탁방지 ·· 235
   4. 이용자 보호 ·· 238
V. 맺음말 ··· 239

7. 가상자산사업자의 사이버보안 규제체계 연구
- 국내·외 법제도 비교 분석을 중심으로

장규현

- I. 서론 · 241
- II. 가상자산 사이버위협 양상 · 244
  - 1. 가상자산 보안 취약점 · 244
    - (1) 스마트컨트랙트 취약점 · 245
    - (2) 크로스체인 브릿지 공격 · 247
    - (3) 합의 알고리즘 취약점 · 248
    - (4) 기타 취약점 · 249
  - 2. 주요 가상자산 해킹 사례 · 250
    - (1) 엑시 인피니티 해킹 (2022) · 250
    - (2) 폴리네트워크 해킹 (2021) · 251
    - (3) BNB 체인 토큰 브릿지 해킹 (2022) · 252
    - (4) WazirX 해킹 (2024) · 252
- III. 국내 가상자산사업자 보안 규제 현황 · 253
  - 1. 가상자산 관련 법제에서의 규제 · 253
    - (1) 국무조정실, '정부, 가상통화 관련 긴급 대책 수립' (2017.12) · 253
    - (2) 특정 금융거래정보 보고 및 이용 등에 관한 법률 및 하위 법령 (2021.03) · 254
    - (3) 가상자산 이용자 보호에 관한 법률 및 하위 법령 (2024.07) · 254
  - 2. 보안 관련 법제에 의한 규제 · 256
    - (1) ISMS 인증 · 256
    - (2) 금융 보안 관련 규제 · 262
- IV. 해외 가상자산사업자 보안 규제 현황 분석 · 264
  - 1. 유럽 연합 · 264
    - (1) MiCAR · 264
    - (2) DORA · 266
  - 2. 미국 · 268
    - (1) 뉴욕주 NYDFS, Bit License · 268
    - (2) 미 상품선물거래위원회(CFTC) · 270
  - 3. 기타 주요국 · 271
    - (1) 싱가포르 · 271

(2) 일본 272
Ⅴ. 맺음말 274

8. 디지털자산 거래의 물권적 측면에 관한 준거법
　　　　　　　　　　　　　　　　　　　　　　　　　　천창민

Ⅰ. 들어가며 287
Ⅱ. 실질법적 관점에서의 디지털자산 개관 289
　　1. 디지털자산의 유형과 법적 성질 290
　　　(1) 디지털자산의 유형 290
　　　(2) 우리법상 디지털자산의 법적 성질 294
　　2. UNIDROIT 디지털자산원칙 296
　　　(1) 배경 296
　　　(2) 디지털자산원칙 중 실질법 관련 원칙 개관 297
Ⅲ. 디지털자산 거래의 물권적 측면에 대한 준거법 300
　　1. 헤이그국제사법회의 및 UNIDROIT에서의 논의 현황 301
　　　(1) 헤이그국제사법회의 302
　　　(2) UNIDROIT 303
　　2. 영국과 미국, 스위스 및 독일 등에서의 현황 313
　　　(1) 영국 313
　　　(2) 미국 316
　　　(3) 스위스 321
　　　(4) 독일 330
　　　(5) 유럽법연구소(ELI)의 디지털자산담보원칙 333
　　3. 우리 국제사법에 따른 디지털자산의 물권적 쟁점에 관한 분석 335
　　　(1) 관련 우리 국제사법 규정과 한계 335
　　　(2) 전통적인 권리로 유형화되지 않는 것을 표창하는
　　　　　디지털자산의 준거법 339
Ⅳ. 맺음말 343

제1부 우리나라와 주요국의 가상자산 규제와 동향

1

가상자산이용자보호법과 2단계 입법의 방향성

한 서 희

Ⅰ. 들어가며

가상자산규제의 역사는 오래지 않다. 「특정금융정보의 보고 및 이용 등에 관한 법률」(이하 "특정금융정보법")의 개정을 통해서 2021년부터 가상자산사업자 규제가 시작되었다. 그리고 이로부터 3년이 경과한 뒤인 2024. 7. 19.부터 「가상자산 이용자 보호 등에 관한 법률」(이하 "가상자산이용자보호법")이 시행되었다. 가상자산이용자보호법은 가상자산에 대한 불공정거래행위 규제와 이용자 보호를 위한 조치가 추가되었다는 점에서 의미가 크다. 그동안 미흡한 것으로 여겨졌던 이용자 보호 역시 보다 강화되었다. 국회에서는 가상자산이용자보호법의 부대의견에서 입법의견을 포함한 개선방안을 마련하여 국회 소관 상임위원회에 보고하도록 하는 등 2단계 입법과 관련한 의견을 요청하고 있다. 그리고 그 이후 트럼프 2기 행정부의 시작과 함께 가상자산업의 발전과 이용자 보호 목적을 달성할 수 있도록 하는 2단계 입법 필요성이 논의되고 있다. 그리하여 가상자산이용자보호법 이후의 2단계 입법의 방향성은 어떠해야 하는지 논의해 보고자 한다.

Ⅱ. 논의의 전제

가상자산이용자보호법 제2조에서는 가상자산을, "경제적 가치를 지닌 것으로서 전자적으로 거래 또는 이전될 수 있는 전자적 증표(그에 관한 일체의 권리를 포함한다)"라고 정의한다. 가상자산, 암호자산, 암호화폐, 가상화폐, 디지털자산 등으로 명명되기도 한다. 일본에서는 暗号資産(암호자산), EU에서는 crypto asset, 미국에서는 디지털자산이라는 용어와 암호자산이라는 용어를 혼용하여 사용하고 있으며 우리나라의 경우 FATF(Financial Action Task Force)에서 명명한 바와 같이 가상자산(virtual asset)이라는 용어를 사용하고 있다. 여러 관할권에서 가상자산에 대한 용어가 여러 가지로 사용되는 것에 비추어 보더라도 아직까지 가상자산이 무엇을 의미하는지, 어떠한 범위까지를 가상자산으로 명명하는지에 대해서는 합의가 이루어지지 않은 상태라고 할 수 있다.

Ⅲ. 가상자산시장과 자본시장의 차이

1. 발행주체 특정 여부

자본시장은 근본적으로 발행인으로서 회사를 전제로 한다. 그리하여 발행규제는 기본적으로 발행인인 회사에 대한 규제를 의미한다. 특히 이 중에서도 공시제도는 발행인이 회사의 정보를 투자자에게 공개하도록 하여 정보의 불평등 문제를 해소하고 투자자에게 합리적인 의사결정을 하도록 유도하는 기능을 수행한다. 자본시장법상 내부자 규제에서 그 규제의 대상 및 의무 이행 주체는 "상장법인의 내부정보에 관여하거나 접근할 수 있는 특별한 지위에 있는 자"인데 이는 결국 정보의 생성자인 발행인에 대한 규제와 그 맥락을 같이 한다. 결국 자본시장법상 회사에 대한 규제는 발행인에 대한 규제를 핵심으로 하는 것이다. 반면 가상자산시장의 경우 상황이

다르다. 우선 가상자산의 발행자(가상자산이용자보호법에서 "발행자"라는 용어를 사용)를 특정하기 어렵다. 발행을 특정 법인이 하는 것이 아니고 재단이라는 법적 실체가 발행하기도 하지만 이들은 실제로 특정한 법적 조직을 갖추었다고 보기는 어렵다. 따라서 가상자산 규제체계를 발행인을 중심으로 설계하는 것은 매우 어렵고 발행인의 특정이 안 되는 이상 내부자의 범위를 정하는 것도 어렵다. 더군다나 대부분의 경우 이들은 해외에 존재한다. 또한 발행자가 발행한 가상자산이 해외의 가상자산사업자를 통해 동시에 중개 및 유통된다. 이러한 이유 때문에 가상자산거래소의 영향력은 자본시장법상 거래소에서의 영향력과 사뭇 다르다.

2. 거래구조상의 차이점

다음으로 가상자산과 자본시장에서 거래되는 자산의 유통 구조를 살펴보면 상당한 차이가 있음을 알 수 있다. 자본시장, 특히 우리나라 자본시장의 경우 중개업자인 투자중개업자가 거래소의 회원으로서 거래하는 구조이기 때문에 자금과 실물의 동시교환에 의한 결제 및 회원사들 간의 청산이 발생한다.

하지만 가상자산의 경우 A라는 사람의 공개키 주소를 기반으로 하는 지갑에서 B라는 사람의 공개키 주소를 기반으로 하는 다른 지갑으로의 전송이 이루어지는 구조로서 즉시 결제가 이루어지고 청산은 존재하지 아니한다. 또한 블록체인상에서의 전송이 아니라 가상자산사업자 즉, 가상자산거래소에서의 매매체결과 결제 과정을 살펴보면 주식시장의 구조와 다르다. 왜냐하면 한국거래소와 같은 증권거래소는 매도자와 매수자가 직접 거래를 하는 것이 아니라 투자중개업자를 통해서 거래한다. 즉 각 투자중개업자가 증권거래소의 회원으로서의 자격을 취득하고 회원들끼리 매매체결을 한 후에 개별 투자자들의 거래 내역으로 정산하는 과정이 필요하다. 투자자의 직접 거래가 이루어지지 않고 간접적으로 거래가 이루어지기 때문에 투자중개업자들 간의 거래 내역을 정리하고 주고 받을 금전과 증권

수량을 대사하는 청산 및 결제라는 과정을 필수적으로 거치게 된다. 반면 가상자산거래소에서 이루어지는 매매체결의 경우 이용자인 개인이 직접 매도 매수 주문을 제출하고 가상자산과 금전의 정산이 즉시 이루어지므로 청산이라는 단계는 불필요하며 존재하지 아니한다.

또한 상장주식의 경우 전자증권으로 발행이 강제되기 때문에 전자등록기관을 거치지 않고 실물을 거래하는 행위는 불가능하다(실물 발행이 금지되고 있음). 따라서 주식시장에서 주식은 거래소에서 매매되는 경우 이외에 개인이 이를 소지할 목적으로 인출하는 것은 사실상 불가능하다. 하지만 가상자산의 경우에는 기본적으로 거래소에서 자기가 개설한 개인지갑으로 인출이 가능한 구조이며 어찌보면 핵심적인 요소이기도 하다. 그리하여 가상자산의 매매체결이 완결되면 즉시 가상자산의 외부 전송을 요청하는 경우가 다수 있다. 또한 일부 이용자의 경우 전시사변 발생시 가상자산을 개인지갑이나 해외거래소로 이전할 가능성이 매우 높다. 그렇기 때문에 이용자의 입장에서 가상자산 거래 후 외부로 즉시 인출할 수 있어야 한다는 점은 가상자산의 거래구조에서 매우 중요한 부분이라고 할 것이다.

IV. 해외 규제체계의 방향성

가상자산시장과 자본시장, 가상자산과 주식 사이에는 앞서 본 것과 같은 차이가 존재한다. 각국의 규제 당국은 가상자산 관련 규제체계를 정비함에 있어서 위와 같은 특성을 고려하고 있다. 그 구체적인 모습을 살펴보고자 한다.

1. 미국

미국의 경우 연방법 차원에서 가상자산을 규제하는 법률 규제체계가 존재하지 아니한다. 업계에서는 그동안 증권과 다른 특성을 반영하여 가상자산에 특화된 규제체계의 정비가 필요하다는 입장을 계속적으로 표명해 왔다. 이에 미국 하원에서는 2023. 7. 20. 농업위원회(House Agriculture Committee)의 글렌 톰슨(Glenn Thompson) 위원장(공화당), 금융서비스위원회 (House Financial Services Committee)의 맥헨리(Patrick McHenry) 위원장(공화당) 등이 공동으로 「Financial Innovation and Technology for the 21st Century Act」(이하 "FIT 21" 법안)를 발의하였다. 이 법안은 2024. 5. 22. 미국 하원에서 통과되었고 현재 상원에 접수된 상태이다.[1] 이 법안의 통과 여부는 불확실하다. 하지만 2025. 1.부터 시작되는 트럼프 행정부가 가상자산 산업에 대하여 친화적일 것이라는 기대와 함께 해당 법안 역시 주목받고 있다. 본 법안의 경우 디지털자산을 SEC의 규제를 받는 "한정 디지털 자산(restricted digital asset)"과 CFTC의 규제를 받는 "디지털 상품(digital commodity)"으로 분류한 후에 각각의 규제체계를 달리하고 있다. 특히 디지털자산 중에서 탈중앙화 시스템을 통해 발행된 디지털자산은 디지털상품으로서 간주되고(FIT 21 Section 101), 이때는 CFTC의 관할로서 규제되도록 하고 있다. 이때 어떤 시스템이 탈중앙화 되었는지 여부는 SEC가 판단하게 된다. 단 SEC가 신청을 받은 이후 60일 이내에 인증 여부에 대한 통지를 하지 않으면 자동으로 인증된 것으로 간주된다(FIT 21 Section 304).

또한 FIT 21에서는 디지털자산의 정의와 함께 디지털자산에 관련된 사업을 영위하는 사업자의 정의 및 요건을 규정하고 있다. 디지털자산매매시스템과 브로커-딜러의 등록 요건을 규정하고 있고(SEC 403, 404) 적격자산 보관자의 등록요건(SEC 404. 6(b))도 정하고 있다. 이때 디지털자산매매시스템 운영자와 브로커-딜러는 각 요건에 따라 등록을 수행하면 겸영이 가능하다. 디지털자산매매시스템 운영자와 적격자산 보관자 역시도 동일하게 요건을 갖추어 등록을 해야 하고 각 요건을 갖춘 이상 겸영을 하는 것에 대한 제한은 없다. 그래서 디지털자산매매시스템의 경우 시스템 운영자의 지위로는 고객의 자산을 보관할 수 없으나 등록된 요건을 준수하

---

[1] https://www.congress.gov/bill/118th-congress/house-bill/4763/text, 업비트투자자보호센터, "2024.5.22. 미국 하원 통과 법안 (H.R. 4763) 21세기 금융의 혁신 및 기술에 관한 법률안 (FIT21)", p1,2.

면서 디지털자산 적격보관인으로서의 지위에서 보관하는 것은 허용된다 (SEC 404. 6A). 결론적으로 FIT 21에서 정하는 바에 따르면 디지털자산매매시스템업자, 브로커딜러, 적격보관인은 법에서 정하는 개별 요건을 준수하여 등록한 이후에는 각 업무를 겸영하더라도 무방하다.

2. EU

EU의 경우 27개 회원국이 2022. 6. 30. MICAR 법안에 대한 합의를 했고 2024. 12. 30.부터 시행되었다. EU 산하의 ESMA에서는 MICAR의 시행을 앞두고 세부적인 사항에 대한 consultation paper를 발간하고 있다.

MICAR는 암호자산을 전자화폐형토큰, 가치담보형토큰, 그 밖의 토큰(유틸리티토큰)으로 분류하고, 암호자산서비스 제공자(crypto asset service provider)의 범주에 총 10개의 업을 규정하고 있다. 그것은 바로 ① 암호자산 위탁보관 및 관리제공업, ② 암호자산 거래플랫폼의 운영업, ③ 자금과 암호자산의 교환업, ④ 다른 암호자산과 암호자산의 교환업, ⑤ 고객을 대신한 암호자산에 관한 주문의 집행업, ⑥ 암호자산의 모집주선업, ⑦ 고객을 대신한 암호자산에 관한 주문의 접수 및 전송업, ⑧ 암호자산에 관한 자문업, ⑨ 암호자산에 관한 포트폴리오 운용업, ⑩ 고객을 대신한 암호자산에 관한 이전(전송) 서비스 제공업이다. 암호자산서비스제공자로서 인가를 얻고자 하는 사업자는 부속서 Ⅳ에서 규정하는 자본금 요건을 갖추고 주무당국에 신청해야 한다. 또한 각 사업자는 인가를 위한 업무단위를 추가함으로써 각 사업을 겸영할 수 있다(MICAR 제59조). 이때 암호자산서비스제공자는 행위규칙으로서 고객 소유의 암호자산 및 자금을 안전하게 보관해야한다(MICAR 제70조). 또한 보관 자산의 보호를 위하여 "고객으로부터 위탁받은 자산은 암호자산서비스제공자의 자산과는 법적으로 분리되어 특히 파산 사건이 발생하는 경우, 당해 암호자산서비스제공자의 채권자들은 당해 암호자산서비스제공자에 의해 위탁보관 상태로 보유되는 암호자산에는 소구권을 행사할 수 없다"라고 규정하고 있다. 특히 MICAR에서는 가상자산의 경우 고객으로부터 위탁받은 수량과 자기 보유분을 분리하여 "구분 관리"하도록 하면서 "분산원장 상에서 분별관리"하도록 하고 있다. 이렇게 규정한 취지는 분산원장 상에서 암호자산과 구분하여 보관할 경우 (확인 주체가 지갑 주소를 알고 있다는 전제 하에서) 외부에서 보관 수량을 확인할 수 있기 때문일 것으로 보인다. 마지막으로 보관 자산의 관리와 관련하여, MICAR 제75조 제3항에서는 고객들을 대신하여 암호자산의 위탁보관 및 관리를 제공하는 암호자산서비스제공자들은 "암호자산에 대한 접근수단의 안전한 보관이나 통제를 보장하기 위한 내부 규칙과 절차들을 갖춘 위탁보관 정책을 수립하여야 한다"라고 규정하고 있다.

3. 일본

일본은 2016. 6. 「資金決済に関する法律」(이하 "자금결제법")을 개정하면서 '가상통화' 정의를 추가하였고 가상통화를 지급결제수단의 하나로 규정하였다. 그리고 당시 자금결제법에 가상통화교환업 규정을 신설하면서 등록제로 규정하였다. 이후 가상자산은 통화보다는 자산에 해당한다는 논의에 따라 2019. 6. 자금결제법 상 가상통화를 '암호자산'으로 명칭을 변경하고 개정안을 공표하였다. 또한 「金融商品取引法」(이하 "금융상품거래법") 개정도 함께 이루어졌는데 이때는 암호자산으로 동일하게 규정하고 암호자산을 기초자산으로 하는 파생상품의 거래와 관련된 규정을 추가하였다. 그리하여 개정 자금결제법과 금융상품거래법은 2020년부터 시행되어 오고 있다. 위 법령에 따라 현재 일본의 암호자산 교환업자는 암호자산 현물 거래 및 암호자산을 기초자산으로 하는 파생상품 거래를 하고 있으며 비트코인 등 암호자산 매매체결과 중개, 주문대리 및 보관업을 동시에 수행하고 있다.[2] 또한 일부 암호자산 교환업자인 코인체크(coincheck)는 2021년 초

---

[2] 조영은, "일본의 가상자산 이용자보호규율 강화", 외국입법동향과 분석, 2020. 4. 29. 국회 입법조사처.

기 토큰 판매에 해당하는 IEO를 수행하였고[3] 이후에도 여러 건의 IEO가 이루어지고 있는 것으로 확인되고 있는바[4] 가상자산의 발행이 가능하다는 점에서는 우리나라 규제보다 완화된 편이라고 평가할 수 있을 것이다.

한편 자금결제법에서는 암호자산교환업자의 금전 및 암호자산에 대한 분리보관의무, 이행보증암호자산관리의무, 각 의무에 대한 분별관리감사의무를 부여하고 있다. 이때 금전의 경우 신탁을 통한 분리보관을 규정하고 있으나 암호자산의 경우에는 고객과 자기보유 암호자산을 "분별관리"만을 하도록 규정하고 있고 별도의 기관 분리를 요구하지는 않는다. 다만 보관 중인 가상자산의 주기적 대사의무 및 수량에 대한 감사의무를 부여하고 있다.[5]

4. 소결

지금까지 살펴본 바에 따르면 각국의 규제체계 상 가상자산사업을 수행하는 사업자는 중개와 매매체결, 보관업을 겸영하는 데 특별한 제한이 없다. 또한 매매체결을 수행하는 가상자산 거래소가 고객의 가상자산을 직접 보관하는 것을 금지하는 규제체계도 존재하지 않는다. 특히 규제 강도가 높은 것으로 평가되는 일본에서는 암호자산교환업자에게 비트코인을 기초자

---

3   https://chainbulletin.com/coincheck-to-hold-japans-first-ieo; "Coincheck, Inc. 2021. 5. 31 자 보도자료 "Coincheck to conduct Japan's first IEO this summer"
4   https://medium.com/gaudiy-web3-and-ai-lab/f278e40c7f68.
5   고객이 위탁한 암호자산의 보관 문제의 경우, 금융청 산하 仮想通貨交換業等に関する研究会에서 신탁을 통한 분리 보관시 오히려 해킹의 위험에 취약할 수 있고 기술적인 한계가 있음을 고려하여 사업자가 직접 보관하면서 이에 대한 감독을 수행하는 것으로 결론 내려진바 있다. 「仮想通貨交換業等に関する研究会報告書」, 2018, p6에서는 다음과 같이 기재하고 있다. "一方で、仮に、仮想通貨交換業者が適切に分別管理を行っていたとしても、受託仮想通貨について倒産隔離が有効に機能\するかどうかは定かとなっていない。このため、受託仮想通貨について、倒産隔離の観点から、仮想通貨交換業者に対し、顧客を受益者とする信託義務を課すことも考えられるが、仮想通貨の種類や受託仮想通貨の量が増加してきている中で、それに対応した信託銀行・信託会社におけるセキュリティリスク管理等に係る態勢整備の必要性を踏まえれば、現時点で、全種・全量の受託仮想通貨の信託を義務付けることは困難と考えられる。

산으로 하는 선물상품과 현물의 거래를 모두 허용하고 거래소의 IEO까지 할 수 있도록 하고 있다. 다시 말해서 일본의 경우, 암호자산교환업자는 상당히 넓은 범위의 사업을 겸영하여 수행할 수 있다. 각국 규제 체계가 이렇게 형성되어 가는 것에는 자본시장과 가상자산시장의 차이점이 반영되었기 때문일 것으로 생각된다. 특히 가상자산시장에서 금융시장과 유사한 형태로, 기능의 분리를 강제했을 때 발생할 수 있는 위험이나 비용이 어느 정도인지 현 시점에서 확인하기 어렵고 현재 변화하고 발전하는 단계에 있는 산업에 대한 섣부른 제재를 가하는 것이 오히려 투자자에게 손해가 될 위험이 있다는 판단에 기인한 것으로 생각된다. 마찬가지 맥락에서 최근 싱가포르에서도 기능별 분리를 강제하지 않기로 한 바 있다.[6]

위와 같은 각 나라의 규제체계를 고려하여 우리 역시도 가상자산 규제체계를 정할 필요가 있을 것으로 보인다. 중요한 것은 국제적 규제체계와 정합성을 유지하면서 우리나라의 가상자산산업이 어떤 방식으로 발전할 수 있을지, 그리고 어떻게 하면 이용자가 더 안전하고 신뢰할 만한 환경에서 투자를 할 수 있을 것인지를 고민하는 것이라고 생각한다. 이하에서 이에 관하여 구체적으로 논의하고자 한다.

V. 우리나라의 가상자산 2단계 입법 방향성

1. 업자 규제

현재 우리나라의 경우 특정금융정보법 제7조에 따른 사업자 신고제도가 그나마 유일한 사업업자에 대한 진입규제에 해당한다. 하지만 건전성 규제나 행위 규제가 전혀 없기 때문에 사업자에 대한 규제가 완비되었다고

---

[6] MAS, Response to Public Consultation on Proposed Regulatory Measures for Digital Payment Token Services (Part 1) (2023. 7.), p12,13; para 2.33~2.37.

보기는 어렵다. 가상자산 2단계 입법을 수행할 때는 해외 사례에서 살펴본 MICAR나 FIT 21 등과 같이 사업자에 대한 진입규제 및 인가 요건이 구체화될 필요가 있다. 특히 해외에서는 가상자산 자문업, 가상자산 운용업(또는 일임업) 등이 허용되고 있으며 위탁매매업/중개업도 존재한다. 이러한 다양한 형태의 사업이 가능해질 필요가 있을 것이다.

한편 사업자의 유형이 다양화되면 특정 사업자가 인가 단위 업무를 수행할 때 준수해야 할 영업행위 규제, 그리고 한 개 사업자가 여러 개 업무 단위에 대한 인가를 받고 이를 동시에 겸영할 때 이해상충방지 체계를 어떻게 구축할 것인지 구체적으로 논의될 필요가 있다.

앞서 살펴본 해외 사례의 경우 한 개 사업자가 여러 개 사업을 수행하기 위한 요건을 갖추면 다양한 사업을 겸영할 수 있는 것으로 확인되고 있으므로 우리나라 역시 이러한 형태로 규제체계를 설계하되 각 업무 별로 이해상충이 발생하지 않고 이용자의 보호에 가장 적합한 방식으로 제도적인 기틀을 마련할 필요가 있다고 생각한다.

2. 이해상충방지 방안

특히 이해상충방지와 관련해서는 최근 싱가포르 금융관리청(Monetary Authority of Singapore, MAS)이 발행한 Response to Public Consultation on Proposed Regulatory Measures for Digital Payment Token Services (Part 2)를 참고해 보고자 한다. 위 보고서에서는 디지털페이먼트 토큰 서비스 제공업체(Digital Payment Token Services Provider, DPTSP)에서 수직적 통합이 이해상충(Conflict of Interest)을 야기할 수 있음을 언급하면서 이를 완화하기 위한 구체적인 조치를 제안하였다.[7] 싱가포르의 Payment Service Act에 따르면 유틸리티토큰도 디지털페이먼트토큰에

---

[7] MAS, Response to Public Consultation on Proposed Regulatory Measures for Digital Payment Token Services (Part 2), 2023. 11. P14~16) para 3.1~3.14.

해당할 수 있기 때문에 이 규제는 사실상 우리나라의 가상자산업자 규제와 유사한 측면이 있다. 위 보고서에서 MAS는 DPTSP가 거래 플랫폼을 운영하면서 동시에 브로커 역할을 하거나 자기 거래를 수행하는 경우, 이해상충의 우려가 발생할 수 있음을 지적했다. 하지만 그럼에도 불구하고 수직적 통합을 전면적으로 금지하는 접근은 시장 발전을 저해할 수 있다는 점도 인정하고 있다. MAS는 수직적으로 통합된 구조는 운영 효율성과 비용 절감, 유동성 공급 측면에서 긍정적 역할을 할 수 있음을 인정하고 있다. 즉, 고객 서비스의 일관성을 높이고 거래 비용을 줄이며 플랫폼 운영의 유연성을 제공할 수 있다는 점에서 긍정적인 측면이 있고, 이는 시장의 발전과 경쟁력 강화로 이어질 가능성이 크다는 점을 언급한 것이다. 그 결과 MAS는 수직적 통합 자체를 배제하기보다는 이해상충 방지 체계를 강화하는 방식으로 관리하는 것이 더 합리적이라는 결론을 내리게 된다.

다만 발생 가능한 이해상충 문제를 완화하기 위해서는 몇 가지 필수적인 조치가 필요하다는 점을 지적하고 있다. 첫째, 시장 즉 거래소 운영, 브로커 역할 등 서로 다른 기능 간의 정보 흐름을 차단하기 위한 차이니즈 월(Chinese Wall)을 도입해야 할 필요가 있다. 이러한 장치는 물리적 또는 기능적 경계를 설정하여 내부 정보의 오용 가능성을 최소화하는 방향으로 설계되어야 한다. 둘째, 고객에게 이해상충 가능성과 이를 완화하기 위한 조치를 투명하게 공개하는 공시 체계를 마련해야 한다. 특히 고객이 DPTSP의 운영 구조와 잠재적 위험을 명확히 이해할 수 있도록 정기적인 정보 제공이 필수적이라고 하고 있다. 셋째, 규제 기관의 역할도 중요하다. 규제 기관은 DPTSP의 운영을 모니터링하고, 필요할 경우 특정 활동을 제한하는 등의 강력한 조치를 취해야 한다는 점을 언급한다. 마지막으로 직원의 개인 계좌 거래에 대한 규제도 필요하다. 즉, 내부정보 오용을 방지하기 위해 거래 블랙아웃 기간을 설정하거나 직원의 민감한 정보 접근을 제한하는 정책을 도입할 필요가 있다는 것이다. 이러한 조치는 이해상충 문제를 사전에 예방하는 데 효과적일 것이다. 또한, DPTSP가 자체 발행 토큰이나 관련 토큰을 거래 플랫폼에 상장하는 경우, 투명한 공시 및 독점적 보유량의 주기적 업데이트와 같은 추가적인 공개 조치를 요구해야 한다.

우리의 규제체계 설계를 함에 있어서도 이러한 싱가포르의 접근법은 중요한 시사점을 제공한다. 사실상 존재하는 모든 가상자산사업자가 수직적 통합 구조를 채택하고 있으며 이를 인정하는 방향으로 각국 규제체계가 정비되어 가고 있는 상황에서, 우리나라 규제만이 글로벌 규제보다 엄격한 규제체계를 정립한다면 전체적으로 글로벌 시장에서의 경쟁력 저하 및 이용자의 해외 이탈을 막기 어려울 것이다. 따라서 글로벌 규제 동향에 부합하도록 수직적 통합을 허용하되 명확한 규제와 이해상충 방지 체계를 통해 이를 관리하는 것이 바람직하다고 본다. 결론적으로 2단계 입법과 관련해서는 이해상충 방지체계 구축, 내부통제와 투명성을 강화하기 위한 입법적 장치를 도입할 필요가 있을 것이다.

3. 비트코인 ETF를 위한 규제 정비

미국의 현물 ETF가 승인되자 금융위원회에서는 2024. 1. 11.자로 "미 비트코인 현물 ETF 관련"이라는 제목의 보도 참고자료를 배포했다. 그 내용은 "국내 증권사가 해외상장된 비트코인 현물 ETF를 중개하는 것은 가상자산에 대한 기존의 정부입장 및 자본시장법에 위배될 소지가 있습니다. 다만, 「가상자산 이용자 보호 등에 관한 법률」이 올해 7월 시행되는 등 가상자산에 대한 규율이 마련되고 있고, 미국 등 해외사례도 있는 만큼 추가 검토해 나갈 예정입니다"라는 것이었다.[8] 그로부터 며칠 뒤 2024. 1. 15.자로 "비트코인 현물 ETF 발행 및 중개에 대한 입장"이라는 내용으로 다시 보도 참고자료를 배포했다.[9] 그 내용은, "비트코인 현물 ETF의 발행이나 해외 비트코인 현물 ETF를 중개하는 것은 기존 정부입장과 자본시

---

8 https://www.fsc.go.kr/no010101/81456.
9 https://www.fsc.go.kr/no010101/81466.

장법에 위배될 소지가 있음을 밝힌 바 있으며, 미국은 우리나라와 법체계 등이 달라 미국사례를 우리가 바로 적용하기는 쉽지 않은 측면이 있습니다 (중략) 한편, 해외 비트코인 선물 ETF는 현행처럼 거래되며, 현재 이를 달리 규율할 계획이 없음을 알려드립니다. 향후 필요시 당국의 입장을 일관되고 신속하게 업계와 공유할 수 있도록 긴밀한 연락체계를 유지하겠습니다"라는 것이었다. 따라서 현재는 비트코인 현물 ETF는 국내에서 거래되지 않는 상황이다. 하지만 향후 우리나라에서 비트코인 현물 ETF가 출시될 가능성을 배제할 수는 없다. 그렇다면 비트코인 현물 ETF의 출시를 전제로 규제 정비가 필요한 부분은 어떤 부분인지 살펴보고자 한다.

우선 비트코인 현물 ETF가 출시되기 위해서는 2017. 12. 13.에 발표된 "가상통화 관련 긴급대책"에서 언급하고 있는 내용들에 대한 금융당국의 입장 변화가 필요하다. 이 긴급대책은 정부 합동 대책으로 발표된 것인데, 주된 내용으로는 "가상통화를 이용한 불법행위에 엄정 대처, 신규 투자자의 무분별한 진입에 따른 투기 과열 방지, 가상통화 거래에 대한 규율 마련"을 그 내용으로 하고 있다. 비트코인 현물 ETF의 출시를 위해서는 자산운용사가 가상자산을 직접 내지 제3자를 통해서 보유할 수 있어야 한다. 따라서 기본적으로 2017. 12. 13.자 긴급대책에서 발표된 여러 가지 원칙들, 그중에서도 금융기관의 가상통화 보유 금지원칙이 해제되어야 한다. 다음으로 금융기관이 직접 가상자산거래소를 통해 거래할 수 있도록 해야 하므로 법인계좌의 개설이 가능해져야 한다. 또한 비트코인 현물 ETF가 출시되면 투자자의 환매청구에 반드시 응해야 하고 따라서 비트코인의 가격이 급격하게 변동될 위험에 노출되게 된다. 이를 막기 위해서 자산운용사 입장에서는 LP를 통한 유동성 공급행위를 수행해야 한다. 따라서 법률상 가능한 범위에서 가상자산에 대한 유동성 공급이 가능해야 한다. 현재 가상자산이용자보호법에서는 제10조 제2항에서 "누구든지 가상자산의 매매에 관하여 그 매매가 성황을 이루고 있는 듯이 잘못 알게 하거나, 그 밖에 타인에게 그릇된 판단을 하게 할 목적으로 다음 각 호의 어느 하나에 해당하는 행위를 하여서는 아니 된다"라고 규정하고 있어 가상자산과 관련된 유동성 공급행위가 사실상 금지되는 것으로 해석된다. 결론적으로 비트코인 현물 ETF가 발행 및 유통될 경우 가격 변동성에 따른 금융회사의 위험을 최소화하기 위한 LP의 자기매매가 허용되어야 하는바, 비트코인 현물 ETF의 발행 및 유통을 위한 가상자산이용자보호법의 개정도 필요해 보인다.

4. 소결

우리나라 가상자산에 대한 규제체계가 특정금융정보법을 통해 처음 마련되었고 2024년부터 시행된 가상자산이용자보호법을 통해 한 단계 발전하게 되었다. 이 시점에서 가상자산에 대한 산업적 관점의 규제 입법이 필요한 것은 사실이다. 우리는 앞으로 글로벌 규제체계를 충분히 고려하면서도 산업의 발전과 이용자 보호를 달성할 수 있는 가상자산 규제체계를 도입할 필요가 있다. 구체적으로는 다양한 업에 대한 허용 가능성을 전제로 하면서도 사업자의 이해상충방지, 이용자에게 투명한 정보제공이 가능하도록 규제체계를 정비해야할 것이다.

VI. 결론

우리가 생각하는 가상자산 산업은 무엇인가? 그리고 사람들이 가상자산을 보관하며 거래하는 이유는 무엇일까? 다양한 입장이 존재할 것이다. 어떤 사람들은 미국 달러 패권을 대체할 수 있는 미래의 화폐라고 생각하는 사람들도 있고, 금과 같은 투자 대상으로 생각하기도 한다. 어떤 사람들은 마치 양자 컴퓨팅 기술처럼 기술 그 자체라고 생각하는 사람들도 있다. 사실 개개인이 가상자산을 취득하고 보관하는 이유는 다양하다. 하지만 분명한 것은 많은 사람들이 나름의 이유에 근거해서 가상자산의 존재를 인정하고 거래를 하고 있으며 실제 시장이 형성되고 있다.

그리고 이러한 가상자산 거래를 통해서 형성되는 유동성이 글로벌 가상자산산업의 위상을 결정하기도 한다. 특히 비트코인과 같은 시가총액이 높은 가상자산의 유동성은 가상자산 현물 ETF 설정과 연계되어서 점점 더 중요해지고 있다. 비트코인 현물 ETF를 설계하는 금융회사라면 결국 가상자산 조달을 위한 거래소를 결정해야 한다. 그렇다면 결국 투자자의 환매청구권 행사에 즉시 대응할 수 있으면서도 신뢰할 수 있는, 다시 말하면 유동성이 풍부하면서도 규제가 정비된 국가의 거래소를 선택할 수밖에 없을 것이다. 그렇기 때문에 미국의 코인베이스 등이 높이 평가 받고 있으며 우리나라 가상자산시장에 대한 관심도 집중되고 있는 것이다.

가상자산산업은 단순히 어느 순간 없어질 산업이라고 보기에는 너무나 명백하게 발전하고 있다. 트럼프 2기 행정부에서는 이러한 양상이 더욱 더 짙어질 것이다. 이러한 시점에 우리는 2단계 입법을 계획하고 있다. 우리는 미국의 입장을 충분히 고려해서 우리나라 규제를 설계할 필요가 있다. 결국에는 글로벌 스탠다드가 하나로 통일된다면 그것은 바로 미국의 규제를 기초로 할 가능성이 가장 크기 때문이다.

만일 우리나라만의 특수한 규제를 만든다면 어떻게 될 것인가. 가상자산 산업은 고도로 글로벌화 되어 있고, 성질상 탈국경화 되어 있으므로 우리나라 이용자를 위한 우리만의 규제를 만드는 것은 사실상 우리의 이용자를 보호할 수도 없을 뿐만 아니라 우리의 산업 발전만을 저해하는 안타까운 결과를 가져올 우려도 있다. 그렇기 때문에 더욱 2단계 입법을 함에 있어서, 우리나라가 나아가야 할 방향이 어디인지에 대해서 고민하여 결정할 필요가 있다.

2

미국의 디지털자산 최근 규제 현황 및 시사점
– 투자계약과 관련한 미국 하급심 법원의 판단 및 FIT 21 법안을 중심으로

류 경 은

I. 들어가며

가상자산에 관하여 포괄적 법률인 암호자산시장법(Markets in Crypto Assets Regulation, MiCAR)을 제정한 EU, 그리고 금융상품거래법(金融商品取引法)과 자금결제법(資金決済に関する法律) 개정을 통해 이원적 규제를 도입한 일본과 달리 미국은 여전히 가상자산 규제에 있어서는 명확한 규제 체계를 마련하지 못하고 있는 상황이다. 바이든 대통령의 "책임있는 디지털자산[1] 개발보장을 위한 행정명령(Executive Order on Ensuring Responsible Development of Digital Assets)[2]이나 미국 증권거래위원회(Securities and Exchange Commission, SEC)가 보여 온 그 동안의 태도를 보면 가상자산에 대하여 엄격한 규제를 하고 있는 것으로 보인다.

---

1 미국에서 디지털자산(Digital Asset)은 암호화폐(cryptocurrencies)와 스테이블코인(Stablecoin), NFT를 모두 포함하는 용어로 쓰인다. 이 글에서는 우리 법상 용어인 '가상자산'을 사용하되, 디지털자산을 별도로 지칭할 필요가 있는 경우 '디지털자산'이라는 용어를 사용하기로 한다.
2 The White House, Executive Order on Ensuring Responsible Development of DigitalAssets, 2022. 3. 9. https://www.whitehouse.gov/briefing-room/presidential-actions/2022/03/09/executive-order-on-ensuring-responsible-development-of-digital-assets/.

그러나 SEC가 대부분의 가상자산을 증권 규제에 편입시켜 적극적인 제재 조치를 취하는 데 대하여 Ripple 등 가상자산업자가 이의를 제기하면서 증권성 판단은 법원의 몫으로 돌아갔고, 일부 법원은 이러한 규제에 의문을 표하기도 하였다. 그리고 SEC는 비트코인 현물 ETP[3](Exchange-Traded Products, ETP)에 대해 지속적으로 그 승인을 거부해왔으나 2023. 8. 29. 미국 컬럼비아 지구 항소법원이 SEC의 상장규정 개정 불승인에 대해 취소 명령을 내리면서[4] 2024. 1. 10. 비트코인 현물 ETP 상장과 거래가 허용되었다.[5] 또한 SEC는 2024. 5. 23. 이더리움 현물 ETF 거래를 위한 거래소 상장규정 개정을 승인하여 2024. 7. 23.부터 이더리움 현물 ETF 거래가 시작되었다.[6]

한편 규제의 불확실성을 해소하여 가상자산업을 육성하고자 하는 차원에서 가상자산친화법안으로 평가되는 "21세기를 위한 금융혁신과 기술법안(Financial Innovationand Technology for the 21st Century Act, FIT 21)"[7]이 2024. 5. 22. 미국 하원을 통과하였다.[8] 또한 대선 국면에서 Lummis 상원의원은 2024. 7. 31. 연

---

3   거래소에 상장되어 거래되는 상품을 의미하며, ETF(Exchange-Traded Fund)와 ETN(Exchange-Traded Note), ETC(Exchange-Traded Commodities) 등을 포괄한다.
4   Grayscale Investments, LLC v. SEC, No. 22-1142 No. 22-1142, 82 F.4th 1239 (D.C. Cir. 2023).
5   SEC, Statement on the Approval of Spot Bitcoin Exchange-Traded Products, 2024. 1. 10. https://www.sec.gov/newsroom/speeches-statements/gensler-statement-spot-bitcoin-011023 (2024. 12. 10. 최종확인).
6   SEC는 the Grayscale Ethereum Mini Trust (ETH), Franklin Ethereum ETF (EZET), VanEck Ethereum ETF (ETHV), Bitwise Ethereum ETF (ETHW), 21Shares Core Ethereum ETF (CETH), Fidelity Ethereum Fund (FETH), BlackRock's (BLK) iShares Ethereum Trust (ETHA), the Invesco Galaxy Ethereum ETF (QETH) 개정을 승인하고, Grayscale Ethereum Trust(ETHE)를 현물 ETF로의 변환을 승인하였다. 이에 총 9개의 ETF가 거래되고 있다. Investor's Business Daily, "Ethereum ETFs Win SEC Approval. Trading Starts Today", 2024. 7. 23. https://www.investors.com/news/ethereum-etf-sec-approval/ (2024. 11. 24. 최종확인).
7   https://www.congress.gov/bill/118th-congress/house-bill/4763/text?s=1&r=1&q=%7B%22search%22%3A%5B%22Financial+Innovation+and+Technology+for+the+21st+Century+Act.%22%5D%7D (2024. 10. 최종확인).
8   FSC, Press Releases "House Passes Financial Innovation and Technology for the 21st Century Act with Overwhelming Bipartisan Support", 2024. 5. 22. https://financialservices.house.gov/news/documentsingle.aspx?DocumentID=409277&os

방준비제도가 비트코인을 전략적 준비자산으로 매입하도록 하는 법안(Boosting Innovation, Technology and Competitiveness through Optimized Investment Nationwide, BITCOIN Act of 2024)을 발의하였고,[9] 재선에 성공하면 정부가 보유한 비트코인을 전략적으로 비축하고, 가상자산 관련 규제를 완화해 미국을 가상자산의 수도로 키우겠다는 공약을 제시[10]한 도널드 트럼프 후보가 대통령에 당선되었다.

이처럼 가상자산 규제를 바라보는 미국의 시각이 새로운 국면에 접어들고 있다. 이러한 최근 미국에서의 가상자산 규제 현황은 우리나라에도 적지 않은 영향을 줄 것이다. 비록 우리나라와는 다른 법제를 가지고 있으나, 미국의 규제 현황 및 그 의의를 살펴보는 것은 2024. 7. 19. 가상자산이용자보호법이 시행되었지만 여전히 해결해야 할 많은 과제를 가지고 있는 우리나라가 향후 (가칭) 가상자산기본법을 제정하거나, 금융당국이 가상자산 규제 정책 결정을 할 때 참고가 될 만한 시사점을 줄 것으로 생각한다.

이 글은 다음과 같이 구성되어 있다. 먼저 미국에서의 가상자산 규제 체계를 간략히 살펴본다(Ⅱ). 그리고 최근 규제 현황을 SEC 규제와 관련한 행정·사법적 측면과 입법적 측면으로 나누어 살펴본다(Ⅲ). 다음으로 이러한 미국의 규제 현황이 우리나라에 주는 시사점을 검토하고(Ⅳ), 마지막으로 이상의 논의를 정리한다(Ⅴ).

=vbkn42_&ref=app (2024. 11. 24. 최종확인).

9 Lummis Introduces Strategic Bitcoin Reserve Legislation, https://www.lummis.senate.gov/press-releases/lummis-introduces-strategic-bitcoin-reserve-legislation/ (2024. 12. 10. 최종확인); 연합인포맥스, [이미선의 크립토ON] 美 '비트코인 비축 법안' 배경과 실현 가능성, 2024. 8. 21. https://news.einfomax.co.kr/news/articleView.html?idxno=4321964#:~:text=%EB%B2%95%EC%95%88%EC%9D%80%20%EB%B9%84%ED%8A%B8%EC%BD%94%EC%9D%B8%20%EB%A7%A4%EC%9E%85,%EB%A7%A4%EC%9E%85%ED%95%A0%20-%EA%B2%83%EC%9D%84%20%EC%A0%9C%EC%95%88%ED%96%88%EB%8B%A4. (2024. 12. 10. 최종확인).

10 한국경제, 트럼프 "비트코인을 美전략자산으로 비축", 2024. 7. 28. https://www.hankyung.com/article/2024072848251 (2024. 12. 10. 최종확인); 조선일보, 트럼프, 미국을 비트코인 세계수도로? 선거전략인가 진심인가, 2024. 10. 9. https://www.chosun.com/economy/economy_general/2024/10/09/5QLUD3IS2RGBXET7AHJ7LMYYUM/ (2024. 12. 10. 최종확인).

Ⅱ. 미국의 가상자산 규제체계

1. 각 기관별 개별적 규제

미국은 가상자산 관련 규제에 있어 연방 차원의 포괄적인 규제 체계를 도입하고 있지 않다. 다만 현행법의 범주 하에서 각 규제 기관이 개별적으로 역할을 수행하고 있다. 즉, 증권거래위원회(SEC), 상품선물거래위원회(Commodity Futures Trading Commission, CFTC), 재무부(Department of the Treasury)가 각자 그 역할을 수행하고 있다.

재무부 산하 금융범죄 단속네트워크(the Financial Crimes Enforcement Network, FinCEN)는 자금세탁 방지(AML)와 테러 자금 조달 방지(CFT)에 중점을 두고 디지털 자산 거래를 감시하는데, 은행비밀유지법(Currency and Foreign Transactions Reporting Act, BSA)에 따라 가상자산(virtual currency)의 관리자(administrators) 및 교환자(exchangers)는 자금서비스업자(Money Services Business, MSB)에 해당되어 등록의무, 보고의무 및 기록의무를 부담하게 된다.[11]

재무부 산하의 국세청(Internal Revenue Service, IRS)은 가상자산을 과세자산으로 취급하고, 가상자산 거래나 투자로 인한 이익은 자본소득으로 간주되며, 이에 대해 세금을 부과하고 있다. 특히, 가상자산 거래, 채굴, 스테이킹 등의 활동으로 발생하는 소득을 신고하도록 요구하고 있다.[12]

---

11 FinCEN, "Application of FinCEN's Regulations to Persons Administering, Exchanging, or Using Virtual Currencies", 2013. 3. 18., pp.2-3 (https://www.fincen.gov/sites/default/files/shared/FIN-2013-G001.pdf) 및 FinCEN, "Application of FinCEN's Regulations to Certain Business ModelsInvolving Convertible Virtual Currencies", 2019. 5. 9. p.1(https://www.fincen.gov/sites/default/files/2019-05/FinCEN%20Guidance%20CVC%20FINAL%20508.pdf); InnReg, "FinCEN Cryptocurrency Regulation: All You Need To Know", 2023. 8. 7. (https://www.innreg.com/blog/fincen-cryptocurrency-regulation) 참고.
12 IRS는 가상자산(Virtual Currency)을 연방세법 목적상 "자산(property)"으로 취급한다는 유권해석(IRS, Notice 2014-21, 2014. 4. 14, https://www.irs.gov/irb/2014-16_IRB#NOT-2014-21)을 통하여 가상자산에 대하여 화폐가 아니라 자산과 마찬가지 과

중요한 규제 기관으로 CFTC와 SEC를 들 수 있다. CFTC는 2015. 9. Coinflip, Inc 사건에서[13] 상품매매법(CEA) §1a(9) 상품(commodity)의 정의에 "비트코인을 비롯한 가상자산(Bitcoin and other virtual currencies)이 포함된다"고 발표하였다.[14] CFTC는 가상자산을 기초로 한 파생거래뿐만 아니라 가상자산 현물 거래에서도 주(state)간 상거래에서 발생되는 가상자산의 사기(fraud) 및 시세조종(manipulation)에 대해 감독권을 행사할 수 있다.[15] 다만, CFTC의 감독권한은 사기 및 시세조종의 경우에 한정되기 때문에 마진, 레버리지 및 자금조달을 수반하지 않는 통상적인 가상자산 현물 또는 대금거래(spot or cash transactions)는 CFTC의 감독대상이 아니다.[16] 또한 아래 3항에서 보는 바와 같이 SEC가 가상자산에 대해 적극적 규제 권한

세체계와 과세당국에의 보고의무가 적용된다고 발표하였다. 이후 IRS는 2019. 10. 보다 상세한 추가적인 가이드라인(IRS, Revenue Ruling 2019-24, https://www.irs.gov/individuals/international-taxpayers/frequently-asked-questions-on-virtual-currency-transactions)을 발표하였다.

13 Coinflip은 2014. 3.부터 같은 해 8.까지 온라인 플랫폼(소위 "Derivabit")에 비트코인을 기초자산으로 하는 다수의 옵션 상품을 거래가능대상으로 지정하고 이를 매도 · 매수하고자 하는 고객들을 연결시켜 주었다. 상품거래법상 상품옵션거래 권유 시 준수하여야 하는 관련법령을 준수하지 아니하였고 CFTC에 등록(또는 등록면제)된 지정계약시장(designated contract market) 또는 스왑매매체결기구(swap execution facility) 이외의 자의 장외파생상품 매매체결업무 수행 금지 규정을 위반하였다고 본 것이다. 위반행위 중지명령을 내렸고 Coinflip측의 합의(settlement) 제안을 받아들였다. 심인숙, "가상통화 관련 파생상품거래 등에 대한 미국 연방 상품거래법상 쟁점에 관한 고찰 – 연방상품규제당국(CFTC)의 접근방법을 중심으로-", 『중앙법학』 제21집 제4호, 중앙법학회, 2019. 12.; Coinflip, Inc., d/b/a Derivabit, and Francisco Riordan, CFTC Docket No. 15-29, https://www.cftc.gov/sites/default/files/idc/groups/public/@lrenforcementactions/documents/legalpleading/enfcoinfliprorder09172015.pdf (2024. 10. 30. 최종확인).

14 CFTC Release: pr7231-15, "CFTC Orders Bitcoin Options Trading Platform Operator and its CEO to Cease Illegally Offering Bitcoin Options and to Cease Operating a Facility for Trading or Processing of Swaps without Registering", 2015. 9. 17. https://www.cftc.gov/PressRoom/PressReleases/7231-15 (2024. 10. 30. 최종확인).

15 CFTC, "CFTC Primer on Virtual Currencies", 2017.10.17. The CFTC's Role in Monitoring Virtual Currencies 참고.

16 Skadden, "Frequently Asked Questionson Virtual Currency and CFTC Jurisdiction", 2017.11.15; 배승욱, "미국의 가상통화 규제 및 시사점", 『외법논집』 제42권 제2호, 한국외국어대학교 법학연구소, 2018. 5. 171면.

을 행사함에 따라 CFTC와 SEC 사이의 권한 행사 범위 문제는 제대로 해결되지 않은 상태이다.

한편, 위 각 기관의 장들은 2019. 10. 11. 디지털자산(digital assets)이 위와 같이 각 영역에서 미국연방법이 적용됨을 명시적으로 선언하였다.[17]

2. 바이든 대통령의 책임있는 디지털자산 개발보장을 위한 행정명령

FTX 사태와 테라-루나 사태를 계기로 미국 정부는 2022. 3. 바이든 대통령의 "책임있는 디지털자산 개발보장을 위한 행정명령"[18]을 비롯하여 디지털자산에 대한 규제를 확대하는 데 적극적으로 나섰다.

책임있는 디지털자산 개발보장을 위한 행정명령은, 암호화폐(cryptocurrencies)는 "블록체인과 같은 암호화에 의존하는 분산원장 기술을 통해 생성 또는 소유 기록이 지원되는 교환 매체일 수 있는 디지털자산(digital assets)"을 의미하고[§9.(c)], 디지털자산(digital assets)은 "사용된 기술에 관계없이 모든 CBDC와 분산원장 기술을 사용하여 디지털 형태로 발행되거나 표현되는 어떠한 가치를 지닌 수단, 금융자산 및 상품, 결제나 투자, 자금 송금 또는 교환에 사용되는 청구권 또는 이에 상응하는 것을 의미한다. 예를 들어, 디지털자산에는 암호화폐, 스테이블코인, 디지털 화폐(CBDC)가 포함된다. 어떤 명칭을 사용하든 디지털자산은 증권, 상품, 파생상품 또는 기타 금융 상품일 수 있다. 디지털자산은 중앙 집중식 및 탈중앙화 금융플랫폼을 포함한 디지털자산 거래 플랫폼에서 또는 P2P 기술을 통해 교환될 수 있다"[§9.(d)]라고 정의한다.

---

17 SEC, "Leaders of CFTC, FinCEN, and SEC Issue Joint Statement on Activities Involving Digital Assets", 2019.10.11. https://www.sec.gov/newsroom/speeches-statements/cftc-fincen-sec-jointstatementdigitalassets (2024. 10. 30. 최종확인).

18 The White House, Executive Order on Ensuring Responsible Development of DigitalAssets, 2022. 3. 9. https://www.whitehouse.gov/briefing-room/presidential-actions/2022/03/09/executive-order-on-ensuring-responsible-development-of-digital-assets/.

그리고 디지털자산이 소비자, 투자자 및 기업 보호, 금융 안정성 및 금융 시스템 무결성, 범죄 및 불법 자금의 퇴치 및 예방, 국가 안보, 인권 행사 능력, 금융 포용 및 형평성, 기후 변화 및 오염에 미칠 수 있는 위험을 줄이기 위한 강력한 조치를 취해야 한다고 하면서[§1], 다음과 같은 6가지 정책 목표를 제시했다[§2]. ① 미국은 소비자, 투자자 및 기업을 보호하고, 개인 정보를 유지하며, 인권 침해에 기여할 수 있는 임의적 또는 불법적 감시로부터 보호하기 위해 보호 조치가 마련되고 디지털 자산의 책임 있는 개발을 촉진해야 한다. ② 디지털자산 발행인, 거래소 및 거래 플랫폼, 금융 안정성에 대한 위험을 증가시킬 수 있는 활동을 하는 중개자는 적절한 경우 "동일 사업, 동일 위험, 동일 규칙"이라는 일반 원칙에 따라 기존 시장 인프라와 금융 회사를 규제하는 규제 및 감독 기준을 준수해야 한다. ③ 디지털자산이 남용되거나 불법적인 방식으로 사용되거나 국가 안보를 훼손하는 경우 규제, 감독, 법 집행 조치 또는 기타 미국 정부 기관의 사용을 통해 이러한 불법 금융 및 국가 안보 위험을 완화하기 위한 조치를 취하는 것이 국가 이익에 부합한다. ④ 글로벌 금융 시스템과 기술 및 경제 경쟁력에서 미국의 리더십을 강화한다. ⑤ 안전하고 저렴한 금융 서비스에 대한 접근성을 촉진한다. ⑥ 디지털자산의 책임있는 개발 및 사용을 촉진하는 기술적 발전을 지원해야 한다. 그리고 이러한 정책 목표를 위해 각 행정기관에 적극적인 노력 및 조치를 할 것을 구체적으로 명령하고 있다.

3. SEC의 적극적 규제 권한 행사

이와 같은 흐름에서 SEC는 비트코인과 이더리움을 제외한 나머지 다수 가상자산을 "투자계약(investment contract)"인 증권으로 취급하여 적극적 규제를 펼치고 있다. 즉, 가상자산을 판매·유통하는 행위가 Howey 테스트[19]에서 말하는 투자계약 개념을 충족한다는 것이다. 이에 Ripple,

---

19 SEC v. W.J. Howey Co.에서 연방대법원은 증권법상 투자계약은 "① 사람이 자금을 투

Coinbase, Binance 등을 상대로 적극적 제재를 하고 제재 대상자들은 이에 맞서 소송전을 벌이고 있다.

  한편 SEC는 가상자산에 대한 제재 리스트[20]를 공개하고 있는데, 코너스톤 분석에 따르면, 2023년에는 가상자산 관련 제재가 46건으로 2022년보다 53% 증가하였고,[21] 2013년부터 2023년까지 가상자산 시장 참여자를 상대로 한 금전제재금(monetary penalty)이 약 미화 28억 9,000만 달러에 이른다고 한다.[22] 최근 2024. 9.에도 SEC는 MNGO DAO 토큰에 대해 제재하였고[23] 자문회사인 Galois Capital을 제재하는[24] 등 적극적 규제 권한을 행사하고 있다. 이하 항을 바꾸어 그 중 법원의 판단에 이른 대표적인 사안을 보다 구체적으로 살펴보고자 한다.

자하는, ② 공동의 사업에, ③ 오로지 사업가 또는 제3자의 노력에 의해서 수익을 기대할 수 있는 계약, 거래 또는 계획"이고, 계약, 거래 또는 계획이 투자계약인지 여부를 분석함에 있어서 "형식보다는 실질을 보아야 하고, 경제적 현실 및 상황의 총체성에 중점을 두어야 한다"고 판시하였다.

20 SEC, Crypto Assets and Cyber Enforcement Actions, https://www.sec.gov/securities-topics/crypto-assets (2024. 11. 5. 최종확인).
21 Conerston research, "SEC Cryptocurrency Enforcement, 2023 Update", 2023, p.2 https://www.cornerstone.com/wp-content/uploads/2024/01/SEC-Cryptocurrency-Enforcement-2023-Update.pdf.
22 위 자료 p.12.
23 SEC, SEC Charges Entities Operating Crypto Asset Trading Platform Mango Markets for Unregistered Offers and Sales of the Platform's "MNGO" Governance Tokens, 2024-154, 2024. 9. 27. https://www.sec.gov/newsroom/press-releases/2024-154; Finance Feeds, "70만 달러 규모의 암호화폐 매각 소송을 해결하기 위해 MNGO 토큰이 파기된다", 2024. 9. 30. https://financefeeds.com/ko/70만-건의-암호화폐-매각-소송을-해결하기-위해-MNGO-토큰이-파기된다/.
24 SEC, SEC Charges Crypto-Focused Advisory Firm Galois Capital for Custody Failures, 2024. 9. 3. https://www.sec.gov/newsroom/press-releases/2024-111; SEC의 명령에 따르면, 2022. 7.부터 Galois Capital은 자문을 제공한 사모펀드가 보유한 특정 가상자산을 자격을 갖춘 보관인이 아닌 FTX Trading Ltd.를 포함한 가상자산 거래 플랫폼의 온라인 거래 계좌에 가상자산을 보유했고, 펀드가 관리하는 자산의 약 절반이 FTX 파산과 관련하여 손실을 입었다.

III. 최근 규제 현황의 구체적 분석

1. SEC 규제 관련 행정적·사법적 측면

(1) Ripple 사건 (SEC v. Ripple Labs, Inc.)
1) 사안의 배경

SEC는 2020. 12. 리플 랩스(Ripple Labs, "Ripple")와 두 명의 주요 임원인 브래드 갈링하우스(Brad Garlinghouse)와 크리스 라센(Chris Larsen)을 상대로, Ripple이 XRP[25]을 미등록 증권으로 판매하여 1933년 증권법(Securities Act of 1933) 제5조[26]를 위반했다고 주장하며 소송을 제기했다. 법원은 이에 대하여 2023. 7. 13. 약식판결(summary judgement)을 하였다.[27] Ripple은 주간 상거래를 통해 XRP 판매를 청약하거나 판매한 사실, XRP의 판매 청약이나 판매에 대해 SEC에 증권신고서를 제출하지 않았다는 점에 대해 이의를 제기하지 않았다. 따라서 쟁점은 Ripple이 XRP를 증권으로 판매하거나 판매하겠다고 청약했는지 여부였다.

여기서 중요한 점은 "가상자산인 XRP는 그 자체로 Howey 테스트에서 요구하는 투자계약 정의를 충족하는 '계약(contract), 거래(transaction) 또

---

25 아서 브리토(Arthur Britto) 등 개발자들은 2012년 비트코인 블록체인보다 더 빠르고, 저렴하며, 에너지 효율적인 대안을 만들고자 XRP 원장을 출시했고, 그 소스 코드는 1,000억 개의 고정 공급량의 XRP를 생성했다. XRP는 XRP 원장의 기본 디지털 토큰이며, XRP 원장은 XRP를 운영에 필수적으로 사용한다. Ripple이 설립된 이후 Ripple은 "국제 통화 이체를 위한 글로벌 결제 네트워크를 개발함으로써 국제 결제를 현대화"하고자 했는데, 예를 들어, Ripple은 RippleNet이라는 소프트웨어 제품을 개발했으며, 이를 통해 고객들은 합의된 조건에 따라 국경 간 금융 거래를 청산하고 결제할 수 있다. RippleNet의 기능 중 온디맨드 유동성(on-demand liquidity, "ODL")은 고객들이 법정 통화를 XRP로 교환한 후 다시 다른 법정 통화로 교환할 수 있도록 하여 국경 간 거래를 지원한다. Sec. & Exch. Comm'n v. Ripple Labs., 20 Civ. 10832 (AT) (S.D.N.Y. Jul. 13, 2023) (이하 'Ripple 약식판결') pp.2-3 참고.
26 누구든지 유효하지 않은 증권신고서를 이용하거나, SEC에 증권신고서를 제출하지 않으면 그러한 증권의 직간접적인 일반에 대한 청약 및 매매는 위법하다.
27 Sec. & Exch. Comm'n v. Ripple Labs., 20 Civ. 10832 (AT) (S.D.N.Y. Jul. 13, 2023).

는 계획(scheme)'이 아니고, XRP의 판매 및 배포와 관련된 '전체 상황(the totality of circumstances)'을 검토한다"[28]라는 것이다.

2) 법원의 판단 요지

법원은 기관판매(Institutional Sales)와 프로그램 판매(Programmatic Sales), 기타 배포(Other Distributions)로 나누어 판단하였다.

먼저, 법원은 Ripple이 서면계약에 의한 '전문투자자인(sophisticated) 개인 및 법인(기관구매자)'에 대한 XRP 판매는 '수평적 공통성(horizontal commonality)'이 인정되므로 Howey 두 번째 요건인 '공동의 사업(common enterprise)'이 존재한다고 판단하였다. 그 근거로, Ripple은 기관판매 수익금을 다양한 자회사의 이름으로 은행 계좌 네트워크에 모아 각 자회사에 대해 별도의 은행 계좌를 유지했지만 Ripple이 모든 계좌를 관리하고 기관판매에서 모은 자금을 운영 자금으로 사용한 점, 모든 기관구매자가 동일한 대체가능한 XRP를 받았기 때문에 각 기관구매자의 수익은 Ripple의 재산 및 다른 기관구매자의 재산과 관련되어 있다는 점, Ripple은 기관판매에서 받은 자금을 XRP의 용도를 개발하고 XRP 거래 시장을 보호함으로써 XRP의 가치를 증진하고 증가시키는데 사용했으므로, XRP의 가치가 상승하면 모든 기관구매자는 XRP 보유량에 비례하여 이익을 얻었다는 점을 들었다. 그리고 Ripple이 각종 브로셔나 XRP Market Report, 공개 채널 등을 이용하여 XRP를 둘러싼 생태계를 개발함으로써 Ripple의 가치가 상승할 것을 홍보하였고, 이로 인해 기관구매자는 Ripple의 기업 및 관리 노력에서 파생될 잠재적 이익과 함께 XRP에 대한 투기적 가치 상승에 대한 합리적 기대를 갖게 되었다고 보았다. 이로써 Howey의 세 번째 요건인 '타인의 기업가적 또는 관리적 노력에서 파생될 이익에 대한 합리적인 기대'를 갖게 되었다는 점이 충족되었다고 한다.

다만, 법원은 가상자산거래소에서의 공개구매자에 대한 프로그램 판매(프로그램 구매자)는 Howey의 세 번째 기준을 충족하지 않는다고 결론지었

---

28 Ripple 약식판결 p.15.

다. 기관구매자는 Ripple이 판매에서 얻은 자본을 XRP 생태계를 개선하여 XRP 가격을 높이는 데 사용할 것이라고 합리적으로 예상했지만, 프로그램 구매자는 이를 기대할 수 없었다는 것이다. 그 근거로, Ripple의 프로그램 판매는 블라인드 매도/매수 거래였으므로 프로그램 구매자는 그들이 지급한 자금이 Ripple에 갈지 아니면 다른 XRP 판매자에게 갈지 알 수 없었다는 점, 기관구매자는 계약에 따라 Ripple로부터 직접 XRP를 구매했지만, 프로그램 구매자는 누구에게, 무엇을 지급하고 있는지 모르는 2차 시장 구매자와 같은 지위인 점, 한편 많은 프로그램 구매자는 분명히 이익을 기대하면서 XRP를 구입했겠지만, 그들이 Ripple로부터 XRP를 구매한다는 인식이 없었으므로 Ripple의 노력에서 이익이 창출된다는 기대를 한 것이라고 볼 수 없고(물론 일부 프로그램 구매자는 Ripple의 노력으로 얻을 수 있는 이익에 대한 기대와 함께 XRP를 구매했을 수 있으나), Ripple 역시 누가 XRP를 구매하는지 몰랐고 구매자는 누가 XRP를 판매하는지 몰랐기 때문에 Ripple이 구매자에게 어떠한 약속이나 제안을 했다고 볼 수 없다는 것이다. 또한 기관판매에서처럼 잠금 조항, 재판매 제한, 면책 조항 등이 포함된 계약에 따라 프로그램 판매가 이루어지지 않았으므로, 프로그램 구매자는 기관구매자와 유사한 "이해 및 기대"를 공유하고, SEC가 강조하는 8년의 기간 동안 Ripple 임직원들이 소셜미디어 플랫폼이나 뉴스사이트를 통해 진술한 것을 포함하여 여러 문서 및 진술을 분석할 수 있었다고 볼 만한 증거가 없다고 판단하였다.

마지막으로, Ripple이 감사 재무제표에서 '현금 이외의 고려'로 6억 900만 달러를 기재한 서면 계약에 따른 기타 배포가 문제되었다. 이러한 기타 배포에는 XRP 및 XRP 원장을 위한 새로운 애플리케이션을 개발하기 위한 Ripple의 Xpring 보상의 일환으로 직원에 대한 보상 및 제3자에 대한 배포가 포함된다. SEC는 "Ripple이 XRP를 제3자에게 양도한 다음 XRP를 공개 시장에 판매하도록 함으로써 프로젝트에 자금을 지원했다"고 주장했지만, 법원은 이러한 기타 배포는 거래 또는 계획의 일부로 '금전 투자'가 있어야 한다는 Howey의 첫 번째 기준을 충족시키지 않는다고 보았다. 기타 배포의 수령인은 Ripple에 금전 또는 '일부 유형 및 정의 가능한 대가'를 지불하지 않았기 때문이다.

3) 약식판결 이후 상황

SEC는 2023. 8. 18. 약식판결 중 Ripple이 2차 거래 플랫폼에서 XRP를 프로그램적으로 제안하고 판매한 것이 투자자들이 다른 사람들의 노력에 의해 이익을 합리적으로 기대할 수 없다는 부분 및 Ripple이 서비스에 대한 대가로 XRP를 배포한 것이 Howey 테스트의 '금전 투자'로서 법적으로 충분하지 않다는 부분에 이의를 제기하며 항소를 위한 중간항소(interlocutory appeal)를 신청했다. 그러나 법원은 2023. 10. 3. 다음과 같은 이유를 들어 SEC의 중간항소 신청을 기각했다.[29] 즉, SEC의 핵심 주장은 법원이 관련 법적 기준 자체를 잘못했다는 것이 아니라 법적 기준인 Howey 테스트를 기록에 있는 사실에 부적절하게 적용했다는 것에 불과하고, SEC가 약식판결이 다른 가상자산 사건에 선례적 가치를 지닌다고 주장하는 것은 SEC가 법원 판결을 오해한 것으로, 법원은 가상자산거래소에서의 청약과 판매가 다른 사람들의 노력에 기반한 이익에 대한 합리적인 기대를 만들 수 없다고 판결한 것이 아니라 Ripple 사건에서 인정된 사실, 상황 및 거래의 경제적 현실을 검토한 결과, Ripple의 프로그램 판매는 투자자들이 Ripple의 노력에 기반해 이익을 기대할 수 없었다고 판단한 것에 불과하기 때문이다.[30] 한편 아래에서 볼 Terraform 사건과 충돌한다는 SEC의 주장에 대해서는 Terraform 사건과 달리, Ripple의 주요 홍보 자료들이 오직 기관구매자에게만 배포되었고 프로그램 구매자에게는 널리 배포되지 않았기에, 합리적인 프로그램 구매자는 모든 XRP 구매에서 발생한 판매 수익이 Ripple과 XRP 원장으로 다시 투입되어 모든 XRP 보유자에게 추가적인 이익을 창출할 것이라고 믿지 않았을 것이므로 실질적인 의견 차이가 있는 것이 아니라[31]고 보았다.

---

29 Sec. & Exch. Comm'n v. Ripple Labs., 20 Civ. 10832 (AT) (S.D.N.Y. Oct. 3, 2023).
30 위 중간항소기각판결 p.7.
31 위 중간항소기각판결 p.10-11.

SEC는 2023. 10. 19. 개인 피고들에 대한 소를 취하하였고,[32] 2024. 8. 7. 법원은 Ripple에 1억 2,500만 달러의 벌금을 부과했는데, 이는 SEC가 환수금, 판결 전 이자 및 민사상 벌금으로 요구한 거의 20억 달러[33]보다 훨씬 낮은 금액이었다. SEC는 2024. 10. 2. 이 판결에 대해 항소하였고,[34] Ripple 역시 2024. 10. 10. 교차 항소(cross-appeal)하여[35] 항소심 판단이 주목된다.[36]

4) 검토

Ripple 약식판결은 먼저 XRP 자체가 투자계약에 해당하는 것이 아니라 그 판매와 거래를 둘러싼 상황을 종합적으로 검토하여 해당 "판매 및 거래 행위"가 투자계약에 해당한다고 판단한 데 중요한 의미가 있다. 그리고 무엇보다 기관판매와 2차 시장 거래를 구분함으로써 특히 2차 시장 거래에서 Howey 테스트를 적용하는 것이 적절한지에 대한 의문을 제기한다. 왜냐하면, 2차 시장의 구매자는 판매자의 홍보 노력을 알지 못할 수 있고, 판매자는 2차 시장의 구매자에게 구체적인 진술이나 약속 등을 하지 않을 수 있기 때문이다. Ripple 사건은 Howey 테스트가 익명의 2차 시장 거래에 적합하지 않다는 점, 특히 2차 시장의 판매로 발생한 자금이 기업에 투자되었는지, 이익에 대한 기대가 발행인의 노력보다는 시장 힘이나 제3자의 진술에 의한 것인지가 분명하지 않기 때문에 '공동 사업'의 존재와 2차 구매자가 초기 판매자의 노력에 기반해 '이익을 기대'할 수 있는지 여부를 평가하는 데 어려움이 있다는 점을 드러냈다.

---

32 https://storage.courtlistener.com/recap/gov.uscourts.nysd.551082/gov.uscourts.nysd.551082.921.0_1.pdf.
33 SEC는 2020. 12. Ripple이 공모 절차를 거치지 않은 불법 증권이라는 이유로 소송을 제기할 때 약 8억 7600만 달러의 민사 벌금과 같은 금액의 이익 반환금, 1억 9800만 달러의 이자 등을 포함해 모두 약 20억 달러를 내야 한다고 법원에 요청했다.
34 SEC, NOTICE OF APPEAL TO THE UNITED STATES COURT OF APPEALS, 2024. 10. 2. https://storage.courtlistener.com/recap/gov.uscourts.nysd.551082/gov.uscourts.nysd.551082.978.0.pdf.
35 NOTICE OF CROSS-APPEAL TO THE UNITED STATESCOURT OF APPEALS FOR THE SECOND CIRCUIT https://pacer.treeofalpha.com/files/551082_979.pdf.
36 Coindesk, Ripple Plans 'Cross-Appeal' in SEC Case, 2024. 10. 11. https://www.coindesk.com/policy/2024/10/10/ripple-plans-cross-appeal-in-sec-case/.

이처럼 Ripple 약식판결과 중간항소기각 명령은 SEC의 '집행에 의한 규제' 전략의 한계를 명확히 보여준다. SEC가 명확한 지침 없이 오로지 집행에 의존하고 있고,[37] 이러한 규제 접근 방식은 가상자산 분야의 현재 요구를 충족시키기에 부적합하다[38]는 비판의 목소리가 높다.

결과적으로, Ripple 약식판결을 항소법원에서 유지하거나 다른 법원이 이를 수용할지 여부에 따라 2차 시장에서의 가상자산 거래가 증권 거래로 간주되는지 여부가 결정될 것인데, 무엇보다 Howey 테스트가 익명의 2차 시장 거래에 여전히 유효하게 작동할 수 있을지는 다른 판결에도 중요한 영향을 미칠 것이다.[39]

(2) Terraform 사건 (SEC v. Terraform Labs. Pte. Ltd.)
1) 사안의 개요

SEC는 2023. 2. 16. Terraform Labs(Terraform)과 권도형을 상대로 민사소송을 제기하고, 2023. 4. 3. 6가지 청구를 포함한 수정 소장을 제출했다. 즉, 증권법 17(a)조 위반에 따른 증권의 청약 또는 판매 과정에서의 사기(제1 혐의), 증권거래법 10(b)조 및 동 규칙 10b-5 위반에 따른 증권 판매 과정에서의 사기(제2 혐의), 증권거래법 20(a)조에 따른 권도형의 지배인 책임(제3 혐의), 증권법 5(a)조 및 5(c)조 위반에 따른 등록되지 않은 증권의 청약 및 판매(제4 혐의), 증권법 5(e)조 위반에 따른 비적격 계약 참가자에게 등록되지 않은 증권 기반 스왑 청약(제5 혐의) 및 거래, 증권거래법

---

37 Michael J. Casey, Regulating Crypto by Enforcement and Stealth Will Set the US Back, CoinDesk, 2023. 2. 10. https://www.coindesk.com/consensus-magazine/2023/02/10/regulating-crypto-by-enforcement-and-stealth-will-set-the-us-back/.
38 BCLP, SEC v. Ripple Labs: A Critical Industry Win, 2023. 7. 14. https://www.bclplaw.com/en-US/events-insights-news/sec-v-ripple-labs-a-critical-industry-win.html.
39 Reuters Legal News, Ripple effects: developments following groundbreakingdecision in SEC v. Ripple Labs, 2023. 12. 5. https://www.skadden.com/-/media/files/publications/2023/12/rippleeffectsdevelopmentsfollowinggroundbreakingdecisioninsecvripplelabs.pdf.

6(l)조 위반에 따른 비적격 계약 참가자와의 등록되지 않은 증권 기반 스왑 거래(제6 혐의)이다.[40]

Terraform과 권도형은 여러 가지 이유를 들며[41] 수정 소장을 각하해 달라고 신청(Motion to dismiss)했는데, 그중 하나는 문제된 가상자산이 증권이 아니므로 SEC에 제소 권한이 없다는 취지의 주장[42]이었다. 법원은 2023. 7. 31. 피고들의 소장각하신청을 모두 기각했다("제1 Terraform 판결").[43] 이후 SEC와 Terraform 및 권도형 모두 약식판결을 청구했는데, 법원은 2023. 12. 28. 다음 2)항에서 살펴보는 것과 같은 이유를 들어, Terraform 및 권도형이 증권거래법 제5(a)조 및 제5(c)조를 위반하여 등록되지 않은 상태에서 LUNA 및 MIR를 제공 및 판매한 혐의와 관련된 수정 소장의 제4 혐의에 대해 SEC에 약식판결을 내리고, 등록되지 않은 증권 기반 스왑 제공 및 거래 혐의와 관련된 수정 소장의 제5, 6혐의에 대해 Terraform 및 권도형에게 약식판결을 내렸다.[44] 다만, 사기 혐의

---

40 Sec. & Exch. Comm'n v. Terraform Labs Pte. Ltd., 23-cv-1346 (JSR) (S.D.N.Y. Dec. 28, 2023) p.13.
41 연방민사소송규칙(Federal Rule of Civil Procedure Rule) 12(b)(2)에 따른 개인 관할권 흠결 및 같은 규칙 12(b)(6)에 따른 법적 근거 불충분, 중대한 질문 원칙(Major Questions Doctrine), 적법 절차 조항, 그리고 행정절차법(APA)에 의할 때 SEC가 문제된 가상자산을 "투자계약"이라고 주장할 수 없다는 것이다.
42 이는 이후 제2 Terraform 판결에서도 주요한 쟁점이었으므로 제2 Terraform 판결 내용을 검토하되, 특별히 제1 Terraform 판결 내용을 소개할 필요가 있을 때 따로 언급하기로 한다.
43 Sec. & Exch. Comm'n v. Terraform Labs. Pte. Ltd., 23-cv-1346 (JSR) (S.D.N.Y. Jul. 31, 2023).
44 SEC는 피고가 비적격 계약참여자에게 미등록 증권기반스왑(security-based swaps)을 제공하고, 증권거래법 제6(l)조를 위반하여 비적격 계약참여자와의 증권기반스왑거래를 수행했다고 주장하였다. 그러나 법원은 mAssets가 증권기반스왑에 해당하지 않으므로, 수정소장의 제5항 및 제6항을 기각하였다. 즉, Mirror 프로토콜의 mAssets는 대부분의 요건을 충족하지만, Mirror 프로토콜을 통해 mAsset을 생성하거나 구매하는 사용자는 Apple 주식과 같은 기초자산의 가치에 기반한 지급을 교환하지만, 기초자산에 대한 소유권은 이전받지 않으므로, 재정적 위험의 이전이 포함되지 않는다는 것이다. 즉, 사용자는 mAsset을 보유함으로써 이익을 얻을 수 없으며, 담보는 항상 기초자산의 가치보다 높아야 하고, 사용자가 추가 담보를 충분히 예치하지 않으면 mAsset을 잃게 된다. 결국, mAsset 보유자가 거래에서 상대방에게 증권의 미래 가치 변화와 관련된 재정적 위험을 이전하거나 반대로 이전받는다는 증거가 없다. 오히려, 보유자가 스스로 모든 위험을 감

와 관련된 수정 소장의 나머지 청구(제1 내지 3혐의)에 대해서는 양측의 교차 약식판결 요청을 모두 기각했다("제2 Terraform 판결").[45][46] 이에 2024. 4. 5. 열린 재판에서 배심원단은 Terraform과 권도형에게 증권 사기 책임(제1 내지 3혐의)이 있다고 만장일치로 판결했고, 2024. 6. 13. Terraform은 3,586,875,883달러의 환수금, 466,952,423달러의 판결 전 이자, 420,000,000달러의 민사 벌금을 지불하기로, 권도형은 Terraform과 공동 및 개인적으로 1억 1,000만 달러의 환수금과 14,320,196달러의 판결 전 이자를 지불하고, 8,000만 달러의 민사 벌금을 내기로 합의했다.[47] 그리고 2024. 6. 13. 법원의 최종판결[48]이 선고되었다.

2) 제2 Terraform 판결의 요지 – 제4 혐의 관련

Terraform과 권도형(피고들)은 구매자들이 그 가치를 1달러로 안정적으로 유지하려는 목적이었을 뿐 이익을 창출하려는 것이 아니었기 때문에

당하게 된다. SEC는 여전히 "재정적 위험이 실제로 투자자, 즉 자산을 생성한 사람에게 이전된다"고 주장하지만, 이는 자산을 생성한 사람이 담보를 예치하고 그 담보를 잃을 수 있다는 위험을 감수하는 것일 뿐, 그 위험이 거래 상대방으로부터 "이전"된 것은 아니다. 대신, 자산 생성자가 처음부터 그 위험을 모두 감수하고 있는 것이라고 보았다.

45 증권 사기와 관련하여서는 사실상의 중요한 논쟁들이 남아 있어 어느 한쪽에도 약식판결을 내릴 수 없다고 한다. 즉, UST 디페그(depeg)와 Chai의 Terraform 블록체인 사용과 관련된 SEC의 두 가지 사기 혐의에 대한 사기 의도에 관한 증거는 제3자 내부 고발자들로부터 나온 것이며, 그들의 신뢰성은 매우 중요하고, 그들의 증언은 재판에서 해결해야 할 수많은 과제를 안고 있다는 것이다. 물론, 배심원은 사기 혐의의 모든 요소를 판단할 필요는 없고, 특히, 피고들의 디지털자산 중 어떤 것이 증권에 해당하는지에 대한 법원의 기존 판결은 배심원에게 구속력이 있으며, 이에 따라 배심원에게 지시될 것이지만, 합리적인 배심원은 사기 혐의의 다른 요소, 즉 고의성(scienter)과 중요성(materiality)에 대해 SEC 또는 피고들의 주장을 받아들일 수 있다는 이유로, 법원은 해당 청구에 대한 양측의 요약 판결 신청을 모두 기각하였다.

46 2023. 12. 28. Sec. & Exch. Comm'n v. Terraform Labs Pte. Ltd., 23-cv-1346 (JSR) (S.D.N.Y. Dec. 28, 2023).

47 SEC, Terraform and Kwon to Pay $4.5 Billion Following Fraud Verdict, 2024. 7. 2. https://www.sec.gov/newsroom/press-releases/2024-73.

48 Sec. & Exch. Comm'n v. Terraform Labs PTE Ltd., 1:23-cv-1346 (JSR) (S.D.N.Y. Jun. 13, 2024) https://www.sec.gov/files/terraform-labs-pte-ltd-do-hyeong-kwon-final-judgment.pdf; https://www.sec.gov/enforcement-litigation/distributions-harmed-investors/sec-v-terraform-labs-pte-ltd-do-hyeong-kwon-no-23-cv-1346-jsr-sdny.

UST 자체는 증권이 아니라고 주장하였다. 그러나 법원은, 2021. 3.부터 UST 보유자들은 그들의 UST를 Anchor 프로토콜에 예치할 수 있었고, 이는 Terraform이 개발한 것이며 권도형이 공개적으로 연간 20%의 고정 수익률을 목표로 한다고 발표한 바 있는 점, 출시 이후 Anchor 프로토콜에서의 수익은 개인 또는 법인이 예치한 UST의 양에 비례하여 지급된 점 등을 종합하면, UST와 "Anchor 프로토콜이 결합하여" 투자계약을 형성했다[49]고 판단하였다.

또한, LUNA와 wLUNA의 경우, 제1 Terraform 판결에서 법원은 "Terraform이 LUNA 구매 대금을 '집합하여' 추가적인 투자가 모든 LUNA 보유자에게 혜택을 줄 것이라고 약속했다는 SEC의 주장이 Terraform과 투자자가 공동의 이익을 추구하는 사업에 참여했다는 점을 충분히 입증했다"고 밝힌 바 있다.[50] 그 근거로, 권도형과 사업 개발 책임자인 Jeff Kuan, Brian Curran은 "Terra에 투자하는 것은 LUNA를 구매하는 것이며, 이는 우리 회사의 '지분'이다", "LUNA를 소유하는 것은 Visa와 같은 네트워크의 거래 수수료에 대한 지분을 소유하는 것과 같다"며, "Terra 스테이블코인의 모든 거래 수수료는 LUNA 스테이커에게 스테이킹 보상으로 배분된다"라고 말하는 등 LUNA 투자자가 Terraform 블록체인을 추가로 개발하려는 피고들의 노력에 기반해 이익을 기대할 수 있다는 구체적이고 반복적인 발언을 했다는 점[51]을 들었다. 그리고 wLUNA 투자자는 LUNA로 교환할 수 있었기 때문에 LUNA에 대한 분석이 wLUNA에도 동일하게 적용되는바, 사람들은 "공동사업에 돈을 투자하고" Terraform 및 권도형이라는 "프로모터나 제3자의 노력으로부터 이익을 기대"할 수 있었다고 판단했다.[52]

그리고 MIR 판매 대금은 '집합되어' Mirror 프로토콜을 개선했으며,

---

49 제2 Terraform 판결 pp.38-39.
50 제1 Terraform 판결 p.37.
51 제2 Terraform 판결 p.40.
52 제2 Terraform 판결 p.41.

Mirror 프로토콜 사용에서 파생된 이익은 투자자의 투자 규모에 따라 다시 투자자에게 돌아간 점, Terraform은 MIR를 Mirror 프로토콜에서 자산 거래 수수료를 얻는 "거버넌스 토큰"으로 설명했는데, Mirror 프로토콜 출시에 따른 Terraform의 보도 자료에서는 "유동성 풀에 Mirror 거버넌스 토큰인 MIR를 추가하면, MIR 보유자는 거래 수수료의 0.25%를 얻을 수 있다"고 발표한 점, 권도형은 MIR 잠재 구매자에게 스프레드시트와 수익 예상표가 포함된 홍보 자료를 보내 Mirror 프로토콜 사용이 증가함에 따라 MIR 가격이 상승할 것이라고 추정했고, Terraform은 잠재 구매자들에게 Mirror 프로토콜을 강화하기 위한 노력을 설명한 점 등을 고려할 때, Terraform이 Mirror 프로토콜을 개발, 유지, 성장시키려는 노력에 기반해 MIR 보유자가 공동 사업에서 이익을 기대하도록 유도했다[53]고 보았다.

이러한 사정을 토대로, 법원은 피고들이 증권법 제5(a)조 및 제5(c)조를 위반하여 미등록 증권인 LUNA와 MIR를 판매했다고 판단하였다. 즉, Terraform은 명시적으로 계약 조건에 Terraform이 LUNA를 초기 투자자에게 최대 40% 이상의 할인을 제공함으로써 2차 재판매에 대한 내재적 인센티브를 제공한다고 하는 내용을 담는 등 2차 시장 개발을 고려한 판매계약을 통해 LUNA를 기관투자자에게 직접 판매했다[54]는 것이다. 마찬가지로 Terraform은 Jump에 수천만 개의 LUNA를 대출하면서 Jump가 "2차 시장에서 LUNA의 유동성을 개선할 것"이라고 발표한 점, Terraform의 자회사가 SAFTs를 통해 MIR를 구매자에게 직접 판매하면서 구매자가 2차 시장에서 또는 미국 투자자에게 MIR를 재판매하는 것을 제한하지 않은 점, Terraform은 최대 400만 개의 MIR를 Jump에 대출하면서 Jump가 가상자산거래소에서 MIR를 거래하고, Terraform에 거래 보고서를 제공할 것을 명시적으로 요구한 점 등이 증권의 직접 판매에 해당한다[55]고 보았다.

---

53 제2 Terraform 판결 pp.41-43.
54 제2 Terraform 판결 p.44.
55 제2 Terraform 판결 p.45.

법원은 또한, Terraform이 Binance 및 기타 가상자산거래소에서 LUNA와 MIR를 2차 시장 구매자에게 판매했다고 인정하였다. Terraform은 LUNA와 MIR가 증권이라고 하더라도, LUNA와 MIR의 배포는 공모가 아니라 오직 전문투자자에게만 직접 판매했기 때문에 등록이 면제된다고 주장하였다. 하지만 이 면제가 적용되려면 Terraform은 LUNA와 MIR가 그러한 전문투자자들에게 "정착(to come to rest with)"되도록 의도했음을 보여주어야 한다. 그런데 Terraform이 LUNA의 2차 시장을 개발하려고 했다는 반복된 진술 및 Jump가 거래소에서 MIR를 거래하도록 명시적으로 요구한 점, 그리고 Jump가 2차 거래에 대한 보고서를 Terraform에 제공해야 한다고 명시한 점 등을 고려하여, Terraform이 전문투자자들이 LUNA 또는 MIR를 단순히 보유하는 것만을 의도하지 않았다고 판단하였다.[56]

한편, 제1 Terraform 판결에서는 "가상자산의 판매 방식에 따라 기관투자자에게 직접 판매된 코인은 증권으로 간주되고, 2차 시장에서 소매투자자에게 판매된 코인은 그렇지 않다는 구별을 두지 않기로 했다. 이를 통해 법원은 최근 Ripple 사건에서 채택된 접근 방식을 거부한다"라고 명시하면서, "Howey는 이러한 구매자들 간의 구별을 두지 않고 이러한 구별이 없는 것은 합리적이다. 구매자가 피고들에게서 직접 코인을 샀든, 아니면 2차 시장에서 코인을 샀든, 피고들의 행동과 진술을 객관적으로 이익을 약속하는 것으로 볼 수 있는지에 차이가 없다"라는 입장[57]을 분명히 하였다.

3) 검토

Terraform 사건의 주목할 점은, 법원이 UST가 처음에는 투자계약 요건을 충족시키지 못하였으나, 그 이후 "Anchor 프로토콜이 결합하여" 투자계약을 형성했다고 판단한 점이다. 즉, 처음 발행 시에는 증권이 아니던 것이 이후 발행인 등의 발언이나 다른 프로그램적 요소에 의하여 증권으

---

56 제2 Terraform 판결 p.46.
57 제1 Terraform 판결 pp.40-41.

로 인정될 수 있다는 것이다.

또한, 명시적으로 Ripple 판결에서 기관판매와 2차 시장판매를 나누어 판단한 것을 배척하였는데, Terraform 관련자와 권도형 등이 자신들의 노력에 의하여 LUNA 등의 가치가 상승될 것이라고 공개적으로 발언한 점을 적극적으로 고려한 것으로 보인다. 이는 판매대금이 Terraform에 돌아가 재투자되었는지, 2차 시장에서 구매자의 상대방이 누구인지를 전혀 고려하지 않고, 전매차익을 얻은 경우에도 '이익의 기대'에 포함시킨 해석이라고 생각된다.

(3) Coinbase 사건 (SEC v. Coinbase, Inc.)
1) 사안의 개요

Coinbase는 미국 고객들이 가상자산을 사고, 팔고, 거래할 수 있는 거래 플랫폼인 "Coinbase 플랫폼"을 운영하면서, 그 외 프라임(Prime),[58] 월렛(Wallet),[59] 스테이킹(Staking)[60] 서비스를 제공하였다. SEC는 2023. 6. 6. Coinbase가 Coinbase 플랫폼, Prime 및 Wallet 애플리케이션을 통해 제공한 SOL, ADA 등 13개의 가상자산[61]이 증권이라는 전제 아래 Coinbase가 거래소로서, 중개업자로서, 청산기관으로서 등록 없이 운영되었고(증권거래법 제5조, 제15(a)조, 증권법 제5(a)조 및 제5(c)조 위반), Coinbase의

---

[58] Prime은 주문을 Coinbase 거래소뿐만 아니라 제3자 플랫폼을 통해 라우팅하여, 고객들이 Coinbase 거래소의 가격에만 의존하지 않고 더 넓은 암호화폐 시장에 접근할 수 있도록 하여 기관 고객들이 2차 시장에서 대규모 거래를 실행할 수 있다.

[59] 일반적으로 가상자산지갑은 보유자의 개인 키를 안전하게 저장할 수 있는 기능만 제공하지만, Wallet은 제3자 탈중앙화거래소(DEX)와 연결하여 Coinbase 플랫폼 외부의 유동성에 접근할 수 있다. 이 제3자 플랫폼들은 가상자산의 송수신 및 교환 등, 탈중앙화된 애플리케이션 기능을 중개자 없이 수행할 수 있도록 하는데, Coinbase 플랫폼에서 이루어지거나 프라임 애플리케이션을 통해 이루어진 주문과 달리, Coinbase는 Wallet을 통해 거래되는 자산에 대한 보관 책임을 지지 않는다.

[60] 스테이킹 프로그램을 통해 참가자들의 가상자산에 대한 권리가 Coinbase에 이전되고, Coinbase에 의해 "스테이킹"되어 보상을 받는다. 이 보상은 Coinbase가 25% 또는 35%의 수수료를 공제한 후 참가자들에게 비례하여 분배된다. .

[61] 그리고 MATIC, FIL, SAND, AXS, CHZ, FLOW, ICP, NEAR, VGX, DASH, NEXO 이다.

모회사인 CGI가 Coinbase의 증권법 위반에 대해 지배인으로서 책임이 있으며(증권거래법 제20(a)조), 스테이킹 프로그램과 관련하여 등록되지 않은 증권의 제공 및 판매에 관여하여 증권법 제5(a)조 및 제5(c)조를 위반한 것이라고 주장하며 제소하였다.[62] 이에 Coinbase는 소장각하신청을 하였으나 뉴욕남부지방법원은 2024. 3. 27. 이를 기각하였다.[63]

2) 판결의 요지

(가) SOL, ADA 등 가상자산 거래 중개 관련

Coinbase는 가상자산과 관련된 거래에서 거래소, 중개업자 및 청산기관으로서의 역할을 수행했으며, 이러한 역할에 대해 SEC에 등록하지 않았다는 사실에는 이의를 제기하지 않았다. 따라서 13개의 예시 가상자산과 관련된 거래 중 어느 하나가 투자계약으로 간주될 수 있는지가 주된 문제가 되었다. 먼저, SEC는 가상자산 자체가 증권은 아니라는 사실에 이의를 제기하지 않는 것으로 보았다.[64] 그러므로 쟁점은 ① "특정 가상자산이 관련된 거래"가 투자계약으로 간주될 수 있는지, ② 어떤 상품(product)이 한 때는 증권이 아니었다가, 상황이 변하면서 SEC의 규제를 받는 투자계약이 될 수도 있는지,[65] 그리고 ③ 2차 시장 거래가 투자계약으로 인정될 수 있는지 여부이다.

Coinbase는 발행인이 Coinbase 플랫폼이나 Prime을 통해 이루어진 소매구매자에게 계약상 의무를 지지 않으므로, 가상자산 거래는 "투자계약"에 해당하지 않는다고 주장하였다. 그러나 법원은 가상자산을 단독으로 평가하는 것이 아니라, 가상자산과 그 판매 및 유통과 관련된 "계약, 기대, 이해의 전체 집합", 소위 "생태계"가 투자계약을 구성하는지 평가한다[66]고 하면서, 가상자산 구매자가 이익을 얻을 수 있는 것은 가상자산

---

62 SEC Press Release "SEC Charges Coinbase for Operating as an Unregistered Securities Exchange, Broker, and Clearing Agency" 2023. https://www.sec.gov/newsroom/press-releases/2023-102.
63 Sec. & Exch. Comm'n v. Coinbase, Inc., 23 Civ. 4738 (KPF) (S.D.N.Y. Mar. 27, 2024).
64 Coinbase 판결 p.29.
65 Coinbase 판결 p.30.
66 Coinbase 판결 p.46.

의 성공적인 출시와 그 이후의 생태계 개발 및 확장에 달려 있다고 보았다. 만약 가상자산 생태계의 발전이 정체된다면, 모든 가상자산 구매자들은 동일하게 영향을 받고 이익을 얻을 기회를 잃게 되므로, SEC는 투자자들과 발행인이 "공동의 이익"을 추구하는 사업에 참여했다는 주장을 충분히 입증했다[67]고 보았다.

한편, 법원은 ④ 전매차익이 포함되는지에 대한 판단도 명시하였다. 즉 피고들의 주장과는 달리, Howey나 그 후속 판결들은 공동 기업에서 기대되는 이익이 단지 사업의 수익, 이익, 또는 자산에 대한 지분으로 제한된다고 판결한 적이 없고. 실제로, 대법원은 "투자자들이 기대하는 이익은 그들이 투자한 계획의 수익이 아니라, 그들의 투자에서 기대하는 수익을 의미한다"라고 명확히 했다[68]는 점을 들면서, 배당금, 정기적인 지급 또는 투자 가치 상승을 포함하는 소득이나 수익도 포함된다[69]고 보았다. 가상자산의 발행인들과 홍보자들이 웹사이트, 소셜 미디어 게시물, 투자 자료, 타운홀 미팅 등 여러 채널을 통해 반복적으로 투자자들에게 그들의 기술적이고 사업적인 노력이 가상자산의 가치를 개선하는 데 사용될 것이라고 홍보했으며, 이러한 발언이 최초의 가상자산 발행 단계에서만이 아니라, 2차 시장에서 가상자산을 구매하려는 잠재적 투자자들에게도 도달했으므로, 초기 시장과 2차 시장의 객관적 투자자는 이러한 발언을 오로지 타인의 노력으로부터 수익을 얻을 가능성을 약속하는 것으로 인식할 것[70]이라고 판단하였다.

법원은 무엇보다, Coinbase의 주장과 달리, 특정 가상자산 거래가 투자계약에 해당하는지 여부는 투자자가 발행인로부터 직접 가상자산을 구매했는지, 아니면 2차 시장에서 거래를 했는지에 의존하지 않는다는 견해를 명확히 하였다. 증권법이 방지하려는 조작, 사기 및 기타 남용의 위험

---

67 Coinbase 판결 p.49.
68 Edwards, 540 U.S. at 394; Coinbase 판결 p.50.
69 Forman, 421 U.S. at 852; Coinbase 판결 p.50.
70 Coinbase 판결 pp.52-53.

은 1차 시장과 2차 시장 모두에서 발견될 수 있고, 증권법 제5(a)조 및 제5(c)조는 누군가가 해당 상품을 "판매"하거나 "판매를 청약"하는지, 또는 "거래소"의 시설을 사용하여 거래를 수행하는지에 관계없이 "증권"을 정의하고 있으므로, 증권법의 적용 범위를 1차 시장 거래에만 제한하여서는 안 된다[71]는 점을 분명히 했다.

한편, Coinbase는 자사 플랫폼에서 한 투자자에서 다른 투자자로 가상자산이 이전되더라도, 어떤 계약적 의무의 이전이 없기 때문에 투자계약의 판매가 이루어질 수 없다고 주장했다. 그러나 법원은, Howey 이후 어느 법원도 계약적 의무를 요구하는 판결을 내린 적이 없고, Coinbase 고객이 Coinbase 플랫폼에서 가상자산을 구매할 때, 그들은 단순히 아무 가치도 없는 가상자산을 구매하는 것이 아니라, 가상자산의 디지털 생태계에 투자하는 것이며, 그 생태계의 성장은 가상자산의 가치에 필연적으로 연동된다[72]고 설명하였다. 이는 (i) 초기 가상자산 발행(ICO)이 2차 시장에서 재판매 가치가 있도록 설계되었으며, (ii) 가상자산 발행인들이 초기 판매 이후에도 토큰의 블록체인을 확장하고 지원할 계획을 계속 홍보한다는 사실에서 확인할 수 있고, 마찬가지로, 개발자들은 가상자산 소매 판매를 통해 조달된 자본이 프로토콜에 재투자될 것이라고 광고하며, 이는 가상자산 보유자들이 그 프로토콜에 따라 가상자산의 가치가 상승할 것이라고 합리적으로 기대하도록 만든다고 보았다.[73]

(나) 스테이킹(Staking) 서비스 관련

SEC는 Coinbase가 증권법 제5(a)조와 제5(c)조를 위반하여 스테이킹(Staking) 프로그램과 관련된 등록되지 않은 증권의 판매에 관여했다고 주장했다. Staking 프로그램을 통해 고객들의 가상자산은 Coinbase로 이

---

71 Coinbase 판결 pp.54-55.
72 Coinbase 판결 p.59.
73 Coinbase 판결 p.59. 법원은 이를 상품이나 수집품의 거래와 비교하며 상품이나 수집품의 거래는 독립적으로 소비되거나 사용할 수 있는 반면, 가상자산은 반드시 그 디지털 네트워크와 얽혀 있으며, 그 네트워크 없이는 어떤 가상자산도 존재할 수 없다는 점에서 양자가 구별된다는 점도 강조하였다. Coinbase 판결 p.59.

전되고 "집합(pooling)"되며, 이후 Coinbase가 이를 스테이킹(Staking)하여 받는 보상을 고객들에게 비율에 따라 "배분"한다는 것이다.

이에 피고들은 Howey의 "타인의 노력으로부터"라는 요건이 법적으로 충족되지 않는다고 주장했는데, 법원은 SEC가 Coinbase의 "의미 있는 사후 관리적 노력을 약속하고 수행한 점"을 충분히 주장하고 있다고 보았다. 즉, 참가자의 자산을 스테이킹하는 제3자를 유지하는 것, 자체 소프트웨어 및 장비를 배치하는 것, 참가자들이 더 빠르게 자금을 인출할 수 있도록 유동성 풀을 유지하는 것, 여러 검증자 노드에 걸쳐 고객 자산을 모아 블록체인 네트워크가 Coinbase를 검증자로 선택할 가능성을 높이는 것, 서버 가동시간을 최대한 보장하고 악의적 행위나 해킹을 방지하며, 스테이킹된 자산의 키를 보호하는 방식으로 고객 자산을 운영하고 유지하는 기술적 전문성을 동원하는 것 등이 '사후 관리적 노력'에 포함된다[74]는 것이다. 또한 이러한 Coinbase의 노력이 기술적이라는 사실이 그것이 관리적이거나 기업가적이지 않다는 것을 의미하지 않는다고 보았다. 또한, 고객들이 자신만의 방식으로 스테이킹할 수 있다는 사실을 인정하더라도, Coinbase가 고객에게 스테이킹 프로그램을 홍보하면서 "상당한 수준의 기술 지식"과 "스테이킹과 같은 새로운 제품을 안전하게 지원할 수 있는 경험"을 가지고 있다고 주장하였으므로, 이러한 주장과 홍보문을 읽는 사람은 Coinbase의 관리적 노력에 의해 수익이 창출될 것으로 기대할 것[75]이라고 보았다.

이처럼 법원은 SEC가 Coinbase가 스테이킹 프로그램을 투자계약으로 제공하고 판매하고 있음을 충분히 주장했다고 판단하였다.

(다) 월렛(Wallet) 서비스 관련

마지막으로, SEC는 Coinbase가 Wallet 애플리케이션을 통해 투자계약의 중개 활동을 수행했다고 주장했다. 법원은 SEC가 소장에서 지목한 가상자산들(고객들이 Wallet을 통해 접근할 수 있는 가상자산들) 중 적어도 일부 거

---

74 Coinbase 판결 pp.75-76.
75 Coinbase 판결 p.77.

래가 "투자계약"에 해당한다는 사실을 주장했다고 판단했지만, 다음과 같은 이유로 Coinbase가 Wallet을 고객들에게 제공함으로써 브로커로 활동했다는 점을 입증하는 데 부족하다[76]고 결론 내렸다.

Coinbase는 Coinbase Wallet을 통해 이용자에게 가상자산과 연관된 "개인 키"를 포함한 정보를 저장하고 관리할 수 있는 기능을 제공하는데, Wallet은 Coinbase 플랫폼과는 별개의 제품이며, 이용자는 해당 프로그램을 자신의 장치에 다운로드하여 Wallet을 사용하는 점, Coinbase는 Wallet을 통해 거래된 가상자산을 보관하지 않는 점, Coinbase는 Wallet을 통해 이루어지는 이용자의 가상자산이나 거래에 대한 통제권이 없으며, 단순히 이용자가 시장에서 다른 DEX에서 거래를 할 수 있도록 기술적 인프라를 제공할 뿐인 점, Wallet이 이용자들이 DEX에서의 가격을 확인하는 데 도움을 주더라도, 가격 비교를 제공하는 것만으로는 라우팅 활동을 하거나 투자 추천을 제공하는 수준에 이르지는 못하는 점, 마찬가지로, Coinbase가 수수료를 받았다는 사실만으로 Coinbase가 브로커로 변하는 것은 아닌 점 등을 근거로 들었다.

3) 검토

이 사건은 법원이 Coinbase가 가상자산 플랫폼으로서 가상자산과 관련된 거래에서 증권 규제를 받는다고 인정한 데 큰 의미가 있다. 즉 Coinbase가 취급한 가상자산 중 일부가 투자계약으로 증권에 해당하면 미등록 증권중개업 등을 영위한 것으로 연방법 위반이 되는 것이다. 무엇보다, 2차 시장에서 투자자들이 기대하는 이익은 그들이 투자한 계획에서 도출되는 수익만을 의미하는 것이 아니라, '그들의 투자에서 기대하는 수익'을 의미하고, 고객이 Coinbase 플랫폼에서 가상자산을 구매할 때, 그들은 단순히 아무 가치도 없는 가상자산을 구매하는 것이 아니라, 가상자산의 디지털 생태계에 투자하는 것이며, 그 생태계의 성장은 가상자산의 가치에 필연적으로 연동된다고 보았다. 따라서 가상자산 생태계의 성장·

---

76 Coinbase 판결 pp. 82-83.

발전으로 인한 가상자산의 가치 상승에 대한 기대 역시 투자계약의 요건을 충족시킨다는 것이다.

한편, Coinbase가 제공한 서비스 중 Staking 서비스는 Howey 요건, 그 중에서도 '타인의 노력' 요건을 충족한다고 판단하였다. 즉 Coinbase의 노력이 기술적이라는 점만으로 '타인의 노력'이 부정되는 것이 아니라, 자체 소프트웨어 및 장치를 배치하고, 스테이킹된 자산의 키를 보호하는 등 서비스 제공을 단순히 행정적이거나 사무적인 역할이 아니라 '의미 있는 사후 관리 노력'으로 본 것이다. 다만, Wallet 서비스는 브로커 활동이 아니라고 판단했다.

이처럼 법원은 가상자산업자가 제공하는 서비스별로 증권법 위반이 되는지 아닌지를 판단함으로써 앞으로 가상자산업자들이 제공할 서비스 및 해당 서비스의 구조를 결정하는 데 영향을 미칠 수 있을 것이다.[77]

(4) Binance 사건 (SEC v. Binance Holdings Ltd)
1) 사안의 개요

Binance Holdings Limited(Binance)는 Binance.com이라는 이름으로 2017. 7.경부터 가상자산 거래 플랫폼을 운영해 왔다. Changpeng Zhao는 Binance의 창립자이자 CEO이다. 한편, BAM Trading Services, Inc.(BAM Trading)는 델라웨어주에 등록된 법인으로 2019년부터 Binance.US라는 가상자산 거래 플랫폼을 운영해 왔다. BAM 매니지먼트(BAM Management)는 델라웨어주에 등록된 법인이며 BAM Trading 및 기타 관련 법인들의 모회사이다. Zhao는 2022. 3.경까지 BAM Trading과 BAM Management의 이사회 의장을 역임했다.

---

[77] 이러한 법원의 판단이 급변하는 분야에서 직면한 과제와 불확실성을 부각시킨다는 견해로, Chun-Kit (Kitson) Ng, The Future of Cryptocurrency Regulation: Lessons from SEC v Coinbase, oxford businiess law blog, 2024. 6. 13. https://blogs.law.ox.ac.uk/oblb/blog-post/2024/06/future-cryptocurrency-regulation-lessons-sec-v-coinbase.

SEC는 2023. 6. 6. Changpeng Zhao, 그리고 미국 법인인 BAM Trading 및 BAM Management가 1933년 증권법과 1934년 증권거래법을 위반해 가상자산(BNB, BUSD과 관련 프로그램 Simple Earn, BNB Vault, BAM Trading의 스테이킹 프로그램을 등록 신청 없이 제공 및 판매하고,[78] 가상자산 거래 플랫폼 [Binance.com 플랫폼, Binance.US 플랫폼])을 등록하지 않고 운영하였으며,[79] BAM Management와 BAM Trading은 투자자에게 중대한 허위 및 오도된 진술을 하여 사기를 저질렀다고[80] 주장했다. 피고들이 SEC의 소장을 각하해달라는 요청을 하자, D.C 법원은 2024. 6. 28. 다음과 같은 이유를 들어 대부분의 소송은 계속 진행되도록 하고, 피고들의 일부 각하 요청은 받아들였다.[81]

2) 판결 요지

(가) 투자계약 판단 원칙

먼저 법원은 투자계약 해당 여부를 판단하는 원칙을 설정하였다. 즉 투자계약은 "계약, 거래 또는 계획"으로 정의되었으므로 반드시 "계약적 합의"가 필요하지 않다[82]는 것이다. 가상자산 자체와 그 판매, 청약을 구분할 필요가 있고,[83] 이러한 이해에서 SEC가 가상자산 자체를 "투자계약의 구현물"로 간주하는 주장은 문제를 더 혼란스럽게 하며 따라서 가상자산 자체가 증권인지 여부를 결정하는 것이 아님을 분명히 하고자 했다.[84] 그리

---

78 증권법 5(a)조 및 5(c)조 위반.
79 각 거래플랫폼, 중개업자, 청산기관으로 미등록 운영하여 증권거래법 제5조, 제15(a)조, 제17A(b)조를 위반하였다는 주장이다.
80 증권법 제17(a)(2)조 및 (a)(3)조 위반.
81 Sec. & Exch. Comm'n v. Binance Holdings Ltd., Civil Action 23-1599 (ABJ) (D.D.C. Jun. 28, 2024) (이하 'Binance 판결').
82 Binance 판결 p.17.
83 법원은 제1 Terraform 사건에서도 "토큰 자체가 투자계약을 구성하는지 여부에만 Howey 분석을 제한할 필요는 없다"고 하였소, Ripple 사건에서도 "금, 은, 설탕과 같은 일반 자산도 특정 거래 상황에 따라 투자계약으로 판매될 수 있다"고 언급했다.
84 Binance 판결 p.20 덧붙여 "디지털자산이 Howey 판결의 제한된 기준에 완벽하게 들어맞지 않는다는 점도 주목할 필요가 있다"고 언급하며, "SEC가 이 거대한 산업을 소송을 통해 하나씩 관리하는 방식은 효율적이지 않을 수 있으며, 관련 당사자와 잠재 고객에게 명확한 지침을 제공하지 못할 위험이 있다"는 부분을 추가로 지적하였다. Binance 판결 p.21.

고 "공동 사업"이란 각 투자자의 재산이 다른 투자자들의 재산과 자산을 집합(pooling)하여 결합되고, 보통 비율에 따라 이익이 분배되는 구조를 의미하는데, 수평적 공통성을 기준으로 할 수 있다고 다시 한 번 명확히 하였다.[85] 가상자산의 시장 가치가 상승할 것이라는 기대는 Howey의 "이익 또는 재정적 반환"에 해당한다[86]고 보았다. 이러한 기준에 따라 법원은 SEC의 주장에 대하여 다음과 같이 판단하였다.

(나) BNB[87]

가) 초기 코인 공개 (ICO)

SEC는 2017년 Binance가 가상자산 투자자를 위한 플랫폼을 출시하고, 이를 위한 자금을 모으기 위해 새로운 가상자산인 Binance Coin(BNB)을 발행하고 홍보했다고 주장했다. 법원은, BNB는 이더리움 블록체인에서 발행된 ERC-20 토큰으로, BNB ICO 기간 동안 Binance가 블록체인에서 2억 개의 BNB를 생성하면서 더 이상 발행하지 않겠다고 발표한 점, 판매 구조는 단계적으로 진행되었으며 각 단계에서 가격이 인상되어 초기 구매자들에게 할인 혜택과 즉각적인 재판매 수익의 기회를 제공한 점, Binance Whitepaper라는 제목의 백서에 담긴 표현과 마케팅 자료에 따르면, Binance는 자금을 모아 강력한 거래소를 구축한다는 목적을 분명히 했으며, Binance와 CEO는 BNB의 미래 가치를 거래소의 성공과 직접 연결시킨 점, Binance가 BNB ICO의 수익을 플랫폼 개발에 사용했다고 주장하고 있어 공동 투자와 수익 분배가 있었음을 나타낸 점, 백서에

---

85 Binance 판결 p.23 수직적 공통성에는 광범위한 수직적 공통성과 엄격한 수직적 공통성이 있는데, 광범위한 수직적 공통성은 투자자들의 수익이 프로모터의 노력에만 연결되면 충분하고, 엄격한 수직적 공통성은 투자자들의 재산이 프로모터의 재산에 직접적으로 연결되어야 한다. 가상자산 발행인들에 대한 SEC 소송을 다룬 지방법원은 수평적 및 수직적 공통성을 모두 고려하였다. 제1 Telegram 사건에서는 SEC가 수평적 및 엄격한 수직적 공통성을 입증하여 공동 사업 요건을 충족했다고 판단했다. Kik Interactive사건에서는 수평적 공통성에 기반하여 SEC의 주장을 인정하며, 가상자산 판매 수익을 풀링하여 해당 자산의 인프라를 구축함으로써 투자자들의 이익을 증가시켰다고 판단했다.
86 Binance 판결문 p.25.
87 바이낸스 코인으로 2017년 바이낸스 플랫폼에서 출시된 가상자산, 소장 4, 80-81항.

는 창립팀이 40%, 엔젤 투자자가 10%의 BNB를 보유할 것이라는 내용도 포함되어 있어 이들의 이해관계가 투자자들과 일치했음을 알 수 있는 점, Binance는 우수한 플랫폼을 개발하겠다고 약속했을 뿐만 아니라, BNB의 가치를 높이기 위해 공급을 제한하는 계획도 발표한 점 등을 근거로,[88] BNB의 ICO는 투자계약에 해당한다고 판단하였다.

나) Binance의 ICO 이후 BNB 지속 판매

SEC는 ICO에 그치지 않고, Binance가 ICO 이후에도 지속적으로 BNB의 투자 잠재력을 홍보하며, Binance.com 플랫폼을 더 수익성 있게 만들기 위한 Binance의 노력이 BNB의 가치를 증가시킬 것이라고 투자자들에게 계속 설명했다고 주장했다. 그러나 법원은, ICO 이후의 BNB 판매와 관련된 주장도 각하되지 않고 계속 진행될 수 있지만, 여전히 해결되지 않은 의문이 있다고 지적했다.[89] 즉, ICO의 경우 투자계약 요건을 충족시킬 수 있지만, 시간이 지남에 따라 "이익 기대" 요소가 얼마나 강력하게 유지되는지는 의문이라는 것이다.[90] 따라서 Binance가 BNB를 마케팅할 때 강조한 사용 용도가 투자자들이 구매 시점에서 수익을 기대하게 만들었는지, 또는 그저 BNB를 사용하려는 의도로 구매하게 했는지에 대한 평가가 중요한 쟁점이 될 것이라고 보았다.

다) BNB의 2차 시장 판매

SEC의 주장은 BNB가 ICO에서 투자계약으로 판매되었다면 이후의 2차 시장 판매 역시 증권 판매로 간주되어야 한다는 것이었다. 법원은, 이 관점에 대한 직접적인 항소법원의 판례는 없으며, 지방법원은 가상자산의 2차 시장 판매를 어떻게 처리할지에 대해 상반된 견해를 가지고 있다며, Ripple 약식판결과 제1 Terraform 판결을 언급했다.

SEC는 반복해서 "이 사건에서 가상자산이 제공되고 판매된 상황"에 주목해야 한다고 강조하나, 법원은 SEC의 "BNB는 투자계약의 구현체"라는

---

88 Binance 판결 pp.27-32.
89 Binance 판결 p.35.
90 Binance 판결 p.36.

주장이 2차 시장의 BNB 거래를 투자계약의 범주로 포함시키는 데 충분한지 여부는 불확실하다고 보았다. 어떤 자산이 투자계약의 대상으로 간주되었을 때, 그것이 무한정 거래되는 동안 계속해서 증권으로 남는다고 주장하는 것은 Howey 프레임워크에서 벗어나는 것이며, 이는 법원과 산업, 그리고 향후 구매자와 판매자에게 시장에서 증권인 가상자산과 그렇지 않은 가상자산 사이에 명확한 구분 원칙을 남기지 않게 된다는 것이다.[91] 이러한 이유로 SEC 소장에는 2차 시장 판매가 투자계약의 Howey 기준을 충족한다고 뒷받침할 만한 충분한 사실이 포함되어 있지 않다고 판단했다. 즉, "공동 기업"이 지속 중이며, 모든 가상자산 보유자의 운명이 함께하고 그들의 운명이 회사와 플랫폼 또는 "생태계"에 주로 연결되어 있다는 SEC의 주장이 맞을 수도 있지만, 그 요소만으로는 충분하지 않으며, "자금 투자" 및 "이익의 기대" 역시 아직 합리적으로 입증되지 않았다[92]고 판단했다.

(다) BUSD[93]

SEC는 또한 Binance가 이더리움 블록체인에서 발행된 또 다른 ERC-20 토큰인 BUSD를 투자계약으로 제공하고 판매했다고 주장했다. 그러나 법원은 이 자산의 설명, 판매 방식 및 판매 수익의 분배 방식은 BNB와 관련된 주장과는 상당히 다르며, 이러한 주장들은 Howey 기준과 일치하지 않는다고 판단하였다.[94]

SEC는 Binance가 2019. 9. 그 계열사인 Binance (Switzerland) AG와 신탁회사 A와 함께, "당사자들이 BUSD를 1달러에 교환하여 발행 및 상환할 수 있는 플랫폼을 구축하고 관리하며 상환을 지원하는 준비금을 유지하기로" 하는 내용의 "Stablecoin as a Service Agreement"를 체결했고, 그 이후로 Binance는 BUSD를 1:1로 미국 달러로 상환할 수 있는 "스테이블코

---

91 Binance 판결 p.43.
92 Binance 판결 pp.43-44.
93 바이낸스의 스테이블코인으로, 현금 또는 현금 등가물로 뒷받침되며 미화 1달러와 1:1로 교환 가능하다.
94 Binance 판결 p.47.

인"으로 홍보해 왔다고 주장했다. Binance는 2019. 9.부터 Binance.com 플랫폼에서 투자자들에게 BUSD를 제공하고 판매했고, BUSD는 Binance 의 계열사에 의해 상장되고 홍보되었으며, 신탁회사 A에서 구매할 수 있었다. 그러나 법원은, 구매자들에게 BUSD 판매 수익이 발행인의 관리적·기업가적 노력에 의해 투자 수익을 창출하기 위해 사용될 것이라는 정보가 전달되었다는 언급이 전혀 없고, 단순히 "BUSD를 지원하는 준비금에서 이익을 창출하기 위한 기회에 수익을 사용할 것"이라는 진술만 있는 점, SEC는 "Binance가 BUSD의 잠재적 이익을 제공했다"고 주장하지만, BUSD의 가치가 미국 달러에 연동되어 있다는 점과 플랫폼의 성공이 어떻게 연결되는지 명확하게 설명되지 않는 점, 소위 스테이블코인의 정의적 특징은 그 가치가 일정하게 유지된다는 점이기 때문에 생태계 홍보가 BUSD를 더 수익성 있게 만들었다는 주장을 입증할 만한 구체적인 내용도 부족한 점, "공동 사업" 요소와 관련한 SEC의 주장은 "투자자가 구매한 BUSD의 수익이 준비금에 집합되었으며, Binance는 그 준비금에서 발생하는 투자 수익의 50%를 벌었다"는 것인데, 이 수익이 BUSD 소유자들과 어떤 방식으로든 공유되었다는 주장은 하지 않고 있으며 이는 제2 Terraform 판결에서 법원이 투자계약으로 판단한 상황과는 비교할 수 없을 정도로 미약한 점[95] 등을 근거로, 피고들의 소장 각하 주장을 받아들였다.

(라) Simple Earn,[96] BNB Vault,[97] BAM Trading 스테이킹 프로그램[98]

SEC는 Binance가 Binance.com 플랫폼에서 제공한 두 가지 유형의 프로그램인 Simple Earn과 BNB Vault가 투자계약으로 제공되고 판매되었다고 주장하였다. 그런데 Simple Earn 자료는 잠재적 프로그램 참여

---

[95] Binance 판결 pp.48-51.
[96] 투자자가 자신의 가상자산을 일정 기간 동안 바이낸스에 대여하면 이자를 지급하는 프로그램으로 홍보되고 있다.
[97] BNB 보유자에게 제한된 프로그램으로, 바이낸스가 "BNB 수익 집계기"라고 설명하며 투자 수익을 얻기 위해 BNB를 바이낸스에 대여할 수 있다.
[98] Binance.US 플랫폼에서 가상자산 보유자들이 자산을 모아 BAM Trading이 이더리움 같은 블록체인에서 거래 검증을 할 수 있도록 담보로 제공하는 프로그램이다.

자에게 그들의 대여 자산이 풀링된다는 정보를 제공하지 않았고, 더욱이 그 자산이 수익 창출을 위해 Binance에 의해 사용될 것이라는 점을 명시하지 않았다. 법원은, 모든 "이익 창출 기회"가 투자계약에 해당하는 것은 아니며, Simple Earn에 대한 주장은 투자자들이 자금을 Binance에 맡기고 Binance의 관리적 또는 기업가적 노력으로 수익을 공유하려는 계획이나 거래를 묘사하고 있지 않다[99]고 보았다. 가상자산 보유자는 그들의 자산을 일정 기간 동안 일정한 이율로 회사에 대여하기로 동의했으며, 그들이 Binance의 노력에 의해 수익이 창출되거나 자산이 더 가치 있어질 것이라고 믿었다는 주장도 부족하다. Binance는 자산을 풀링할 수도 있고 안 할 수도 있으며, 이를 어떻게 사용할지는 전적으로 자유였다. 이 자산의 사용과 투자자에게 지급되는 보상 사이에 아무런 연결점이 없었다. 또한, 이율은 Binance가 자율적으로 결정할 수 있었으며, 시장 상황과 경쟁사의 제공 조건에 따라 결정되었다. 회사는 명시적으로 그 이율과 회사의 수익성 사이에 관계가 없다고 밝혔다. 이 프로그램에 참여하기로 선택한 BNB 보유자들이 지급받을 것으로 기대했을지라도, "공동 기업"의 특징과 제공자의 관리적 또는 기업가적 노력에 의해 예상되는 수익 사이의 필수 연결점이 없다. 또한, 프로그램에 참여한 사람들이 스스로 그들이 대여한 가상자산이 Binance의 생태계 또는 기타 사업을 발전시키는 데 사용될 것이라는 점이나, 이자율이 그 사업의 성공에 달려 있다고 합리적으로 이해했다고 주장할 수 없다.[100]

대조적으로, Binance는 2020. 11. 웹사이트에서 "BNB Vault에 예치된 BNB는 다양한 상품에 유연하게 배분되어 잠재적 보상을 최대화하는 데 도움을 준다", "BNB Vault는 여러 프로젝트에 동시에 참여하는 것과 같다"고 설명했다. 법원은, 이러한 Binance의 설명은 가상자산 보유자들이 그들의 가상자산을 단순히 사용하는 것 이상의 방식으로 투자할 수 있

---

99 Binance 판결 p.52.
100 Binance 판결 p.53.

는 방법으로 보이며, 그들은 특정 프로그램 세트에 공동으로 참여하여 수익을 얻는 구조이므로 투자계약에 해당한다고 보았다.[101]

한편, 미국 내 BAM Trading과 Binance.US 플랫폼에서 제공한 BAM Trading 스테이킹 프로그램은 "Binance의 노력에 의해 수동적 수익을 얻는 방법"으로 홍보되었는데, 스테이킹 자산을 개인이 직접 관리하는 것은 기술적으로 복잡하고 많은 자산을 요구하는 반면, BAM Trading의 스테이킹 프로그램은 투자자들이 BAM Trading의 기술적 전문성과 인프라에 의존하여 수익을 얻을 수 있도록 설계되었다. 스테이킹 프로그램에 참여한 투자자들은 자산을 판매하거나 인출할 수 없으며, 자산이 스테이킹되어 있는 동안 투자자들의 자산은 BAM Trading이 관리하고 집합되는 한편, BAM Trading은 스테이킹 풀에서 얻은 보상을 참여자들에게 비례적으로 배분한다. 따라서 이러한 구조는 투자자들이 BAM Trading의 관리적 또는 기업가적 노력에 의존하여 수익을 얻을 수 있다는 점에서 Howey 테스트를 충족한다고 판단하였다.[102]

3) 검토

이 판결은 먼저 투자계약은 "계약, 거래 또는 계획"으로 정의되었으므로 반드시 "계약적 합의"가 필요하지 않다는 점, 가상자산 자체와 그 판매, 청약을 구분할 필요가 있다는 점, 가상자산의 시장 가치가 상승할 것이라는 기대는 Howey 테스트의 "이익"에 해당한다는 점을 명시한 데 의미가 있다.

그리고 ICO를 통해 발행된 BNB가 처음에는 투자계약 요건을 충족시킨다고 하더라도, 그 이후 판매에 있어서는 Binance의 발언 등에 의해 투자계약으로서의 성격을 유지하는지에 대하여, 그리고 2차 시장에서의 판매에 있어서도 투자계약이 될 수 있는지에 관하여는 의문을 제기하며 명시적인 판단을 유보하였다.

---

101 Binance 판결 p.54.
102 Binance 판결 pp.45-56.

한편, 스테이킹 서비스로 분류될 수 있는 Simple Earn, BNB Vault, BAM Trading 스테이킹 프로그램에 대하여도 공동 사업의 수익의 배분인지를 기준으로 개별 사안마다 달리 판단하였다는 점, 그리고 플랫폼 운영과 관련하여 사기적 거래를 모니터링하고 방지하기 위한 조치에 관한 홍보 내지 주장도 증권 사기에 해당할 수 있다는 점[103]이 흥미로운 부분이다.

2. 입법적 측면: FIT 21 법안을 중심으로

(1) 논의 배경

SEC의 적극적 행정규제에 대한 반발,[104] 무엇보다 증권성 여부를 기초로 한 규제의 불명확성에 대한 문제의식 하에 Lummis-Gillibrand 의원의 책임있는 금융혁신을 위한 법안(Lummis-Gillibrand Responsible Financial Innovation Act)[105] 등 여러 법안들이 제안된 바 있다. 그 중 2024. 5. 22. 하원을 통과한[106] FIT 21 법안을 살펴 본다.

---

103 이 글의 쟁점이 아니라 구체적인 내용은 생략하였으나, Binance 판결 pp.77-82 참고.
104 SEC는 2022년 디지털자산 수탁기관이 디지털자산을 부채로 취급하고 대차대조표에서 공정가치로 보유하도록 요구하는 SAB 121을 발표했다. 이에 따라 디지털자산을 보유하고자 하는 은행은 디지털자산과 동일한 공정가치로 현금을 계좌에 보유해야 하는데, 이는 은행을 디지털자산 산업에서 사실상 배제하는 것이기 때문에 SEC가 은행 산업과 디지털자산에 대한 과도한 개입으로 여겨졌다. 이에 하원과 상원은 2024. 5. SAB 121을 무효화하는 법안을 통과시켰지만, 조 바이든 대통령이 같은 달 31. SAB 121을 무효화하는 법안에 거부권을 행사하였다. The White House Briefing Room Presidential Actions, "A Message to the House of Representatives on the President's Veto of H.J.Res.109" 2024. 5. 31. (https://www.whitehouse.gov/briefing-room/presidential-actions/2024/05/31/a-message-to-the-house-of-representatives-on-the-presidents-veto-of-h-j-res-109/ 2024. 11. 4. 최종확인).
105 Lummis-Gillibrand Responsible Financial Innovation Act, https://www.congress.gov/index.php/bill/118th-congress/senate-bill/2281/text/is.
106 FSC, Press Releases "House Passes Financial Innovation and Technology for the 21st Century Act with Overwhelming Bipartisan Support", 2024. 5. 22. https://financialservices.house.gov/news/documentsingle.aspx?DocumentID=409277&os=vbkn42_&ref=app (2024. 10. 30. 최종확인) 법안 원문 https://www.congress.gov/bill/118th-congress/house-bill/4763/text 참고.

(2) 법안 주요내용

FIT 21 법안은 총 6장으로 구성되어 있다.

제1장(정의, 규칙 제정, 등록의향서 공고)에서는 1933년 증권법, 1934년 증권거래법, 상품거래법 등 법률에 따른 주요 정의 규정을 추가하고(제101조부터 제104조), SEC와 CFTC가 공동으로 규칙을 마련할 의무를 부과하고 있다(제105조).

제2장(투자계약의 일환으로 제공되는 자산에 대한 명확성)에서는 해당 장(title)을 "2024년 증권 명확성법(Securities Clarity Act of 2024)"으로 명명하면서, 1933년 증권법 제2조(a)(15 U.S.C. 77b(a)) 등의 '증권' 정의[107]에서 "투자계약자산(investment contract asset)"을 제외시켰다(제202조). 그리고 투자계약자산이란 "독점적으로 소유하고, 중개인에 대한 필수적인 의존 없이 개인 간에 이전될 수 있으며, 암호화된 공공 분산 원장에 기록되는 자산으로, 투자계약에 따라 판매되거나 기타 방법으로 이전되었거나, 판매되거나 기타 방법으로 이전될 예정인 자산이며 (투자계약을 제외한) 증권법상 증권에 해당되지 않는 자산으로서 가치를 디지털로 표현한 대체 가능한 자산"을 의미한다고 정의하였다(제202조(a)(37)).

제3장(디지털자산의 발행 및 거래)에서는 디지털자산의 발행 및 공시요건, 면제요건 규정하고 있다.

제4장 및 5장은 SEC 및 CFTC 관할 디지털자산 중개업체의 등록에 대해 규정하고 있다. 디지털자산 중개업체에는 디지털자산 거래 시스템,[108] 디지털자산 브로커, 디지털자산 딜러, 디지털자산 수탁업체가 포함되고, 등록, 인가 및 라이선스와 같은 진입요건, 이해상충규정 등을 두고 있다.

---

107 Section 202(a)(18) of Investment Advisers Act of 1940 (15 U.S.C. 80b-2(a)(18), Section 2(a)(36) of the Investment Company Act of 1940 (15 U.S.C. 80a-2(a)(36), Section 3(a)(10) of the Securities Exchange Act of 1934 (15 U.S.C. 78c(a)(10)), Section 16(14) of the Securities Investor Protection Act of 1970 (15 U.S.C. 78lll(14))에서도 마찬가지로 제외된다.

108 연방증권거래소가 운영하는 경우를 제외하고는 "거래소(exchange)"라는 단어를 사용할 수 없다(제403조 6A(c)).

마지막으로 제6장(혁신과 기술 개선)에서는 의회의 주요 발견 사항 및 입장을 제시하고, SEC는 혁신 및 금융기술전략 센터(Strategic Hub for Innovation and Financial Technology, FinHub)를, CFTC는 LabCFTC를 설립하도록 하는 등 핀테크 혁신을 위해 노력하고자 하는 내용을 담고 있다.

(3) 디지털자산의 구별 및 규제

주목할 점은 이 법안이 디지털자산(Digital Assets)을 "제한된 디지털자산(restricted digital asset)", "디지털상품(digital commodity)", "허가된 결제 스테이블코인(permitted payment stablecoin)"으로 구별하고 있다는 점이다.

먼저, 디지털자산을 "중개인의 필요 없이 사람 간에 독점적으로 소유하고 이전할 수 있는 가치의 상호 교환 가능한 디지털 표현물로서, 암호화된 공공 분산 원장에 기록된 것을 의미한다"(제101조(26)(A))라고 정의하면서 어음, 주식, 스왑 등을 열거하여 디지털자산에서 제외하고 있다(같은 항 (B)).

다음으로, 허가된 결제 스테이블코인은 결제 또는 정산 수단으로 사용되거나 사용되도록 설계된 것으로, 발행인이 고정 금액의 금전적 가치(monetary value)[109]로 환전, 상환 또는 재매입할 의무가 있거나, 고정 금액의 금전적 가치와 관련하여 안정적인 가치를 유지하거나 유지할 것이라는 합리적인 기대를 창출하거나 안정적인 가치를 유지할 것이라고 표명하고, 발행인이 권한 있는 연방 또는 주 규제 기관의 규제 대상인 경우로, 국가통화나 1940년 투자회사법에 따라 투자회사가 발행한 증권에 해당하지 않는 경우이다. SEC와 CFTC는 일정한 경우에만 허가된 결제 스테이블코인에 대한 규제 관할권을 가진다(제402(b)조 및 제501(b)조).

또한, 디지털상품은 4가지 유형이 있을 수 있다. 첫째, 디지털자산 발행인, 특수관계인이 아닌 개인이 보유한 디지털자산의 단위(unit)로, 디지털자산이 관련된 각 블록체인 시스템이 1934년 증권거래법 제44조에 따

---

109 국가 통화, 연방 예금보험법 3항에 정의된 예금 또는 국가 통화로 표시된 이에 상응하는 수단(instrument).

라 탈중앙화된 시스템으로 인증되고 기능적 시스템이 된 첫 번째 날짜 이전에 1934년 증권거래법 제42(d)(1)조에 설명된 최종 사용자 배포를 통해 개인에게 발행되었거나, 디지털상품 거래소에서 실행된 거래에서 해당 개인에 의해 획득된 경우이다. 둘째, 디지털자산 발행인, 특수관계인이 아닌 개인이 보유한 디지털자산의 단위로, 디지털자산이 관련된 각 블록체인 시스템이 1934년 증권거래법 제44조에 따라 탈중앙화된 시스템으로 인증되고 기능적 시스템이 된 첫 번째 날짜 이후인 경우이다. 셋째, 디지털자산이 관련된 각 블록체인 시스템이 1934년 증권거래법 제44조에 따라 탈중앙화된 시스템으로 인증되고 기능적 시스템이 된 기간 동안 특수관계인이 보유한 디지털자산의 단위이다. 넷째, 본 항이 발효되기 전에, SEC 집행 조치에서 연방법원이 디지털자산 거래가 증권의 발행 또는 판매가 아니라고 판결한 경우에는 거래에 따라 이전된 디지털자산의 모든 단위는 그 판결이 번복되지 않는 한 디지털상품으로 간주된다. 여기에는 허가된 결제 스테이블코인은 포함되지 않는다(제103조(5)(55)).

그리고 제한된 디지털자산은 첫째, 디지털자산이 관련된 각 블록체인 시스템이 1934년 증권거래법 제44조에 따라 탈중앙화된 시스템으로 인증되고 기능적 시스템이 된 첫 번째 날짜 이전에, 디지털 자산 발행인, 특수관계인이 아닌 개인이 보유한 디지털자산의 단위로, 그 자산이 1934년 증권거래법 제42(d)(1)조에 설명된 최종 사용자 배포가 아닌 다른 방식으로 해당 개인에게 발행되었거나 디지털상품 거래소에서 실행되지 않은 거래를 통해 해당 개인이 획득한 경우, 둘째, 디지털자산이 관련된 블록체인 시스템이 기능적 시스템이 아니거나 1934년 증권거래법 제44조에 따라 탈중앙화된 시스템으로 인증되지 않은 모든 기간 동안, 특수관계인이 보유한 디지털 자산의 단위, 셋째, 디지털자산 발행인이 보유한 디지털자산의 단위이다(제101조(34)).

즉, 디지털자산 중 허가된 결제 스테이블코인, 탈중앙화 시스템 등을 거쳐 디지털상품으로 취급되는 디지털자산이 아닌 나머지가 제한된 디지털자산이 되며, 디지털상품은 CFTC가, 제한된 디지털자산은 SEC가 각 규제 권한을 행사하게 된다.

디지털상품과 제한된 디지털자산을 구별하는 기준으로 도입된 개념이 바로 "탈중앙화 시스템(Decentralized System)"이고, 다음과 같은 요건을 충족시켜야 한다. 디지털자산이 관련된 블록체인 시스템에 대해 (A) 통제 및 영향력 측면에서, 이전 12개월 동안, 어떤 개인이나 단체도 (i) 블록체인 시스템의 기능이나 운영을 통제하거나 실질적으로 변경할 수 있는 일방적 권한을 계약, 협정, 이해관계, 관계 등을 통해 직접적 또는 간접적으로 가지지 않았고, (ii) 디지털자산 발행인, 특수관계인이 아닌 사람의 다음과 같은 활동(디지털자산의 사용, 획득 또는 전송, 블록체인 시스템을 사용하는 또는 통합하는 소프트웨어 배포, 블록체인 시스템에 대한 탈중앙화 거버넌스 시스템 참여, 블록체인 시스템과 관련된 노드, 검증자 또는 기타 형태의 컴퓨팅 인프라 운영)을 제한하거나 금지할 일방적 권한을 가지지 않았으며, (B) 디지털자산의 소유권 및 거버넌스 분배 측면에서, 이전 12개월 동안 (i) 디지털자산 발행인 또는 특수관계인이 해당 블록체인 시스템에서 생성, 발행 또는 배포될 수 있는 전체 디지털자산의 20% 이상을 실질적으로 소유하지 않았거나, (ii) 해당 디지털자산 또는 관련된 탈중앙화 거버넌스 시스템의 총 투표권의 20% 이상을 지시할 수 있는 일방적 권한을 가지지 않은 경우, (C) 코드 수정 측면에서, 이전 3개월 동안, 디지털 자산 발행인, 특수관계인이 블록체인 시스템의 기능이나 운영을 실질적으로 변경하는 지적 재산권을 소스 코드에 구현하거나 기여하지 않았어야 한다. 그리고 (D) 마케팅 측면에서, 이전 3개월 동안, 디지털자산 발행인나 특수관계인이 해당 디지털자산을 투자 대상으로 대중에게 마케팅하지 않았고, (E) 이전 12개월 동안, 블록체인 시스템의 프로그램적 기능을 통해 배포된 디지털자산의 모든 발행이 최종 사용자 배포여야 한다(제101조(25)).

한편, 누구든지 SEC에 인증서를 제출하여 디지털자산과 관련된 블록체인 시스템이 탈중앙화된 시스템임을 인증할 수 있고, SEC는 탈중앙화된 시스템이 아니라고 판단되는 경우 60일 이내에 인증에 이의를 제기할 수 있는데, 일정한 인증 유예 요건이 갖추어지지 않은 이상 60일 이후에는 탈중앙화된 시스템이라고 간주된다(제304조).

종합하면, ① 탈중앙화 인증을 받은 경우에는 원칙적으로 디지털상품이다. ② 인증 이전이라도, 디지털자산이 어떻게 취득되었는가에 따라, 비계열사, 특수관계인 아닌 제3자가 "최종 사용자 배포(end user distributions)"를 통해 또는 디지털상품 거래소에서 디지털자산을 취득한 경우에는 디지털상품이다. 이는 동일한 디지털자산이 취득 방식에 따라 디지털상품 또는 제한된 디지털자산이 될 수 있음을 의미한다. 또한 ③ 보유자가 발행인과 특수관계에 있는가에 따라, 탈중앙화 인증 전 계열사, 특수관계인이 보유한 디지털자산은 제한된 디지털자산으로 취급되나, 인증 후에는 계열사, 특수관계인이 보유한 자산은 디지털상품으로 취급되며, ④ 발행인이 보유한 자산은 인증 전후 모두 제한된 디지털자산으로 간주된다.

(4) 검토

FIT 21 법안은 SEC가 법령에 따라 탈중앙화 인증에 이의를 제기할 수 있는 기간은 60일로 제한하고 있는데, 이는 실현 가능한 기간이라고 보기 어렵다. 이에 SEC Gary Gensler 의장은 2024. 5. 22. FIT 21 법안이 새로운 자원을 제공하지 않고 있는 상황에서 SEC가 16,000개가 넘는 자산을 검토하고 이의를 제기하는 것은 사실상 불가능하게 되는 결과, 시장의 대다수가 제한적인 SEC 감독조차 피할 수 있을 것이라는 등의 이유를 들며 FIT 21 법안을 비판하는 의견을 제시하였다.[110] 또한 하원 표결 전, 백악관은 행정 정책 성명(STATEMENT OF ADMINISTRATION POLICY, SAP)을 발표하여 "행정부는 기존 권한을 기반으로 디지털 자산에 대한 포괄적이고 균형 잡힌 규제체계를 보장하기 위해 의회와 협력하기를 열망하고 있다"라고 하면서도, FIT 21 법안은 "소비자와 투자자를 위한 충분한 보호 장치가 부족하다"는 이유로 FIT 21 법안 통과에 반대한다고 밝

---

110 SEC, "Statement on the Financial Innovation and Technology for the 21st Century Act", 2024. 5. 22. https://www.sec.gov/newsroom/speeches-statements/gensler-21st-century-act-05222024.

히기도 했다.[111]

그리고 규제 권한을 SEC와 CFTC에 할당하고 있다는 점에서 CFTC와 SEC 간 권한의 경계가 여전히 불분명할 수 있어 갈등을 겪을 가능성이 있다. 예를 들어, 스테이킹된 디지털자산은 법안에 명시되어 있지 않는데, 스테이킹 서비스를 제공하는 거래소나 스테이킹을 통해 거버넌스 투표권을 사용하는 블록체인이 이 둘의 관할 체계 내에 포함되는지, 혹은 포함되지 않는지 명확하지 않다는 점도 지적된다.[112] 이에 대한 해결책으로 FIT 21 법안이 제시하고 있는 것이 바로 SEC와 CFTC가 어떻게 이중 등록이 이루어질 수 있는지 명확히 하는 공동 규칙을 개발하도록 요구한 것이나,[113] 이 두 기관이 과거에 규칙 제정 요구에 저항하고 디지털자산 관할권을 놓고 수년간의 권한 다툼을 벌였다는 점에서 원활한 공동 규칙 제정이 가능한지에 대한 회의적인 견해도 존재한다.[114]

한편 업계에서는 명확한 규제체계를 제공함으로써 이 법안은 혁신을 촉진하고 미국 디지털자산 시장에 대한 투자를 장려하는 것을 목표로 하므로, 규제 명확성을 확보하고 디지털자산 생태계의 지속 가능한 성장을 보장하는 중요한 단계라며 환영하고 있다고 한다.[115]

이처럼 FIT 21 법안은 디지털자산의 영역에서만큼은 증권법의 정의에서 "투자계약"을 명시적으로 제외하고, 디지털상품과 제한된 디지털자산을 구분하는 개념으로 "탈중앙화테스트"를 도입함으로써 사실상 "탈중앙화테스트"가 Howey 테스트를 대체하는 효과를 가져올 것으로 판단된다. 물론 탈

---

111 The White House, "EXECUTIVE OFFICE OF THE PRESIDENT, STATEMENT OF ADMINISTRATION POLICY H.R. 4763 – Financial Innovation and Technology for the 21st Century Act", 2024. 5. 22. https://www.whitehouse.gov/wp-content/uploads/2024/05/SAP-HR4763.pdf.
112 Thomsonreuters, The future of crypto regulation: What is FIT 21?, 2024. 9. 20. https://www.thomsonreuters.com/en-us/posts/government/crypto-regulation-fit-21/ 참고.
113 FIT21 법안 제105(b)조.
114 상동.
115 zerocap, The FIT21 Act and What it Means for Digital Assets, 2024. 5. 19. https://zerocap.com/insights/snippets/fit21-act-digital-assets/.

중앙화테스트 역시 여전히 명확하다고 볼 수 없는 요소들이 있지만,[116] 보다 객관적이고 구체적인 수치 등을 제시하고, 탈중앙화 인증 절차를 제시함으로 기존 SEC가 대부분의 가상자산을 증권을 간주하여 규제 대상 범주 내에 둔다거나, 이에 대항한 소송전에서 결국 가상자산별, 사안별, 법원별로 각각 다른 판단을 받음으로써 SEC 규제의 모호성과 불명확성이 비판받았다는 점을 고려하면, 디지털자산에 대한 보다 명확한 규제 질서를 확립하고, 규제 기관의 불확실성과 충돌로 인한 부정적 영향을 방지하기 위하여 이를 "입법적으로" 해결하려는 의미있는 시도라고 평가할 수 있다.

IV. 우리나라에의 시사점 - 증권성 측면에서

이상에서 본 SEC와 Ripple, Terraform, Coinbase, Binance 사이의 증권성 판단을 둘러싼 각 소송전, 그리고 FIT 21 법안이 디지털자산의 영역에서 '투자계약'을 증권에서 제외하고자 하는 시도는 우리나라에도 시사점을 준다.

우리나라는 2023. 7. 가상자산이용자보호법을 제정함으로써 가상자산을 해당 법의 규율 하에 두고 있다. 즉, 가상자산 중에서 증권으로 인정되는 토큰증권은 자본시장법으로 규율하고, 가상자산은 가상자산이용자보호법으로 규율하는 이원적 구조를 취한 것이다. 그렇다면 우리나라도 마찬가지로 어느 가상자산이 "증권"으로 인정되는지가 적용법과 규제관할을 결정하는 데 중요한 기준이 된다.

---

116 탈중앙화 테스트가 가진 문제점에 대한 논의로는, 최윤영·김민승, "BTC, ETH의 탈중앙화와 FIT 21 법안 점검", 코빗리서치, 2024. 7. 10. https://portal-cdn.korbit.co.kr/athena/etc/research/97/korbit_Research_2024-07-10.pdf p.16-17 참고. 위 글에서는 FIT 21 법안이 탈중앙화 시스템의 가상자산 발행인이나 관련자가 해당자산의 총 단위 수량중 20% 미만을 소유해야 한다고 설명하지만, 가상자산의 초기 할당량 중 일부를 프로젝트 팀에게 할당하는 것이 일반적인 관행이기 때문에 해당 조건은 초기 단계에 있는 대부분의 프로젝트를 탈중앙화되지 않았다고 판단할 소지가 있다는 점 등을 지적하고 있다.

이와 관련하여 주로 문제되는 것이 바로 자본시장법상 "투자계약증권"의 판단기준이다. 우리나라는 2007. 8. 3. 자본시장법을 제정하면서 "금융투자상품의 규정 방식을 열거주의에서 포괄주의로 전환"[117]하였다. 자본시장법상 증권은 채무증권, 지분증권, 수익증권, 파생결합증권, 증권예탁증권 이외에 투자계약증권, 즉 "특정 투자자가 그 투자자와 타인 간의 공동사업에 금전등을 투자하고 주로 타인이 수행한 공동사업의 결과에 따른 손익을 귀속받는 계약상의 권리가 표시된 것"(자본시장법 제4조 제6항)을 포함시킨 것이다. 그런데 우리나라 투자계약증권의 구성요건은 Howey 테스트와 공동사업, 금전 등의 투자, 타인의 노력요건에 있어서는 거의 같다. 다만 Howey 테스트는 투자자가 '이익의 기대'를 갖는 것만으로 충족됨에 반하여, 우리나라 투자계약증권 요건은 '손익을 귀속받는 계약상의 권리'가 있어야 충족된다. 계약상의 권리라는 것은 그 권리 행사의 상대방이 전제되는 것이다. 또한 Howey 테스트는 "계약상 권리가 표시된 것"뿐 아니라 "계약, 거래 또는 계획"까지 모두 포함하므로 반드시 계약의 형태일 필요가 없다.[118] 이처럼 자본시장법상 투자계약증권의 범위는 Howey 테스트에 따른 투자계약의 범위보다 상대적으로 좁다.

또한 우리나라는 "투자계약증권"이외에 "집합투자증권"을 증권의 하나로 도입하였다. 따라서 집합투자와의 관계도 고려해야 한다. 이러한 문제의식 하에 투자계약증권의 범위와 관련하여, 주로 집합투자적 성격을 가진 계약 가운데 자본시장법상 규정되어 있는 집합투자기구를 이용하지 않는 투자구조를 그 적용대상으로 하는 것일 수 밖에 없다는 견해,[119] 그리고 투자계약증권은 구 자산운용업법상 간접투자증권뿐만 아니라 구 자산운용업법의 규율을 받지 않는 비정형 간접투자의 지분을 규제하기 위한 증권 개념으로서 도

---

117 자본시장법 제정이유, 주요내용 가항.
118 앞서 본 Binance 사건에서의 논의 참고.
119 정순섭, "금융규제법상 포괄개념 도입의 가능성과 타당성— 자본시장통합법상 금융투자상품의 개념을 중심으로",『서울대학교 법학』제49권 제1호, 서울대학교 법학연구소, 298면.

입된 개념으로 해석함이 타당하다는 견해[120]가 있다. 이러한 견해에 의할 때 이른바 '전매차익형'은 투자계약증권의 범위에 포함되기 어렵다.

한편 가상자산이 (배당 등) 수익 배분 없이 매매 차익만 실현할 경우 투자계약증권으로 분류되지 않는다고 주장하는 것도 어렵다. 투자계약증권에서 이익은 '증가된 가치(increased value)'로서 투자자에게 귀속되는 경우도 있다. "포괄주의 원칙상 경제적 현실을 감안하여 규제회피를 방지해야 한다는 점에서 전매차익형 가상자산을 투자계약증권에서 배제하는 것은 바람직하지 못하다"[121]라는 견해에 의하면, 발행인 등에 의한 수익이 배분되지 않지만, 발행인 등의 노력에 따라 보유한 가상자산의 가치가 상승됨으로 인하여 전매차익이 발생되는 가상자산은 투자계약증권에 해당된다.

이러한 해석상 차이는 무엇보다 가상자산이용자보호법 시행 전 행위여서 동법의 적용을 받지 않는 불공정거래행위를 자본시장법으로 규율하고자 하는 시도에 영향을 미친다. 한편, 미국의 경우 "투자계약"에 해당하면 증권이므로 연방증권법상의 규제를 동일하게 받지만, 우리나라 자본시장법상 "투자계약증권"은 증권형 크라우드펀딩(2편 5장), 증권신고서 제출(3편 1장) 및 그 위반에 대한 제재, 부정거래행위(178조)와 그에 대한 손해배상책임(179조) 등 일부 규제를 적용할 경우에만 증권으로 본다(제4조 1항 단서 1호, 2호). 투자계약증권을 대상으로 투자매매업이나 투자중개업에 해당하는 행위를 업으로 하여도 금융투자업에 해당하지 않는바, 이는 유통가능성이 거의 없으므로 투자매매업이나 투자중개업으로 규제할 필요도 없음을 전제로 한 것이다.[122]

무엇보다 Howey 테스트에 의하면, Terraform 판결에서 살펴본 것처럼 처음에는 증권이 아니었으나 이후 발행인 등의 공개 발언 등에 의해 증

---

120 한서희, "디지털자산의 자본시장법상 규제에 관한 연구- 토큰증권을 중심으로 -", 서울대학교 박사학위논문, 2023. 8. 153면.
121 김갑래, "금융투자상품 포괄주의 하에서 디지털자산의 증권성에 관한 소고", 자본시장포커스, 2023. 9. 5면.
122 정순섭,『자본시장법』, 제4판, 박영사, 2023, 69면.

권으로 변화할 수 있다는 것이고, Ripple 판결이 설시하거나 Binance 판결이 명시적 판단을 보류하면서 언급한 것처럼 동일한 가상자산도 그 취득방식에 따라 증권성 여부가 달라질 수 있다는 것이다. 여기서 중요한 점은 앞서 살펴본 미국 판결에서도 가상자산 그 자체를 증권이라고 하는 것이 아니라, 그 판매·거래 행위가 투자계약에 해당한다고 본 것이다. 또한, 특정 가상자산 판매행위가 투자계약증권 개념을 충족하는 경우라 하더라도, 2차 시장에서의 유통행위까지 자본시장법상 "투자계약증권" 개념에 포섭된다고 보아 불공정행위로 규율할 수 있을지는 매우 의문이다. 오히려 이러한 논쟁으로 인해 가상자산이용자보호법이 제정되었음에도 여전히 비효율적인 논란을 만들 우려가 있다. 동일 위험, 동일 기능, 동일 규제의 관점에서 보더라도 기존 정통적인 증권 개념과 상당한 괴리가 있는 가상자산에 투자계약증권이라는 틀을 이용하여 이를 자본시장법의 규율 하에 두는 것은 정책적으로도 부적절하다고 생각한다. 문제되는 가상자산이 실질적으로 "지분증권"이나 "채무증권" 개념에 포섭될 수 있다면, 그렇게 규율하는 것이 옳고, "투자계약증권에 대하여 유통성을 인정하는 방향으로 자본시장법이 해석·운용될 경우에는 집합투자와 투자계약증권의 체계적 관계와 증권성의 제한에 관한 자본시장법 규정은 전면적으로 재검토될 필요성"[123]이 있다.

우리가 참고한 미국에서조차 투자계약, 특히 Howey 테스트를 잣대로 증권 여부를 판단하는 것이 얼마나 불명확하고 혼란을 초래할 수 있는지 보았다. 이러한 불명확성이 FIT 21 법안이 디지털자산에 있어서만큼은 투자계약 개념을 제외시키려는 가장 큰 이유라고 할 수 있다. 이러한 점이 바로 자본시장법상 "투자계약증권" 개념은 Howey 테스트를 원용한 것[124]이기 때문에 우리가 투자계약증권을 해석할 때 미국에서의 논의를 참고할 수는 있지만 이를 그대로 받아들일 수 없는 이유이다.

---

[123] 정순섭, 앞의 책, 70면.
[124] 재정경제부, 2006. 6. 30, '자본시장과 금융투자업에 관한 법률 제정안' 설명자료, 11면.

V. 맺으며

이 글에서는 미국의 최근 디지털자산 규제 현황을 증권성 판단을 중심으로 SEC 규제와 관련한 행정·사법적 측면과 입법적 측면으로 나누어 살펴보았다. 즉, 바이든 행정명령을 비롯하여 SEC의 가상자산에 대한 적극적인 규제, Ripple 사건 등 소송을 통해 이루어진 하급심 법원의 판단을 검토해 보았다. 결국 미국의 투자계약 개념 역시 일의적으로 판단할 수 없고, 미국 하급심 법원은 가상자산 그 자체는 증권이 아니라는 데 어느 정도 공통적인 입장을 취하고 있는 것으로 보인다. 이에 가상자산 판매와 거래 행위를 둘러싼 각종 환경, 소위 "생태계"를 종합적으로 고려해 개개의 가상자산별, 행위별로 판단할 수 밖에 없는 상황이 되었다. 이러한 규제 불명확성에 대한 대안으로 FIT 21 법안이 발의되어 하원을 통과하였고, 이 법안에서는 디지털자산 영역에서만큼은 투자계약 개념을 증권의 개념에서 제외하고, Howey 테스트 대신 이른바 탈중앙화테스트를 도입함으로써 디지털자산의 특성에 보다 부합하는 규제 기준을 마련하고자 하는 노력을 엿볼 수 있었다.

미국의 이러한 규제 현황을 살펴본 이 글이 가상자산이 자본시장법상 금융투자상품에 해당하지 않음을 전제로, 그로 인한 규제의 공백을 메우고자 가상자산이용자보호법을 제정하여 시행하였고, 이후 가상자산기본법을 통해 완전한 규제체계를 확립하고자 하는 우리나라의 가상자산 규제 마련에 조금이나마 도움이 되기를 바란다.

* 이 글은 금융법연구 제21권 제3호(2024. 12)에 게재된 글을 일부 수정·보완한 것임을 밝힙니다.

3

EU 암호자산시장법
– MiCAR의 적용범위와 업규제를 중심으로

천 창 민

I. 들어가며

2021년 2월 16일 대표적인 가상자산(virtual assets) 내지 암호자산(crypto assets)[1]인 비트코인이 2010년 7월 처음으로 거래가 되기 시작한 지 10년 7개월 만에 처음으로 5만 달러를 돌파하였고 2024년 3월 초에는 우리나라의 대표적인 가상자산유통플랫폼인 업비트와 빗썸의 시세를 기준으로 1억원을 돌파한 바 있다. 비트코인은 2017년 말부터 2018년 초 2만 달러를 넘으며 사회적으로 큰 관심을 끌었고, 국내 한 지상파 언론에서 가상자산 관련 특별대담회까지 마련했을 정도로 우리 사회의 가상자산과 관련한 관심이 뜨거웠다. 그러다 한동안 잠잠하던 가상자산 시장이 코로나19 이후 넘쳐나는 유동성과 테슬라[2]와 같은 제조업체나 주류 금융업자인 마스터카

---

[1] 특정금융정보법에서는 국내에서 처음으로 가상자산이라는 용어를 FATF의 용례에 따라 법적 용어로 공식 채택하였고, 2024년 7월 19일부터 시행된 가상자산이용자보호법도 가상자산이라는 용어를 공식적으로 사용한다. 하지만 EU에서는 암호자산이라는 용어를 주로 사용하고 있고 MiCAR도 공식적으로 암호자산이라는 용어를 채택하고 있다. 이 글에서는 양자를 호환적으로 사용하되, MiCAR에 대한 소개에서는 EU의 공식용어인 암호자산(crypto-asset)이라는 용어를 사용하기로 한다.

[2] 그러나 2021년 5월 13일 3개월 만에 일론 머스크가 돌연 환경오염을 이유로 비트코인을 결제수단으로 받지 않겠다고 선언하여 비트코인 가격이 5만달러 선이 붕괴되며 급락한

드사와 뉴욕멜론은행이 비트코인을 취급하겠다고 선언하고 모건스탠리가 비트코인 투자를 검토하겠다는 소식[3] 등이 전해지면서 급기야 비트코인이 5만 달러까지 넘어서며 다시 전 세계의 주목을 받은 바 있다.[4] 그러나 가상자산에 대한 규제적 필요성을 전 세계 규제당국에 깊이 각인시킨 계기가 된 것은 2019년 5월에 발표된 Facebook(현 Meta)의 Libra 프로젝트와 2022년 5월에 발생한 테라·루나 사태 등이었다. Libra 프로젝트는 가상자산의 광범위한 사용이 금융안정에 영향을 줄 수 있음을 상기시켰고, 테라·루나 사태 등은 가상자산 자체가 가진 높은 위험성과 적절한 규제장치 없이는 지속가능한 시장이 형성될 수 없음을 보여 주었다. 이에 각국에서 스테이블코인 규제를 비롯한 투자자 보호를 강화하는 가상자산 규제체계 강화조치가 속속 취해졌다. 우리나라에서도 테라·루나 사태를 계기로 투자자 보호 쟁점을 우선하는 1차의 단계적 입법이 완성되어 2023년 6월 30일 「가상자산 이용자 보호 등에 관한 법률」(이하 '가상자산이용자보호법' 또는 '가상자산법')[5]이 국회를 통과하여 지난 2024년 7월 19일부터 시행되고 있다. 공시규제, 가상자산사업자에 대한 진입규제와 영업행위규제 및 스테이블코인규제를 포함하는 2단계 입법작업은 2025년부터 본격적으로 이루어질 것으로 예상된다.

바 있다. 이에 대하여는 연합뉴스/김유아, 머스크 "테슬라, 비트코인 결제중단"…가상화폐 급락, 연합뉴스TV(2021. 5. 13) 참조.
[3] 이에 대해서는 매일경제/진영화, 거침없는 비트코인…5만달러 첫돌파, 2021. 2. 16 기사 참조.
[4] 가장 최근인 2024년 1월 10일에는 미국의 SEC가 비트코인 ETF를 승인하며 비트코인을 비롯한 가상자산의 가격이 치솟으며 대중의 관심을 끈 바 있다. SEC의 비트코인 ETF 승인과 관련한 SEC 의장 Gary Gensler의 성명서는 〈https://www.sec.gov/news/statement/gensler-statement-spot-bitcoin-011023〉 참조. 참고로, SEC는 비트코인 ETF의 정식 명칭을 ETP(Exchange-Traded Products)로 명명했다.
[5] 법률 제19563호 2023. 7. 18 제정, 2023. 7. 19 공포. 가상자산 규제의 1단계법인 가상자산이용자보호법은 법률의 명칭에서 알 수 있는 것과 같이 테라·루나 사태 이후 투자자(이용자)를 보호하기 위한 목적의 규제를 중심으로 긴급하게 도입된 것이다. 총 22개의 조문으로 ① 고객 예치금의 예치·신탁, ② 고객 가상자산과 동일종목·동일수량 보관, ③ 해킹·전산장애 등의 사고에 대비한 보험·공제의 가입 또는 준비금의 적립, ④ 가상자산 거래기록의 생성·보관에 관한 사항과 ⑤ 3대 불공정거래행위규제(형사제재, 민사제재 및 과징금 부과)와 관련한 내용을 담고 있다.

그간 2단계 입법에서 예상되는 업자규제 등을 포함하는 규제는 20대 국회와 21대 국회에서 발의되었던 약 10개 이상의 관련 의원입법안에서 이미 다루고 있던 것이었다.[6] 그러나 2020년 9월 24일 EU집행위원회가 MiCAR안을 최초로 제안하여 2023년 5월 31일 최종법안이 채택·서명되었고, 2024년 12월 30일부터 본격적으로 시행되고 있으며,[7] 미국과 영국 및 일본 등에서 스테이블코인을 비롯한 가상자산 규제체계가 구축되었거나 이에 대한 논의가 활발히 이루어지고 있다는 점에서 보다 국제정합성을 갖춘 입법을 할 필요성이 제기되었다. 이에, 국회의 입법과정에서 테라·루나 사태로 제기된 긴급한 투자자 보호 문제를 해결하기 위한 1단계 입법을 우선 마무리하고 2023년 이후에 구체화 될 주요국의 입법과 논의 현황을 충분히 반영하여[8] 2단계 입법에서 가상자산 규제체계를 완성하기로 하였다.

EU의 MiCAR(Markets in Crypto-Assets Regulation)[9]는 향후 가상자산이용자보호법의 2단계 입법에서 활용될 수 있는 중요한 입법모델 중 하나가 될 것으로 예상됨은 물론 그 완성도 측면에서도 국제적으로 상당한 영향

---

[6] 21대 국회에서 발의되었던 주요 의원입법안의 목록에 대하여는 천창민, "글로벌 스테이블코인 규제 흐름과 감독기구의 역할에 대한 연구"「금융법연구」제18권 제3호(한국금융법학회, 2021) 50면 각주 8 참조.

[7] 이와 달리, 스테이블코인에 관한 제3편과 제4편은 2024년 6월 30일부터 시행되었고, 일부 규정은 2023년 6월 29일부터 시행되었다(MiCAR 제149조 제2항~제4항 참조).

[8] 1단계 입법을 논의하면서 정무위원회는 가상자산이용자보호법안을 채택하면서 관련 부대의견을 통해 6가지 쟁점(①가상자산 발행·유통 과정의 이해상충 해소, ②스테이블코인 규율체계, ③가상자산평가업·자문업·공시업 등 규율체계, ④통합 시세·공시 시스템 구축·운영 방안, ⑤사고 발생시 전자금융거래법과 유사한 입증책임 전환규정의 마련, ⑥가상자산사업자 영업행위 규율방안)을 제시하고 금융위원회가 이에 관한 연구용역 등을 통해 가상자산 규율체계 관련 사항 즉, 위 6가지 쟁점에 대해 입법의견을 포함한 개선방안을 검토하여 가상자산이용자보호법의 시행 전까지 정무위원회에 보고하도록 하였다. 이에, 금융위원회사는 동 부대의견의 이행을 위하여 2023. 7. 18 정책연구(가상자산 관련 국회 부대의견에 따른 규제 사항 검토)를 위한 공고(제2023-239호)를 나라장터에 게시한 바 있고, 서울대학교 금융법센터에서 당해 연구를 진행하였다.

[9] MiCAR의 정식 명칭은 "REGULATION (EU) 2023/1114 OF THE EUROPEAN PARLIAMENT AND OF THE COUNCIL of 31 May 2023 on markets in crypto-assets, and amending Regulations (EU) No 1093/2010 and (EU) No 1095/2010 and Directives 2013/36/EU and (EU) 2019/1937"이다. 참고로, MiCAR의 약칭으로 MiCA도 자주 사용되나, 그간 EU의 관련 법률에 대한 약칭의 명명 관례에 따라 이 글에서는 'MiCAR'를 사용하기로 한다.

력을 가질 것으로 예상된다. 이에, 이 글에서는 가상자산이용자보호법의 2단계 입법을 염두에 두고 그간 MiCAR와 관련한 선행연구[10]에서 잘 다루지 않았던 적용범위와 업자규제를 중심으로 MiCAR의 주요내용을 분석하고 2단계 입법과 관련한 고려사항을 제시하기로 한다. MiCAR 규제의 핵심은 스테이블코인과 관련한 것이라 해도 과언이 아니나[11] 이와 관련해서는 EU집행위원회의 초안을 기초로 한 선행연구[12]가 있으므로, 이 글에서는 MiCAR의 전반적 이해를 위해 필요한 MiCAR의 적용범위와 주요규제에 대한 소개와 평가를 먼저 다루고 이어 업규제를 분석하기로 한다. 따라서 이 연구는 우선 MiCAR의 적용범위와 주요규제에 대한 평가를 먼저 제시하고(Ⅱ), 다음으로 MiCAR상의 주요 업자규제인 진입규제와 행위규제를 중심으로 고찰한다(Ⅲ). 마지막으로, 해당 논의를 바탕으로 가상자산이용자보호법의 2단계 입법 시 고려하여야 할 사항을 제시한 후(Ⅳ), 맺음말을 도출한다(Ⅴ).

---

10 MiCAR를 소개하는 국내문헌으로는 우선 심인숙, "EU 암호자산시장법(MiCA)에 관한 고찰 – 암호자산 규제법으로서의 포괄성과 그 한계를 중심으로 –", 「중앙법학」 제25권 제4호(중앙대학교 법학연구소, 2023) 205면 이하; 김홍기, "EU의 암호자산시장규정(MiCA)과 우리나라 디지털자산법의 제정방안", 「상사법연구」 제41권 제2호(한국상사법학회, 2022) 333면 이하; 이해붕, "EU의 암호자산시장법(MiCA)과 시사점", 「D.E.View(Digital Economy View)」 제4권(한국인터넷기업협회 디지털경제연구원, 2023) 14면 이하; 이해붕, "미국의 책임있는 금융혁신법안(RFIA)과 유럽연합 MiCA법이 주는 시사점", 「지급결제학회지」 제15권 제1호(한국지급결제학회, 2023) 153면 이하; 박영윤, "EU의 가상자산 규제 체계 및 시사점", 「금융법연구」 제19권 제1호(한국금융법학회, 2022) 121면 이하; 박영윤, "유럽연합 가상자산법안(MiCA)의 주요 내용 및 시사점", 「경제규제와 법」 제15권 제2호(서울대학교 공익산업법센터, 2022) 176면 이하; 안수현, "암호자산 규제법제 정비를 위한 검토 – 해외 규제사례를 기초로", 「경제법연구」 제21권 제1호(한국경제법학회, 2022) 122면 이하; 민세진, "암호자산 제도권 안착을 위한 제도 연구: EU의 MiCA를 중심으로", 「EU학연구」 제27권 제2호(한국EU학회, 2022) 15면 이하 참조.
11 Matthias Lehmann, "MiCAR – Gold Standard or Regulatory Poison for the Crypto Industry?", EBI Working Paper Series 2024 – no. 160, 2024, 15면은 스테이블코인에 관한 규정이 MiCAR의 핵심이자 존재이유(raison d'être)라고 설명한다.
12 천창민, 앞의 논문, 49면 이하 참조.

Ⅱ. MiCAR의 적용범위와 주요규제

1. MiCAR의 적용범위

(1) 물적 적용범위

MiCAR의 물적 적용범위는 대상물인 암호자산과 업자로서의 대상행위 및 공모, 거래승인 신청행위 등으로 구분할 수 있다. 아래에서는 먼저 대상물인 암호자산의 정의와 관련한 논의를 진행하고, 암호자산에서 제외하는 것을 소개한다. 대상행위와 관련한 업자가 제공하는 암호자산서비스는 인적 적용범위인 암호자산서비스제공자(이하, '암호자산업자')와 관련한 논의에서 소개하되, 아래에서는 '투자자주도권유(reverse solicitation)'행위와 공모행위 등에 대해서만 간략히 언급하기로 한다.

1) 암호자산의 정의와 유형

MiCAR는 가상자산이용자보호법이 규정하는 방식과 같이[13] 암호자산의 개념을 광의로 규정하고 기존의 금융법 적용대상인 금융상품 등에 대해 그 적용을 제외하는 소극적(negative) 방식을 취한다. MiCAR상 암호자산은 "분산원장기술(DLT)이나 이와 유사한 기술을 사용하여 전자적으로 이전 및 저장될 수 있는 가치 또는 권리의 디지털적 표시"를 말한다.[14] MiCAR는 암호자산의 개념을 구성하는 분산원장기술에 대해서는 "분산원장을 운영하고 사용할 수 있도록 하는 기술"로 정의하고, 다시 여기서 파생되는 '분산원장'의 개념을 "거래기록을 보관하고 합의메커니즘을 사용하여 일련의 분산원장기술 네트워크노드 간에 공유되고 동기화되는 정보저장소"로 정의하며, 다시 파생 개념인 '합의메커니즘'과 '분산원장 네트워크노드'를 별도의 조항에서 정의하는 방식을 취한다.[15] 여기서 알 수 있는 바와 같이 암호자산이라는 용어에도 불구하고 그 개념 자체에는 '암호'라는

---

13 가상자산법 제2조 제1호 참조.
14 MiCAR 제3조 제1항 제5호.
15 MiCAR 제3조 제1항 제1호 내지 제4호 참조.

개념을 직접 사용하지 않으며 또 암호기술을 요구하지도 않는다.[16] 그리고 암호자산이기 위해서는 분산원장기술이나 이와 유사한 기술을 사용해야만 하는데, 분산원장기술과 유사한 기술이 무엇인지에 대해서는 아직 명확한 해설이 없으나 이를 넓게 해석할수록 암호자산에 해당하는 범위가 넓어질 수 있을 것이다.[17]

한편, EU에서도 암호자산과 관련하여 자주 기술중립이라는 용어를 사용하는데, 이는 우리나라에서 사용하는 기술중립이라는 개념과 다소 차이가 있다는 점을 주의할 필요가 있다. EU에서 말하는 기술중립은 암호자산이 분산원장기술이나 이와 유사한 기술을 사용하면 되는 것이지[18] 예컨대 블록체인과 같은 특정의 분산원장기술을 이용해야 하는 것은 아니라는 의미와 분산원장기술을 이용했다고 하더라도 채용 기술과 상관없이 전통적인 금융상품에 해당하면 기존 금융규제의 적용대상이라는 의미이다.[19] 그러나 우리나라의 가상자산이용자보호법과 관련한 기술중립의 의미는 분산원장기술뿐만 아니라 전통적인 정보통신기술(IT)을 사용하여도 무방하다는 것을 의미한다.[20] 다만, 우리나라도 가상자산에 해당하는가 아니면 자

---

16 이와는 반대로, EU집행위원회의 2020년 9월 초안에서는 분산원장기술을 "암호화된 데이터의 분산기록을 지원하는 유형의 기술"로 정의하여 '암호기술'이 사용될 것을 요구했었다. 최종안에서 암호기술을 직접적으로 요구하지 않은 것은 기술중립성이라는 관점에서 이해할 수 있을 것이다. 연혁적으로, 최종 채택된 암호자산의 개념에서 사용되는 분산원장기술, 분산원장, 합의메커니즘, 분산원장기술 네트워크노드는 원래 2002년 3월에 채택된 분산원장기술시범규정(PilotR/Regulation (EU) 2002/858)에서 규정하는 것을 의미하는 것으로 하였다가 최종안에서 분산원장기술시범규정의 정의를 그대로 가져와 다시 규정하는 방식을 채택하였다. EU의 분산원장기술시범규정에 대한 소개로는 우선 Philipp Maume & Finn Kesper, "The EU DLT Pilot Regime for Digital Assets", European Company Law, Vol. 20, Issue 6, 2023, 118면 이하 참조.
17 Phillipp Maume, "The Regulation on Markets in Crypto-Assets (MiCAR): Landmark Codification, or First Step of Many, or Both?", ECFR 2/2023, 255면은 '유사한 기술'이라는 용어는 암호자산의 해석이 상당히 넓다는 것을 말한다고 한다.
18 분산원장기술의 사용이 요구된다는 점에서 MiCAR의 암호자산의 개념이 기술중립적이라고 하는 것은 순전히 립서비스라고 비판하는 견해에 대해서는, Matthias Lehmann, 앞의 논문, 7~8면 참조.
19 MiCAR 전문 9 참조.
20 흥미로운 것은 토큰증권 즉, 증권형 가상자산에 대해서는 분산원장기술을 사용할 것을 요구한다.

본시장법상 증권에 해당하는가를 판단할 때 그 개념 요소를 구성하는 경제적 실질을 중시하여 채용 기술과 상관없이 증권에 해당하면 자본시장법의 적용대상이라고 판단한다는[21] 점에서 EU의 기술중립이라는 개념과 동일한 접근법을 채용하고 있다고 할 수 있다.

 MiCAR는 크게 암호자산을 이른바, '스테이블코인'과 스테이블코인이 아닌 암호자산으로 이분하고, 스테이블코인은 하나의 공식통화(암호자산이 아닌 법화)를 준거하는 전자화폐토큰과 복수의 공식통화 또는 그 밖의 자산 등을 준거하는 자산준거토큰으로 다시 이분한다. 그러므로 MiCAR는 규범적으로 암호자산을 전자화폐토큰, 자산준거토큰 및 전자화폐토큰이나 자산준거토큰이 아닌 암호자산(이하 '일반암호자산')으로 삼분한다. MiCAR는 일반암호자산에 적용되는 조항을 제2편(Title Ⅱ)에서 규정하고, 가장 대표적인 일반암호자산의 유형인 서비스이용형 암호자산 즉, 유틸리티토큰에 대한 정의를 따로 두어 이에 대한 두 가지 특칙[22]을 규정한다.[23] MiCAR는 유틸리티토큰을 그 암호자산의 발행인이 제공하는 재화(good) 또는 서비스에 대한 접근 권한만을 제공하기로 의도된(intended) 암호자산으로 정의한다.[24] 따라서 유틸리티토큰의 발행 당시에 해당 재화가 존재하지 않거나 해당 서비스가 제공되지 않을 수 있으므로, MiCAR는 그 경우 공모 기간을 12개월을 넘지 못하도록 규제한다.[25] 그리고 이미 존재하는 재화나

---

21 금융위원회, 토큰 증권(Security Token) 발행·유통 규율체계 정비방안, 2023. 2. 14면 이하 '토큰 증권 가이드라인 ('23.2.6) 참조.
22 MiCAR는 유틸리티토큰에 대해 이 두 가지 특칙 외에도 암호자산백서상 약속한 재화나 서비스와 교환될 수 없는 경우에 대해 기술하도록 하고(제6조 제5항 제d호), 암호자산백서에 개발 예정인 재화와 서비스의 주된 특징에 대해 기재하도록 하는 등 암호자산백서에 유틸리티토큰에 대해 기재해야 할 항목을 구체적으로 규정한다(Annex Ⅰ, Part D, 4; Part G, 4 및 5).
23 MiCAR가 유틸리티토큰에 대한 특칙을 두고 있다는 점에서 MiCAR의 암호자산 분류법이 이분법(일반암호자산과 스테이블코인)이 아니라 삼분법을 택하고 있다고 할 수 있다.
24 MiCAR 제3조 제1항 제9호. '의도된'이라는 의미는 해당 토큰의 객관적인 기능을 의미하는 것이지 발행인의 주관적 의도를 말하는 것은 아님을 주의할 필요가 있다(Philipp Maume, 앞의 논문, 257면).
25 MiCAR 전문 30 및 제4조 제6항 및 제12조 제8항(수정된 암호자산백서상의 변경에도 불구하고 당초의 12개월 제한은 그대로 적용된다고 규정한다).

제공 중인 서비스에 대한 접근을 제공하는 유틸리티토큰의 공모에 대해서는 제2편의 적용을 면제한다.[26] 즉, 유틸리티토큰은 공모의 경우에도 암호자산백서를 작성 및 공개할 필요가 없도록 하여 규제를 대폭 완화한다. 다만, 자진하여 암호자산백서를 작성한 경우에는 다시 제2편이 적용되며,[27] 공모가 아니라 암호자산 거래플랫폼에의 거래승인을 위한 경우[28]에도 여전히 제2편이 적용됨을 주의할 필요가 있다. 어쨌든, 이미 존재하는 재화나 제공 중인 서비스를 대상으로 하는 암호자산의 공모에 대해서는 공시규제 자체가 적용되지 않을 수 있도록 면제하는 것은 기존의 증권규제와 비교하면 상당한 규제완화라 평가할 수 있는데, 이는 투자자(보유자)에게 미치는 위험이 크지 않다고 판단하였기 때문이라고 생각된다.[29]

마지막으로, MiCAR의 이 같은 암호자산 분류법은 체계적이며, 미래대비적(future-proof)[30]이라고 평가할 수 있다. MiCAR는 스테이블코인과 스테이블코인이 아닌 일반암호자산으로 구분하여 스테이블코인에 대해서는 스테이블코인이 가진 위험을 감안하여[31] 상당히 엄격한 규제체계를 설정하는 반면, 일반암호자산의 경우에는 스테이블코인뿐만 아니라 기존의 EU 자본시장규제에 비하여도 완화된 형태로 규제체계를 설계함으로써 혁신적 기술이 금융분야와 접목될 수 있는 장을 열어준 점에서 체계적이라고 할 수 있다. 그리고 가장 규제가 강하다고 평가할 수 있는 전자화폐토큰을 먼저 정의하고 그 외 복수의 공식통화 등과 같은 그 밖의 자산에 준거하는

---

26 MiCAR 제4조 제3항 제c호.
27 MiCAR 제4조 제8항.
28 EU의 투자설명서 규제는 공모 또는 거래소에의 거래승인을 신청하는 두 경우를 구분하여 각각 투자설명서 공시규제를 적용하는데, MiCAR에서도 정확하게 동일한 접근법을 취하고 있다. 참고로, 우리나라는 모집 없이 곧바로 거래소에 주식 등을 상장하는 경우 별도의 증권신고서 제출의무가 없다.
29 MiCAR 전문 26이 "비례적 접근법을 보장하기 위하여"라는 문구를 사용하는 것은 이런 맥락에서 이해할 수 있을 것이다.
30 MiCAR 전문 18 참조.
31 ESMA, Consultation Paper on the Draft Guidelines on the Conditions and Criteria for the Qualification of Crypto-Assets as Financial Instruments, 29 January 2024, 17면.

스테이블코인을 자산준거토큰이라고 정의하여 스테이블코인 규제를 우회하지 못하도록 개념 체계를 설계하고,[32] 스테이블코인이 아닌 그 밖의 모든 일반암호자산에 대해서는 기존의 자본시장규제에서 채용되고 있는 개념과 규제 방식을 완화된 형태로 도입함으로써 이 분야의 혁신이 가능하도록 한다는 점에서 추후 분산원장기술의 발전에 영향을 받지 아니하고 일관된 규제가 가능하도록 미래를 대비한 개념 체계를 설계했다고 평가할 수 있다.[33]

2) 암호자산에서 제외되는 것: 금융상품과 NFT 및 DeFi 등

MiCAR상 암호자산의 개념이 상당히 넓기 때문에 MiCAR는 암호자산에 해당하더라도 그 성질이 EU 금융법상 금융상품에 해당하는 것과 그 성질로 인해 적용이 바람직하지 않은 것 등을 적용범위에서 제외한다. 기존의 EU 금융규제가 적용되는 암호자산(토큰증권 등)을 그 적용범위에서 제외하는 것은 MiCAR가 기존의 EU 금융규제가 가진 흠결을 보완하기 위한 보충적 성격의 규제법임을 의미한다고 할 수 있다.[34] 따라서 기존의 EU 금융규제가 적용되는 암호자산은 우리나라와 동일하게 MiCAR의 적용대상이 아니라 EU 금융규제의 적용대상이다.

우선, 암호자산의 개념에 해당하더라도 금융상품으로서 MiCAR가 적용되지 않는 것은 MiCAR 제2조 제4항 각호에서 규정하는 상품이다. 제2조 제4항에서 열거하는 금융상품은 사실상 EU 금융법상의 금융상품을 거의 모두 포괄한다고 볼 수 있는데, 이에는 MiFID II상의 금융상품, 구조화예금을 포함한 예금, 전자화폐토큰을 제외한 자금, 증권화 포지션(securitisation position), 손해보험이나 생명보험 또는 재보험 및 재출재계약(retrocession contract), 회원국법에 따른 연금상품, 공식적으로 인정된 직업

---

[32] MiCAR 전문 18.
[33] MiCAR 전문 16 참조.
[34] Dirk Zetzsche & Julia Snnigh, "The EU Approach to Regulating Digital Currencies", Law and Contemporary Problems, Vol. 87, No. 2, 2024, 4면; ESMA, 앞의 의견조회문서(금융상품 판단 가이드라인안), 5~6면.

연금제도, 회원국법에 따라 고용주의 재정적 기여가 요구되는 연금상품 등과 사회보장제도가 포함되어 있다. MiCAR는 ESMA에게 위 상품 중에서 MiFID Ⅱ에서 규정하는 금융상품에 대한 판단 가이드라인을 2024년 12월 30일 즉, MiCAR의 시행일까지 제정하도록 요구하고 있으며,[35] ESMA는 2024년 1월 29일 관련 의견조회 문건[36]을 공개하고 동년 4월 말까지 의견을 수렴한 바 있다. 동 의견조회 문건은 총론, 양도가능증권, 자금시장상품, 파생계약, 배출권, 암호자산, NFT, 혼성암호자산에 대한 가이드라인안(이하 '금융상품 판단 가이드라인안')과 해설을 제공하고 있다.[37]

이른바, '대체불가토큰'이라고 불리는 NFT(Non Fungible Token)[38]는 그 성격상[39] MiCAR의 적용범위에서 제외한다.[40] MiCAR 제2조 제3항은 NFT를 고유하고(unique) 다른 암호자산과 대체할 수 없는 암호자산으로 정의하면서 MiCAR의 적용을 배제한다.[41] 따라서 MiCAR상 NFT는 고유성과 대체불가성이라는 두 가지 요건을 모두 만족하여야 한다. 따라

---

35 MiCAR 제2조 제5항.
36 ESMA, 앞의 의견조회문서(금융상품 판단 가이드라인안).
37 금융상품 판단기준 가이드라인은 위 ESMA 의견조회 문건 28면 이하에서 규정하고 있다.
38 NFT의 법적 쟁점에 대한 소개로는 유민호 외 5인, 『NFT 투자의 정석 : 디지털 화폐 혁명과 메타버스가 만드는 부의 대전환』, 한스미디어, 2022, 191면 이하(한서희 집필 부분) 참조.
39 MiCAR 전문 10은 그러한 성격을 다음과 같이 설명한다. 즉, "디지털 아트와 컬렉션을 포함한 고유하고 다른 암호자산과 대체할 수 없는 암호자산은 이 규정의 적용대상에서 제외된다. 이러한 고유하고 대체불가능한 암호자산의 가치는 각 암호자산의 고유한 특성과 토큰보유자에게 제공하는 효용(unility)에 기인한다. 또한 이 규정은 상품 보증이나 부동산과 같이 고유하고 대체불가능한 서비스 또는 물리적 자산을 표시하는 암호자산에는 적용되지 아니한다. 고유하고 대체불가능한 암호자산은 시장에서 거래되고 투기적으로 축적될 수 있는 반면, 용이하게 상호교환될 수 없으며 각각 고유한 암호자산의 상대적 가치는 기존 시장 또는 동등한 자산과의 비교를 통해 확인할 수 없다. 이러한 특징은 해당 암호자산이 가질 수 있는 금융적 사용의 범위를 제한하여 보유자와 금융시스템에 대한 위험을 제한하고 이 규정의 적용범위에서 제외되는 것을 정당화한다."
40 연혁적으로, EU집행위원회 초안에서는 NFT는 백서의 작성이 면제된다는 점을 규정하여(제4조 제2항 제c호) 원칙적으로 NFT도 MiCAR의 적용대상이라는 입장이었으나, NFT는 그 정의상 대체가능성이 없으므로 대체가능성을 개념 요소 중 하나로 하는 암호자산의 개념과 충돌되므로 최종안에서는 NFT를 원천적으로 MiCAR의 적용대상에서 배제하였다(Philipp Maume, 앞의 논문, 260면).
41 MiCAR 전문 10도 참조.

서 고유하지만 대체가능성이 있거나 고유하지 않지만 대체가능성이 있다면 적용면제 대상인 NFT가 아니다. 전문 11에 따르면, NFT의 일부 부분(fractional parts) 즉, 조각 내지 지분은 고유하고 대체불가능한 것으로 간주되어서 안되고, 대규모[42] 시리즈와 컬렉션에서 대체불가능한 토큰으로 암호자산을 발행하는 것을 대체가능성을 가리키는 지표로 간주해서 안된다.[43] 또한 고유식별기호를 암호자산에 부여하는 것 자체로 고유성과 대체불가능성을 의미하기에 충분하지 않고, 해당 암호자산이 고유하고 대체불가능한 것으로 간주되기 위해서는 표시된 자산 또는 권리 또한 고유하고 대체불가능하여야 한다. 그리고 NFT인지의 여부는 발행인이 NFT로 지정하였는지 등의 형식과 상관없이 그 실질(substance)에 따라 판단하여야 한다.[44] ESMA의 금융상품 판단 가이드라인안은 형식과 관련하여 기술적 특징으로서 토큰 식별코드나 고유한 토큰 ID를 암호자산이 채용하는 표준으로서 ERC-721이나 BEP-721을 언급하며, 이는 하나의 지표에 불과하며 고유성과 대체가능성을 평가하는데 중요하지 않다고 한다.[45]

한편, 흔히 '탈중앙화금융'[46]이라고 불리는 '분산권한금융(DeFi: Decentralised Finance)'[47]에 대해 MiCAR가 취하고 있는 입장 즉, 비트코인

---

42 얼마나 커야 대규모인지 그리고 일부 부분이 얼마를 말하는 것인지에 대해서는 분명하지 않다(Philipp Maume, 앞의 논문, 261면).
43 따라서 약간의 변경만 있는 동일한 이미지를 표시하는 NFT 컬렉션은 가치상호의존성 기준(value interdependency test)에 따라 MiCAR가 적용된다(ESMA, 앞의 의견조회문서(금융상품 판단 가이드라인안), 20~21면).
44 MiCAR 전문 11.
45 ESMA, 앞의 의견조회문서(금융상품 판단 가이드라인안), 20면.
46 DeFi에서 탈중앙화라고 할 때 탈중앙화의 개념을 운영의 탈중앙화, 기록의 탈중앙화 및 권한의 탈중화로 소개하는 견해에 대하여는 천창민, 『탈중앙화거래플랫폼(DEX) 현상과 법적 쟁점』, 한국법제연구원 규제혁신법제연구 22-21-②-4, 2022, 31~33면 참조.
47 이 글에서는 탈중앙화금융 대신 분산권한금융이라는 용어를 사용한다. 탈중앙화금융이라는 용어에는 중앙화된 전통적인 금융이 잘못되었거나 적어도 부정적이어서 이에서 벗어난 금융이라는 소극적 의미를 담고 있다고 생각하기 때문이다. 실제로 비트코인의 출발이 이러한 사고에서 시작되었다는 것은 널리 알려진 사실이다. 분산권한금융의 현상과 법적 쟁점에 대한 소개로는 우선 천창민, 앞의 책, 29면 이하; 고동원, "탈중앙화금융(Decentralized Finance: DeFi)의 진전과 불공정거래의 규제 방향"「증권법연구」제23권 제1호(한국증권법학회, 2022) 143면 이하; 이정수, "탈중앙화금융(DeFi)에 대한 금

과 같은 완전한 분산권한금융은 MiCAR의 적용대상이 아니라는 것은 일견 명확하나, 완전한 분산권한금융이 무엇을 의미하는지 실무상 그 경계가 분명하지는 않다. 입법 방법론적으로, MiCAR는 분산권한금융에 대한 명문의 규정을 직접 두지는 않고 구속력 없는 전문 22에서 이에 관한 설명만 두고 있다. 전문 22에 따르면, MiCAR는 사람과 법인 및 그 밖의 일부 단체(undertaking)[48]와 이들이 직간접적으로 수행, 제공 또는 통제하는 암호자산서비스 및 행위에 적용되어야 하며, 이러한 행위 또는 서비스의 일부가 분산된 방식으로 수행되는 경우를 포함하여 암호자산서비스가 중개기관 없이 완전히 분산된 방식으로 제공되는 경우는 MiCAR의 적용범위에 포함되지 않는다고 기술한다. 나아가, 전문 22는 식별가능한 발행인이 없는 암호자산은 MiCAR 제2편 내지 제4편의 적용대상이 아니라고 기술하므로, 비트코인과 같이 발행인을 알 수 없는 경우에는 제2편의 일반암호자산의 발행 및 유통규제, 제3편 및 제4편의 자산준거토큰 및 전자화폐토큰과 관련한 규정이 적용되지 않는다.[49] 다만, 이러한 발행인을 식별할 수 없는 암호자산과 관련한 서비스를 제공하는 암호자산업자는 MiCAR의 적용대상이며, 사실상 동 암호자산업자가 발행인의 지위에 선다고 볼 수 있다.[50] 따라서 MiCAR에서 의미하는 분산권한금융 내지

융규제 연구", 「증권법연구」 제23권 제2호(한국증권법학회, 2022) 183면 이하; 신동우, "탈중앙화 금융(DeFi)의 한계와 규제 검토", 「증권법연구」 제24권 제1호(한국증권법학회, 2023) 129면 이하; 임병화, "디파이(DeFi)의 이해와 시사점", 「글로벌금융리뷰」 제2권 제1호(글로벌금융학회, 2021) 74면 이하; 김협 · 김민수 · 권혁준, "디파이(De-Fi), 탈중앙화 금융의 가능성과 한계점", 「한국거래학회지」 제26권 제2호(한국거래학회, 2021) 143면 이하; 이정엽 외 5인, "탈중앙화 금융(디파이)에 대한 법학적 고찰", Korea Policy Center for the Fourth Industrial Revolution Issue Paper No. 27, 2020 참조.

48 이는 사람이나 법인과 유사한 방식으로 권리 · 의무의 주체가 될 수 있는 법인격 없는 단체를 의미한다고 한다(Philipp Maume, 앞의 논문, 253면). 암호자산업자의 인가에 관한 규정인 MiCAR 제59조 제2항도 '법인이 아닌 그 밖의 단체'라는 문구를 사용하여 이를 뒷받침한다. 법인격이 있다면 이미 법인에 포함되므로, 그 밖의 단체는 법인격 없는 단체를 의미한다고 할 것이다.
49 제2편 내지 제4편만 적용대상이 아니므로 발행인을 식별할 수 없는 암호자산도 MiCAR의 나머지 규정은 적용된다는 점을 주의할 필요가 있다.
50 Philipp Maume, 앞의 논문, 253면.

분산권한금융시스템은 중개기관이 없거나 식별가능한 발행인이 없는 분산된 암호자산시스템 양자를 의미하는 것이라고 할 수 있다.[51] 그런데 기술한 바와 같이 실무상 암호자산서비스 및 행위가 완전히 분산된 방식으로 수행되는 경우가 어떤 경우인지는 여전히 분명하지 않다. Maume 교수는 시장에서 아직까지 완전히 분산된 솔루션이 없다는 것이 통설이고, 가장 정교한 시스템도 여전히 이를 운영하는 자에게 의존하고 있다고 설명하므로,[52] 이 견해에 따르면 현재 DeFi라고 불리는 거의 모든 시스템이 MiCAR의 적용대상이라고 할 수 있다. 따라서 '완전히 분산된 방식'의 분산권한금융이 무엇을 의미하는지에 관하여는 EU의 학계 및 감독기구 등에서의 논의와 실무를 지켜볼 필요가 있다.[53] 참고로, MiCAR 제142조 제2항 제a호는 EU집행위원회에게 2024년 12월 30일까지 분산권한금융의 전개와 발행인 또는 암호자산업자가 없는 분산된 암호자산시스템의 적절한 규제적 취급에 관한 평가 보고서를 작성하여 EU의회 및 EU이사회에 제출토록 규정함으로써,[54] 향후 분산권한금융에 관한 적절한 규제를 도입한 'MiCAR II'를 예정하고 있다.[55]

3) 대상행위와 투자자주도권유행위

(가) 대상행위

MiCAR는 암호자산의 발행, 공모(offer to the public) 및 거래플랫폼에의

---

51 MiCAR 전문 22 및 제142조 제2항 제a호 참조.
52 Philipp Maume, 앞의 논문, 253면 각주 42.
53 Dirk Zetzsche & Julia Snnigh, 앞의 논문, 22면은 발행인이 없는 분산권한금융의 구분 기준으로서 중개기관이 없는 경우에 착안하여 발행의 중요기능을 통제하는 기관이나 단체가 적어도 하나라도 존재하는가라는 통제 개념이 존재하면 적어도 발행의 부분적 중앙화가 존재한다고 한다.
54 MiCAR 제142조 제2항은 분산권한금융의 전개에 관한 평가 보고서 외에도 암호자산 대차 규제의 필요성과 타당성, 전자화폐토큰의 이전과 관련한 서비스의 취급 및 NFT시장의 전개와 적절한 규제적 취급 등에 관한 평가 보고서를 제출하도록 규정한다. 2025년 1월 16일 EBA와 ESMA는 공동으로 이와 관련된 공동보고서(EBA/ESMA, Recent Developments in Crypto-assets (Article 142 of MiCAR, 16/01/2025)를 발표하였다. 이에 대한 분석은 장래 과제로 남긴다.
55 Philipp Maume, 앞의 논문, 252면; Matthias Lehmann, 앞의 논문(2024), 10면.

승인에 종사하거나 암호자산과 관련된 서비스를 제공하는 자연인, 법인 및 그 밖의 일부 단체에 적용된다.[56] 따라서 MiCAR의 규제가 적용되는 대상행위는 (1) 암호자산의 발행, (2) 암호자산의 공모, (3) 거래플랫폼에의 거래승인 및 (4) 암호자산서비스의 제공으로 요약할 수 있다.

MiCAR는 발행(issuance)이라는 개념에 대해 별도의 정의규정을 두지 않으며, 자산준거토큰 및 전자화폐토큰과 관련해서만 발행 자체를 언급하는 규정[57]을 둔다. 동 규정의 사용례에 따르면 MiCAR에서 사용하는 발행 개념은 사실상 암호자산을 새롭게 생성(creation)하는 것에 가까운 개념이며, 특히 스테이블코인 규제에서 의미를 가진고 할 수 있다.[58]

공모는 이렇게 발행된 암호자산을 불특정한 잠재적 보유자[59]에 대하여 모집하거나 매출하는 행위를 말하며, MiCAR는 공모의 개념을 잠재적 보유자가 암호자산의 매수 여부를 결정할 수 있도록 권유 조건과 권유하는 암호자산에 관한 충분한 정보를 모든 형태와 수단으로 사람들에게 제시하는 의사소통(communication)으로 정의한다.[60] 이 정의는 MiCAR의 다른 대다수 용어가 기존의 EU 금융규제에서 사용하는 용어 용례를 차용 또는 변용하는 것과 동일하게 투자설명서규정(Prospectus Regulation) 제2조 제d호에서 규정하는 증권공모(offer of securities to the public)의 개념을 거의 그대로 차용한 것이다. 공모와 거래플랫폼에의 거래승인에 대해서는 명문의 예외규정이 있는 경우를 제외하고 발행공시 규제의 핵심인 암호자산백서

---

56 MiCAR 제2조 제1항.
57 예컨대 제23조 및 제49조.
58 이와 달리 암호자산의 발행을 "암호자산을 자기 또는 타인의 계산으로 대중에게 제공하거나 암호자산 거래플랫폼에서 암호자산거래의 승인을 구하는 행위"로 폭넓게 설명하는 견해도 있다(김홍기, 앞의 논문, 345면).
59 MiCAR는 투자자라는 용어 대신 보유자라는 용어를 사용한다. 그러나 우리의 전문가 개념에 해당하는 적격투자자라는 용어는 사용하나, 이에 대한 반대개념에 대해서는 다시 일반보유자라는 용어를 사용한다. MiCAR는 고객이라는 개념도 사용하는데 이는 암호자산업자가 암호자산서비스를 제공하는 대상인 사람과 법인을 의미한다(제3조 제1항 제39호). 편의상, 이 글에서는 구분이 필요한 경우가 아니면 투자자와 보유자라는 용어를 병용하기로 한다.
60 MiCAR 제3조 제1항 제12호.

의 작성 및 공개 규제가 적용된다. 따라서 거래플랫폼에의 거래승인이 되지 않았거나 거래승인을 신청하지 않은 암호자산의 사모에 대해서는 제2편 내지 제4편이 적용되지 않을 뿐만 아니라 불공정거래규제를 규정하는 제6편도 적용되지 않는다.[61]

MiCAR는 공모의 개념에 해당하는 행위라고 하더라도 투자설명서규정과 유사하게 다음에 해당하는 행위의 경우에는 암호자산백서의 작성·통지·공개 및 마케팅 의사소통문건[62]의 공개가 면제된다.[63] 즉, (1) 자기계산으로 행하는 회원국당 150인 미만의 사람 또는 법인에 대한 공모,[64] (2) EU 내에서 공모일 현재로부터 12개월 동안의 공모총액이 1백만유로를 초과하지 않는 경우,[65] 및 (3) 청약권유되는 암호자산을 적격투자자만(전문투자자)만이 보유할 수 있고, 해당 적격투자자에게만 청약권유된 경우에는 암호자산백서 등의 작성 등이 면제된다. 아울러, 다음에 해당하는 일반암호자산의 공모에 대해서도 제2편의 적용이 제외된다.[66] (1) 암호자산이 무상으로 제공되는 경우, (2) 비트코인의 채굴과 같이 암호자산이 분산원장의 유지나 거래의 검증에 대한 보상으로서 자동적으로 생성되는 경우, (3)

---

61 MiCAR 제86조 참조.
62 이하 의사소통문건이라는 용어로 번역하였으나 communication은 반드시 물리적인 문서일 필요가 없다. SNS나 동영상 등 그 수단과 관계없이 청약권유의 의사를 소통하는 경우를 포함한다.
63 MiCAR 제4조 제2항 각호. 동조 제2항 1호에 따르면 제1항 제e호(마케팅 의사소통문건의 작성)는 면제가 되지 않는다. 따라서 암호자산백서의 작성·통지·공개와 마케팅 의사소통문건의 공개는 면제되나, 그 작성은 면제되지 않는다. 입법상 오류일 수도 있으나, 아마도 공개되지 않더라도 추후 분쟁의 발생 시 투자자가 이를 근거로 손해배상책임 등을 묻도록 하기 위한 의도 정도로 보이며, 정확한 이유를 밝히고 있는 문헌은 잘 보이지 않는다.
64 동 조항의 모델이라고 할 수 있는 투자설명서 규정 제1조 제4항 제b호는 전문투자자의 숫자는 150인에서 제외한다고 명문으로 규정하나 MiCAR는 이에 관한 문구가 없다. 2020년 EU집행위원회의 초안부터 관련 문구가 없었는데, 이를 의도적인 것이라고 한다면 암호자산과 관련한 적용면제 상황을 더 좁히려는 것 즉, 규제를 더 강화하려는 것으로 볼 수 있을 것이다.
65 이와 상응하는 투자설명서규정 제3조 제2항은 8백만유로까지 투자설명서 없이 증권을 발행할 수 있도록 한다는 점에서 MiCAR의 규정이 더 엄격하다고 할 수 있다.
66 MiCAR 제4조 제3항 각호.

이미 존재하거나 운영 중인 재화나 서비스를 제공하는 유틸리티토큰의 청약권유 및 (4) 암호자산보유자가 권유자와 약정이 되어 있는 제한된 가맹점의 네트워크 내에서 제공되는 재화 및 서비스의 교환에 대해서만 동 암호자산[67]을 사용할 수 있는 경우에는 일반암호자산에 관한 제2편의 규정 전체가 적용되지 않는다. 그리고 이 같은 암호자산에 대한 보관·관리 또는 이전서비스를 제공하는 자는 원칙적으로 제59조에 따른 암호자산업자로서의 인가를 요하지 않는다.[68] 그러나 위 첫 번째 암호자산백서의 작성 등이 면제되는 경우나 제2편의 적용자체가 면제되는 경우에 해당하더라도 해당 암호자산의 거래승인을 신청하려는 의도를 의사소통에서 밝힌 경우에는 이 같은 적용면제가 적용되지 아니한다.[69]

MiCAR 제2조 제6항은 ECB감독책무규정[70]을 해하지 않아야 한다고 규정함으로써 ECB의 중앙은행으로서의 감독책무에 대해서는 동 감독책무규정이 MiCAR에 우선하여 적용된다. 따라서 ECB의 중앙은행으로서의 역할과 관련해서는 MiCAR가 적용되지 않거나 적용된다고 하더라도 ECB 감독책무규정과 충돌하지 않는 방식으로 해석하여야 한다.[71]

MiCAR는 거래플랫폼에의 거래승인(admission to trading on a trading platform)에 대한 개념도 투자설명서규정과 같이 별도의 정의규정을 두지 않으며, 이는 우리의 상장 내지 '거래지원'[72]과 같이 암호자산을 특정의 거래플랫폼에서 거래의 대상이 되도록 승인하는 것을 의미한다. MiCAR는

---

67 이러한 암호자산은 결국 결제용 암호자산이라고 할 수 있는데, 이를 이용한 결제에 대해 적절한 별도의 규제적 보완 없이 공시규제를 전면 면제하는 것이 바람직한 것인가에 대해서는 의문이다.
68 MiCAR 제4조 제5항. 예외적으로, 동종의 암호자산에 대한 다른 공모가 존재하고 동조에 따른 면제를 누리지 못하는 경우와 동 암호자산이 거래플랫폼에서 거래승인된 경우에는 다시 인가를 필요로 한다.
69 MiCAR 제4조 제4항.
70 Regulation (EU) No 1024/2013.
71 MiCAR 전문 15.
72 우리나라의 가상자산거래플랫폼 실무에서는 상장 대신 거래지원이라는 용어를 사용한다. 다만, 향후 가상자산이용자보호법의 시행 이후 금융감독원의 관련 가이드라인에서는 증권시장과 동일하게 상장이라는 용어를 사용할 것으로 보인다.

공모와 거래승인 신청이 있는 암호자산에 대한 맞춤형(bespoke) 규제를 규정하는 것이므로, 기술한 바와 같이 거래승인이 되지 않았거나 거래승인의 신청이 없는 암호자산의 사모거래에 대해서는 적용되지 않는다.

(나) 투자자주도권유[73]행위: 투자자주도기준에 의한 업규제의 적용면제

영토적 적용범위와 관련하여, 후술하는 바와 같이 MiCAR는 EU 내에 소재하지 않는 제3국의 암호자산업자라 하더라도 EU에서 설립되었거나 소재하는 투자자에게 암호자산서비스를 제공하기 위해서는 MiCAR 제59조에 따른 인가를 필요로 한다. 그러나 EU투자자가 배타적으로 주도하여 제3국 암호자산업자로부터 암호자산서비스를 받는 경우에까지 인가를 요구하는 경우에는 과잉규제가 될 수 있다. 따라서 MiCAR는 이같이 EU 내에서 설립되었거나 소재하는[74] 고객(EU투자자)이 자기 자신만의 배타적인 주도로 제3국기업(third-country firm)[75]으로부터 암호자산서비스 또는 행위

---

[73] 투자자가 권유한다는 것이 어색하다고 볼 수도 있으나, 투자자가 암호자산업자에게 암호자산의 판매를 요청한다는 것을 염두에 둔 것으로서 영어원문의 solicitation을 살리기 위해 권유라는 용어를 남겨 두었음을 밝힌다.

[74] '설립되었거나 소재하는'이라는 문구를 문자 그대로 해석하면 법인의 경우에는 EU 내에서 존재하지 않더라도 주영업을 제3국에서 자회사를 통해 영업하는 EU 설립 법인에 대해서도 이 규정이 적용되고, 반대로 사람의 경우에는 EU회원국의 사람이라고 하더라도 EU 내에서 소재하지 않으면 이 규정이 적용되지 않는 것으로 볼 수 있다. 사람에 대한 후자는 타당할 수 있으나, 법인에 대한 전자의 문리해석은 타당하지 않는 경우가 있으므로 문자 그대로 해석해서는 안된다고 본다.

[75] 제3국기업이라는 용어는 MiCAR 제61조에서만 사용하는 용어로서 MiCAR에서 별도로 정의하는 용어는 아니다. MiCAR 제59조에 따른 인가를 받지 않은 자이므로 암호자산업자(crypto-asset service provider)라는 용어를 사용하는 것이 적절하지 않으므로 암호자산업자라는 용어 대신 제3국기업이라는 용어를 사용한 것으로 보인다. 기업(firm)이라는 용어를 사용하고 있으나, 개인기업도 존재하므로 제3국에서 암호자산서비스를 제공하는 자연인도 제3국기업의 개념에 포함되는 것으로 보아야 할 것이다. 참고로, ESMA에게 2025년 12월 31일부터 매년 시장전개에 대해 보고하도록 하는 제141조 제m호는 EU에서 인가를 받지 않은 '제3국행위자(actors)'라는 용어를 사용하는 점에서 이 같은 해석을 뒷받침한다. 참고로, 투자자 주도 매도청약권유와 관련한 ESMA의 가이드라인의 의견조회 문건에 따르면 제3국기업은 본점 또는 등록사무소가 EU 내에 소재하였더라면 제59조의 적용대상이었을 기업을 말하는 것으로 정의한다(ESMA, Consultation Paper on the the Draft Guidelines on Reverse Solicitation Under the Markets in Crypto Assets Regulation (MiCA), 29 January 2024, 15면). 이는 MiFID Ⅱ의 관련 정의와 유사하다.

(activities)[76]를 받는 경우에 대해서는 제59조에 따른 인가를 요하지 않도록 규정한다.[77] 암호자산서비스는 온라인으로 이루어지는 특성으로 인해 그 서비스의 범위가 국경을 넘는 경우가 다반사이고, 현재의 실무에서도 그런 경우가 많다. 그런데 투자자가 주도하여 제3국에 소재하는 암호자산업자(주로 암호자산거래플랫폼)에게 매매중개 등을 요청하여 서비스를 받는 경우가 엄연히 존재한다. 그러나 투자자주도권유행위를 넓게 해석하면 문제가 있으므로 이를 예외적으로만 허용함으로써 투자자 보호와 EU에서 인가를 암호자산업자의 정당한 영업을 보장할 필요도 있다. 이에 제61조 제1항 제2문과 제3문 및 제2항은 투자자의 배타적 주도에 의한 권유행위를 제한할 수 있는 상황을 규정하고, 제3항은 ESMA로 하여금 2024년 12월 30일 즉, MiCAR 시행일까지 이와 관련한 가이드라인을 제정하도록 규정한다.[78]

제61조 제1항 제2문은 그룹 내 관계를 해하지 아니하고, 제3국기업을 대리하거나 그러한 제3국기업 또는 단체를 대리하는 그 밖의 자와 밀접관계(특수관계: close links)[79]를 가진 그러한 단체를 포함하여 제3국기업이 EU

---

76 암호자산행위라는 용어도 MiCAR 제61조에서만 사용하는 것으로서 이것이 무엇을 의미하는 것인지 별도의 정의가 없다. 암호자산서비스의 정의에 이미 암호자산과 관련한 서비스 및 행위를 포함하고 있으므로 여기서 다시 별로 암호자산서비스 및 행위라는 말을 쓴 것은 암호자산서비스 외의 암호자산 관련 행위를 의도한 것으로 볼 수도 있고, 그게 아니라 이는 MiFID 규정을 답습하는 과정의 실수에 불과하므로 행위라는 것은 별도의 의미가 없고 제16호에서 열거하는 암호자산서비스를 말하는 것으로 해석할 수 있다. 후자가 타당해 보이나, 전자로 볼 경우에는 제61조가 암호자산서비스업자가 인가 없이 제공하는 일련의 암호자산서비스를 금지하는 것이 주 목적이라는 점에서 암호자산서비스의 부수업으로 제공하는 행위를 의미하는 것 정도로 볼 수 있을 것이나, 이에 대해서는 향후 EU의 논의를 조금 더 지켜볼 필요가 있을 것이다.
77 MiCAR 제61조 및 전문 75. 참고로, 제61조의 투자자주도권유행위와 관련한 규정은 2023년 4월 20일 의회결의안 제61조에서 처음으로 추가되고, 약간의 변경을 제외하고 거의 동일한 취지로 최종 채택되었다. 제61조는 MiFID II 제42조를 더 확장하여 촘촘하게 도입한 것으로 볼 수 있다. MiFID II 제42조에 대한 해설로는 Danny Busch & Guido Ferrarini, Regulation of The EU Financial Markets: MiFID II and MiFIR, Oxford Univ. Press, 2017, 278~280면 참조.
78 2024년 12월 17일 ESMA는 MiCAR에 따른 각종 가이드라인과 시장남용에 관한 규제기술표준을 패키지로 발표하였으며, 이에는 투자자주도권유행위도 포함되어 있다. 이에 대한 문건은 다음의 링크⟨https://www.esma.europa.eu/press-news/esma-news/esma-releases-last-policy-documents-get-ready-mica⟩에서 입수할 수 있다.
79 밀접관계는 MiFID II 제4조 제1항 제35에서 정의하는 것으로서 다음을 말한다. 첫째,

내에서의 청약권유, 판촉 또는 광고에 사용되는 의사소통의 수단에 관계 없이 EU 내에서 (잠재적)고객에게 권유하는 경우에는 고객 자신의 배타적 주도로 제공되는 서비스로 간주하지 않는 것으로 규정한다. 즉, 제3국기 업이 직접 청약권유 등을 하지 않고 간접적으로 대리인, 관계회사 등의 청 약권유 등을 투자자가 주도하여 서비스를 받은 경우에서 배제함으로써 투 자자주도권유 예외를 잠탈하는 행위를 방지하고자 한다. 이와 관련하여, 약관 등에서 제3국기업에 의한 서비스 제공이 투자자의 배타적인 주도 에 따라 제공되는 서비스로 간주한다는 조항이나 면책 조항 등을 포함하 고 있는 경우에도 동조 동항 제2문과 같이 이는 투자자의 주도에 의한 권 유에 해당하지 않는다.[80] 마지막으로, 제61조 제2항은 제1항에서 규정하 는 투자자의 배타적 주도 권유는 제3국기업이 그 투자자에게 새로운 유형 의 암호자산이나 암호자산서비스를 마케팅할 수 있는 권리(entitle)를 부여 하지 않는다고 규정함으로써 투자자 주도 권유의 예외는 일회성이지 이로 인해 해당 제3국 암호자산업자가 그 투자자에게 새로운 유형의 암호자산 이나 암호자산서비스를 제공할 수 없도록 한다.

투자자주도권유행위의 예외적 인가규제 적용배제와 관련하여, MiCAR 는 ESMA로 하여금 MiCAR의 시행일까지 가이드라인을 제정하도록 규정 하며 이와 관련하여 ESMA는 지난 2024년 1월 29일 해당 가이드라인안 과 관련 해설을 담은 의견조회문서를 공개하였다.[81] 동 의견조회문서는 투 자자주도권유의 적용제외는 매우 엄격하게 해석해야 한다는 점을 기술하 며, 이러한 해석이 제61조를 남용하여 인가규제를 회피하려는 시도가 없

기업의 의결권 또는 자본의 20% 이상을 직접 또는 지배를 통해 소유 형태로 참여하는 경 우, 둘째, 지침 2013/34/EU(연결재무내역서지침) 제22조 제1항 및 제2항에서 규정하 는 모든 경우에서의 모자기업 간의 관계 또는 사람 또는 법인과 기업 간의 유사한 관계 및 자기업의 모든 자기업이 또한 역시 해당 기업의 선두에 있는 모회사의 자회사로 간주 되는 것을 의미하는 '지배'의 경우, 마지막으로, 지배관계에 의해 둘다 또는 모두가 동일 인과 영구적 관계(permanent link)인 경우를 말한다. 따라서 이는 우리법상 특수관계와 유사하다. 이하 양자를 병용한다.
80 MiCAR 제61조 제1항 제3문.
81 ESMA, 앞의 의견조회문서(투자자주도권유 가이드라인안).

게 하기 위한 것임을 강조한다.

이를 기초로 가이드라인안 1은 먼저, 제3국기업의 권유는 광범위하고 기술중립적으로 해석하여야 한다는 점에서 대면회의, 로드쇼, 기자회견과 같은 물리적인 수단은 물론이고 전화, 소셜미디어, 스마트폰 앱 등 전자적 수단에 의한 권유, 판촉, 광고 등을 포함한다고 규정한다.[82] 여기서 판촉이나 광고 등은 협찬(sponsorship deal)에 의한 브랜드 광고도 포함한다고 함으로써 제3국기업의 EU투자자에 대한 거의 모든 권유행위를 금지하려는 의지를 표명한다.[83] 그리고 제3국기업의 웹사이트의 언어가 EU회원국의 공식 언어[84]로 되어 있는 경우 이는 EU투자자에 대한 청약권유로 추단할 수 있는 강력한 표시이고, 이와 반대로 EU투자자의 접근을 지리적으로 차단하는 조치를 취한 경우 해당 웹사이트와 앱은 EU회원국의 공식언어를 사용한다고 하더라도 EU투자자를 대상으로 한 권유를 하지 않는다는 표시로 볼 수 있다고 한다.[85]

둘째, 가이드라인안 2는 제61조 제1항 제2문과 관련하여 권유는 이를 수행하는 자와 관계없이 일어날 수 있다는 점을 고려해야 하고, 제3국기업의 대리인이나 MiCAR 제3조 제1항 제31호에서 규정하는 밀접관계(특수관계)를 가진 자에 의해 명시적·묵시적으로 수행될 수 있음을 규정한다. 가이드라인안은 그러한 자의 예시로 이른바 인플루언서를 들고 있으며, 제3국기업을 위하여 행위하는 것의 예시로서는 EU투자자가 제3국기업의 웹사이트에 접속하도록 하거나 제3국기업이 제공하는 서비스에 접근할 수 있는 수단을 제공하거나 제3국기업의 로고를 표시하거나 판촉행사를 제공하는 행위를 든다.[86]

셋째, 가이드라인안 3은 먼저 투자자의 배타적 주도는 좁게 해석되어

---

82 ESMA, 앞의 의견조회문서(투자자주도권유 가이드라인안), 18면.
83 ESMA, 앞의 의견조회문서(투자자주도권유 가이드라인안), 18면.
84 EU회원국인 아일랜드의 공식언어가 영어이므로 사실상 영어로 된 웹사이트나 앱은 별도의 조치가 없는 한 EU투자자를 대상으로 한 청약권유를 하는 것으로 본다고 할 수 있다.
85 ESMA, 앞의 의견조회문서(투자자주도권유 가이드라인안), 18면. 동 가이드라인안은 앱에 대해서는 예시하지 않으나 앱도 당연히 포함된다고 할 수 있으므로 본문에서 웹사이트와 앱을 병기하였다.
86 ESMA, 앞의 의견조회문서(투자자주도권유 가이드라인안), 18면.

야 함을 규정하고, 투자자의 배타적 주도에 대한 판단은 사실로 판단하는 것이지 계약이나 부인 문구에 의하지 않음을 분명히 한다. 특히, 가이드라인안 3은 제61조 제2항이 새로운 유형의 암호자산이나 암호자산서비스를 권유할 수 없음을 규정하므로, 동종의 암호자산이나 암호자산서비스는 권유할 수 있는 것처럼 보이나 이 또한 투자자의 권유가 있는 경우에만 다시 그러한 권유를 할 수 있다는 점을 분명히 한다.[87]

마지막으로, 가이드라인안 4는 가이드라인안 3에 따라 동종의 암호자산이나 암호자산서비스가 제공될 수 있다고 할 때 여기서 말하는 동종이라는 개념은 예컨대 MiCAR의 암호자산 분류법인 삼분법에 따라 자산준거토큰, 전자화폐토큰, 일반암호자산으로 구분하면 안 된다고 하며 전자화폐토큰이라고 하더라도 다른 공식통화를 준거하는 경우와 같이 다른 종류(유형)의 암호자산과 암호자산서비스에 대한 예시를 제시한다.[88]

(2) 인적 적용범위

MiCAR 제2조 제1항은 적용범위라는 표제하에 "이 규정(Regulation)은 EU 내에서 암호자산의 발행, 공모 및 거래승인에 종사(engaged)하거나 암호자산과 관련한 서비스를 제공하는 사람과 법인 및 그 밖의 일부 단체에 적용된다"고 규정한다. 따라서 MiCAR의 인적 적용범위는 발행인, 공모행위자, 거래승인신청인, 암호자산업자로 요약할 수 있고, 제2조 제1항이 명문으로 규정하지는 않으나 이러한 자들의 상대방인 보유자 내지 고객도 인적 적용범위에 포함된다.

MiCAR 제2조 제2항은 제2조 제1항에서 규정하는 자에 해당하더라도 투자자 보호에 문제가 없는 경우나 정책적 목적 등을 이유로 다음의 자에 대해서는 원천적으로 인적 적용범위에서 제외한다. 즉, (1) 자신의 모

---

87 이와 관련한 예시와 설명으로는 ESMA, 앞의 의견조회문서(투자자주도권유 가이드라인안), 19면 문단번호 20 참조.
88 ESMA, 앞의 의견조회문서(투자자주도권유 가이드라인안), 11면 문단번호 19 및 20면 문단번호 25 참조. 참고로, 유동성이 높은 암호자산과 그렇지 않은 암호자산도 다른 유형의 암호자산으로 제시한다.

회사, 자회사 또는 그 모회사의 다른 자회사를 위해 배타적으로 암호자산서비스를 제공하는 자, (2) 제47조[89]의 목적을 제외하고, 도산절차의 과정에서 행위하는 청산인 또는 관재인, (3) ECB, 통화당국의 자격으로 행하는 회원국의 중앙은행 또는 그 밖의 회원국의 공적 권한들, (4) 유럽투자은행(European Investment Bank) 및 그 자회사, (5) 유럽금융안정기구(European Financial Stability Facility) 및 유럽안정메커니즘(European Stability Mechanism) 및 (6) BIS, IMF와 같은[90] 공적 국제기구에 대해서는 MiCAR가 적용되지 않는다.

발행인은 스테이블코인 발행인과 일반암호자산의 발행인으로 구분되며, 스테이블코인 발행인은 모두 EU 내에서 설립되고 인가된 법인이거나 그 밖의 단체일 것이 요구되나,[91] 일반암호자산의 발행인은 법인이나 단체일 것이 요구되지 않고, 별도의 인가도 요하지 않는다.[92] 그러나 일반암호자산의 공모행위자나 거래승인신청인은 반드시 법인이어야 한다.[93] 이 같이 공모행위자나 거래승인신청인이 법인일 것을 요하는 것은 일반암호자산의 규제대상행위가 발행이 아니라 공모행위와 거래승인의 신청에 있기 때문일 것이다. 또한 이는 권한당국이 해당 행위를 적절히 감시하고 감독할 수 있도록 하기 위함이다.[94] 나아가 일반암호자산과 달리 자산준거토큰과 전자화폐토큰의 공모와 거래승인신청은 발행인만 가능하도록 하여 보다 엄격하게 규제한다.[95]

암호자산업자는 전문적으로 고객(투자자)에게 하나 이상의 암호자산서비

---

[89] 제47조는 자산준거토큰 발행인이 도산 등의 사유로 그 의무를 이행하지 못하거나 못할 가능성이 있는 경우의 자산준거토큰 상환계획에 관한 규정이다.
[90] MiCAR 전문 12.
[91] MiCAR 제16조 제1항 제a호(자산준거토큰) 및 제48조 제1항 제a호(전자화폐토큰) 참조. 전자화폐토큰의 경우에는 은행(신용기관)이나 전자화폐기관이어야 한다.
[92] MiCAR 제3조 제1항 제10호 참조.
[93] MiCAR 제4조 제1항 제a호 및 제5조 제1항 제a호.
[94] MiCAR 전문 23.
[95] MiCAR 제16조 제1항(자산준거토큰) 및 제48조 제1항(전자화폐토큰). 따라서 이 규제에 따르면 현재의 실무와 같이 스테이블코인을 거래플랫폼이 발행인과 상관없이 거래를 지원하는 '비협의 거래지원'은 불가능하다.

스를 제공하는 것을 직업 또는 사업(business)으로 하는 법인 또는 그 밖의 단체로서 제59조에 따른 암호자산서비스를 제공할 수 있는 자를 말한다.[96] 여기서 전문적으로(on a professional basis)는 서비스의 제공을 단순히 취미로 제공하는 것을 제외한다는 의미이고, EU 금융법상 서비스가 영구적으로 제공되고 서비스제공자가 고객지향의 의사소통에 의해 고객을 상대하는 경우 전문적일 것이라는 요건을 만족한다.[97] 따라서 MiCAR에서 말하는 암호자산업자도 영리를 목적으로 사업을 영위할 필요는 없다.[98]

MiCAR는 암호자산과 관련한 서비스 또는 행위 중 다음에서 열거하는 것을 암호자산서비스(암호자산업)로 정의한다.[99] 즉, (1) 고객을 대신한 암호자산의 보관 및 관리의 제공, (2) 암호자산거래플랫폼의 운영, (3) 암호자산과 자금의 교환, (4) 암호자산과 다른 암호자산의 교환, (5) 고객을 대신한 암호자산 주문의 집행, (6) 암호자산의 주선(placing), (7) 고객을 대신한 암호자산 주문의 접수 및 전달, (8) 암호자산에 관한 조언의 제공, (9) 암호자산에 관한 일임(portfolio management)의 제공, (10) 고객을 대신한 암호자산의 이전서비스의 제공이 MiCAR의 적용대상인 암호자산서비스이며, 이 같은 암호자산서비스를 제공하는 자가 암호자산업자이다. 이같이 MiCAR가 규정하는 암호자산업자의 유형은 10가지이다. 연혁적으로 2022년 3월 17일에 제안된 의회안에서는 암호자산서비스를 12가지로 규정하고 있었으나, 최종안은 위와 같이 10개로 확정되었다. 최종안에서 제외된 두 가지는 암호자산과 금융상품의 교환[100]과 일임서비스의 제공이다.

---

96 MiCAR 제3조 제1항 제15호.
97 Zetzsche & Sinnigh, 앞의 논문, 25면; Filippo Annunziata, "An Overview of the Markets in Crypto-Assets Regulation (MiCAR)", EBI Working Paper Serise 2023 – no. 158, 11/12/2023, 57면.
98 종래와 달리, 일본 금융상품법도 금융상품거래업자는 영업으로 할 것을 요하지 않기 때문에 '영업'이 아니라 대중을 상대로 계속적·반복적으로 일정한 '업'을 하면 등록규제의 적용대상이 된다(神崎克郎·志谷匡史·川口恭弘, 『金融商品取引法』, 青林書院, 2012, 599면; 쿠로누마 에츠로우 저/권종호 역, 『일본 금융상품거래법 입문』, 피엔씨미디어, 2015, 30면 참조).
99 MiCAR 제3조 제1항 16호
100 암호자산과 금융상품의 교환이 왜 최종 삭제되었는지는 알 수 없으나, 제공 가능 서비스

후자는 암호자산을 제외한 그 밖의 것에 대한 일임서비스를 의도한 것으로 보이는데, MiCAR는 암호자산에 관한 것이고, (9)에서 규정하는 암호자산 일임서비스가 있으므로 이를 삭제한 것으로 보인다.[101]

마지막으로, 기술한 바와 같이 MiCAR는 완전히 분산된 형태의 DeFi 서비스제공자는 MiCAR의 적용대상에서 제외하며, 추후 시장의 전개와 조사를 통해 MiCAR Ⅱ에서 규제대상으로 포함할 것으로 예상된다. 하지만 여기서 '완전히'라는 의미를 어떻게 해석하느냐에 따라 현 MiCAR 체제 내에서도 상당수의 DeFi서비스제공자 또는 DeFi플랫폼이 MiCAR의 규제대상이 될 수 있을 것이다. 따라서 향후 실무적으로 EU 및 개별회원국 감독기구가 DeFi서비스제공자에 대해 어떤 입장을 취할 것인지에 대해 주목할 필요가 있을 것이다.

(3) 규범적 적용범위

MiCAR는 암호자산 및 암호자산시장과 관련한 규제의 기존 EU 금융규제상 흠결을 보충적으로 치유하기 위해 마련된 것이다. 즉, 새롭게 등장한 암호자산과 암호자산서비스는 기존 EU 금융규제의 적용대상인지 불분명하거나 적용대상이 아니었기 때문에 EU는 이러한 규제흠결 내지 규제공백을 치유하기 위해 MiCAR를 제정함으로써 기존의 금융규제를 보완한 것이라고 할 수 있다. 따라서 이 같은 MiCAR의 '보충성원칙'에 따라 형식적으로 암호자산에 해당하여도 규범의 해석상 기존의 금융규제 대상인 금융상품과 이에 관한 금융서비스는 형식과 상관없이 그 실질에 따라 기존의 금융규제의 적용대상이다. 따라서 금융상품과 이에 관한 금융서비스는 MiCAR의 적용범위에서 제외된다. 물적 적용범위에서 언급한 바와 같이

에서 제외되었으므로, 암호자산업자는 이를 영위할 수 없다고 생각된다. 예컨대, 스테이블코인으로 금융상품을 매수한 대가로 지급할 때 이는 암호자산과 금융상품의 교환에 해당하므로 금융상품을 매수도한 대가로 암호자산을 수수하는 것은 MiCAR상 인정되지 않는 서비스라고 할 수 있다. 다만, 이같은 해석이 입법자가 의도한 것인지는 추가적인 검증이 필요하다.

101 암호자산서비스와 암호자산업자에 대해서는 Ⅲ장에서 보다 상세히 다룬다.

MiCAR 제2조 제4항은 이 같은 MiCAR의 기존 EU금융규제상 흠결에 대한 보충적 성격을 보여주는 대표적인 조항으로 볼 수 있다.

한편, MiCAR는 암호자산시장에서 암호자산의 발행·유통과 관련한 행위자 및 암호자산업자를 규제하는 행정규제이다.[102] 따라서 이 같은 행위를 목적으로 하지 않는 행정규제나 행정규제가 아닌 규범은 MiCAR의 규범적 적용범위가 아니다. 예컨대, 자금세탁방지규제는 암호자산과 관련이 있는 행정규제라고 하여도 암호자산의 자금세탁 등을 방지하기 위한 목적의 것이므로 MiCAR의 적용대상이 아니다. 암호자산의 (준)물권적 측면이나 도산법적 측면에 관한 사법적 쟁점이나 재판관할과 준거법에 관한 국제사법적 측면은 행정규제가 아닐 뿐만 아니라 암호자산을 다룬다고 하여도 그 목적이 다르다는 점에서 MiCAR의 적용대상이 아니다. 자금세탁과 관련해서는 EU의 자금세탁방지지침이 적용되나, 사법적 측면과 국제사법적 측면에 대해서는 EU는 물론이고 국제적으로도 아직까지 확립된 규범이 없고 국제적인 차원의 논의가 진행되고 있을 뿐이다.[103]

(4) 영토적 적용범위

MiCAR는 기본적으로 EU 내에 소재하는 투자자와 암호자산업자에게 적용된다. 따라서 원칙적으로 MiCAR의 적용범위는 속지적이라고 할 수 있다. 그러나 암호자산업자나 발행인 또는 공모행위자가 EU에 소재하지 않더라도 EU투자자를 대상으로 암호자산을 발행·공모하거나 암호자산서비스를 제공하는 경우 또는 제3국에서 발행한 암호자산을 EU 내에 소재하는 거래플랫폼에 대해 거래승인을 신청하는 경우에는 여전히

---

102 MiCAR는 공시와 관련한 민사책임 규정을 두고 있으나 이는 일부이며, 형사규제는 별도로 규정하지 않으며 과태료와 과징금만 규정한다. 따라서 MiCAR는 전형적인 행정규제법이라고 할 수 있다.
103 암호자산의 사법적 측면과 국제사법적 측면을 UNIDROIT의 디지털자산원칙을 기초로 소개한 것으로는 우선 천창민, "가상자산 거래의 물권법적 측면에 관한 연구 – UNIDROIT의 디지털자산 프로젝트 논의를 중심으로 –",「서울대학교 법학」제63권 제1호(서울대학교 법학연구소, 2022) 43면 이하; 천창민, "디지털자산 거래의 물권적 측면에 관한 준거법",「국제사법연구」제29권 제2호(한국국제사법학회, 2023) 173면 이하 참조.

MiCAR가 적용된다. 이 점에서 MiCAR의 적용범위는 국제적이라고 할 수 있으며, MiCAR가 역외적용된다고 할 수 있다.

그러나 앞서 소개한 제61조의 투자자주도기준에 따라 투자자가 배타적으로 주도하여 서비스 제공을 요청한 경우에는 EU 밖에 소재한 암호자산업자가 MiCAR에서 요구되는 인가를 받지 않고도 해당 투자자로부터 권유받은 암호자산서비스의 제공이 가능하다. 제61조의 조문상 암호자산업자의 암호자산서비스와 행위만 인가규제의 적용을 면제받는 것으로 규정되어 있으나, 논리해석상 발행인이나 공모행위자가 EU투자자를 대상으로 청약권유를 하지 않았지만 해당 발행인이나 공모행위자가 EU투자자의 권유에 응하여 암호자산을 발행·양도해 준 경우에도 예외적으로 MiCAR에 따른 암호자산백서의 작성·통지·공개를 하지 않아도 된다. 다만 기술한 바와 같이 어느 경우이든 투자자주도기준은 매우 엄격하게 해석해야만 MiCAR를 규정한 목적 중 하나인 투자자(보유자) 보호와 인가받은 암호자산업자를 통한 건전한 시장질서의 확립이 달성될 수 있을 것이다.[104] 아울러, MiCAR의 국제적 적용은 결국 효과적인 규제의 집행이 뒷받침되어야만 의미가 있을 것이다. 하지만 현재 이에 대한 명확한 해결책은 없으며 각국 감독기관의 협력체계를 구축해 나가는 것이 우선일 것이다.[105] 이 점에서 필요시 회원국의 권한당국으로 하여금 제3국의 권한당국과 협력약정

---

104 MiCAR 제1조 제2항 및 전문 4~6 및 EU Commission, Proposal for a Regulation of the European Parliament and of the Council on Markets in Crypto-assets, and Amending Directive (EU) 2019/1937, 24, 9, 2020, Com(2020) 593 final, Explanatory Memorandum, 2면 참조.

105 MiCAR 전문 100과 제95조는 암호자산시장의 초국경적 성격을 감안할 때, 권한당국들은 MiCAR의 위반을 탐지하고 방지하기 위해 서로 협력하여야 함을 규정하나, 이는 EU의 권한당국을 의미하는 것이므로 효과적인 규제집행을 위해서는 제3국 권한당국과의 협력체계 구축이 필수적이므로 제107조에 따라 되도록 많은 제3국 권한당국과 협력약정을 체결하는 것이 바람직하다고 생각된다. 물론, 보다 바람직한 것은 국제기구 차원의 협력약정체계를 구축하거나 기존의 IOSCO를 활용한 활발한 정보교환 등의 협력체계를 구축하는 것일 것이다. 이 점에서 전문 8에서 EU가 FSB, 바젤위원회 및 FATF와 같은 국제기구를 통하여 암호자산과 암호자산서비스의 취급에 대한 통일(convergence)을 촉진하기 위한 노력을 지속적으로 지원해야 한다고 선언한 것은 의미가 있다.

을 체결하도록 하는 MiCAR 제107조는 의미를 가진다고 평가할 수 있다.

(5) 시간적 적용범위

MiCAR는 2024년 12월 30일부터 시행되나, 자산준거토큰과 전자화폐토큰에 관한 규정을 담은 제3편과 제4편은 이보다 앞선 2024년 6월 30일부터 시행된다.[106] 그리고 ESMA의 가이드라인, 위임규정, 이행기술표준 등의 제정과 관련한 제149조 제4항에서 규정하는 조문은 2024년 6월 29일부터 시행된다.

MiCAR 제143조는 많은 함의를 가진 다양한 경과조치를 규정한다. 우선, MiCAR의 시행일인 2024년 12월 30일 전에 종료된 암호자산[107] 공모에 대해서는 제2편인 제4조 내지 제15조의 적용을 면제한다.[108] 따라서 시행일 전에 종료된 암호자산의 공모는 암호자산백서나 의사소통문건의 작성 등에 관한 규제를 받지 않으며, 시행일 전에 동 암호자산의 거래승인을 신청할 경우에도 제5조의 규제를 받지 않는다. 제13조의 청약철회권도 적용되지 않으므로, MiCAR의 시행일 전에 종료되는 암호자산의 공모에 청약한 투자자는 제13조를 근거로 자신의 청약을 철회하지 못할 뿐만 아니라 그 공모와 관련하여 제15조에 기초한 손해배상책임을 물을 수도 없다. 참고로, MiCAR의 시행일 이전에 공모를 마친 암호자산이라고 하더라도 공모에 대해서만 제2편의 적용이 면제되는 것이므로 해당 암호자산에 관한 암호자산서비스의 제공이나 불공정거래에 대해서는 시행일부터 관련 규정이 그대로 적용되며, 시행 전에 시작되었으나 시행일 이후에 마감된 공모에 대해서도 제143조 제1항의 해석상 제2편이 그대로 적용된다.

---

106 MiCAR 제149조 제2항 및 제3항.
107 제2편과 관련한 것이므로 여기서의 암호자산은 일반암호자산을 의미하는 것으로 보아야 한다. 자산준거토큰에 대해서는 제143조 제4항과 제5항에서 관련 경과규정을 두고 있기 때문이다. 그리고 전자화폐토큰에 대해서는 별도의 경과규정이 없는데 이는 전자화폐토큰은 규제를 받고 있는 은행과 전자화폐기관만이 발행할 수 있으므로 이들이 아닌 자가 발행한 경우 204년 6월 30일 이후 그 같은 전자화폐토큰은 EU에서 발행 및 유통될 수 없기 때문에 별도의 경과규정을 두지 않은 것으로 보인다.
108 MiCAR 제143조 제1조.

둘째, MiCAR의 시행일 전에 거래승인된 일반암호자산에 관해서는 제2편이 면제되고, 다음의 두 가지에 대해서만 적용된다.[109] 마케팅 의사소통의 작성과 공개에 관한 제7조와 제9조는 시행일 전에 공개된 마케팅 의사소통에 적용되며, 2027년 12월 31일까지 거래플랫폼운영자는 MiCAR에 따라 요구되는 경우 제6조, 제8조 및 제9조에 따라 암호자산백서를 작성·통지·공개하고 제12조에 따라 이를 갱신하여야 한다. 따라서 현재 암호자산거래플랫폼에서 거래지원(상장)되어 있는 일반암호자산에 대한 암호자산백서의 작성 등에 대한 주체는 발행인 내지 거래승인신청자가 아니라 거래플랫폼운영자이며, 그 시기는 MiCAR의 시행일로부터 3년 내라고 요약할 수 있다. 다만 3년이라는 다소 긴 경과기간을 두는 것이 바람직한 것인지에 대해서는 비판이 있을 수 있을 것이다.

셋째, MiCAR의 시행일 전에 회원국의 준거법에 따라 서비스를 제공한 암호자산업자는 2026년 7월 1일까지 동 서비스를 제공하거나 제63조에 따른 인가를 받거나 거절될 수 있으며, 둘 중에서 빠른 날이 적용된다.[110] 따라서 회원국법에 따라 암호자산서비스를 제공한 암호자산업자는 MiCAR에 따른 인가를 신청하여 인가를 받거나 인가를 신청하지 않은 경우에는 2026년 7월 1일까지만 동 서비스를 제공할 수 있으며, 이날 이전에 인가를 받거나 인가가 거절된 경우에는 그날에 MiCAR의 인가에 따른 서비스를 제공하거나 인가신청의 거절 시에는 더 이상 서비스를 제공할 수 없다. 또한 회원국이 MiCAR의 시행일 전까지 적용되는 회원국의 규제체계가 MiCAR보다 엄격하지 않다고 판단하는 경우 제3항 제1문에 따른 경과기간을 적용하지 않거나 그 기간을 단축할 수 있다.[111] 그리고 2024년 6월 30일까지 회원국은 제2문에 따른 선택권의 행사 여부와 그 경과기간을 EU집행위원회와 ESMA에게 통지하여야 한다.[112]

---

109 MiCAR 제143조 제2항.
110 MiCAR 제143조 제3항 제1문.
111 MiCAR 제143조 제3항 제2문.
112 MiCAR 제143조 제3항 제3문.

넷째, 준거법에 따라 2024년 6월 30일 전에 발행된 자산준거토큰과 관련하여 다음의 두 가지 경과규정이 있다. 먼저 그러한 자산준거토큰의 발행인이 은행이 아닌 경우 MiCAR 제21조에 따른 인가의 승인 또는 거절이 결정될 때까지 그 자산준거토큰을 계속 발행할 수 있다. 다만, 그 자산준거토큰 발행인은 2024년 7월 30일까지 인가신청을 하여야 한다. 다음으로 그러한 자산준거토큰 발행인이 은행인 경우에는 MiCAR 제17조에 따라 암호자산백서가 승인되거나 거절될 때까지 그 자산준거토큰을 계속 발행할 수 있다. 다만, 그 은행인 자산준거토큰 발행인은 2024년 7월 30일까지 권한당국에 동 암호자산백서를 통지하여야 한다. 은행은 별도의 인가 없이 자산준거토큰을 발행할 수 있는 적격 발행인이므로 암호자산백서를 승인받도록 한 것이다. 참고로, 은행이 아닌 법인이 자산준거토큰을 발행하기 위해서는 인가를 받아야 하며, 이 인가를 위한 신청 시 암호자산백서를 같이 포함하여 인가를 받게 된다.[113]

다섯째, 암호자산업자의 인가와 관련한 MiCAR 제62조 및 제63조에도 불구하고, 2024년 12월 30일에 회원국의 국내법에 따라 암호자산업 인가를 받은 단체가 2024년 12월 30일부터 2026년 7월 1일 사이에 제출한 인가신청에 대해 회원국은 간이절차를 적용할 수 있다.[114] 인가 여부의 심사는 암호자산업자의 인가 및 의무와 관련한 제5편 제2장 및 제3장이 그대로 적용되므로, 절차만 간소화하는 특례가 부여되는 것이다.

마지막으로, EBA의 제117조에 따른 감독권 행사는 제43조 제11항에서 규정하는 위임입법의 시행일부터이다. 이는 중요자산준거토큰과 중요전자화폐토큰에 대한 감독권한이 회원국의 권한당국에서 EBA에게로 이전되는데, 이와 관련한 감독권 행사의 시작일을 제43조 제11항에서 규정하는 중요성 판단기준에 관한 EU집행위원회의 위임규정 시행일과 맞추도록 하기 위한 조치로 볼 수 있다.

---

113 MiCAR 제18조 제2항 제k호 참조.
114 MiCAR 제143조 제6항.

2. 그 밖의 MiCAR상 주요 규제와 그 평가

MiCAR는 분산원장기술이라는 혁신기술을 디지털혁신의 관점에서 지원하기 위한 시도이다.[115] 그러나 다른 측면에서 MiCAR는 자산준거토큰과 전자화폐토큰이라는 스테이블코인이 노정하는 위험을 제어하기 위한 엄격한 규제적 도입의 시도라고도 평가할 수 있다.[116]

MiCAR가 디지털혁신을 지원하고 수용하기 위해 완화된 규제를 도입한 것이라는 점은 기존의 자본시장규제과 비교할 때 다음의 점에서 찾을 수 있다. 우선, 공모규제와 관련하여 MiCAR가 기존의 투자설명서규제와 유사한 암호자산백서에 의한 공시규제를 도입하고 있으나, 투자설명서는 공개 전에 권한당국으로부터 승인을 받아야 하지만,[117] 암호자산백서의 공개는 권한당국에 이를 통지만 하면 되므로 이 점에서 규제가 완화되었다고 할 수 있다. 그리고 투자설명서는 승인일로부터 1년간 유효한 반면[118] 암호자산백서는 별도의 유효기간이 없다.[119] 내용 측면에서도 투자설명서에 포함되어야 하는 내용과 암호자산백서에 포함되어야 할 내용을 비교하면 암호자산백서에 포함되는 내용이 투자설명서의 것보다 상대적으로 덜 까다롭다.[120] 또한 자본시장규제에서는 계속공시규제가 있으나, 암호자산

---

115 이에 관하여는 MiCAR 전문 1~6 참조.
116 MiCAR의 스테이블코인 규제에 대한 평가에 관하여는 천창민, 앞의 논문(2021), 97~98면 참조.
117 MiFID II 제20조 제1항.
118 투자설명서규정 제12조 제1항.
119 기술한 바와 같이 재화나 서비스가 존재하지 않거나 제공되지 않는 유틸리티토큰의 암호자산백서를 이용한 공모의 유효기간만 12개월이다(MiCAR 제4조 제6항 및 전문 30). 따라서 이것도 정확하게 말하자면 암호자산백서의 유효기간이 12개월이 아니라 공모의 유효기간이 12개월이나, 공모가 12개월이므로 그 이후의 공모에는 동 암호자산백서를 사용할 수 없다는 점에서 그러한 암호자산백서의 유효기간이 12개월이라고도 할 수 있을 것이다. 물론 암호자산백서에 별도의 유효기간은 없으나 중요사항이 발생하는 등의 사용가 있을 경우에는 암호자산백서를 수정할 의무가 있고 수정 시마다 수정일시를 해당 암호자산백서에 기재하고 최신 수정된 것에 사용본(applicable version)임을 표시하여야 한다(제12조 제1항 및 제7 참조).
120 Matthias Lehmann, 앞의 논문(2024), 6면. 가장 큰 차이는 투자설명서와 달리 암호자산백서에는 재무내역서를 필요로 하지 않는다는 점일 것이다.

시장규제에서는 별도의 계속공시규제가 없다.[121] 그리고 기술한 바와 같이 이미 존재하는 재화나 제공되는 서비스에 관한 유틸리티토큰에 대해서는 암호자산백서도 필요치 않다는 점 등[122]에서 MiCAR가 완화된 규제를 통해 디지털혁신을 지원하기 위한 노력의 산물이라는 것을 알 수 있다.

이같이 MiCAR의 일반암호자산 규제는 기존의 자본시장 규제체계에서 사용하는 공모규제와 불공정거래규제 및 업자규제를 암호자산과 암호자산시장의 특성에 맞추어 완화된 형태의 맞춤형 규제를 도입한 것이다. 기존의 금융규제에 근거한 규제체계의 설정이 갖는 최대의 이점은 빠른 제도설계와 추후 규정의 해석과 관련하여 원칙적으로 기존의 자본시장규제에서 채용되고 있는 해석론을 용이하게 채용 또는 변용할 수 있다는 것을 들 수 있다. 뿐만 아니라 시장참여자에게도 기존의 익숙한 자본시장 규제환경을 암호자산시장에서도 완화된 형태이나 기본적으로는 동일한 방식으로 접근할 수 있다는 이점도 있을 것이다. 그러나 이같은 디지털혁신을 위한 규제완화의 태도는 스테이블코인 규제에서는 찾기 어렵다. EU는 스테이블코인이 금융정책에 혼란을 가져오는 등 금융안정에 위협적인 요소가 될

---

121 심인숙, 앞의 논문, 223면. 동 논문의 223면은 MiCAR 제4조 제7항 제2문에 따라 암호자산백서의 공개 이후 암호자산백서의 작성의무자가 서면으로 동의하면 타인이 해당 일반암호자산에 관한 기존의 암호자산백서를 자신의 후속하는 공모를 위해 사용하는 것도 가능하다는 것이 투자설명서와 다른 규제완화의 사례 중 하나로 소개한다. 그러나 투자설명서의 경우에도 유효한 투자설명서에 대해 작성의무자인 발행인이 서면으로 그 사용에 동의하면 후속하는 매출에 대해 추가적인 투자설명서가 요구되지 않는다(투자설명서 규정 제5조 제1항 제2문). 그리고 기술한 바와 같이 중요사항에 대한 변경 등이 있는 경우 암호자산백서를 수정해야 할 의무도 있으므로 이 점에서 사실상 계속공시의무 중의 하나인 수시공시의무가 있다고도 볼 수 있다. 다만 정기공시의무가 없다는 점에서 암호자산에 대해서는 공시의무가 완화되어 있다고 평가할 수 있다. 참고로, 거래플랫폼에서 거래되는 경우에는 해당 거래플랫폼의 운영규칙상 정기공시가 요구된다(MiCAR 제76조 제1항 제f조 참조).
122 이 외에도 내부자거래규제와 관련하여 시장남용규정(MAR)에서는 발행인으로 하여금 내부자의 리스트를 공개하도록 하나 MiCAR에서는 그러한 규제가 없다는 점도 규제완화의 예로 들 수 있다(Matthias Lehmann, 앞의 논문(2024), 6면). 규제완화는 아니나 투자자 보호 측면에서 기존의 자본시장규제 보다 개선된 것의 예로는 투자설명서규제에는 없는 암호자산백서 및 마케팅 의사소통문건과 관련한 민사책임 규정(제15조)을 도입했다는 점을 들 수 있다.

수 있다는 국제적 공감대[123]를 반영하여 스테이블코인에 대해서는 상당히 엄격한 형태의 규제체계를 도입하였다. 그런 점에서 스테이블코인 규제는 디지털혁신의 지원과는 거리가 있다고 할 수 있다.

　MiCAR는 하나의 공식통화[124]를 준거하는 스테이블코인을 전자화폐토큰으로, 둘 이상의 공식통화를 포함하여 그 외 나머지 자산을 준거하는 스테이블코인을 포괄적으로 자산준거토큰으로 분류한다. MiCAR가 관심하는 스테이블코인은 준비자산이 있는 것에 한하며, 준비자산이 없이 알고리듬에 의해서만 그 가치를 안정시키는 스테이블코인은 제2편의 일반암호자산으로 취급하여 규제한다.[125] 자산준거토큰이나 전자화폐토큰으로 분류되면 일반암호자산과 달리 적격발행인 규제에 따라 권한당국의 인가를 받아야 하며,[126] 이러한 인가심사 시에 관련 암호자산백서도 같이 심사하게 되므로[127] 그 규제가 일반암호자산보다 훨씬 까다롭다고 할 수 있다. 나아

123　이에 관하여는 천창민, 앞의 논문(2021), 57~61면 참조. 아울러, 2023년 7월 17 FSB는 글로벌스테이블코인체계에 대한 규제, 감독 및 감시에 관한 상급 권고의 최종보고서를 발간한 바 있다.
124　초안에서 사용한 법화가 아니라 공식통화라는 용어로 변경한 것은 비트코인을 법화로 인정한 국가(2021년 엘살바도르, 2022년 중앙공)가 있기 때문에 공식통화가 법화인 경우 이를 준거하는 것이 전자화폐토큰인지 자산준거토큰인지 불분명할 수 있기 때문인 것으로 보인다. Philipp Maume, 앞의 논문, 259면도 공식통화라는 용어를 사용한 것은 비트코인이 법화로 인정된 국가가 있기 때문인 것으로 추정한다.
125　MiCAR 전문 41 참조. 그러나 일반암호자산의 경우 암호자산백서에 대한 감독기구의 사전적 통제가 없기 때문에 이를 무작정 일반암호자산으로 분류하여 규제하는 것이 바람직한 것인지에 대해서는 의문이다. EU가 이 같은 판단을 한 것은 결국 알고리듬형 스테이블코인에 대한 MiCAR의 태도는 시장이 이를 적절히 판단할 수 있다고 보거나 이것도 디지털혁신의 한 유형이고 금융안정에 큰 영향을 미치지 않으므로 별도의 규제장치가 필요하지 않다고 보았기 때문이라고 생각된다.
126　전자화폐토큰은 발행인에 대해서는 진입규제가 없는데, 이는 전자화폐토큰의 적격발행인은 은행과 전자화폐기관으로 한정되어 있기 때문이다. 따라서 전자화폐토큰발행인에 대한 규제는 자산준거토큰 발행인의 진입규제보다 더 엄격한 것이다.
127　다만 전자화폐토큰에 대해서는 암호자산백서의 승인을 요하지 않는다(MiCAR 제51조 제11항 제2문). 이는 은행과 전자화폐기관이 전자화폐와 관련한 엄격한 금융규제를 받는 기관이고, 하나의 통화만을 준거하므로 해당 통화에 대한 공개라는 것이 큰 의미를 가지지 않는다고 보기 때문인 것으로 보인다. 참고로, 은행이 자산준거토큰을 공모하거나 거래승인을 신청할 경우 해당 암호자산백서는 다른 발행인들과 같이 승인을 요한다(MiCAR 제17조 제1항 제a호).

가 상환의무를 비롯하여 금융회사와 유사한 지배구조, 자기자본규제, 내부통제, 준비자산규제 등 각종 규제를 받게 된다.[128] 뿐만 아니라 일정한 기준을 넘게 되는 경우 중요자산준거토큰 및 중요전자화폐토큰으로 분류되어 더욱 엄격한 규제를 받게 된다.[129]

한편, 중요자산준거토큰이나 중요전자화폐토큰은 아니지만 교환수단으로 널리 사용되는[130] 자산준거토큰과 전자화폐토큰[131]은 단일통화영역에서 교환수단으로서의 사용과 관련하여 매분기 추정 일일 평균 거래건수가 100만건이고 일일 평균 거래금액이 2억 유로를 초과하는 경우 발행인은 해당 자산준거토큰과 전자화폐토큰의 발행을 중지하여야 하고, 해당 기준에 도달한 후 40영업일 내에 권한당국에 계획서를 제출하여 해당 거래의 매분기 추정 일일 평균 거래건수 및 일일 평균 거래금액이 각각 100만건 및 2억 유로 미만을 유지하도록 하여야 한다.[132] 이같이 광범위한 교환수단으로 사용되는 자산준거토큰 및 전자화폐토큰 자체의 추가 발행을 금지하는 것은 2022년 10월 EU이사회안[133] 제19b조로 최초[134] 추가되었던 것을 약간의

---

128 예컨대 자산준거토큰의 경우 제27조~제40조, 전자화폐토큰의 경우 제49조, 제50조, 제54조 및 55조 참조.
129 중요자산준거토큰은 제43조~45조, 중요전자화폐토큰은 제56조~제58조 참조.
130 교환수단의 광범위성과 관련한 판단에서 교환수단은 가맹점과의 거래 맥락을 포함하여 채무의 지급과 관련한 것을 말하며, 자산준거토큰이 다른 암호자산거래의 결제에 사용된다는 증거가 없는 한 자금 또는 기타 암호자산에 대한 교환수단과 같은 투자 기능 및 서비스와 관련한 거래는 포함되지 않는다(MiCAR 전문 61).
131 이 경우 전자화폐토큰은 유럽연합 회원국의 공식통화가 아닌 통화로 표시된 전자화폐토큰만이 제23조에서 규정하는 추가발행금지 규제의 적용대상이라는 점을 주의할 필요가 있다(MiCAR 제58조 제3항).
132 MiCAR 제23조 제1항. 복수의 발행인이 교환수단으로 광범위하게 사용되는 동일한 자산준거토큰 및 전자화폐토큰을 발행한 경우 위 광범위성기준은 해당 발행인들이 데이터를 합하여 산출한다(동조 제3항).
133 Council of the European Union, Proposal for a Regulation of the European Parliament and of the Council on Markets in Crypto-assets, and amending Directive (EU) 2019/1937 (MiCA) – Letter to the Chair of the European Parliament Committee on Economic and Monetary Affairs, 2020/0265 (COD), 5 October 2020.
134 이와 유사한 규정이 이전에 없었던 것은 아니다. 2022년 3월 17일 EU의회 개정안 제40a조는 EU 내에서 광범위하게 지급수단으로 사용되는 '중요자산토큰'을 준전자화폐토큰으로 분류하고 그 감독권한을 EBA로 이전하는 내용을 담고 있었다. 현 MiCAR 제23

수정을 거쳐 최종 제23조로 채택한 것이다. 상한을 정하여 이를 초과하는 경우에는 투자자 보호에 심각한 영향을 미치거나 시장의 질서 있는 기능과 건전성에 위협이 되는 경우 등의 합리적 사유[135]가 없어도 발행을 중지시킨 다는 측면에서 그 규제 강도가 상당하다고 할 수 있다. 이는 자산준거토큰이나 전자화폐토큰이 교환수단으로 널리 사용되는 경우 지급결제시스템과 금융정책의 전파나 통화주권에 영향을 미치기 때문으로 판단된다.[136]

요컨대, MiCAR의 공시규제 및 스테이블코인 규제는 다른 입법 배경을 가졌으나 양자 모두 암호자산이라는 공통점 외에도 기존의 증권과 같이 공모의 수단이 되거나 거래플랫폼에서 거래될 수 있다는 공통점을 가지므로 동일한 규제체계 내에서 규제한다는 철학 아래 MiCAR라는 한 지붕 안에서 그 규제를 설계하고 있다. 큰 틀에서 기존의 자본시장 규제체계에 기초하고 있으나, 암호자산의 유형을 삼분하되, 우선 전자화폐토큰을 정의한 뒤 나머지 다른 기초자산을 준거하는 모든 유형의 스테이블코인을 자산준거토큰으로 유형화함으로써 MiCAR가 달성하고자 하는 숨은 목적이라고 할 수 있는 스테이블코인 규제를 회피할 수 없도록 개념체계를 설계한 점은 상당한 함의를 가진다. 다만, 기초자산을 준거하지 않고 알고리듬에 의해서만 그 가치를 안정화시키는 알고리듬형 스테이블코인을 일반 암호자산으로 취급한 것은 일면 이해할 수 없는 것은 아니나 일반암호자산은 암호자산백서에 대한 사전적 승인규제를 두지 않는다는 점에서 이에 관한 제어장치가 필요하다고 생각된다. 물론, 제105조에서 규정하는 권한당국의 상품개입권한을 이용하여 알고리듬형 스테이블코인이 투자자 보호에 심각한 우려가 있다고 보고 그에 대한 공모나 거래플랫폼에의 거래 승인을 금지 또는 제한할 수도 있을 것이다. 그러나 그러한 투자자 보호에

조는 2022년 의회안 제40a조가 발전된 것으로 보인다.
135 MiCAR 제105조(권한당국의 상품개입)는 동조 제2항에서 규정하는 합리적 사유가 있을 경우 권한당국이 암호자산의 마케팅, 분매 또는 매도 또는 암호자산과 관련한 행위나 실무의 한 유형을 금지 또는 제한할 수 있다.
136 MiCAR 전문 62 참조.

대한 심각한 우려가 있다는 점을 권한당국이 어느 정도 입증해야 할 것이므로 쉽게 상품개입에 의한 거래중지 내지 제한을 내리기는 힘들 것이다. 따라서 알고리듬형 스테이블코인에 대해서는 별도의 조항을 마련하여 사전적인 공시규제를 마련하는 편이 더 나았을 것으로 생각된다.

일반암호자산에 대한 MiCAR의 접근법은 기존의 자본시장규제보다 완화된 형태를 취하므로 나름의 균형을 취하고 있다고 볼 수 있다. 그중 이미 존재하는 재화나 제공되고 있는 서비스에 관한 유틸리티토큰의 공시규제 면제는 매우 파격적인데, 이것이 바람직한 것인지는 의문이다. 우선 이미 존재하거나 제공되고 있는 재화 및 서비스가 어떤 의미인지가 불분명하여 애초에 예정되었던 암호자산백서상의 일부가 출시된 경우에도 이를 이미 존재하거나 제공되는 서비스로 보아야 하는 것인지 분명하지 않다. 또한 그리고 이미 존재하거나 제공되고 있는 재화와 서비스에 관한 유틸리티토큰이라고 하더라도 도중에 해당 서비스나 재화의 공급이 중단되거나 그 품질이 균일하지 않거나 제대로 공급되지 않는 경우에 대한 투자자 보호가 필요하다. 단순히 몇몇의 투자자에게 사모된 암호자산이라면 사법상 문제로 해결하도록 하는 것이 바람직할 것이나 이를 공모하는 경우에는 다수의 피해자가 발생할 수 있으므로 암호자산백서규제를 완전히 배제하는 것은 바람직하지 않다고 생각된다.[137] 물론 다른 암호자산에 비해 투자자에게 노정될 수 있는 위험이 낮으므로 그에 맞는 맞춤형 규제를 마련하는 것이 필요할 것이다.

Ⅲ. MiCAR상의 업규제

MiCAR의 업규제는 크게 위에서 언급한 스테이블코인발행인과 암호자산

---

[137] 기술한 바와 같이, 약정된 가맹점의 네트워크 내에서만 사용가능한 암호자산에 대한 공시규제 면제도 결제관련 규정의 보완이 없다면 투자자 보호에 문제가 발생할 가능성이 높다는 점에서 문제가 있다고 본다.

서비스를 제공하는 암호자산업자에 대한 규제로 구분할 수 있을 것이다. 아래에서는 아직까지 우리나라에서 논의가 많지 않은 암호자산업자에 관한 규제를 소개하고 그 함의를 도출하기로 한다.[138]

1. 암호자산업자의 유형과 진입규제

(1) 암호자산업자의 유형과 개념

MiCAR는 10가지 유형의 암호자산서비스를 규정하고, 이 중 하나 이상의 서비스를 제공하면 MiCAR에서 규정하는 암호자산업자로서 진입규제 등의 적용대상이 된다. 10가지 유형의 서비스를 간략히 다시 소개하면 (1) 보관·관리업(이하 '보관업'), (2) 거래플랫폼운영업, (3) 자금과의 교환업, (4) 다른 암호자산과의 교환업, (5) 주문집행업, (6) 주선업, (7) 주문 접수·전달업, (8) 조언업, (9) 일임업 및 (10) 이전업이다.[139] 암호자산 대차·대차업중개업[140]이나 예치·예치중개업, 신탁업 등은 MiCAR에서 말하는 암호자산서비스가 아니므로 암호자산업자로서의 규제를 받지 않는다.

(3)과 (4)의 교환업은 가상자산이용자보호법상의 교환업과 달리 암호자산업자의 자기자본에 의한 교환을 의미하는 것이므로 일종의 매매업이다. 그리고 (5)의 주문집행업과 (7)의 주문 접수·전달업은 중개업의 한 유형으로 볼 수 있다. 보관업은 업자가 고객을 위해 암호자산 자체나 암호자산 접근수단(예: 개인암호키)을 보관하거나 지배하는 것을 말하는데,[141] 접근수단

---

138 MiCAR의 스테이블코인 규제 전반에 관한 소개로는 우선 심인숙, 앞의 논문, 224~229면; 김홍기, 앞의 논문, 350~356면; 안수현, 앞의 논문, 129~132면; 천창민, 앞의 논문(2021), 62면 이하; Dirk Zetzsche & Julia Snnigh, 앞의 논문, 7~21면 참조.
139 MiCAR 제3조 제1항 제16호.
140 MiCAR 전문 94는 MiCAR는 전자화폐토큰을 포함하여 암호자산의 대차를 다루어서는 안되며, 따라서 준거국내법을 방해하여서는 안된다고 기술한다. 나아가 그러한 대차행위에 대한 규제의 타당성과 필요성을 추가적으로 평가를 해야 한다고 규정한다. 이와 관련하여 MiCAR 제142조 제2항 제b호는 EU집행위원회에게 암호자산대차 규제의 필요성과 타당성에 관한 내용을 포함하여 2024년 12월 30일까지 EU의회와 EU이사회에게 최근 전개에 관한 평가 보고서를 제출하도록 규정한다.
141 MiCAR 제3조 제1항 제17호.

자체의 보관·관리도 포함되므로 기존의 자본시장에 존재하는 증권보관업과는 구분된다.

거래플랫폼운영업은 제3자의 암호자산상 권리(interests)의 매매를 집중시키는 다자간거래체결시스템을 관리(management)하는 서비스를 말한다.[142] 따라서 거래플랫폼운영자 자신이 매매업자로서 암호자산의 매매에 참여할 수 없다. 그리고 높은 이해상충이 발생할 우려가 있으므로, MiCAR는 교환업 인가를 받았다고 하더라도 거래플랫폼운영업자는 자기계산으로 거래하는 것이 금지된다.[143]

MiCAR는 MiFID Ⅱ와 달리 주선업(placing)만 규정하고 인수업은 별도로 규정하지 않는다.[144] 주선업의 주선은 우리 자본시장법상의 주선 개념과 동일하나 그 정의상 인수의 개념도 일부 포함하는 것으로 보인다.[145] 조언업과 일임업(portfolio management of crypto-assets)은 자본시장규제의 것과 동일하나 그 대상이 암호자산이라는 것에 차이가 있다. 우선 조언업은 고객의 요청이나 암호자산업자의 주도로 암호자산과 관련한 하나 이상의 거래 또는 암호자산서비스의 이용과 관련한 개인화된 추천을 제공하거나 제공하기로 약정하는 서비스를 제공하는 것을 말한다.[146] 이는 MiFID Ⅱ에서 규정하는 투자조언과 동일한 구조이나 암호자산서비스의 이용과 관련한 것도 포함되어 있다는 점에서 차이가 있으며,[147] 우리나라의 투자자문업과는 대상과 자문 자체의 범위가 다르고 암호자산업자의 주도에 의한 조

---

142 MiCAR 제3조 제1항 제18호.
143 MiCAR 제76조 제5항.
144 MiCAR 제3조 제1항 제22호 및 MiFID Ⅱ 부속서 Ⅰ Section A (6) 및 (7) 참조.
145 placing으로만 규정하므로 이를 주선이라고 번역하였으나, 이것이 우리 자본시장법상 주선만을 말하는 것은 아니다. MiCAR 제79조 제1항 제a호는 주선인이 발행인, 거래승인신청인 또는 이들을 대신하는 제3자와 주선계약 시에 '최소 매수금액의 보증'을 포함한 고려 중인 주선의 유형에 대해 소통하도록 하고 있다. 최소 매수금액의 보증을 주선인이 하는 것이라면 그에 해당하는 금액을 인수하는 것으로 볼 수 있으므로 이 범위에서 인수의 요소가 일부 있는 것으로 이해된다.
146 MiCAR 제3조 제1항 제24조.
147 MiFID Ⅱ 제4조 제4항 참조.

언이 가능하다는 점에서 차이가 있다.[148] 일임업은 고객별로 고객의 위임에 따라 하나 이상의 암호자산이 포함된 포트폴리오를 암호자산업자의 재량으로 관리하는 것을 말하며,[149] 포트폴리오에 암호자산이 포함되는 경우만 다르고 그 외는 MiFID Ⅱ 제4조 제1항 제8호에서 규정하는 일임과 정확히 일치한다.[150] 그런데 포트폴리오에 금융상품이 있으면 금융상품일임업, 암호자산이 있으면 암호자산일임업이므로, 포트폴리오에 금융상품과 암호자산이 모두 포함되어 있는 경우 암호자산일임업과 금융상품일임업 인가를 모두를 받아야만 일임을 할 수 있는 것인지 아니면 양자 중 어느 하나의 인가만 받아도 일임업을 영위할 수 있는 것인지는 분명하지 않다. MiCAR가 별도로 암호자산 일임업을 규정하였다는 것을 감안하면 전자로 해석해야 할 것이나 추후 감독실무에 대한 확인이 필요해 보인다.

마지막으로, 이전업은 2022년 3월 EU의회안 제3조 제1항 제9호 제fa목에서 최초로 등장하였다가, 2023년 4월 EU의회통과안에서 현재와 같이 제3조 제1항 제16호 제j목 및 동조 동항 제26호에 현재와 동일한 문구로 자리하게 되었다. MiCAR의 동 정의에 따르면 이전업은 사람 또는 법인을 대신하여 한 분산원장 주소 또는 계좌에서 다른 분산원장 주소 또는 계좌로 암호자산을 이전하는 서비스를 제공하는 것을 말한다.[151]

---

148 자본시장법 제6조 제7항 참조.
149 MiCAR 제3조 제1항 제25조.
150 참고로 일임업은 2022년 3월의 EU의회안 제3조 제1항 제17a호에서 최초로 등장하였으나 동안에서는 MiFID Ⅱ 제4조 제4항 제8호에서 정의하는 일임을 말하는 것으로 되어 있다가, 최종안에서 현재와 같이 별도로 정의하게 되었다.
151 이전의 개념과 관련하여 계좌상 이전은 없으면서 계좌의 지배권·소유권만 이전되거나 그러한 지배권 등을 넘길 권한이나 계좌상 수익권만 이전되는 경우는 어떻게 취급할 것인지와 분산원장상 계좌 이동 없이 동일한 사업자가 내부장부상으로만 고객 간 이전 처리를 한 경우(옴니버스 지갑·계정에 고객 암호자산을 담아두고 분산원장 밖에서(off-chain) 업자의 내부시스템상으로만 고객의 계좌 간 이전하는 방식)는 별도의 인가대상인 이전에 포함되는가 분명하지 않다는 견해도 있다(심인숙, 앞의 논문, 230면 각주 88). MiCAR에서 정의하는 이전은 분산원장 자체에 암호자산이 기재되도록 이전하는 것을 말하는 것으로 이해되고, 분산원장기술에 따라 계좌형이 있으므로, 동 정의에서 말하는 계좌는 분산원장상에서의 이전을 말한다고 본다. 따라서 분산원장 외부에서 암호자산업자가 전통적인 IT를 이용한 투자자 간 암호자산에 대한 반환청구권 내지 인도청구권을 이전시키는 것은 이전업에서 말하는 이전이 아니라고 생각된다.

MiCAR 부속서 Ⅳ는 10가지 유형의 서비스를 암호자산업자의 자기자본요건을 규정할 목적으로 암호자산업자를 다음과 같이 세 가지 유형으로 분류한다. 우선 이를 표로 소개하면 다음과 같다.

〈표〉 암호자산업자의 최소자기자본요건

유형	암호자산서비스의 유형	제67조 제1항 제a호에 따른 최소자기자본
유형 1	• 주문집행업 • 인수·주선업 • 이전업 • 주문 접수·전달업 • 조언업 • 일임업	5만 유로
유형 2	유형 1의 암호자산서비스 및 • 보관업 • 자금과의 교환업 • 다른 암호자산과의 교환업	12.5만 유로
유형 3	유형 1과 2의 암호자산서비스 및 • 거래플랫폼운영업	15만 유로

이 같은 유형 분류는 EU판 증권회사라고 할 수 있는 투자회사(investment firm)의 건전성규제를 규정하는 Investment Firms Regulation과 Directive[152]에서 분류하는 영위하는 서비스 및 행위에 따라 75,000유로, 150,000유로 및 750,000유로의 세 가지 유형으로 분류하는 방식과 유사하며, 투자회사에 비해 요구되는 최소자기자본이 적다고 볼 수 있다.[153] 그

---

152 다만, MTF운영자에 대해서도 15만 유로가 요구되므로, 암호자산거래플랫폼운영업자에 대해 동일한 자기자본을 요구한 것으로 보인다. IFR/IFD에 관한 간략한 소개로는 Jean-François Trapp & Laurent Fessmann, Luxembourg: A New Regulatory and Prudential Framework Applicable to Investment Firms, Baker Mckenzie Client Alert, October 2021 참조.
153 이는 암호자산업을 영위하는 상당수의 업체가 핀테크기업임을 감안한 것으로 보인다.

런데 이러한 유형의 분류는 투자자의 자산을 암호자산업자가 관리하는지 또는 자기자본으로 투자하는지에 따라 그리고 제공하는 서비스의 난이도와 투자자 보호의 필요성에 대한 경중 등을 감안한 것이라고 할 수 있다. 따라서 유형 1은 암호자산업자가 투자자의 재산을 암호자산업자가 직접 보관·관리하지 않을 뿐만 아니라 자기자본 투자도 없으므로 가장 낮은 5만 유로만의 자기자본을 요구하는 것이며, 이와 반대로 유형 2의 암호자산업자는 고객의 자산을 보관·관리하거나 자기자본으로 투자하는 매매업을 수행하므로 12.5만 유로를 요구하는 것이다. 그리고 유형 1과 2를 포함하여 거래플랫폼운영업까지 제공하기 위해서는 가장 높은 15만 유로가 요구하는데, 실제 유형 2의 자기자본에 25,000유로만 추가하면 되므로 유형 3에서 요구하는 자기자본도 상당히 절제된 것이라고 평가할 수 있다.

(2) 암호자산업자에 대한 진입규제
1) 인가대상자의 적격성
(가) 원칙: 일반 법인 등

EU 내에서 MiCAR에서 규정하는 10가지 유형의 암호자산서비스를 제공하기 위해서는 권한당국으로부터 인가를 받아야 한다. MiCAR는 암호자산업자로서 인가를 받을 수 있는 자의 자격을 두 가지로 구분하여 규정한다. 우선 관련법에 따라 인가를 받은 기존의 금융업자는 별도의 인가 없이 권한당국에 대한 통지만으로 암호자산업의 영위가 가능하다. 다음으로 기존의 금융업자가 아닌 자가 암호자산업 인가를 받기 위해서는 법인 또는 그 밖의 단체(undertaking)이어야 한다.[154] 기술한 바와 같이 여기서의 '그 밖의 단체'는 법인격 없는 단체를 말한다고 할 수 있으며, 이와 관련하여 MiCAR 제59조 제3항은 법인이 아닌 그 밖의 단체는 법인이 제공하는 것과 동등한 수준으로 제3자의 권리(interest)를 보호하고 자신의 법적 형태에 적합한 동등한 건전성 감독을 받는 경우에만 암호자산서비스를 제공할 수 있도록 규정하여 법인격 없는 단

154　MiCAR 제59조 제1항.

체라고 하여 무작정 인가를 받을 수 없도록 한다. 분산권한금융(DeFi) 서비스 제공자의 경우 그 밖의 단체에 해당할 수는 있을 것이나 이 요건으로 인해 인가를 받고자 하여도 받을 수 없는 경우가 있을 것이다. 다만, 분산권한금융 플랫폼 자체가 아니라 그 플랫폼을 통해 서비스를 제공하는 자가 인가의 대상이므로 분산권한금융의 일부는 이에 포함될 수 있을 것이다. 이같이 MiCAR가 암호자산업자에 대한 법인격이나 법인과 동등한 수준의 단체일 것을 요하는 것은 효과적인 감독과 감독 회피가능성을 제거함으로써 투자자 보호와 시장 건전성 및 금융안정을 도모하기 위한 것이다.[155]

인가를 받기 위한 다음 요건으로, MiCAR는 법인 등이 EU회원국 내에 적어도 암호자산서비스의 일부를 수행하는 등록사무소를 가지고 있도록 하며, 효과적 경영지[156]가 EU 내에 있어야 하고 적어도 이사 중 일인이 EU 내에 거주하도록 한다.[157] 이는 위에서 언급한 효과적인 감독 등을 위한 것이다. 등록사무소에서 암호자산서비스의 일부를 제공하도록 하는 것은 자산운용사들이 룩셈부르크 등에 명목회사(paper company) 설립하여 이를 등록사무소로 이용하는 것과 같은 관행을 방지하여 실질적으로 암호자산서비스를 제공하는 사무소를 EU 내에 설치하도록 하려는 의도로 보인다. 그러나 회원국의 권한당국이 이 '일부'라는 문구와 '효과적인 경영지'의 의미를 어떻게 해석하느냐에 따라 명목회사는 아니라 하더라도 실질적으로 큰 의미가 없는 업무만 명목적으로 EU 내에서 제공하고 실질적인 암호자산서비스는 제3국에서 제공하는 관행도 나타날 수 있다고 생각된다.[158]

---

155 MiCAR 전문 74 참조.
156 여기서 말하는 효과적 경영지가 무엇인지 분명하지 아니하나 이를 경영중심지로 이해하는 견해도 있다(Etay Katz & Simon Helm, MiCA Creates a New Framework for Crypto Custody, Ashurst Banker, 29 August 2023).
157 MiCAR 제59조 제2항.
158 룩셈부르크 등의 경우 이러한 일부의 문구와 효과적인 경영지의 의미를 광의로 해석하여 자국에서 많은 암호자산업자가 등록하도록 유도할 가능성이 있다고 예상된다. 참고로, 암호자산업자의 인가를 위한 신청은 원회원국(home Member State)의 권한당국에 하여야 하는데(MiCAR 제62조 제1항), 암호자산업자의 경우 원회원국은 암호자산업자의 등록사무소 소재지의 회원국이다(MiCAR 제3조 제1항 제34호). 따라서 개념상 순환론에 빠지는 오류가 있으나, 실무상 많은 암호자산업자를 유치하려는 국가에서 '일부'와

MiCAR 제63조에 따른 인가를 받은 암호자산업자는 항상 인가요건을 만족하여야 한다.[159] 이에는 건전성요건, 지배구조요건 등이 있는데, 여기서는 건전성요건만 간략히 언급하기로 한다. 암호자산업자는 앞서 언급한 세 가지 유형에 따른 최소자기자본(1유형 5만 유로, 2유형 12.5만 유로, 3유형 15만 유로)과 매년 검토하는 직전연도 고정간접비의 25% 중 더 높은 금액을 항상 건전성 안전장치로 유지하여야 한다.[160] 그리고 안전장치는 보통주 Tier 1 항목을 구성하는 위 최소자기자본 또는 암호자산서비스를 제공하는 EU회원국을 커버하는 보험 또는 이에 상응하는 보증금의 형식을 취하여야 한다.[161]

인가를 받은 암호자산업자는 금융업자의 패스포트제도와 같이 모든 EU회원국에서 암호자산업을 영위할 수 있다. 암호자산업 인가의 패스포트제도에 따라, 암호자산업자는 인가를 받은 원회원국 외의 회원국 즉, 호스트회원국에 별도의 물리적 지점 등을 설치하지 않더라도 전 EU회원국의 투자자를 대상으로 암호자산서비스를 제공할 수 있다.[162]

마지막으로, ESMA는 인가받은 암호자산업자[163]에 대한 정보 등을 관리하여 공개하는 공적 장부인 등록부를 창설하여야 하며, 이를 정기적으로 갱신하여야 한다.[164] ESMA의 암호자산업자 등록부에는 암호자산업자의 명칭, 법적 형태, 법인식별기호(LEI),[165] 지점 등 암호자산업자에 대한 정보와 인가를 부여

'효과적인 경영지'의 의미를 넓게 해석할 유인은 동일하다.
159 MiCAR 제59조 제4항.
160 MiCAR 제67조 제1항.
161 MiCAR 제67조 제4항.
162 MiCAR 제59조 제7항.
163 여기의 인가받은 암호자산업자 외에도 후술하는 기존 금융업자로서 암호자산업을 영위하기 위해 권한당국에 관련 정보를 통지한 금융업자도 등록부에 등재된다(MiCAR 제60조 제12항).
164 ESMA가 작성·관리하여야 하는 등록부의 종류는 암호자산업자 등록부 외에도 일반 암호자산의 암호자산백서, 자산준거토큰 및 전자화폐토큰의 발행인 등록부가 있다(MiCAR 제109조 제1항).
165 이는 글로벌법인식별기호재단(GLEIF)가 관리하는 법인식별기호로서 20개의 숫자와 영문자가 무작위로 혼용되어 신청법인에게 발행되는 고유한 기호이다. LEI는 2008년 글로벌금융위기 이후 법인 식별의 국제적인 통일 필요에 따라 FSB의 권고로 2012년에 창설되었다. LEI와 GLEIF에 대한 소개로는 〈www.gleif.org〉 참조.

한 권한당국, 제공하는 암호자산서비스 목록, 암호자산서비스를 제공하려는 호스트회원국 목록, 서비스개시일 등의 정보가 포함되어야 한다.[166]

(나) 예외: 일부 금융업자 등에 대한 특례

MiCAR 제60조는 기존의 일부 금융업자 등 즉, 은행(credit institution), 투자회사(증권회사), 중앙예탁결제기관(CSD), 시장운영자, 전자화폐기관, UCITS(공모펀드) 및 AIF(사모펀드) 자산운용사에 대한 특례로서 인가신청 없이도[167] 암호자산서비스를 최초로 제공하기 40영업일 전에 관련 정보를 권한당국에 통지한 경우 암호자산업을 영위할 수 있도록 규정한다. 다만, 금융업자의 금융업 인가가 철회된 때에는 암호자산서비스를 제공할 수 있는 권리도 철회된다.[168]

MiCAR 제60조는 은행을 제외한 위 금융업자 등에 대해서는 영위가능한 암호자산업에 대한 제한을 둔다. 즉, 은행은 자신이 원하는 암호자산서비스를 모두 영위할 수 있으나,[169] 그 외 금융업자는 업태에 따라 제60조 제2항 이하에서 열거하는 서비스만을 제한적으로 영위할 수 있다.

먼저, MiFID Ⅱ에 따라 인가를 받은 투자회사는 그 인가받은 투자서비스 및 행위와 동등한 암호자산서비스를 제공할 수 있다.[170] 동등성 여부와 관련하여 제60조 제3항은 보관업, 거래플랫폼운영업, 자금 또는 타 암호자산과의 교환업, 주문집행업, 주선업, 주문접수·전달업, 조언업, 일임업이라는 9가지 서비스에 대해 MiFID Ⅱ 부속서 Ⅰ에서 규정하는 동등한 업무를 제시한다. 여기서 암호자산 이전업에 대해서는 침묵하고 있는데, 이것이 투자회사는 이전업을 영위할 수 없다는 것인지 아니면 입법과정에

---

166 세부항목에 대해서는 MiCAR 제109조 제5항 참조.
167 MiCAR 제60조 제10항.
168 MiCAR 제60조 제11항.
169 MiCAR 제60조 제1항. 투자회사에 대해 동등성을 요구하는 것과 달리, 은행에 대해서만 동등성 요건 없이 모든 암호자산서비스를 영위할 수 있도록 한 근거는 은행이 제공하는 서비스의 동등성을 추정한 것이 아니라 현행 EU의 은행법에 따른 은행업 인가의 속성 때문이라고 한다(Filippo Annunziata, 앞의 논문, 57~58면).
170 MiCAR 제60조 제3항.

서 이를 미처 반영하지 못한 오류인지는 분명하지 않다.[171]

UCITS 및 AIF 운용사는 자신이 인가받은 투자일임업 및 비핵심업무와 동등한 암호자산업을 제공할 수 있는데, 이 경우 인가받은 업무와 동등한 것으로서, 제50조 제5항은 주문의 접수·전달업, 조언업 및 일임업을 제시하고 있다. 그리고 중앙예탁결제기관은 고객을 대신한 암호자산의 보관업만 제공할 수 있고,[172] 시장운영자는 거래플랫폼운영업만을 영위할 수 있으며,[173] 전자화폐기관은 자신이 발행한 전자화폐토큰과 관련한 보관업과 이전업만 수행할 수 있다.[174]

금융업자 등으로부터 암호자산업의 영위를 통지받은 권한당국은 통지 접수일로부터 20영업일 내에 규정된 관련 정보가 모두 제출되었지를 평가하여야 하며, 정보의 제출이 충분하지 않은 경우 제출되지 않은 정보에 대해 20영업일 이내의 제출마감일을 정하여 즉시 이를 해당 금융업자 등에게 통지하여야 한다.[175] 정보의 완전한 통지가 없는 한 금융업자 등의 관련 암호자산업의 영위는 불가하며, 완전한 통지가 있는 경우 예정한 서비스 개시일에 해당 암호자산업을 영위할 수 있다.

2) 인가의 신청 및 평가 등

위의 인가 적격성을 갖춘 법인 등은 자신의 원회원국 권한당국에 암호자산업자로서의 인가를 받기 위한 인가신청서를 제출하여야 하며, 그 신청서에는 법인명과 그 밖의 상업적 명칭 등 인가신청에 대한 평가를 위해 필요한 관련 정보를 모두 포함하여야 한다.[176] 그러나 권한당국이 전자화폐지

---

171 전자화폐기관에 대해서는 이전업을 명문으로 허용하므로, 단순한 실수로 보기는 어렵다고 보는 해석도 가능하나, 투자회사가 이전업을 영위하지 못할 타당한 이유를 찾기 어려우므로 보정해석상 투자회사도 이전업을 영위할 수 있다고 보는 것이 타당하다. 그리고 제60조 제7항 제k호는 이전업을 영위하는 경우 그 방식에 관한 정보를 통지하도록 규정하고 있으므로, 투자회사 등도 이전업을 영위할 수 있다고 해석된다.
172 MiCAR 제60조 제2항.
173 MiCAR 제60조 제6항.
174 MiCAR 제60조 제4항.
175 MiCAR 제60조 제8항.
176 MiCAR 제62조 제2항. 법인 등이 인가신청서에 포함하여야 하는 정보는 다음과 같다: (a) 법적 명칭 및 그 밖에 사용하는 상업적 명칭을 포함한 명칭, 신청 암호자산업자의 법

침, MiFID Ⅱ, PSD Ⅱ나 2023년 6월 29일 이전에 암호자산업자에게 적용될 수 있는 국내법에 따른 각각의 인가 절차에서 이미 그러한 관련 정보를 수령한 경우에는 신청 암호자산업자에게 그러한 관련 정보를 요구할 수 없다. 다만, 그러한 사전에 제출받은 정보나 서류는 여전히 최신의 것이어야 한다.[177] 기술한 바와 같이 이미 금융업 등의 인가를 받은 일부의 금융업

인식별기호(LEI), 해당 암호자산업자가 운영하는 웹사이트, 연락 이메일 주소, 연락 전화번호 및 자신의 물리적 주소, (b) 신청 암호자산업자의 법적 형태, (c) 해당하는 경우 신청 암호자산업자의 정관, (d) 신청 암호자산업자가 제공하고자 하는 암호자산서비스의 유형과 해당 서비스를 마케팅할 장소 및 방법을 규정한 운영프로그램, (e) 신청 암호자산업자가 제67조에서 규정하는 건전성 보장요건을 충족한다는 증명, (f) 신청 암호자산업자의 지배구조체계에 대한 설명, (g) 신청 암호자산업자의 경영진 구성원이 충분히 좋은 평판을 받고 있으며 해당 암호자산업자를 관리하기에 적합한 지식 및 기술과 경험을 보유하고 있다는 증명, (h) 신청 암호자산업자에 대해 직간접적으로 적격지분을 보유한 모든 주주 및 사원의 신원과 해당 지분의 규모 및 그들이 충분히 좋은 평판을 가지고 있다는 증명, (i) 자금세탁 및 테러자금조달 위험을 포함한 위험을 식별・평가・관리하기 위한 신청 암호자산업자의 내부통제 메커니즘, 정책 및 절차, 사업연속성 계획에 대한 설명, (j) ICT시스템 및 보안체계에 대한 기술적 문서 및 비기술적 언어로 된 설명, (k) 고객의 암호자산과 자금을 분별하는 절차에 대한 설명, (l) 신청 암호자산업자의 불만처리절차에 대한 설명, (m) 신청 암호자산업자가 고객을 대신하여 암호자산의 보관・관리 서비스를 제공하려는 경우, 보관・관리정책에 대한 설명, (n) 신청 암호자산업자가 암호자산 거래플랫폼을 운영하려는 하는 경우, 해당 거래플랫폼의 운영규칙과 시장남용을 감지하는 절차 및 시스템에 대한 설명, (o) 신청 암호자산업자가 암호자산을 자금 또는 다른 암호자산과 교환하려는 경우, 고객과의 관계를 규율하는 비차별적인 상업정책에 대한 설명과 신청 암호자산업자가 자금 또는 다른 암호자산과 교환할 것을 제안하는 암호자산의 가격을 결정하는 방법론에 대한 설명, (p) 신청 암호자산업자가 고객을 대신하여 암호자산의 주문을 체결하려는 경우, 체결정책에 대한 설명, (q) 신청 암호자산업자가 암호자산에 대한 자문 또는 일임을 제공하려는 경우, 신청 암호자산업자를 대신하여 자문 또는 일임을 제공하는 자연인이 그들의 의무를 이행하는 데 필요한 지식과 전문성을 갖추고 있음을 증명하는 자료, (r) 신청 암호자산업자가 고객을 대신하여 암호자산에 대한 이전서비스를 제공하려는 경우, 해당 이전서비스가 제공되는 방식(manner)에 대한 정보 및 (s) 암호자산서비스와 관련된 암호자산의 유형.
그리고 위 (g) 및 (h)항목과 관련하여 신청 암호자산업자는 추가적으로 해당 경영진이 모두 해당 상법, 도산법, 금융서비스법, 자금세탁방지법, 사기 또는 전문가 책임과 관련하여 유죄판결 또는 처벌을 받은 범죄기록이 없다는 점, 경영진의 구성원이 암호자산업자를 관리하기에 적절한 지식, 기술 및 경험을 총체적으로 보유하고 있으며 업무수행에 충분한 시간을 할애할 수 있다는 점 및 신청 암호자산업자의 적격지분을 직간접적으로 보유한 주주 및 구성원의 경우 경영진과 동일하게 상법 등과 자금세탁방지법, 사기 또는 전문가 책임과 관련하여 유죄판결을 받거나 처벌을 받은 범죄기록이 없다는 점을 모두 증명하여야 한다(MiCAR 제62조 제3항).

177 MiCAR 제62조 제4항.

자 등은 이 같은 인가신청서를 따로 제출할 필요는 없으나, 권한당국에 위 암호자산업 신청 법인 등과 유사한 관련 정보[178]를 통지하여야 한다.

인가신청서를 받은 권한당국은 즉시 그리고 늦어도 신청서의 접수일로부터 5영업일 내에 서면으로 접수 사실을 해당 신청인에게 통지하여야 하며, 접수일로부터 25영업일 내에 제출정보를 확인하여 그 완전성을 평가하여야 한다.[179] 불완전한 신청서의 경우 권한당국이 마감일[180]을 정하여 이를 정정하도록 하고, 그 마감일까지도 신청서가 불완전한 경우 권한당국이 심사를 거부할 수도 있다.[181] 그리고 권한당국은 완전한 신청서를 접수한 날로부터 40영업일 내에 신청 암호자산업자의 요건 준수 여부를 평가하고, 인가를 부여하거나 거부하는 충분한 근거를 지닌 결정을 채택하여야 하며, 그 채택일로부터 5영업일 내에 그 결정을 신청인에게 통지하여야 한다.[182]

---

178 이러한 금융업자가 권한당국에 통지하여야 하는 관련 정보는 다음과 같으며, 모든 금융업자에 공통적으로 요구된다(MiCAR 제60조 제7항). 즉, (a) 서비스를 마케팅할 장소와 방법을 포함하여, 신청 암호자산서비스제공자가 제공하고자 하는 암호자산서비스의 유형을 명시한 운영프로그램, (b) Directive (EU) 2015/849(자금세탁방지지침)를 이행하는 국내법 조항의 준수를 보장하기 위한 내부통제메커니즘, 정책 및 절차에 대한 설명, 자금세탁 및 테러자금조달 위험의 관리를 위한 위험 평가 기본체계에 대한 설명 및 사업연속성 계획에 대한 설명, (c) ICT시스템 및 보안체계(arrangement)에 대한 기술적 문서 및 비기술적 언어로 된 설명, (d) 고객의 암호자산과 자금을 분별하는 절차에 대한 설명, (e) 고객을 대신한 암호자산의 보관·관리를 제공하기 위한 보관·관리정책에 대한 설명, (f) 암호자산 거래플랫폼을 운영하고자 하는 경우, 거래플랫폼 운영규칙과 시장남용 감지 절차 및 시스템에 대한 설명, (g) 암호자산을 자금 또는 다른 암호자산과 교환하려는 경우, 고객과의 관계를 규율하는 비차별적 상업정책에 대한 설명과 고객이 자금 또는 다른 암호자산과 교환하기 위해 제안하는 암호자산의 가격을 결정하는 방법론에 대한 설명, (h) 고객을 대신하여 암호자산의 주문을 집행하려는 경우, 집행정책에 대한 설명, (i) 신청 암호자산업자가 암호자산에 대한 자문 또는 일임을 제공하려는 경우, 신청 암호자산업자를 대신하여 자문 또는 일임을 제공하는 자연인이 그들의 의무를 이행하는 데 필요한 지식과 전문성을 갖추고 있음을 증명하는 자료, (j) 암호자산서비스가 자산준거토큰, 전자화폐토큰 또는 일반암호자산과 관련되어 있는지 여부 및 (k) 고객을 대신하여 암호자산에 대한 이전서비스를 제공하려는 경우, 해당 이전서비스가 제공되는 방식에 대한 정보를 통지하여야 한다.
179 MiCAR 제63조 제1항 및 제2항 제1문.
180 이 마감일이 언제까지인지에 대한 제한은 없다. 따라서 정정을 위한 마감일의 설정은 권한당국의 재량이라고 할 수 있다.
181 MiCAR 제63조 제2항 제2문 및 제3항.
182 MiCAR 제63조 제9항.

권한당국은 암호자산업자로서의 인가를 부여하거나 거부하기 전에, 신청 암호자산업자가 다른 회원국에서 인가를 받은 은행, 증권예탁결제기관, 투자회사, 시장운영자, UCITS 또는 AIF 운영사, 지급결제기관, 보험사, 전자화폐기관 또는 직역퇴직연금제공기관의 자회사, 그 단체의 모회사의 자회사, 그 단체를 지배하는 동일인이 그 암호산업자를 지배하는 경우, 해당 회원국의 권한당국과 협의를 하여야 한다.[183] 또한, 신청 암호자산업자와 다른 사람 또는 법인 사이에 특수관계(close links)가 존재하는 경우, 권한당국은 그 특수관계가 감독기능의 효과적인 행사를 방해하지 않는 경우에만 인가를 부여하여야 하며, 신청 암호자산업자와 특수관계가 있는 하나 또는 그 이상의 사람 또는 법인을 규율하는 제3국의 법, 규정 또는 행정 조항이나 그들의 감독집행에 수반된 어려움으로 인해 감독기능을 효과적으로 행사하는 것이 방해받는 경우 권한당국은 인가를 거부해야 한다.[184] 따라서 조세회피지역 등에 설립된 모회사를 둔 EU법인 등이 암호자산업을 신청할 경우 권한당국이 감독집행에 어려움이 있다고 보고 그 신청을 거부할 가능성이 있다. 특히, 감독집행의 난점으로 인한 효과적인 감독기능의 행사가 어려울 경우에는 재량이 아니라 의무적으로 그 인가를 거부해야 한다는 점에서 동 규정의 함의가 크다고 생각된다.

또한, 다음과 같은 객관적이고 입증가능한 근거가 있는 경우에도 권한당국은 인가를 거부하여야 한다.[185] 우선, 신청 암호자산업자의 경영진이 효과적이며 건전하고 신중한 경영과 사업연속성, 고객의 이익과 시장건전성에 대한 적절한 고려에 위협이 되거나, 신청 암호자산업자가 자금세탁 또는 테러자금조달의 심각한 위험에 노출되어 있는 경우에 인가를 거부하여야 한다. 둘째, 신청 암호자산업자의 경영진 구성원이 제68조 제1항에서 규정하는 기준(평판 · 지식 · 기술 · 경험등 및 무범죄경력 요건)을 만족하지 못한 경우에 인가를 거부하여야 한다. 셋째, 신청 암호자산업자의 적격지분을

---

183 MiCAR 제63조 제5항.
184 MiCAR 제63조 제7항 및 제8항.
185 MiCAR 제63조 제10항.

직간접적으로 보유하고 있는 주주 또는 구성원이 제68조 제2항에서 규정하는 충분히 좋은 평판 기준을 만족하지 못하는 경우 신청을 거부하여야 한다. 마지막으로 신청 암호자산업자가 인가를 규정하는 제5편의 요건 중 어느 하나라도 만족하지 못하거나 만족하지 못할 가능성이 있는 경우에도 신청을 거부하여야 한다.

한편, 권한당국은 인가를 부여하거나 거부하기 전에 신청 암호자산업자가 자금세탁 또는 테러자금조달과 관련된 행위에 대한 조사대상이 아니었는지 확인하기 위해 자금세탁방지 및 테러자금조달 방지를 위한 권한당국 및 금융정보부서와 협의할 수 있고, 자금세탁방지지침 제9조에 따라 식별된 고위험 제3국에 설립된 사업장을 운영하거나 그러한 국가에서 설립된 제3자를 의존하는 신청 암호자산업자가 해당 지침 제26조 제2항, 제45조 제3항 및 제45조 제5항을 이행하는 국내법 조항을 준수하는지를 보장하여야 하며, 마지막으로, 적절한 경우, 신청 암호자산업자가 자금세탁방지지침 제18a조 제(1)항 및 제(3)항을 이행하는 국내법의 조항을 준수하기 위한 적절한 절차를 마련했는지를 보장하여야 한다.[186]

마지막으로, 인가의 철회와 관련하여 MiCAR는 의무적 철회요건과 임의적 철회요건으로 구분하여 규정하며, 부여한 암호자산서비스의 특정 부분으로 제한하여 그 인가를 철회[187]할 수 있도록 규정한다. 우선, 의무적 철회요건으로서 암호자산업자가 다음 중 어느 하나에 해당하는 행위를 하는 경우 권한당국은 이미 부여한 해당 암호자산업자의 인가를 철회하여야 한다.[188] (1) 인가일로부터 12개월 이내에 자신의 인가를 사용하지 않은 경우, (2) 자신의 인가를 명시적으로 포기한 경우, (3) 9개월 연속으로 암호자산서비스를 제공하지 않은 경우, (4) 인가신청서에 허위 진술을 하는 등 비정상적인 방법으로 인가를 받은 경우, (5) 더 이상 인가가 부여된 조건을 충족하지 못하고, 지정된 기간 내에 권한당국이 요청한 시정조치를 취

---

186 MiCAR 제63조 제6항.
187 MiCAR 제64조 제3항.
188 MiCAR 제64조 제1항.

하지 않은 경우, (6) 자금세탁방지지침에 따라 자금세탁 및 테러자금조달을 탐지하고 방지하기 위한 효과적인 시스템, 절차 및 체계를 갖추지 못한 경우 및 (7) 암호자산보유자 또는 암호자산업자의 고객 보호 또는 시장건전성과 관련한 조항을 포함하여 MiCAR를 심각하게 위반한 경우에는 의무적으로 그 인가를 철회하여야 한다. 임의적 철회요건으로서, (1) 암호자산업자가 자금세탁방지지침을 이행하는 회원국의 국내법 조항을 위반한 경우나 (2) 암호자산업자가 지급결제기관으로서의 인가 또는 전자화폐기관으로서의 인가를 상실하였으며 해당 암호자산업자가 40일 이내에 해당 상황을 시정하지 못한 경우, 권한당국은 이미 부여한 해당 암호자산업자의 인가를 철회할 수 있는 재량권을 가진다.[189]

2. 암호자산업자에 대한 행위규제

MiCAR는 우리 자본시장법상 영업행위규제 방식과 유사하게[190] 암호자산업자에 대한 행위규제를 모든 암호자산업자에게 적용되는 공통규제와 개별 암호자산업자의 제공서비스에 맞춘 업자별 개별규제로 대별한다. 공통 행위규제와 암호자산업자의 개별 행위규제는 MiFID Ⅱ를 기초로 암호자산업의 특성에 따라 행위규제를 조정한 것이다. 공통 행위규제는 선관·충실의무(제66조), 건전성요건(제67조), 지배구조체계(제68조), 고객 암호자산과 자금의 보관규제(제70조), 불만처리절차(제71조), 이해상충규제(제72조), 업무위탁(제73조) 및 질서있는 정리(제74조)로 구성되어 있다. 이에 대하여는 우리 자본시장법상 금융투자업자의 공통 영업행위규제와 유사하므로 아래에서는 개별 암호자산업자 중 우리에게 시사점이 많은 암호자산 보관업자와 거래플랫폼운영자의 영업행위규제를 소개하기로 한다.

---

189 MiCAR 제64조 제2항.
190 자본시장법은 제4장 제1절에서 공통 영업행위 규칙으로서 신의성실의무 등, 투자권유, 직무관련 정보의 이용 금지 등을 규정하고, 제2절에서 금융투자업자별 영업행위 규칙을 규정한다.

(1) 암호자산 보관업자

MiFID Ⅱ가 보관업을 본업인 투자서비스 또는 행위가 아니라 부수업의 하나로 규정하는 것과 달리, MiCAR는 보관업을 독립된 암호자산업의 하나로 규정한다.[191] 그런데 MiCAR 제75조에서 규정하는 보관업자에 대한 행위규제는 MiFID Ⅱ라기보다는 EU의 공모펀드와 사모펀드 규제인 UCITS지침과 AIFM지침에서 규정하는 수탁자(depositary) 규제를 모델로 한 것이다.[192] 이는 암호자산 보관업은 암호자산에 접근할 수 있는 수단인 개인키를 담은 물리적 장치(예: USB, 디스켓 또는 PC)나 개인키를 지면에 프린트한 것을 보관하는 것과 같이 콜드월렛에 보관·관리하는 것뿐만 아니라 개인키를 핫월렛인 보관업자의 전자지갑이나 보관업자가 관리하는 개별고객의 전자지갑에서 관리하기 때문에 수탁자로서의 높은 신인의무가 보다 중요하다고 본 것으로 생각된다.[193]

보관업자는 각 고객의 암호자산에 대한 권리[194]에 상응하여 각 고객의 명의로 개설한 포지션등록부를 작성하여야 하며, 고객의 지시에 따른 암호자산의 이동(movements)이 있을 시 지체없이 이를 포지션등록부에 기록하여야 한다.[195]

---

191 아마도 이는 FATF가 규정하는 가상자산업무의 유형 분류에 따라 이미 독립된 업무로 존재하는 서비스이므로 MiCAR에서 이를 그대로 승인한 것으로 보인다. Filippo Annunziata, 앞의 논문, 60면은 이를 암호자산시장의 특수성과 크립토윈터의 경험 때문이라고 설명한다. 이른바, 2022년 '크립토윈터'로 인한 암호자산 거래플랫폼과 대차회사(일종의 예치업자)의 파산 등으로 인한 투자자 보호의 문제점 등을 분석한 연구로는 Ilya Kokorin, "The Anatomy of Crypto Failures and Investor Protection Under MiCAR", Hazelhoff Research Paper Series No. 15, Leiden Law School, 2023 참조.
192 Etay Katz & Simon Helm, 앞의 자료.
193 실무상 암호자산보관업은 암호자산에 접근할 수 있는 매체 즉, 개인키 또는 그러한 개인키의 정보를 담고 있는 전자지갑 자체를 관리하는 것이다. 따라서 MiCAR에서 암호자산 보관업을 암호자산이나 암호자산의 접근매체를 보관·관리·지배한다고 할 때, 접근매체가 아닌 암호자산 자체를 보관 내지 지배한다는 것은 무엇을 의미하는 것인지 분명하지 않다. 분산원장기술을 구현한 현재의 기술인 블록체인에서 암호자산의 보관·관리는 개인키의 보관·관리를 의미하는 것이기 때문이다. 추정컨대, 암호자산의 보관·관리는 장래 다른 형태의 분산원장기술이 나타나서 개인키가 아니라 암호자산 자체를 보관·관리하는 것이 구현될 수도 있음을 미리 반영한 것이거나 개인키가 포함된 전자지갑 자체를 보관하는 것으로 보이지만, 현재로서는 후자일 것으로 보인다.
194 이 권리의 법적 성질이 무엇인지에 대해서는 각 회원국의 준거법에 따라 결정될 것이다.
195 MiCAR 제75조 제2항.

포지션등록부는 고객의 암호자산에 대한 권리를 기록한 장부이므로 이것을 분장원장기술을 사용하여 작성할 필요는 없고 전통적인 정보통신기술로 작성하면 무방할 것이며, 실무적으로도 후자의 경우가 많을 것이다.

보관업자는 암호자산 또는 접근매체를 고객에게 지체없이 반환하기 위해 필요한 절차를 수립하여야 한다.[196] 따라서 보관업자는 고객의 지시가 있을 경우 고객의 전자지갑이나 제3자의 전자지갑으로 암호자산을 이전하는 업무를 해야 하므로 보관업과 더불어 이전업도 영위하여야 할 것이다.[197]

보관업자는 자신의 암호자산과 고객의 암호자산을 분별하여야 하며, 고객의 암호자산에 대한 접근수단이 명확하게 그 같이 특정되도록 해야 한다. 분별관리의 방식으로서, 보관업자는 '분산원장에서' 고객의 암호자산이 자신의 암호자산과 분별하여 보유되도록 해야 한다.[198] 이 같은 분별관리규제는 보관업에 대한 핵심적인 행위규제라고 할 수 있으며, 실무적으로 분산원장에서 분별되도록 보관하기 위해서는 보관업자의 지갑과 고객용 옴니버스 지갑이나 고객별 지갑을 생성하여 관리하는 방법이 있을 것이다. 분별관리 규제의 법적 효력을 확보하기 위해 MiCAR는 준거법에 따라 보관되어 보유되는 암호자산의 고객분을 보관업자의 재산으로부터 '법적으로' 분리하도록 하며, 특히 도산의 경우에 보관업자의 채권자가 고객분에 대해 권리를 주장할 수 없도록 하고, 고객의 암호자산에 대한 접근매체가 명확히 특정되도록 의무화한다.[199] 따라서 EU회원국은 이 같은 법적 효력을 부여하기 위해 관련 법률을 정비해야 할 것인데, 이는 행정규제법적 영역임과 동시에 사법(private law)적 영역에 해당하므로 MiCAR에서는 이에 대해 더 이상 규정하지 않는다.

보관업자와 관련한 MiCAR상 행위규제의 다른 핵심은 보관업자의 손해

---

196 MiCAR 제75조 제6항.
197 Etay Katz & Simon Helm, 앞의 자료 참조.
198 MiCAR 제75조 제7항 제1문.
199 MiCAR 제75조 제7항 제2문. 암호자산보관업자는 보관되어 보유되는 암호자산이 암호자산보관업자의 재산과 운영적으로(operationally)도 분별되도록 의무화한다(동항 제3문).

배상책임액에 대한 한도 설정과 입증책임의 전환이다. 즉, 암호자산보관업자는 자신의 과실로 인한 암호자산 또는 암호자산에 대한 접근매체의 손실 발생 시 이에 대한 책임이 있으며, 이 경우 손해배상액은 손실 발생 시 분실된 암호자산의 시장가를 한도로 한다.[200] 최고액에 대한 제한을 두는 형식이지만 사실상 손해배상액의 산정방식을 특정했다고 볼 수 있다. 문제는 시장가가 없는 경우인데, 시장가가 없는 것을 보관업자에게 보관 위탁할 상황이란 것이 많지 않겠지만 암호자산은 내재적 가치가 없으므로 그 가치 산정을 둘러싼 다툼이 있을 것으로 생각된다. 두 번째 보관업자의 과실책임과 관련한 특칙은 입증책임을 보관업자에게 전환시킨 것이다. 즉, 제76조 제8항 제2문단은 보관업자가 그 손실이 관련 서비스의 제공과 무관하게 또는 보관업자가 통제할 수 없는 분산원장의 운영에 내재된 문제와 같이 보관업자의 운영과 무관하게 발생하였음을 입증한 경우에는 보관업자에게 유책사유가 없다고 규정한다. 이 같은 보관업자의 과실책임에 대한 입증책임전환은 UCITS지침과 AIFM지침의 규정을 본받은 것이다.[201]

마지막으로, 보관업자는 고객과 그들의 권리·의무 등을 규정하는 보관계약을 체결하여야 하며, 암호자산과 접근매체의 보관과 통제를 위한 내부규칙과 절차를 담은 보관정책을 마련하여야 한다.[202] 그리고 보관업자는 암호자산에 부착된 권리를 고객이 행사할 수 있도록 하여야 하며, 별도의 약정이 없는 한 분산원장기술의 변경이나 고객의 권리를 창설하거나 변경할 가능성이 있는 그 밖의 사건이 있는 경우 해당 변경이나 사건 발생 시 고객의 포지션에 기반하여 새롭게 생성된 모든 암호자산이나 권리를 고객에게 귀속시켜야 한다.[203] 한편, 보관업자는 보관서비스를 타인에게 업무위탁을 할 수 있지만, 위탁을 받을 그 타인은 보관업 인가를 받은 자이어야 하며, 보관서비스를 위탁할 경우 보관업자는 이를 고객에게 통지하여

---

200 MiCAR 제75조 제8항 제1문.
201 Etay Katz & Simon Helm, 앞의 자료 참조.
202 MiCAR 제75조 제1항 및 제3항.
203 MiCAR 제75조 제4항.

야 한다.[204]

(2) 암호자산 거래플랫폼운영자

암호자산거래의 실무상 거래플랫폼운영자는 투자자들과 가장 많은 접점을 가지며, 투자자의 자금과 암호자산을 직접 보관하는 경우가 많고, 거래를 체결하는 기능을 제공함은 물론 결제까지 수행한다. 이에, MiCAR는 거래플랫폼업을 암호자산업자 중 가장 많은 자기자본이 요구되는 유형으로 분류함으로써 업자규제의 핵심 중 하나임을 강조한다. 무엇보다 우리의 가상자산이용자보호법과 달리 거래플랫폼운용업을 별도의 서비스로 구분하고 업자에 대한 개별 행위규제를 따로 규정하고 있는 점이 특색이다. 실무상 거래플랫폼은 대체거래시스템이 아니라 '거래소'라고 불리는 만큼 단순한 거래체결시설이 아니라 거래승인과 거부의 결정,[205] 시장감시, 결제 등 현 자본시장에서는 분화되거나 엄격한 이해상충체계 내에서 이루어지는 업무를 통합하여 하나의 조직에서 제공하고 있다는 점에서 거래플랫폼업자에 대한 특칙을 두는 것은 어쩌면 당연한 것이라고 할 수 있다.

거래플랫폼운영자는 원회원국의 언어[206] 또는 국제파이낸스 영역에서 관례적으로 사용되는 언어 즉, 영어로 명확하고 투명한 거래플랫폼 운영규칙을 제정, 관리 및 시행하여야 한다. 이러한 운영규칙에는 (1) 거래플랫폼에 암호자산을 승인하기 전에 적용되는 실사요건을 포함한 승인 절차, (2) 거래플랫폼에의 거래승인이 거부되는 유형이 있는 경우 그 거래승인이 거부되는 암호자산 종류의 배제유형, (3) 거래플랫폼에 암호자산을 거래승인하기 위한 정책, 절차 및 수수료 수준, (4) 거래를 원하는 고객의 거래플랫폼에 대한 공정하고 개방적인 접근을 촉진하기 위한 객관적이고 비례적인 거래 활동 참여 기준, (5) 공정하고 질서정연한 거래를 보장하기

---

204 MiCAR 제75조 제9항.
205 영국의 경우 상장심사는 거래소가 아니라 별도의 상장위원회에서 결정한다.
206 암호자산 거래플랫폼이 원회원국이 아닌 다른 호스트회원국에서 운영되는 경우 운영규칙은 그 호스트회원국의 언어나 영어로 작성되어야 한다(MiCAR 제76조 제4항 제2문).

위한 비재량적 규칙과 절차 및 효율적인 주문집행을 위한 객관적인 기준, (6) 유동성 기준 및 정기공시 요건을 포함하여 암호자산의 거래 접근성을 유지할 수 있는 조건, (7) 암호자산의 거래가 일시 중지될 수 있는 조건 및 (8) 암호자산과 자금의 효율적인 결제를 위한 절차를 설정하여야 한다.[207]

암호자산의 거래승인 전에 거래플랫폼운영자는 해당 암호자산이 운영규정을 준수하도록 하여야 하며, 적합성의 평가 시에 해당 암호자산발행인과 그 개발팀의 경험, 이력 및 평판을 고려하여, 특히 채택된 기술적 솔루션의 신뢰성과 불법 또는 사기적 행위의 연루가능성을 평가하여야 한다.[208] 그리고 익명화 기능이 내장된 암호자산은 평가자체도 필요 없이 거래승인이 불허되지만, 해당 거래플랫폼운영자가 암호자산보유자 및 거래이력을 식별할 수 있는 경우에는 예외적으로 거래승인을 허용할 수 있다.[209]

이미 언급한 바와 같이, 높은 이해상충 가능성으로 인해 거래플랫폼운영자는 자신의 거래플랫폼에서 자기거래를 할 수 없다. 이는 거래플랫폼운영자가 자기계산으로 행위하는 자금 또는 다른 암호자산과의 교환업 인가를 받은 경우에도 동일하다.[210] 이는 투자자 입장에서 거래플랫폼운영자가 교환업자로서 매매를 하는 것인지 아니면 매매체결을 위한 중개를 하는 것인지 알 수 없을 뿐만 아니라 교환업자로서 매매를 하더라도 일반적인 거래시스템에서 상대방의 신원을 알 수 없는 것이 일반적이므로 이해상충을 원천적으로 방지하기 위해 교환서비스도 불가하다고 규정하는 것으로 생각된다. 하지만, 예외적으로 매칭자기거래(matched principal trading)[211]는 몇 가지 요건을 만족하는 경우 가능하다. 매칭자기거래가

---

207 MiCAR 제76조 제1항 및 제4항.
208 MiCAR 제76조 제2항.
209 MiCAR 제76조 제3항.
210 MiCAR 제76조 제5항.
211 매칭자기거래는 거래의 촉진을 위해 거래촉진자가 매도자와 매수자 사이에 개입하여 매도자에 대해서는 매수자로서, 매수자에 대해서는 매도자로서, (1) 주문을 집행하는 동안 시장위험에 노출되지 않고 (2) 자신에게 이익이나 손실이 없는 가격으로 그리고 (3) 시간적으로 동시에 거래를 체결시키는 거래를 말한다. 우리 용어로는 시장조성자거래가 대표적인 예라고 할 수 있다. MiCAR 제3조 제1항 제40호는 매칭자기거래의 정의를

MiCAR 제3조 제1항 제40호에서 규정하는 정의에 일치하여야 함은 물론이고, 고객이 해당 프로세스에 동의하여야 한다.[212] 매칭자기거래 이후 거래플랫폼운영자는 자신의 매칭자기거래 이용을 설명하는 정보를 권한당국에 제공하여야 하며, 권한당국은 거래플랫폼운영자의 매칭거래 관여를 감시하고 거래플랫폼운영자가 매칭자기거래에 관여하는 것이 그러한 거래의 정의에 계속 부합하고 거래플랫폼운영자와 고객 간에 이해상충을 일으키지 않도록 하여야 한다.[213] 이 같은 매칭자기거래는 EU집행위원회의 원안은 물론이고 2022년 3월 EU의회안에서는 없던 것인데, 2022년 10월 EU 이사회안 제68조 제3a항에서 최종안 제76조 제6항과 동일한 내용의 조항이 추가되었다. 거래플랫폼의 실무가 반영된 것으로 추측된다.

한편, 거래체결시스템으로서의 역할을 다하고 시장건전성을 도모할 수 있도록 거래플랫폼운영자는 거래시간 동안 지속적으로 호가와 거래관심도의 깊이를 공지하여야 하며,[214] 기술적으로 가능한 한 실시간으로 거래플랫폼에서 거래된 암호자산의 가격, 거래량 및 거래체결 시간을 공개하여야 한다.[215] 그리고 거래플랫폼운영자가 자신의 거래시스템상에서 또는 거래시스템을 통하여 발생한 시장남용이나 시장남용미수 사례를 확인한 경우 이를 권한당국에 통지하여야 한다.[216]

마지막으로, 거래플랫폼운영자의 분산원장상 최종결제의 마감시간과 관련하여 MiCAR는 그 거래의 체결이 어디에서 일어나는 것인지에 따라 그 마감시간을 달리 규정한다. 거래플랫폼운영자의 거래플랫폼에서 거래가 체결된 경우에는 그 거래가 체결된 후 24시간 내에, 분산원장 밖에서 이미 결제된 거래의 경우에는 당일 마감 시까지, 분산원장에 그 암호자산 거래의 최종결제를

MiFID II 제4조 제1항 제38호에서 규정하는 것으로 정의하는데, MiFID II의 동 조항의 정의는 앞서 설명한 것과 같이 규정한다.
212 MiCAR 제76조 제6항. 이 동의가 약관에 포함되어도 가능한 것인지에 대한 별도의 언급은 없다. 따라서 약관에 포함되어 있을 경우 고객의 동의 요건은 큰 의미가 없을 것이다.
213 MiCAR 제76조 제6항.
214 MiCAR 제76조 제9항.
215 MiCAR 제76조 제10항.
216 MiCAR 제76조 제8항.

개시하여야 한다.[217] 이는 거래플랫폼에서의 거래와 암호자산 자체의 분산원장 거래가 다르기 때문에 거래플랫폼에서 일어난 거래를 분산원장에 실제 반영해야 하는 절차가 있어야 하므로 이를 최종결제(final settlement)라는 용어를 사용하여 거래플랫폼에서 일어난 거래는 체결 후 24시간 이내에, 그리고 이미 거래플랫폼 밖에서 즉, 장외에서 당사자들 간의 거래는 그 거래일의 종료시점 (closing)에[218] 분산원장에 해당 거래의 최종내역을 반영하기 위한 작업을 각 암호자산의 분산원장상에서 개시하도록 하는 것이다.[219]

IV. 업규제 등과 관련한 2단계 입법 시 고려사항

자본시장은 증권을 이용하여 자금수요자인 발행인과 자금공급자인 투자자 간 또는 투자자 간에 직접적인 관계를 맺는 방식으로 거래가 발생하는 직접금융시장이다. 암호자산시장은 증권을 암호자산으로 치환하여 자본시장과 유사한 방식으로 자금 또는 자금대용물로서의 비트코인이나 이더와 같은 암호자산을 조달하거나 투자자 간 매매를 하는 등 새로운 유형의 직접금융시장이라는 특성을 갖는다. MiCAR는 암호자산시장이 이 같은 신유형의 직접금융시장이라는 점에 착안하여 MiFID Ⅱ와 투자설명서규정, 시

---

217 MiCAR 제76조 제12항.
218 이것이 장외거래 당일의 자정까지를 의미하는 것인지 아니면 장외거래 당일의 해당 거래플랫폼의 업무마감시간을 의미하는 것인지 분명하지 않다. 문구상으로는 전자로 이해된다.
219 EU집행위원회의 원안에서는 24시간 내에 최종결제를 완료하도록 되어 있었으나, 비트코인의 경우 하나의 거래가 체결되는 데 평균 10분 정도 소요되므로 상당량의 거래를 24시간 안에 종료한다는 것은 불가능하다는 점을 반영하여 이를 완료가 아니라 개시로 수정한 것으로 생각된다. 참고로, 완료를 개시로 변경한 것은 2022년 3월 EU의회안부터이나, EU의회안은 '암호자산의 예치와 반환 행위의 경우 거래플랫폼에서 체결된 거래의 72시간 내에' 분산원장에 최종결제를 개시하도록 규정하고 있었고, 2022년 10월 EU이사회안에서 현재와 거의 동일한 내용으로 규정되었다. 그러나 입법적으로 개시 시점만 규정하고 완료 시점에 대해서는 전혀 언급하지 않은 것은 비판의 대상이 될 수 있다고 생각한다. 적어도 실무적으로 가능한 시점 내에 지체없이 분산원장에서 결제를 완료하여야 한다는 정도의 제한은 두는 것이 바람직했다고 본다.

장남용지침 등 기존의 직접금융시장에 관한 EU 자본시장규제를 기초로 MiCAR를 설계하였다.[220] 완전히 새로운 구조로 암호자산시장의 규제체계를 설계할 경우 불측의 흠결이 발생할 수도 있고, 시장참가자 등에게 새로운 규제체계에 대한 이해가 난해할 수도 있어 도리어 법적 확실성을 저해할 수도 있다. 따라서 EU의 입법자들은 제한된 시간 내에 신속하고 보다 법적 확실성을 담보할 수 방식 즉, 기존의 자본시장규제를 기초로 이를 암호자산시장에 변형·조정·보충하는 방식으로 MiCAR를 설계하였다.

2024년 7월 19일부터 시행된 가상자산이용자보호법도 이와 다르지 않다. 가상자산이용자보호법은 가상자산이용자를 보호하기 위한 사전적 규제장치로서 예치금의 별도관리와 가상자산의 보관의무 등을 규정하고, 사후적 규제장치로서 불공정거래규제를 규정하는데, 이는 모두 자본시장법에 기초하여 이를 가상자산시장에 맞추어 조정한 것이다.[221] 그러나 가상자산이용자보호법을 제정하는 과정에서 당시 우리 사회에 가장 문제가 되었던 것을 우선 해결하기 위해 불공정거래규제와 이용자의 재산을 보호하기 위한 규제만 먼저 도입하고,[222] 공시규제, 업자규제 및 스테이블코인규제 등은 2단계 입법으로 남겨두었다.[223] 1단계 입법 당시 상당수의 의원안이 국회에 제출되어 있었지만 이를 모두 무시하고 단지 불공정 거래와 이용자 보호를 위한 몇 개의 조문만 담은 미완성의 법을 제정했다는 것은 분명 비판의 대상이라 할 수 있지만, 현재 시점에서 이 같은 비판은 무용하며 2단계 입법에서 보다 완벽한 규정을 마련할 수 있도록 보다 활발한 논의와 정교한 입법안을 마련하는 것이 필요한 시점이라고 본다. 이 점에서 아래에서는 위에서 논의한 MiCAR상 적용범위와 업규제의 주요쟁점을 염두에

---

220 다만, 스테이블코인 규제에 대해서는 은행규제를 기초로 한다.
221 가상자산법의 입법배경과 주요내용에 대한 소개로는 이정수, "가상자산 이용자 보호 등에 관한 법률의 법적 의의와 쟁점 및 향후 입법방향", 「증권법연구」 제24권 제2호(한국증권법학회, 2023)(이하 "이정수, 앞의 논문(2023a)"로 인용) 89면 이하; 최민혁·강련호, "가상자산법의 입법 배경과 경위 및 향후 전망", 「BFL」 제22호(서울대학교 금융법센터, 2023. 11) 6면 이하 참조.
222 이에 대하여는, 이정수, 위의 논문, 95면 참조.
223 이정수 위의 논문, 114~115면; 최민혁·강련호, 앞의 논문, 17면.

두면서 2단계 입법 시 고려할 주요사항을 간략히 제시하기로 한다.[224]

1. 규제대상 가상자산[225]의 유형화와 그 범위

(1) 가상자산의 유형화

가상자산이용자보호법상 가상자산의 정의는 FATF에서 채택한 virtual currency를 가상자산으로 번역하고 FATF에서 정의하는 가상자산의 개념을 일부 수정하여 규정한 특정금융정보법상 가상자산의 정의[226]를 다시 제2조 제1호에서 그대로 차용하면서 제외되는 것에 대한 범위를 조정하는 수준이다. 이는 가상자산이용자보호법이 업규제를 규정하지 않고, 이용자보호와 불공정거래규제에 관한 규정만 두므로 별도의 유형화가 필요하지 않기 때문으로 보인다. 그러나 업규제와 공시규제 등을 종합적으로 규정하는 2단계 입법에서는 가상자산의 유형화와 제외되는 것의 범위를 보다 촘촘하게 고려할 필요가 있다. 그리고 MiCAR와 유사하게 스테이블코인이 아닌 일반암호자산 중 유틸리티토큰(서비스이용형 가상자산)에 대한 특칙을

---

[224] 1단계 입법의 완성물인 가상자산법상 불공정거래규제에 관한 규정의 개정도 불가피해 보이나 이를 다룬 선행연구가 있으므로, 이하에서는 2단계 입법에서 추가적으로 규정해야 할 사항 중 이 글의 주제와 관련하여 중요하다고 판단하는 것에 한정하여 기술하기로 한다. 참고로, 가상자산법상 불공정거래규제에 대한 논의로는 우선, 원대성, "「가상자산 이용자 보호 등에 관한 법률」에 따른 가상자산 불공정거래의 규제와 과제"「증권법연구」제24권 제3호(한국증권법학회, 2023) 53면 이하; 한서희, "'가상자산 이용자 보호 등에 관한 법률'에서의 불공정거래행위에 대한 법적 고찰", 「증권법연구」제24권 제3호(한국증권법학회, 2023) 109면 이하; 임세영·박영주, "가상자산법의 법적 쟁점 3: 제3장 불공정거래의 규제(상) (제10조, 제19조~21조)", 「BFL」제122호(서울대학교 금융법센터, 2023. 11) 72면 이하; 윤종수·이정명, "가상자산법의 법적 쟁점 4: 제3장 불공정거래의 규제(하) (제11조, 제12조 및 제17조)", 「BFL」제122호(서울대학교 금융법센터, 2023. 11) 87면 이하 참조.
[225] 이하 국내 가상자산법과 관련한 논의에서는 암호자산이 아니라 가상자산법상 법률용어인 가상자산이라는 용어를 사용하기로 한다. EU MiCAR의 맥락에서는 이를 구분하기 위해 암호자산이라는 용어를 따로 쓰기로 한다.
[226] 특정금융정보법상 가상자산의 정의가 FATF가 2019년 채택된 국제기준에 따른 것임을 알 수 있는 것으로는, 금융위원회, 제30기 제3차 국제자금세탁방지기구 (FATF) 총회 참석, 2019. 6. 24 보도자료 참조.

마련할 경우에는 그와 관련한 유형화의 필요성이 있다.

그러나 가상자산시장에 관한 규제설계의 목적상 가상자산의 유형화를 필요로 하는 가장 큰 이유는 스테이블코인 규제에 있다. 스테이블코인 규제는 스테이블코인이 아닌 일반 가상자산과는 그 규제의 방법이나 수준이 일반 가상자산의 것과 확연한 차이가 날 수밖에 없기 때문이다. 따라서 가상자산의 세부적인 유형화 여부는 2단계 입법에서 가상자산이용자보호법에 스테이블코인 규제를 포함하여 일원적으로 규정할 것인지 아니면 스테이블코인은 일반 가상자산과는 다른 특징을 가지므로 타법률에서 다루는 것으로 정할 것인지에 달려 있다고 할 수 있다. 가상자산규제법은 광의의 가상자산시장상 행위를 규제하는 행정규제법으로서의 성격을 가진다. 즉, 가상자산규제법은 새로운 유형의 직접금융시장이라고 할 수 있는 가상자산시장[227]의 업자와 가상자산의 발행 및 유통에 관한 규제법이다. 따라서 스테이블코인이 실물경제에서 지급결제용으로만 사용된다면 모르겠으나, 현재 스테이블코인의 대부분은 거래플랫폼에서 거래되고 있고,[228] 모집·매출의 형태로 불특정다수에게 권유되는 현상이 발견된다. 그러므로 발행과 유통의 시장규제 측면에서는 가상자산이용자보호법에서 이를 통합하여 규율하는 것이 동일기능·동일행위·동일규제 원칙에 부합한다. 그리고 스테이블코인의 지급결제법적 쟁점에 대해서는 은행법이나 전자금융거래법 등을 개정하여 이를 별도로 정리하는 것이 바람직하다. 이에 대해, 스테이블코인에 대해서는 일본과 유사하게 우선 MiCAR의 전자화폐토큰에 해당하는 하나의 법화만을 준거하는 스테이블코인에 대해서만 우선적으로 다른 법률에

---

[227] 가상자산시장이 새로운 유형의 직접금융시장이라고 언급하여 가상자산규제를 다루는 가상자산법이 금융법의 일부라는 의미는 아니다. 연혁적으로나 정책적으로 볼 때, 현 가상자산법은 금융법의 일부에 포함되지 않는 것으로 설계되었다고 보는 것이 타당하다. 다만, 강학상의 금융법에는 포함된다고 할 수 있으며, 후술하는 바와 같이 일정한 시점에는 이른바, '금가분리원칙'을 폐지하여 가상자산규제를 금융규제의 일부로 수용하는 것이 타당하다고 본다. 원대성, 앞의 논문, 43면 각주 3도 가상자산법이 금융규제법이 아니라는 점을 강조한다. 이정수, 앞의 논문(2023a), 91면은 가상자산법은 가상자산에 대한 최초의 금융규제법이라고 평가하는데, 여기서의 금융규제법은 강학상 넓은 의미의 금융규제법으로 이해된다.

[228] 스테이블코인의 상당수는 DeFi에서 거래의 결제수단으로 이용되고 있다.

서 규율하자는 견해도 있으나,[229] 가상자산규제법의 목적상 스테이블코인도 발행과 유통 단계에 참여하는 다수의 불특정 투자자에 대한 보호가 다른 일반적인 가상자산과 동일하게 필요하다는 점을 고려하면 기능적으로 하나의 법률에서 규율하는 것이 바람직하다고 본다. 일본이 EU와 달리 하나의 법률에서 스테이블코인을 규율하지 못한 것은 하나의 법화를 기초로 하는 스테이블코인은 일본 은행법상 환에 해당한다는 비공식적 해석을 해 오다가 이를 법적으로 승인하여 규범화한 것이어서 단일 법률에서 규정하지 못한 이유가 크다. 우리도 그렇게 해석할 여지가 없지 않으나, 우리 금융감독 당국이 그러한 해석을 한 사례가 없고 현재도 USDT(테더)가 일부 거래플랫폼에서 거래되고 있는 상황에서 우리가 일본과 유사한 경로를 취할 필요는 없다. 오히려, 스테이블코인의 발행과 유통을 일괄하여 하나의 법률에서 규정함으로써 동일한 해석론하에서 투자자 보호의 흠결을 없앨 수 있다는 장점이 크다는 점을 고려할 필요가 있다.[230] 따라서 스테이블코인을 가상자산이용자보호법에 포섭하여 규정한다면, 결국

---

[229] 이정수, "가상자산기본법의 입법방향에 관한 연구—2차 입법을 중심으로", 「증권법연구」 제24권 제3호(증권법학회, 2023)(이하 "이정수, 앞의 논문(2023b)"로 인용) 12면 및 30면. 이정수 교수의 이 논문은 스테이블코인을 결제성 가상자산이라고 칭하지만, 그 명칭과 달리 결제에 사용하느냐의 여부가 아니라 실질적으로 가격변동이 없는 가상자산을 의미한다고 한다(30면). 그렇다면 결제성 가상자산이라고 할 것이 아니라 도리어 가치안정형 가상자산이라고 하는 것이 더 정확한 것이 아닌가 생각된다. 결제성 가상자산이라고 하면 그 의미가 결제에 사용되는 가상자산으로 이해되고, 이 경우 비트코인 등도 결제성 가상자산이 되기 때문이다.

[230] 이정수, 앞의 논문(2023b), 12면은 결제성 가상자산은 투자성 가상자산과 달리 미공개중요정보이용행위나 시세조종 등 불공정거래의 대상이 아니고 지급결제수단으로 사용된다고 기술한다. 그러나 스테이블코인이 국내 가상자산 거래플랫폼에서 엄연히 거래되고 있고 이에 관한 시세조종도 일반 가상자산과는 그 양상이 다를 것이나 이론적으로 불가능한 것도 아니며, 시장정보나 정책정보를 이용하여 미공개중요정보이용행위를 할 수 있음은 물론이다. 그리고 현재 우리나라에서는 스테이블코인이 지급결제수단으로 사용되는 경우도 거의 없다. 특히, 하나의 법화에 페깅된 스테이블코인이 아니라 복수의 법화나 자산에 준거하는 스테이블코인은 불공정거래규제나 발행공시규제의 필요성이 상당하다. 그리고 하나의 법화를 준거하는 스테이블코인을 전자금융거래법과 같은 별도의 법률에 포함하여 규율하는 것도 가능하나, 수범자 측면에서 하나의 법화를 준거하면 예컨대 전자금융거래법을, 그 외의 스테이블코인은 가상자산법이나 다른 법을 적용해야 한다면 오히려 혼란스러울 수도 있다는 점에서 적어도 스테이블코인의 발행과 유통 및 불공정거래규제에 대해서는 가상자산법에서 통일적으로 규정하는 것이 바람직할 것이다.

MiCAR의 암호자산 분류방식에 따른 유형화가 유력한 입법례[231]가 될 수 있을 것으로 생각된다.[232]

(2) 규제대상 가상자산의 범위: 적용제외

가상자산이용자보호법은 (1) 고객 포인트나 항공마일리지와 같이 화폐·재화·용역 등으로 교환될 수 없는 전자적 증표 또는 그 증표에 관한 정보로서 발행인이 사용처와 그 용도를 제한한 것, (2) 게임산업진흥법에 따른 게임물의 이용을 통하여 획득한 유·무형의 결과물, (3) 전자금융거래법에 따른 선불전자지급수단과 전자화폐, (4) 전자증권법에 따른 전자등록주식등, (5) 전자어음법에 따른 전자어음, (6) 상법에 따른 전자선하증권, (7) 한국은행이 발행하는 전자적 형태의 화폐(CBDC) 및 그와 관련된 서비스[233] 그리고 동법 시행령에서 규정하는 것[234]을 가상자산의 범위에서

---

231 영국도 스테이블코인의 1단계 규제를 준비하고 있으므로 이도 추가적인 검토의 대상일 것이다. 미국의 움직임도 주시해야 함은 물론이다. 영국의 준비에 대하여는 FCA, Regulating Cryptoassets Phase 1: Stablecoins, Discussion Papaer DP 23/4, November 2023; Bank of England, Regulatory Regime for Systemic Payment Systems Using Stablecoins and Related Service Providers, Discussion Paper, 6 November 2023 참조.
232 하나의 법화에만 준거하는 스테이블코인만 우선 허용하자는 주장도 이해할 수 없는 것은 아니나, 이렇게 규정하는 경우 예컨대 극단적이기는 하나 99%는 원화에 준거하되, 1%는 다른 법화 또는 자산에 준거하는 스테이블코인(자산준거토큰)은 일반 가상자산으로 규제해야 하는 문제가 생기므로, 규제차익을 노리는 행위가 발생하지 않도록 해야 한다는 점에서도 MiCAR의 유형화 방식을 적극 고려해 보아야 한다고 생각된다. 참고로, 실무적으로 가장 많이 이용되는 스테이블코인인 USDT도 미국달러만을 준거하는 것이 아니라는 것은 널리 알려진 사실이다(터더의 준거자산과 관련한 내용은 다음의 외부감사보고서를 참조〈https://tether.to/en/transparency/?tab=reports〉).
233 여기서 CBDC를 제외한 것은 자연스러우나, 가상자산의 개념에 속하지도 않는 '서비스'를 제외한다고 규정한 것은 실망스럽다. 무슨 의도이고 왜 그렇게 규정한 것인지 이해할 수 없는 것은 아니나, 가상자산의 개념을 정의하는 곳에서 CBDC와 관련한 서비스를 제외한다고 규정한 것은 입법기술적으로 적절해 보이지 않는다.
234 가상자산법시행령 제2조에서는 전자금융거래법상 전자채권, 모바일기기에 저장되어 사용되는 상품권, 한국은행이 CBDC를 발행·관리하는 네트워크 내에서 전자적 형태로 발행되는 예금자보호법에 따른 예금등, NFT를 가상자산의 범위에서 제외한다. MiCAR와 달리 일반적인 은행의 예금을 제외하지 않은 것은 의외이다. 예금도 도매시장에서는 거래가 되므로 가상자산의 정의에 포함된다고 해석될 수 있기 때문이다.

제외한다.[235] MiCAR의 규정방식과 차이가 있는 것은 MiCAR는 암호자산이 전자적 표시라는 그 자체와는 무관하게 기존 법령의 금융상품을 제외하는 방식을 취한다는 점이다. 입법기술적 측면에서 이런 방식을 취하는 것이 더 합리적이라고 할 수 있다. 예컨대, 전자어음법에 따른 전자어음이 제외된다고 규정하면, 전자어음법상 발행요건을 맞추지 않으면 전자어음법상 전자어음이 아니고, 대량성 등을 갖추지 못하면 자본시장법상 채무증권에도 포함되지 않아서 단순히 민법상 지명채권에 불과하지만 가상자산이용자보호법의 적용을 받게 되는 불합리한 상황이 발생할 수 있다. 또한 주식을 전자증권법에 따라 발행하지 않고, 개별회사의 전산시스템에서 발행한 경우 전자증권법상 주식등이 아니므로 가상자산에 포함되는 불합리한 상황도 발생된다.[236] 따라서 현재와 같은 체계로 규정할 것이 아니라 자본시장법이나 은행법, 전자금융거래법 등의 금융법에서 규정하는 금융상품이나 아니면 금융소비자보호법상 금융상품을 일괄하여 배제하는 것을 검토할 필요가 있다.[237]

NFT와 관련해서는 가상자산이용자보호법시행령안 제2조 제4호에서 "수집을 주된 목적으로 하거나 거래 당사자 간에 거래의 확인을 위하여 수수하는 것 등과 같이 단일하게 존재하여 상호 간에 대체할 수 없는 전자적 증표"라고 정의하여 이를 가상자산의 개념에서 제외시키는 시도를 하고 있다. 이 정의는 MiCAR의 고유성 및 대체불가성과 유사하게 단일성[238]과 비대체성을 요구하고 있지만, 단일성 및 대체불가성이 있다고 하여 모두

---

235 가상자산법 제2조 제1호.
236 물론, 목적론적 해석에 따라 입법취지상 사설 전산시스템에서 관리되는 주식 등은 토큰증권으로서 가상자산에 해당하지 않는다고 해석하여야 할 것이다.
237 가상자산의 개념에서 기존의 금융상품을 제외하는 MiCAR의 방식을 취할 경우 자본시장법의 증권 개념 자체가 포괄적이어서 자칫 순환론에 빠질 수 있다는 지적이 있을 수 있다. 결국 이는 증권성 판단기준에 따라 증권 여부를 먼저 결정하는 작업을 할 수밖에 없다고 본다. MiCAR의 보충적 성격에 비추어 보면 기존의 금융상품 해당 여부를 먼저 판단하고 이에 해당하지 않는 경우에만 가상자산법의 범위로 포섭하는 것이 합리적 방법론이라고 본다. 다만 실무상 어려움은 있을 것이나, 이 같은 어려움은 현재도 존재하는 것이다.
238 고유성과 단일성은 반드시 같은 의미가 아닐 수 있으나, 같은 취지로 이해해야 할 것이다.

배제할 것은 아니라고 생각된다. 이와 관련해서는 MiCAR의 관련 논의를 충분히 검토할 필요가 있을 것이며, 이에 관한 MiCAR의 논의는 우리법의 해석론에도 충분히 반영되어야 할 것이다. 다만, MiCAR와 달리 가상자산이용자보호법은 형사규제를 포함하고 있으므로, 확장해석에 한계가 있을 수 있다. 따라서 시행령안의 정의가 바람직한 것인지를 다시 점검해 볼 필요가 있다.

 가상자산은 아니나 법의 적용범위와 관련하여 분산권한금융에 대한 충분한 검토도 필요하다고 본다. MiCAR와 같이 완전히 분산되어 있는 경우에만 제외시키고 일부분이 중앙화되어 있다면 이를 가상자산이용자보호법의 적용범위로 포섭할 것인지도 검토할 필요가 있다. 일부분의 의미가 명확하지 않다는 점에서 우리로서는 먼저 분산권한금융이 무엇인지 그 개념을 정립하고, 다음으로 법의 적용범위에서 제외시킬 수 있는 요건을 정할 필요가 있을 것이다. MiCAR가 전문 22를 통해 부분적으로만 분산된 형태로 암호자산서비스가 제공되는 경우 이를 MiCAR의 적용범위라고 설시하는 것은 분산권한금융이라는 형태를 취한다고 하여 이를 MiCAR의 적용범위에서 제외시킬 의사가 없는 것을 명확히 했다고 볼 수 있다. 그런 점에서 우리로서는 분산권한금융규제의 관점에서라도 먼저 업자의 진입규제 측면에서 영업이라는 개념 대신에 영리성을 요구하지 않는 가상자산업의 계속적·반복적 행위를 규제의 대상을 삼을 필요가 있을 것이다. 다만, 갑자기 영업이라는 개념을 포기하면 감독기구나 수사기관의 과잉규제가 발생할 수도 있으므로 당분간은 영리성의 개념에 대한 해석을 넓게 하는 방식도 고려해 볼 수 있을 것이다. 어느 경우이든 영업 개념을 고집할 경우 현재의 분산권한금융 실무를 감안할 때 이를 규제대상으로 삼기는 요원하다고 생각된다. 분산권한금융을 계속 법의 사각지대로 남겨둘 경우 풍선효과에 의해 오히려 투자자 보호가 더 취약해지는 경우가 발생할 수 있음을 고려하여 2단계 입법에서는 분산권한금융에 대해 보다 적극적인 규제체계의 설계작업이 이루어져야 할 것이다.

2. 가상자산업의 확대와 유형분류

사실상 가상자산이용자보호법은 특정금융정보법이 규정하는 가상자산사업자의 개념과 유형을 그대로 차용한다. 현재 약한 단계의 진입규제와 영업행위규제가 특정금융정보법에 규정되어 있고, 특정금융정보법과 다른 유형의 가상자산업을 규정하기는 어려웠을 것이기 때문에 2단계 입법 전까지는 가상자산업의 종류를 현재와 같은 형태로 유지하는 쪽으로 정한 것이라고 추정된다.[239] 특정금융정보법상 가상자산사업자의 유형도 FATF의 분류방법을 모델로 한 것이고 그 모델은 6년 전인 2018년에 확정된 것이므로 빠르게 변하고 있는 가상자산시장의 변화를 충분히 반영하지 못하고 있음은 분명하다. 무엇보다 자본시장법과 MiCAR에는 존재하는 자문업과 일임업이 부재하고, 대차업과 대차중개업, 예치·스테이킹업도 규제대상에서 벗어나 있다. 국내에 가상자산 인수업 실무는 없는 것으로 보이나 주선행위는 있는 경우가 있으므로 이에 관한 측면도 규제흠결 상태이다. 또한, 가상자산거래시설운영업을 별도로 규정하지 않는 점도 규제의 불균형을 초래하는 중요한 원인이 되고 있다.

먼저, 현재 SNS 등 온라인을 통해 수많은 가상자산자문업이 횡행하고 있음을 감안할 때 가상자산자문업을 규제체계 내로 포섭할 필요성은 충분하다고 본다. 그리고 가상자산시장이 정보에 입각한 건전한 투자시장이 될 수 있도록 유도하기 위해서라도 가상자산자문업의 도입 필요성은 높다. 따라서 가상자산자문업과 관련하여, 이를 투자자문업자의 영역에 포섭하여 허용할 것인지, 아니면 별도의 가상자산만을 위한 자문업을 도입할 것인지, 그도 아니면 현 상황에서 이를 도입하지 않는 것이 바람직 것인지를 검토할 필요가 있을 것이다. 우선 가상자산자문업의 도입은 가상자산투자자의 이익을 증진시킬 수 있다는 점에서 그리고 건전한 가상자산시장의 도모와 이를 통한 투자자 보호의 측면에서 독립된 형태의 가상자

---

[239] 물론, 빠른 입법의 마무리를 위해 쟁점을 최소화했을 가능성도 컸다고 생각된다.

산자문업을 도입할 필요가 있다. 자본시장법상 투자자문업의 '금융상품등' 개념에 가상자산을 추가하여 투자자문업자가 가상자산자문업을 제공할 수 있도록 하는 방법도 있으나, 이른바, '금가분리 원칙'을 고수하는 상황에서 이를 투자자문업으로 포섭하는 것은 다소 현실성이 떨어지는 안일 수 있다. 따라서 가상자산자문업을 도입할 경우에는 가상자산이용자보호법에서 이를 규율하는 것이 설득력을 가질 것으로 보인다. 다만, '금가분리 원칙'을 포기한다면, 투자자문업으로 일원화하는 것이 해당 업을 촉진하고 투자자보호라는 가상자산자문업의 도입 목적에도 더욱 부합할 수 있을 것이다. 가상자산만을 위한 자문업을 도입할 경우 실제로 해당 업을 영위하려는 수요가 많지 않을 것이지만, 난립한 온라인상의 가상자산에 관한 유사자문행위를 일부분 해소할 수 있는 효과는 거둘 수 있을 것으로 예상된다.

마지막으로, 가상자산자문업을 도입할 필요가 없다는 측면은 현재 법인투자가 허용되지 않으므로 가상자산자문업을 도입해도 영업성 문제로 인해 실제로 이 업을 영위할 자가 거의 없을 것이기 때문에 굳이 이를 도입할 필요가 없다는 주장이 그 근거의 하나가 될 수 있을 것이다. 앞서 언급한 바와 같이 자문업자의 출현과는 상관없이 가상자산자문업이 존재할 때 이를 위반한 업자에게 제재를 가할 수 있으므로 건전한 가상자산시장의 도모라는 측면에서는 자문업의 도입이 이익부합적 판단이라고 본다. 가상자산일임업도 유사한 논리가 가능하며, 가상자산일임업의 도입 필요성은 이에 관한 업규제가 없다면 로보어드바이저와 같이 AI를 활용한 가상자산일임투자를 규제대상에 포섭할 수 없는 문제가 있으므로 업의 장려 측면이 아니라, 소극적 규제 측면에서라도 가상자산일임업을 적극적으로 검토할 필요가 있다.

2단계 입법에서 가상자산 대차업 또는 대차중개업, 환매조건부매매업 및 환매조건매매관리업(3자간 Repo), 예치업, 예치중개업 또는 스테이킹 중개업을 가상자산업의 하나로 추가할 것인지에 대해서도 적극적으로 검토할 필요가 있다. MiCAR는 현재 이에 대해서는 아무런 규정을 두고 있지 않으나, 2024년 말까지 대차 및 스테이킹과 관련한 보고서를 EU의회와 EU이사회에 제출하도록 하여 향후 MiCAR Ⅱ에서 이를 반영할 것으로 예상된다. 우리 입장에서는 외국사례가 없다고 이에 대한 입법을 미룰 필요는 없다고 본다. 환매조건부매매업을 제외한 나머지 업무에 대해 현재 자본시장법상 별도의 진입규제가 없기 때문에 이를 별도의 업무로 규제할 필요성이 높지 않다고 주장하는 견해가 있을 수 있다. 가상자산업의 유형을 자본시장법과 같이 매매업, 중개업, 신탁업, 집합투자업, 일임업, 자문업과 유사하게 구분하면 스테이킹중개업을 제외하고 나머지 업무는 그 하위 업무로 수용할 수도 있다는 견해[240]에서는 타당한 주장이 될 수 있다. 사실 MiCAR에서 제시하는 가상자산업의 유형은 MiFID Ⅱ의 투자회사 분류법을 따른 것이므로 우리가 이를 그대로 따를 필요는 없다.[241] 어느 방법을 취하든 장단점이 있으나 우리의 입장에서는 자본시장법을 통해 이미 익숙한 업분류 방식을 따르는 것이 수범자 입장이나 법의 해석론 차원에서도 편리할 것이다. 다만 이 경우에도 스테이킹중개업은 별도로 고려할 필요가 있다. 가상자산발행인이 투자자로부터 스테이킹을 직접 받는 경우, 이는 POS(Proof of Stake: 지분증명) 방식을 취하는 블록체인에서 불가피한 것이므로 이를 별도의 업으로 규제하는 것은 지나친 것일 수 있다. 그러나 스테이킹을 촉진하기 위해 해당 가상자산의 스테이킹을 중개하는 유형의 서비스를 제공하고 중간에서 일부의 이익을 수취하는 스테이킹중개업은 별도의 업이나 부수업으로 규제할 필요성이 있다고 본다.[242] 그리고 스테이킹중개와는 관계없는 순수한 유형의 예치업은 수치자의 입장에

---

240 본문과는 다르나 자본시장법을 모델로 하는 견해로서, 이정수, 앞의 논문(2023b), 14면은 자본시장법을 모델로 매매업(매매, 중개)과 관리업(일임, 자문, 신탁, 집합투자)로 크게 구분하여 재분류하고 가상자산시장의 특성을 고려하여 시장인프라 관리업(거래소, 보관, 평가, 공시업 등)을 별도로 고려하는 방안이 바람직하다고 한다.
241 이정수, 앞의 논문(2023b), 14면은 이를 주장하며, 이러한 분류를 그대로 수용하는 경우 기존의 업자분류와 충돌하거나 혼란을 가져올 여지가 있고 주문접수·전송업과 주문집행업은 중개업에 포함될 수 있으므로 반드시 그대로 따라야 할 필요성이 없다고 한다.
242 물론, 스테이킹중개업을 대차업으로 포섭할 수도 있을 것이다. 어느 경우이든, 대차업의 경우 투자자 재산의 보호와 관련한 행위규제를 두는 것이 대차업 규제의 주요내용이 될 것이다.

서 보면 예치한 가상자산을 차입하고 대차기간의 종료시점에 수수료와 함께 대차가상자산을 예치인(대여자)에게 반환하는 것과 같은 실질을 가지므로 대차업을 넓게 규정함으로써 이를 포섭하는 것도 가능하다. 다만, 이를 위해서는 명문의 규정으로 계약의 형식에도 불구하고 일방 당사자가 타방 당사자에게 가상자산을 이전하고 일정한 시점이나 가상자산을 이전한 일방 당사자가 요청하는 시점에 일정한 금전등의 이익을 더하여 이전받은 가상자산을 반환하는 행위는 대차업으로 간주하는 것이 필요할 것이다.

가상자산이용자보호법은 특정금융정보법과 달리 '가상자산시장'이라는 개념을 도입하여 이를 가상자산의 매매 또는 가상자산 간 교환을 할 수 있는 시장으로 정의한다.[243] 그런데 이같은 가상자산시장의 개념은 구체적인 거래장소 내지 거래시설을 지칭하는 것이기도 하지만, 광의로 거래가 체결되는 곳을 의미하는 것으로도 읽힌다.[244] 따라서 가상자산거래소 내지 가상자산거래플랫폼운영업자에 대한 2단계 입법의 규제에서 우선 MiCAR의 거래플랫폼에 상응하는 개념이라고 할 수 있는 가상자산거래시설과 이를 운영하는 자인 가상자산거래시설운영자라는 개념을 새로 도입할 필요가 있다. 그리고 그 규제의 내용은 MiCAR의 관련 규제와 자본시장법상 다자간매매체결회사와 거래소에 관한 규제 부분을 일부 참고할 수 있을 것이나, 매칭자기거래와 관련해서는 이를 허용할지, 아니면 제3자인 시장조성자를 통해서만 가능하도록 할지에 대해 논의할 필요가 있을 것이다. 자본시장법상 거래소가 직접 자기계산으로 시장에서 거래할 수 없으므로 가상자산의 경우에도 이를 그대로 적용할 것인지,[245] 아니면 가상자산시장

---

243 가상자산법 제2항 제4호.
244 예컨대, 제1조의 가상자산법의 목적과 관련한 부분은 물론이고, 제5조는 가상자산 관련 위원회와 관련하여 '가상자산시장 및 가상자산사업자에 대한 정책 및 제도'라는 문구를 사용하므로 여기서의 가상자산시장은 광의로 시장을 의미하는 것으로 읽어야 할 것이다. 반대로, 제12조 제1조의 이상거래감시와 관련하여 '가상자산시장을 개설·운영하는'이라는 문구를 사용하므로 여기서의 가상자산시장은 협의의 거래시설로 보아야 할 것이다.
245 현재 금융당국은 가상자산이용자보호법 시행령 제정안과 관련한 보도자료의 Q&A에서 시장조성행위가 시세조종에 해당할 수 있다고 규정하여 거래플랫폼은 물론이고 제3자의 시장조성행위도 원칙적으로 금지하는 입장을 취하므로, 이러한 입장의 변화가 없

에서는 자본시장과 같은 시장조성자 역할을 할 수 있는 자가 없지만 시장조성의 역할은 필요하므로 해당 거래플랫폼운영자가 그 역할을 할 수 있도록 할 것인지에 대해 정책적으로 결정할 필요가 있을 것이다.

마지막으로, 가상자산업의 분류를 자본시장법에 터잡을 경우이든 현재의 방식에 새로운 유형을 추가하는 방식을 취하든 특정금융정보법과는 달리 그 진입규제의 수준으로 '신고'는 바람직하지 않다. 자본시장법을 모델로 할 경우 자연스럽게 인가와 등록의 수준으로 규정하는 것이 바람직하다. 다만, 자본시장법과 같은 수준의 과도한 자기자본 등을 요구하는 것은 후발주자들의 진입을 막는 역기능이 나타날 수밖에 없으므로 가상자산업자의 특성도 적절히 반영하는 것이 필요하다고 생각된다.

3. 금융업자의 겸영 허용 여부: 이른바, '금가분리원칙'의 폐지 여부

미국, EU, 영국 및 일본의 사례를 볼 때, 우리나라와 같이 금융업과 가상자산업을 엄격히 분리하여 양 업을 겸영할 수 없도록 하는 이른바, '금가분리원칙'을 고수하는 국가는 없다. 이를 두고 가상자산규제정책의 갈라파고스라고 비판할 수도 있겠지만, 이러한 입장을 취하게 된 배경에는 과열된 가상자산시장[246]에 금융업자의 진출을 허용하는 경우 불에 기름을 붓는 격이 될 수 있다는 우려와 금융회사를 투기적 성격이 심한 가상자산에 노출시킬 경우 자칫 금융회사의 신용에 악영향을 미칠 수 있다는 우려가 섞여 있는 것이 아닌가 생각된다. 그리고 특정금융정보법의 불완전한 업규제 및 행위규제를 제외하고 제대로 된 규제가 없던 가상자산시장에 금융

다면 2단계 입법에서도 동일하게 시장조성행위는 금지될 것으로 예상된다(금융위원회, 「가상자산 이용자 보호 등에 관한 법률」의 시행령 및 감독규정 제정안 입법예고 실시, 2023. 12. 11 보도자료, 19면 참조).

246 우리나라의 가상자산시장은 국제적으로도 그 과열 양상이 뚜렷하다. 2024년 4월 16일자 블룸버그 기사에 따르면 2024년 1분기에 원화가 달러를 제치고 전 세계에서 가장 높은 거래량을 차지한 통화라고 한다(Bloomberg/Sidhartha Shukla, Korean Won Topped Dollar as Preferred Currency for Crypto Trades in First Quarter, 2024. 4. 16 기사 참조).

업자를 노출시키거나 금융업자가 가상자산 관련 상품을 제조하거나 판매할 수 있게 되면 마치 자본시장 투자자에게 가상자산이 엄격한 규제를 받는 금융상품으로 오인하게 함으로써 오히려 자본시장의 투자자 보호를 해칠 수 있다는 우려가 밑바탕에 깔려 있다고 생각된다. 나아가, 자본시장과 달리 가상자산시장이 국민경제와 우리 사회에 어떤 편익을 가져오는 것인지에 대한 확증이 없는 상황에서 '금가겸업주의'로 급전환할 경우 효율적인 자본 배분의 관점에서 정상적으로 작동하고 자본시장마저 영향을 받아 국민경제와 우리 사회 전체에 부정적인 영향을 줄 수 있다는 고려도 그 근저에 있다고 본다.[247]

따라서 외국의 사례를 가지고 당장 금가분리원칙을 철폐를 주장하기에는 가상자산시장과 그 산업에 대한 우리 사회 한편의 시각이 여전히 부정적이라는 점을 부인하기는 어렵다. 따라서 현재의 금가분리원칙을 당분간 유지하되, 가상자산규제체계의 도입 이후 시장의 건전성이나 규율체계가 적절히 작동한다고 판단되는 시점에 이를 폐지하는 것이 바람직할 것이다. 그러나 이를 먼 장래의 일로 치부할 것이 아니라, 단기적으로는 시장이나 투자자에게 미치는 영향력이 크지 않는 영역부터 점진적으로 금가분리원칙을 폐지하여 그 결과를 조금씩 관찰해 나가고, 긍정적인 결과가 있을 경우 5~10년 정도 내에 이를 철폐하는 것이 바람직하다고 본다.

단기적으로 당분간 금가분리원칙을 고수할 경우에는 MiCAR와 같이 기존의 금융업자가 인가 없이 가상자산업을 영위할 수 있도록 하는 것은 논의의 대상이 아닐 것이다. 금가분리원칙하에서는 인가를 받고 가상자산업을 영위하는 것조차도 논의의 대상이 아니므로, MiCAR의 사례를 본받아야 한다는 것은 공염불일 수 있으나, 늦어도 중장기적으로는 금가겸업주의를 취해야 한다는 필자의 입장에서는 MiCAR의 관련 사례는 여전히 의미가 있다고 생각된

---

247 최민혁·강련호, 앞의 논문, 17면은 국회의 입법과정에서 가상자산법의 목적 조항에 '국민경제 발전에 이바지'를 포함하지 않은 것이 가상자산업이 전통적인 금융업에 준할 정도로 보기에는 아직 시기상조라는 입법자의 입장과 가상자산에 대한 우리 사회의 유보적 입장을 단적으로 보여주는 것이라고 한다.

다. 특히, 금융투자업자, 한국거래소, 한국예탁결제원, 전자화폐업자 등에 대해 관련 정보의 통지만으로 상응하는 업무를 영위할 수 있도록 한 점은 추후 금가겸업주의의 채택 시 고려해야 할 중요한 포인트라고 생각된다.

4. 가상자산플랫폼을 통해 보유하는 가상자산투자자 권리의 보호

현재 우리나라의 가상자산 거래플랫폼에서 거래되는 가상자산은 법적으로 가상자산이 아니라 가상자산투자자[248]의 거래플랫폼이 고객용으로 별도 관리하는 해당 거래플랫폼의 전자지갑에 표시된 가상자산의 수량에 상응하는 것을 다시 거래플랫폼 자신의 전산시스템에서 표시한 것에 지나지 않는다. 즉, 거래플랫폼에서 관리하는 장부에 기재된 가상자산투자자의 가상자산 보유분의 법적 성질은 거래플랫폼에 의해 개별 가상자산의 분산원장상에 기재되어 관리되고 있는 실제의 가상자산을 해당 투자자에게 반환 내지 인도해 줄 것을 청구할 수 있는 채권적 권리이다.[249] 따라서 가상자산

---

[248] 투자자의 물권적 권리와 관련한 쟁점 부분에서는 가상자산투자자라는 용어를 사용한다. 이는 MiCAR의 고객이라는 개념에 상응한다. MiCAR는 암호자산보유자와 고객이라는 개념을 동시에 사용하면서 후자는 암호자산업자가 제공하는 서비스의 상대방의 의미로 사용된다. 그러므로 우리도 가상자산이용자라는 용어를 쓸 것이 아니라 가상자산업자와의 관계에서는 고객이라고 하고 그 외 측면은 자본시장법의 용례에 따라 투자자라는 용어를 사용하되, 자본시장법상 투자자와 구분하기 위해 가상자산투자자라는 용어를 사용하는 것을 고려할 필요가 있을 것이다. 이 글의 주제와 직접적으로 관련된 것은 아니나, 가상자산법에서 채택하고 있는 이용자라는 용어는 가상자산을 이용한다는 의미인데, 가상자산을 어디에 또는 어떻게 이용한다는 것인지 그 의미 자체가 애매하고, 나아가 가상자산규제법에서 가상자산을 투자하는 자가 아니라 '이용'하는 자를 법이 두텁게 보호할 이유를 찾기 쉽지 않다. 뿐만 아니라, 이용이라는 말에는 이를 투자에 이용하는 것뿐만 아니라 그 외 다른 용도로 이용하는 경우도 모두 포함될 수 있으므로 법이 추구하는 '보호'라는 목표와 그리 일치하는 용어는 아니라고 판단된다. 실제 현 가상자산법은 제1조에서 이용자의 자산 보호와 불공정거래행위 규제 등에 관한 사항을 정하여 가상자산 이용자의 권익을 보호하고 가상자산시장의 투명하고 건전한 거래질서 확립을 목적으로 한다고 규정한다. 불공정거래규제는 투자시장에서 발생하는 정보불균형에 따른 약자 즉, 투자자의 보호를 위한 것이므로 가상자산법의 이용은 투자에 이용하는 것으로 해석할 수 있다. 따라서 향후 2단계 입법에서는 이용자 대신 가상자산투자자와 고객이라는 용어를 채택하거나 보다 실질에 부합하는 용어를 채택하는 것이 바람직할 것이다.

[249] 서울중앙지방법원 2021. 10. 21. 선고 2019가합574334 판결은 가상자산거래플랫폼의 가상자산 '반환의무'는 피고인 가상자산거래플랫폼이 관리하는 전자지갑에 보관되어 있

투자자의 권리에 대한 법적 확실성을 도모하기 위해서는 2단계의 보호절차가 필요하다.

1단계는 거래플랫폼이 작성한 가상자산투자자명부의 기록에 대한 사법적 효력의 부여이고, 2단계는 이를 실질적으로 보장하기 위한 가상자산업자의 가상자산투자자분 가상자산에 대한 분산원장상 분별관리이다.[250] 가상자산이용자보호법 제2항과 제3항의 내용은 2단계의 조치에 해당한다고 할 수 있다.[251] 법리적으로는 엄연히 다르나 외관상 이는 마치 증권예탁결제시스템에서 투자자명부의 기재에 대해 공유지분권의 추정과 점유 의제를 규정하고, 투자자명부에 기재된 수량에 해당하는 증권을 중앙예탁결제기관이 분리하여 보유하도록 하는 것과 유사하다.[252] 그 법적 성질이 반환 내지 인도청구권인 가상자산투자자의 권리에 대해 증권예탁결제시스템과 유사한 물권적 방식의 이론구성은 불가하며, 전자증권법과 같이 법률에 의한 특수한 보호규정을 두는 방식이 유력할 것이다. 이를 통해 가상자산투자자명부 기재의 변경으로 그 권리의 이전이 가능하도록 하고, 질권의 표시 등으로 담보권이 성립할 수 있도록 법적 효력을 부여하여야 할 것이다. 현재 국내 거래플랫폼에서는 하루에 수천억원[253]에 해당하는 금액의

는 가상자산 중 일정한 종류와 수량의 가상자산을 '반환목적물'로 하는 의무로서 한정종류물의 인도의무와 유사한 성질을 갖는다고 설시하였다(항소심인 서울고등법원 2022. 10. 6. 선고 2021나2043201 판결도 이를 인용). 서울고등법원 2021. 12. 8. 선고 2021나2010775 판결은 가상자산투자자와 거래플랫폼운영자 사이의 계약관계를 '유사임치계약'의 성질을 가지는 비전형계약'을 보고, 피고인 거래플랫폼운영자의 원고인 가상자산투자자에 대한 비트코인 '이전 내지 반환의무'는 종류채무와 유사한 성질을 가진다고 설시하였다.

250 실무적으로 거래플랫폼운영자는 증권의 통합계좌와 유사하게 별도의 투자자용 지갑에 투자자의 가상자산을 혼합하여 보관하며, 개별 투자자별로 각각 전자지갑을 만들지는 않는다. 후자의 업무는 보관업자가 제공할 수 있을 것이다.

251 가상자산법 제7조 제2항과 제3항은 다음과 같다. ② 가상자산사업자는 자기의 가상자산과 이용자의 가상자산을 분리하여 보관하여야 하며, 이용자로부터 위탁받은 가상자산과 동일한 종류와 수량의 가상자산을 실질적으로 보유하여야 한다. ③ 가상자산사업자는 제1항에 따라 보관하는 이용자의 가상자산 중 대통령령으로 정하는 비율 이상의 가상자산을 인터넷과 분리하여 안전하게 보관하여야 한다.

252 자본시장법 제309조 내지 제312조 참조.

253 비트코인 가격의 급등으로, 2024년 2월 29일 업비트의 24시간 거래량이 무려 12조원을

매매거래가 이루어지고 이에 대응한 장부기재가 이루어지고 있지만 담보거래는 그 법적 효력이 명확하지 않아 시스템에서 이를 지원하지도 않는다. MiCAR도 EU 금융규제법의 관례에 따라 사법적 효력에 대해서는 별도의 규정을 두지 않지만,[254] 우리는 자본시장법에서 투자자의 권리에 관한 물권적 효력을 다루는 증권예탁결제제도를 두고 있으므로 MiCAR와 달리 2단계 입법에서 이를 가상자산이용자보호법에 규정하는 것이 바람직하다고 본다. 가상자산이용자보호법에서 이에 관한 규정을 두지 않는 경우 딱히 이에 관한 제도를 수용할 법률도 마땅치 않다는 점에서 더욱 그런 방식의 입법적 조치가 필요하다고 생각된다.

V. 맺음말

미국의 1933년 증권법(Securities Act of 1933)과 1934년 증권거래법(Securities Exchange Act of 1934)이 현대 증권규제법의 모범이 된 것과 같이 MiCAR는 향후 가상자산규제법의 대표적인 표준 중 하나로서 전 세계 가상자산규제법에 상당한 영향을 줄 것으로 예상된다.[255] 이 글은 가상자산이용자보호법의 2단계 입법을 위한 본격적인 논의가 필요한 시점에서 MiCAR의 적용범위와 업규제를 중심으로 주요내용을 살펴보고 이를 바탕으로 우리의 2단계 입법 시 고려사항을 검토하였다. MiCAR 자체가 매

넘어섬으로써 코스피 거래대금을 넘어선 사례도 있다(매일경제/최근도, 코인 하루 거래대금 12조 돌파 김프 치솟고 은행앱 접속 몰려, 2024. 2. 29).

254 사법적 쟁점에 대한 입법권은 EU회원국에 있으므로 EU의 입법인 MiCAR에서 이를 규정하지 못한 것이다.

255 Philipp Maume, 앞의 논문, 250면; Matthias Lehmann, 앞의 논문(2024), 1~2면. Brexit 이후 더 이상 EU회원국이 아닌 영국도 가상자산업자의 규율을 위해 스테이블코인을 중심으로 한 규제 체계를 준비하고 하고 있다. 이에 대하여는 Coindesk/Amitoj Singh, UK Minister Expects Stablecoin and Staking Legislation Within Six Months: Bloomberg, Feb. 20 2024; Miroslav Đurić, "Stablecoin Regulation in the UK", Recht & Verwaltung19 August, 2024.

우 방대하고 가상자산과 관련한 법적 쟁점이 많은 관계로 이 글은 2단계 입법과 관련한 고려사항에 대해서는 규제대상 가상자산의 유형화와 그 범위, 가상자산업의 확대와 유형분류 및 금융업자의 겸영 허용 여부 및 가상자산플랫폼을 통해 보유하는 가상자산투자자 권리의 보호라는 네 가지 쟁점에 대해서만 간략히 필자의 의견을 제시하였다. 추후 이에 관한 세부적인 논의의 전개가 있기를 기대한다.

고려사항으로 논의는 하지 않았으나, MiCAR의 시간적 적용범위와 관련한 사항은 추후 부칙으로 적절히 반영할 필요가 있고, 인적 적용범위와 관련하여 논의한 투자자 주도에 의한 권유기준도 해석론으로만 맡길 것이 아니라 2단계 입법에서 이를 명문으로 규정할 필요가 있다. 감독집행이 쉽지 않을 것이라는 현실적 문제가 있겠지만 전 세계 최대의 가상자산거래플랫폼인 바이낸스를 비롯한 다수의 거래량 상위 거래플랫폼에 우리나라의 투자자들이 다수 참여하고 있는 점을 감안하면 이에 관한 명확한 규정의 도입은 감독집행에 있어서도 역외적용 조항에만 의존한 현재의 한계를 보충할 수 있는 계기가 될 것이다. 불완전했던 1단계 입법의 흠결을 말끔히 정리하여 시장참여자와 수범자들에게 법적 확실성과 예측가능성을 제고하여 가상자산투자자를 보호하고 가상자산산업의 진흥을 도모함으로써 가상자산산업이 국민경제의 발전에 기여할 수 있기를 기대하며 부족한 글을 여기서 맺는다.

---

* 이 글은 상사법연구 제43권 제1호(2024. 5)에 게재된 것을 일부 수정·보완한 것임을 밝힙니다.

4

가상자산이용자보호법률에서의 불공정거래행위규제

한 서 희

I. 서론

「가상자산 이용자 보호 등에 관한 법률」(이하 "가상자산이용자보호법")이 제정되어 2024. 7. 19. 시행될 예정이다. 가상자산이용자보호법이 가상자산의 거래나 가상자산사업에 관하여 규제하는 최초의 입법은 아니다. 우리나라는 2020. 3. 24. 「특정금융거래정보의 보고 및 이용 등에 관한 법률」(이하 "특정금융정보법")을 개정하여 2021. 3. 25.부터 가상자산사업자에 대한 규제를 실시하였고 가상자산사업자 신고제도는 그로부터 6개월의 경과기간을 거쳐 2021. 9. 25.부터 실시되었다. 가상자산사업자 신고제도의 도입으로 인해 가상자산사업자의 수준은 제고된 측면이 있지만, 자금세탁 방지를 목적으로 하는 특정금융정보법만으로는 이용자(가상자산거래소 이용자 등 가상자산사업자를 통하여 가상자산 거래를 하는 자) 보호 등의 측면에 한계가 존재하였다. 이러한 상황에서 2022년에 테라 재단에서 발행한 가상자산 루나의 가격이 폭락하는 일이 발생하였다. 같은 해에 해외 가상자산사업자인 FTX가 파산하였고 해당 거래소를 이용하는 이용자들[1]은 예치 중인 자산을

---

1 FTX는 해외 거래소로서, 국내 이용자가 많지 않았고, 이에 FTX의 파산으로 인하여 국내

반환받지 못하는 문제에 봉착하게 되었다. 이러한 배경으로 인해 가상자산 시장에서의 이용자 보호 및 불공정거래행위 규제를 위한 입법 추진이 탄력을 받게 되었다. 그 결과 가상자산이용자보호법이 제정되었고 이용자 보호 제도 및 불공정거래행위 규제 체계가 도입되기에 이르렀다. 가상자산이용자보호법은 "가상자산 이용자의 권익을 보호하고 가상자산시장의 투명하고 건전한 거래질서를 확립하는 것"을 목적으로 제정되었다. 이러한 측면에서 가상자산이용자보호법의 제정은 가상자산 거래질서의 확립을 통해 가상자산 산업이 건전하게 발전할 수 있는 토대가 되었다고 볼 수 있다. 이러한 전제 하에 가상자산이용자보호법상의 불공정거래행위에 대하여 살펴보고자 한다.[2]

II. 가상자산 및 가상자산시장의 특성

가상자산이용자보호법 상 불공정거래행위를 살펴보기 전에 가상자산 및 가상자산 시장의 특성을 먼저 언급하고자 한다. 가상자산과 가상자산 시장의 특성에 대한 이해를 바탕으로 가상자산이용자보호법에 대하여 논의하고자 함이다.

1. 가상자산의 특성

「자본시장과 금융투자업에 관한 법률」(이하 "자본시장법")상의 증권과 달리 가상자산은 발행자를 특정할 수 없는 경우가 존재한다. 대표적으로 비트코인은 누가 발행했는지 명확하게 알려진 바 없다. 사토시 나카모토라는 익명의 주체가 백서를 작성하였을 뿐이다. 이더리움 역시 발행자가 명확하

에서 큰 피해가 발생하지는 않았다.
2 전반적인 내용과 관련하여, 정순섭, 가상자산입법의 제도적 의의와 과제, 하나금융포커스, 하나금융연구소, (2023. 7. 13.)을 참고하였다.

지 않다. 이더리움 재단(Ethereum Foundation)[3]을 발행주체로 특정할 수도 없다. 이더리움 홈페이지에서는 이더리움 재단이란 관련 기술지원을 위한 비영리단체라고만 소개하고 있다. 또한 이더리움 소스코드를 생성하는 주체도 특정하기 어렵다.[4] 이처럼 가상자산의 경우 발행자를 특정하기 어려운 경우가 많다. 다만 실질적으로 가상자산의 발행을 주도하는 주체가 존재한다. 다시 말해서 발행에 주도적인 역할을 수행한 주체 또는 발행을 통해서 모집된 자금을 활용하는 당사자가 존재한다. 이러한 경우에 발행과 관련된, 또는 발행을 함에 있어서 주도적 역할을 수행하는 주체는 단일 주체가 아닌 다수 당사자의 집합체로 구성되어 있는 경우가 많다. 대표적으로 네트워크 개발사나 플랫폼 운영사 등이 있고, 각각의 관여자들이 유기적인 관계를 갖는 경우도 있고, 그렇지 못한 경우도 있다.

다음으로 발행자와 가상자산의 내재가치 사이의 직접적인 연관관계가 없는 경우가 많다. 앞서 설명한대로 가상자산의 발행자라는 존재가 명확하지 않은 경우가 많이 있고, 설사 발행자가 존재하더라도 발행자의 경영 상황이나 재무적 건전성 등이 가상자산의 가치를 결정하는 요소로 보기 어렵다. 또한 가상자산 발행의 기초가 되는 사업의 경우 실제 존재하거나 운영 중인 사업이 아닌 경우가 많다. 발행자가 작성한 백서(white paper)에는 장래에 분산원장기술을 활용하여 특정 플랫폼을 구축하겠다는 내용과 함께 플랫폼에서 전송에 필요한 수수료로서 가상자산을 활용하게 될 것이라는 내용이 기재되거나 장래 수행할 사업에 대한 계획이 기재되기도 한다. 따라서 발행인이 실재로 사업을 영위하고 해당 사업을 기초로 발행하는 주식과 단순한 계획만을 기초로 발행되는 가상자산 사이에는 차이가 존재할 수밖에 없다.

---

3 https://ethereum.org/en/foundation/.
4 https://ethereum.org/en/what-is-ethereum/.

2. 가상자산시장의 특성

가상자산거래업자가 개설한 시장을 가상자산시장으로 보는 가상자산이용자보호법 규정에 따르면[5] 가상자산시장은 거래소[6]의 숫자만큼 존재한다. 2023. 10. 6. 기준으로 총 37개 가상자산사업자가 가상자산사업자 신고를 마친 상황이고 이 중에서 가상자산 교환업자 숫자는 33개[7]이므로 이론상으로는 총 33개의 가상자산시장이 존재할 수 있다.[8] 이때 각 시장마다 가상자산의 시세가 다르게 형성되는데 이때 형성된 시세를 가상자산시장의 시세로 해석할 수 있을 것이다. 따라서 33개의 가상자산 교환업자가 모두 가상자산거래소를 운영하고 있고 모든 가상자산거래소에서 거래지원되는 가상자산이라고 가정할 경우[9] 그 가상자산에 대해서는 이론상 33개의 시세가 존재하게 된다.

또한 가상자산은 가상자산사업자 신고를 마친 가상자산사업자가 개설한 시장뿐만 아니라 그 밖의 사업자[10]가 개설한 시장에서도 상당한 규모의 가상자산이 거래된다. 그 밖의 사업자가 개설한 시장으로는 해외의 미신고사업자가 운영하는 해외 가상자산거래소(즉, 역외시장)와 탈중앙화거래소라고 불

---

[5] 가상자산이용자보호법 제2조 제4호는 "가상자산시장"이란 가상자산의 매매 또는 가상자산 간 교환을 할 수 있는 시장을 말한다고 정의하고 있으며 이번 법안의 부대의견에서는 "가. 금융위원회는 가상자산시장을 개설·운영하는 가상자산사업자가 가상자산의 발행과 유통 과정에서 발생시키는 이해상충문제를 해소하기 위해 연구용역 등의 방법으로 평가·분석하고 입법의견을 포함한 개선방안을 마련하여 이 법 시행 전까지 국회 소관 상임위원회에 제출·보고한다."라고 되어있다. 이러한 법률 문언의 해석상 가상자산사업자가 개설 및 운영하는 개별 시장(통상적으로 가상자산거래소라고 부르는 시장)이 "가상자산시장"에 해당할 것이다.
[6] 통상적으로 가상자산거래소라고 부르는 거래소를 말한다.
[7] 금융정보분석원이 공개한 2023. 10. 6. 기준 가상자산사업자 신고에 관한 정보공개현황에 따르면 4개 사업자만이 보관업자로 신고되어 있고 나머지 사업자는 모두 교환업이 포함되어 있다. https://www.kofiu.go.kr/kor/notification/notice_view.do.
[8] 가상자산 교환업을 사업 내용으로 하여 가상자산사업자 신고를 마친 사업자 중에서 실제로는 가상자산거래소를 운영하지 않는 사업자도 있으므로 실제 운영되는 가상자산시장이 33개에 이른다고 볼 수는 없을 것이다.
[9] 비트코인의 경우 대부분의 가상자산거래소에서 거래지원을 하고 있다고 보아도 무방할 것이다.
[10] 주로 외국의 가상자산거래소 운영자가 이에 해당할 것이다.

리는 DEX(Decetralized Exchange, 이하 "DEX")가 대표적이다.[11] 자본시장과 가상자산시장의 큰 차이점은, 국내 가상자산교환업자와 국외 가상자산교환업자, 그리고 탈중앙화 거래소가 모두 동일한 상품을 취급할 수 있다는 점이다. 국내 가상자산시장에서도 비트코인이 거래되지만 바이낸스(Binance)[12]나 후오비(Huobi Global)[13] 등의 해외 거래소에서도 비트코인이 거래된다. 특히 해외 가상자산사업자가 취급하는 가상자산의 종류가 매우 다양할 뿐만 아니라 거래량도 상당한 수준이다. 또한 국내 이용자들 중 다수가 국내 가상자산거래소와 해외 가상자산거래소를 모두 이용하는 것으로 알려져 있다.[14] 이를 통해 국내 이용자들이 역외시장을 이용하는 비율이 상당히 높다는 것도 확인할 수 있다. 반면 자본시장, 다시 말해 주식시장의 경우 동일한 회사의 주식이 여러 국가의 거래소에 동시 상장 및 거래되는 경우는 매우 드물다. 또한 자본시장법상 시장에 해당하는 한국거래소에서 거래되는 주식은 K-OTC 등의 장외시장[15]에서 거래되는 주식과도 상이하다.[16]

3. 소결

앞서 살펴본 몇 가지 특성들을 고려할 때 가상자산시장은 자본시장과 상

---

11 탈중앙화 거래소는 스마트컨트랙트를 통하여 P2P 방식으로 매매를 지원하는 시스템이다. 중 가장 대표적인 사례로는 유니스왑(https://uniswap.org/)을 생각할 수 있다. 탈중앙화 거래소의 특징은 고객확인제도를 채택하지 않으며 온체인 상의 거래를 지원한다는 점이다.
12 https://www.binance.com/en.
13 http://hbglobal.kr/.
14 국세청의 2023. 9. 20자 보도참고자료 "해외 가상자산 131조원, 국세청에 최초 신고"에 따르면 가상자산계좌는 개인·법인 신고자 1,432명이 130.8조 원을 신고하면서 전체 신고자산 중 가장 많은 금액(전체 신고금액 대비 70.2%)으로 확인되었다. 이는 해외 가상자산거래소를 통한 거래량이 상당함을 방증하는 것이다.
15 최근 예비인가를 취득한 넥스트레이드의 경우, 경쟁매매 방식으로 매매체결이 가능하여 장내시장으로 분류하는 것이 타당하다.
16 물론 한국거래소에서 거래되는 주식(상장주식)도 장외시장에서 거래될 수 있으나, 본고에서 말하는 '장외시장에서 거래되는 주식'이란 한국거래소에 상장되지 않아 장외시장에서만 거래될 수 있는 주식을 말한다.

당한 차이가 있음을 알 수 있다. 자본시장의 경우 발행인이 주체가 되어서 공시의무를 부담하고, 시장 역시 한국거래소를 중심으로 한 단일 시장 체계가 유지되어 왔다.[17] 또한 한국거래소와 해외 거래소에 동시상장된 주식처럼 극히 예외적인 경우가 아닌 한 해외시장에서 거래되는 주식의 종류와 국내 시장에서 거래되는 주식의 종류가 다르다. 그런데 이번 가상자산이용자보호법의 불공정거래행위에 대한 규제 체계는 아래에서 소개할 자본시장법상 불공정거래행위 규제 체계와 유사하게 제정된 측면이 있다. 이러한 전제 하에서 가상자산이용자보호법의 각 조항의 문구를 살펴보고 향후 2단계 입법이 진행될 경우 가상자산과 가상자산시장의 특수성이 어떻게 반영될 수 있을지에 대한 논의가 진행될 필요가 있다.

이하에서는 가상자산에 관한 불공정거래행위 규제체계를 살펴보기 전에 자본시장법상 불공정거래행위 규제체계를 간단히 살펴보고 가상자산이용자보호법상의 불공정거래행위 규제의 방향성에 대하여 논의하고자 한다.

Ⅲ. 자본시장법상 불공정거래행위 규제

자본시장법에서는 미공개중요정보 이용행위(제174조), 시세조종행위(제176조), 부정거래행위(제178조) 및 시장질서 교란행위(제178조의2)를 규정하고 있다. 자본시장법상 미공개중요정보 이용행위 및 시세조종행위의 대상증권은 상장증권이다. 하지만 자본시장법 제178조의 부정거래행위는 대상 증권을 상장증권에 국한하지 않고 포괄적으로 규정하고 있다. 따라서 자본시장법 제178조의 적용 범위가 가장 넓다. 이하에서는 가상자산이용자보호법에서도 도입된 미공개중요정보 이용행위와 시세조종행위, 부정거래행위를 중심으로 살펴보고자 한다.

---

17 최근 다자간매매체결회사가 예비인가를 받았으나 아직까지는 단일시장체계를 유지하고 있다.

1. 미공개중요정보 이용행위

미공개중요정보 이용행위 규제는 정보평등이론과 신인의무이론, 부정유용이론으로부터 출발한다.[18] 법원에서는 미공개중요정보 이용행위 규제 근거와 관련하여 "① 그 내부자에게 부당한 이익을 용이하게 취득하게 하고 ② 그로 인하여 유가증권 시장에서의 거래당사자의 평등을 해치게 되어 ③ 유가증권거래의 공정성과 유가증권시장의 건전성에 대한 일반투자자들의 신뢰를 손상시킴으로써 ④ 유가증권시장이 국민자금을 효율적으로 배분하는 기능을 저해하는 결과를 초래"(대법원 1994. 4. 26. 선고 93도695 판결 등 참조)하기 때문이라고 판시하고 있다.

미공개중요정보 이용행위에 해당하기 위한 요건을 살펴보면 우선 행위주체는 내부자 및 정보접근성이 있는 자여야 한다. 대상정보는 "상장법인의 업무등과 관련된 미공개 중요정보"로 국한된다. 즉 법인의 업무에 관련된 정보여야 한다는 것이다. 이때 법인의 범위는 상장법인과 계열회사를 포함하고, 업무와 관련된 정보란 회사 정보를 의미한다. 이때 외부적 요인이나 시장정보가 결합되어도 대상정보에 해당한다(대법원 2017. 1. 25. 선고 2014도11775판결).[19] 그렇다면 순수한 시장정보는 어떠한가? 시장정보는 특정회사의 업무와 관련성이 없으므로 내부정보에 해당하지 않는다.[20] 그

---

18 김건식/ 정순섭, 자본시장법 제4판, p407-41; 정보평등이론은 내부정보 공시의무를 부담하는 자가 미공개 중요정보를 거래에 이용하는 것이 불평등하다는 것에서 출발한다. 일반적으로 정보평등 이론의 근거로 제시되는 것은 "누군가는 회사의 정보에 접근할 수 있는 관계가 있다는 점", 그리고 "거래상대방은 알지 못하는 정보를 일방만이 아는 상태에서 거래에 임한다"는 점에 있다고 한다. 신인의무를 미공개중요정보 이용행위 금지의 근거로 드는 이론에 따르면, 규제의 근거는 거래당사자 중 일부만이 정보를 보유하고 있고 이를 거래에 이용하는 것이 신인의무에 위반되기 때문이다. 이러한 신인의무는 공시의무와의 관련성에서 유래되는 것으로서, 대상회사의 내부자 또는 내부자로부터 정보를 수령한 자는 거래와 관련하여 이러한 정보를 이용하지 않을 신인의무를 부담한다는 것이다. 한편 부정유용이론에서는 특정 내부정보를 취득한 자가 그 정보에 기초하여 거래하는 행위의 경우 거래 상대방에 대하여 해당 정보를 부정하게 유용한 것이라고 보는 견해이다. 따라서 이러한 내부자의 거래행위는 기망적인 성격을 갖는다고 본다.
19 김건식/ 정순섭, 자본시장법 제4판, p423.
20 김건식/ 정순섭, 자본시장법 제4판, p424.

리고 이때의 정보는 중요정보에 해당하여야 한다. 미공개중요정보로 보는 기간은 어떤 중요정보와 관련된 사건의 발생에 대한 개연성이 생긴 시점부터[21] 대통령령에서 정하는 방법으로 공개될 때까지라고 볼 수 있다.

마지막으로 미공개중요정보를 이용하는 행위를 해야 한다. 즉 해당 정보를 이용하여 거래하거나 다른 사람으로 하여금 이용하게 하여야 한다.[22]

2. 시세조종행위

다음으로 시세조종행위의 경우 자본시장법상 위장거래에 의한 시세조종(법 제176조 제1항), 현실거래에 의한 시세조종, 표시 등에 의한 시세조종(법 제176조 제2항 제2, 3호), 시세고정 안정행위(법 제176조 제3항), 연계 시세조종행위(법 제176조 제4항)로 구분된다. 매매의 대상은 상장증권 또는 장내파생상품이고 장외에서 해당 증권을 거래할 경우에는 시세조종행위에 해당하지 않는 것으로 본다.[23] 위장거래에 의한 시세조종의 경우에는 타인에게 그릇된 판단을 하게할 목적인 오인목적이 필요하고, 현실거래에 의한 시세조종의 경우에는 앞서 오인목적에 더하여 매매를 유인할 목적, 즉 유인목적까지 필요로 한다. 자본시장법 제176조 제1항 내지 제3항에서 규정하는 시세조종행위의 대상은 상장증권 또는 장내파생상품의 매매이다. 따라서 원칙적으로는 거래소가 개설한 주식시장이나 파생상품시장에 상장되어 있어야 한다. 다만 자본시장법 제176조 제4항에서 규정하는 연계시세조종행위의 경우에는 당해 증권 또는 장내 파생상품뿐만 아니라 해당 금융투자상품의 기초자산이 거래소에 상장되거나 그밖에 이에 준하는 경우를 포함하고 있어, 기본적으로 증권이나 파생상품이 장내에 상장된 경우뿐만 아니라 장외에서 거래되는 경우까지도 포함하여 규제하고 있다.

---

21 안수현, "미공개중요정보 이용행위 규제 개관-성립요건을 중심으로-", 정순섭/노혁준 편저, 증권 불공정거래의 쟁점(제1권), BFL 총서 14, 도서출판 소화(2019. 6.) p105.
22 안수현, 전게논문, p109.
23 안수현, 전게논문, p272.

3. 부정거래행위

자본시장법 제178조 제1항은 "금융투자상품의 매매 그밖의 거래와 관련된 부정한 수단, 계획 또는 기교를 사용하는 등의 행위"를 금지하고 있다. 부정거래행위는 상장 여부를 불문하고 금융투자상품의 매매나 거래와 관련하여 일련의 부정한 행위를 할 경우에 불공정거래행위로서 규제하며 시세조종행위나 미공개중요정보 이용행위와 달리 장내거래와 장외거래 모두를 대상으로 한다.[24]

부정거래행위의 요건인 부정한 수단과 관련하여 법원은 "사회통념상 부정하다고 인정되는 일체의 수단, 계획 또는 기교"를 말한다고 판시하고 있다(대법원 2016. 8. 29. 선고 2016도6297판결). 따라서 부정한 수단은 기망에 이를 것을 요하지 않는다. 또한 자본시장법 제178조 제2항에서는 시세 변동의 도모 등을 목적으로 풍문의 유포, 위계의 사용, 폭행 또는 협박을 사용하는 경우도 부정거래행위로서 금지하고 있다.

4. 소결

자본시장법에서의 불공정거래행위 규제는 시장의 건전성과 투자자 보호를 목적으로 하고 있다. 이때 규제 대상이 되는 시장의 범위는 기본적으로 장내시장을 의미하고 상장증권을 대상으로 한다. 다만 부정거래행위 규제만이 예외적으로 상장증권이 아닌, 금융투자상품을 대상으로 하고 있으며 규제 대상 행위 역시 부정성이 있는지 여부를 기준으로 판단하고 있어 매우 포괄적인 규제 형태를 취하고 있다. 이러한 자본시장의 규제체계는 우리나라 주식시장과 함께 꾸준히 발전해온 측면이 있고 당연히 주식의 특성을 반영한 규제체계로 형성되어 왔다. 따라서 자본시장에 특화된 규제체계를

---

24 임재연, "부정거래행위의 성립요건과 유형", 정순섭/노혁준 편저, 증권 불공정거래의 쟁점(제1권), BFL 총서 14, 도서출판 소화(2019. 6.), p370.

다른 대상에 적용할 경우 대상의 특수성이 반영되어야 할 필요가 있다.

Ⅳ. 해외의 가상자산 불공정거래행위 규제

이하에서는 해외에서는 가상자산에 대한 불공정거래행위 규제가 어떻게 이루어지고 있는지 살펴보고자 한다. 미국과 일본, 유럽연합의 규제체계를 중심으로 살펴보도록 한다.

1. 미국

(1) 적용 규정

미국의 Securities and Exchange Commission(SEC)에서는 비트코인과 이더리움을 제외한 디지털자산이 증권에 해당할 가능성이 있다는 입장에 있다.[25] 그리하여 미국에서는 증권성이 있는 것으로 인정되는 가상자산에 대한 불공정거래행위를 증권법으로 규제하고 있다. 즉, SEC는 미공개중요정보 이용행위나 시세조종, 부정거래행위에 대하여 증권거래법(Securities Exchange Act of 1934, 이하 "SEA") 제10조 (b)항[15 U.S.C. § 78j(b)] 및 SEC Rule 10b-5[17 C.F.R. § 240.10b-5]을 적용하여 규제하고 있다.[26] 미국의 경우에는 증권거래법(SEA) 제10조 (b)항[15 U.S.C. § 78j(b)] 및 SEC Rule 10b-5[17 C.F.R. § 240.10b-5]의 경우, 상장 증권에 대한 정보가 아니라도 내부자의 이용행위가 금지되고, 장내시장에서의 정보이용행위뿐만 아니라 장외시장에서의 정보이용행위도 금지되므로 가상자산시장에서 발생한 행위라도 위 조항을 적용하여 처벌할 수 있다.

---

25 William Hinman, 2018. 6. 14. "Digital Asset Transactions: When Howey Met Gary (Plastic)" https://www.sec.gov/news/speech/speech-hinman-061418.
26 이더리움에 대해서는 증권에 해당할 가능성에 대해서만 언급한 바 있다.

(2) 미공개중요정보 이용행위 사례

우선 미공개중요정보 이용행위 사례부터 살펴보도록 한다. SEC v. ISHAN WAHI, NIKHIL WAHI, AND SAMEER RAMANI 사건은 미국의 규제당국이 가상자산시장에서의 미공개중요정보 이용행위를 처벌한 대표적인 사례이다. 사안에서 ISHAN WAHI는 가상자산거래소에서 근무하는 직원으로서 상장 일정과 상장 예정인 가상자산에 대한 정보를 알게 되었고 해당 정보를 자신의 동생과 친구에게 알려주었다. 그 이후 상장 관련 정보를 수령한 자들이 해외 거래소 등을 통해 대상 가상자산을 사전에 매수하였고, 상장 당일에 매도하여 시세차익을 실현하였다. 뉴욕남부지방검찰청에서 이들을 증권거래법(SEA) 제10조 (b)항[15 U.S.C. § 78j(b)] 및 SEC Rule 10b-5[17 C.F.R. § 240.10b-5] 규정 위반으로 기소하였으며 이후 뉴욕남부지방법원에서 유죄로 확정되었다.

(3) 가상자산거래소에서의 시세조종행위 사례

앞서 본바와 같이 SEC는 비트코인과 이더리움을 제외한 나머지 가상자산이 증권에 해당할 가능성이 있는 것으로 분류하기 때문에 증권성이 있는 가상자산의 시세조종행위에 대하여도 증권거래법상 시세조종행위 규정을 적용한다. 최근 SEC는 가상자산 TRX 및 BTT와 관련하여 발행자인 Justin Sun과 그 관련자들을 미등록증권 판매행위, 시세조종(워시트레이드) 및 불법광고행위를 이유로 소송을 제기하였다.[27] 이하에서는 시세조종행위를 중심으로 간단하게 살펴보도록 한다.

이 사건에서 Justin Sun은 TRX와 BTT를 발행한 트론 재단 및 비트토렌트 재단의 운영자이다. 그는 2018년 2월경부터 2019년 2월까지 위각 재단 직원들로 하여금 600,000건 이상의 TRX 가장매매에 참여하도록 지시하였고, 매일 450만 건 내지 740만 건의 TRX 가장매매가 이루

---

27 https://www.sec.gov/news/press-release/2023-59; SEC Charges Crypto Entrepreneur Justin Sun and His Companies for Fraud and Other Securities Law Violations.

어지도록 지시한 혐의를 받고 있다. 이에 SEC는 Justin Sun 및 직원들의 가장매매행위가 투자자들로 하여금 TRX 및 BTT의 가치에 대하여 오인하게 만들었다고 보고, 이들에 대하여 증권거래법(SEA) 제10조 (b)항[15 U.S.C. § 78j(b)], SEC Rule 10b-5[17 C.F.R. § 240.10b-5], 증권거래법(SEA) 제9조 (a)항 (1) 및 (2)[15 U.S.C. § 78i(a)(1) 및 (a)(2)] 위반으로 소를 제기하였다.[28] SEC가 위 사건에서 적용한 증권거래법(SEA) 제9조 (a)항 (1)의 경우 당해 증권의 실질적인 소유권 변동을 수반하지 않는 거래로서, 타인의 증권 매매를 유인할 목적이 존재하는 것을 금지하는 규정이다. 또한 SEC는 위 사건에서 증권거래법(SEA) 제10조 (b)항도 적용하였는데, 이 조항은 증권의 매도 또는 매수와 관련한 부실표시 또는 사기를 금지하는 조항이다. 이처럼 미국의 SEC는 가상자산의 시세조종행위에 대하여 증권법의 규정을 적용하여 규제하고 있다.

(4) 가상자산을 기초자산으로 하는 파생상품에 대한 시세조종행위 사례

미국에서는 탈중앙화 거래소(DEX)에서 발생된 가상자산 기반 파생상품의 시세조종행위에 대해서도 규제하였다. 구체적으로 이하에서 살펴보도록 한다. 간단하게 위 사건의 사실관계를 살펴보면 다음과 같다. 우선 사건의 배경이 되는 곳은 망고마켓이라는 탈중앙화거래소이다. 탈중앙화거래소는 자체적으로 정해진 규칙에 따라 가상자산을 교환할 수 있는 서비스(또는 프로그램 그 자체)를 의미한다.[29] 망고마켓[30]의 경우 교환 비율의 기초가 되는 가상자산의 시세를 산정할 때 외부에 있는 중앙화된 가상자산거

---

28 또한 이 사건에서 SEC는 저스틴 선과 트론 재단이 외부 유명인사에게 TRX를 주고 트위터에 홍보를 요청하였음에도 유명인사가 TRX를 받았다는 점에 대한 언급 없이 지속적으로 트위터 상에서 TRX를 홍보하는 행위를 한 것과 관련하여서 증권법 제17조(a)(1) 및 (a)(3), 15 U.S.C. § 77q(a)(1) 및 (a)(3)을 위반하였다고 판단하였다.
29 탈중앙화 거래소에서는 개별 사용자들이 만든 교환 풀이 존재한다. 가령 비트코인을 이더리움으로교환하기 원하는 이용자는 BTC-ETH으로 구성되어 있는 교환 풀에 보유중인 BTC를 전송하면 프로토콜에서 지정하는 비율에 따라 ETH를 받을 수 있다.
30 망고마켓은 탈중앙화거래소이기 때문에 유동성이 부족할 경우 시세 변동이 심할 수 있었던 것이 주된 공격의 이유였던 것으로 전해진다.

래소 3개의 시세를 기준가격으로 하고 있었다. 망고마켓의 이용자는 보유중인 스왑상품을 담보로 하여 다른 가상자산을 대여받을 수 있었다(이를 스왑담보부 대출이라고 한다). 망고마켓의 스왑 담보부 프로토콜[31]을 통해 가상자산을 대여하고 이후 담보로 제공된 가상자산 스왑상품의 가치가 일정한 수준 이하로 하락하면 이용자가 증거금 명목으로 예치했던 가상자산이나 담보로 제공한 스왑상품은 시스템에 의하여 자동청산된다. 이처럼 이용자가 담보로 제공한 스왑상품의 가치가 일정 수준 이하로 하락할 경우 담보물만 청산될 뿐이고 별도로 이용자가 대여받은 자산에 대한 변제의무를 부담하지는 않는다(탈중앙화 거래소이므로 이용자를 찾아서 대여 자산에 대한 변제를 요구할 방법도 없다). 이러한 구조로 운영되는 망고마켓에 대하여, 이 사건의 행위자로 지목된 아브라함 아이젠버그(Avraham Eisenberg)는 당초 대여받은 자산을 상환할 생각 없이 상당한 금액의 가상자산을 대여받은 후 스왑 계약의 가치를 조종함으로써 강제청산을 통해 가상자산을 획득하고자 이 계획에 착수하였다. 그는 사전에 망고마켓에서 MNGO-USDC 스왑거래에서 롱포지션을 설정한 후 시세를 정하는 기준이 되는 3개 가상자산거래소(이를 "오라클 거래소"라고 표현하고 있다)에서 MNGO를 매집함으로써 MNGO뿐만 아니라 자신이 보유한 MNGO-USDC 스왑의 가격상승을 주도하였다. 망고마켓이 가격을 참조하는 가상자산 거래소(소위 오라클 거래소)의 경우 MNGO의 유동성이 매우 낮았기 때문에 아브라함 아이젠버그가 MNGO 토큰을 매수한 후 30분이 경과하자 MNGO 가격이 급격하게 상승했다. 그 덕분에 망고마켓의 MNGO-USDC 스왑의 가격이(오라클 거래소의 MNGO 가격을 추종하기 때문에) 13배 이상 급등하였다. 아이젠버그는 이러한 과정을 계속 반복하여 MNGO-USDC 스왑의 가격을 상승시켰고 해당 스왑 포지션을 담보로 하여 상당한 수량의 USDC를 대여받았다. 그 이후 아이젠버그가 오라클거래소에서의 MNGO 매수를 중단하자마자 MNGO의

---

31 서비스 운영주체가 결정하기 보다는 프로그램에 의해서 자동으로 수행되는 특수성이 있기 때문에 프로토콜이라는 용어를 사용하였다.

가치가 급격하게 하락하였으며 아이젠버그가 대출받은 거래에서의 증거금 가치 역시 강제 청산 기준 이하 가격으로 하락하였다. 그 결과 MNGO의 가격하락과 동시에 아이젠버그가 담보로 예치한 MNGO-USDC 스왑상품이 강제청산되었고 이와 동시에 아이젠버그는 대여받은 USDC에 대한 변제를 하지 않음으로써 대여받은 USDC에서 청산당한 스왑상품의 가치를 공제한 차액만큼의 이득을 취하였다. 즉 행위자인 아브라함 아이젠버그는 USDC를 많이 대여받을 목적으로 MNGO의 가치를 의도적으로 상승시켰고 실제 보유한 스왑롱포지션을 이용하여 USDC를 대여받은 후 MNGO-USDC 스왑상품의 강제청산을 통해 USDC에 대한 변제의무를 회피할 수 있었다.

이후 SEC는 오라클 거래소에서의 MNGO의 시세조종행위에 대하여 소를 제기했고 그 근거 규정은 증권거래법(SEA) 10조 b항과 10조 (b)-5a 및 9조 (a)(2)이다.[32] SEC는 아브라함 아이젠버그가 사기적 부정거래를 하였다는 점 및 시세조종행위 유형 중에서 통정매매를 행하였다는 이유로 소를 제기한 것이다. 한편 CFTC는 망고마켓에서의 MNGO-USDC 스왑상품에 대한 시세조종행위 및 MNGO-USDC 스왑상품의 기초자산인 MNGO의 가격조작행위를 이유로 손해배상청구소송을 제기하면서 상품거래법(Commodity Exchange Act) Section 6(c)(1)과 Section 6(c)(3), 9(a)(2)에 위반되었다고 보았다.[33] 다시 말해서 CFTC에서는 상품가격 조작 자체를 이유로 소송을 제기하였다. 이 사건은 가상자산시장에서도 가장매매나 펌프 앤 덤프와 같은 전통적인 시세조종행위와 유사한 행위를 활용할 수 있음을 보여줌과 동시에 가상자산시장의 특수성, 즉 다수 시장의 존재, 탈중앙화 거래소에서의 익명성을 활용한 가격 조작가능성, 유동성이 작은 가상자산 및 가상자산거래소에 대한 시세조종행위 가능성 등을 보여주는

---

[32] https://www.sec.gov/news/press-release/2023-13 ;SEC v. AVRAHAM EISENBERG 23 civ 503 (S.D.N.Y. Jan. 20, 2023).

[33] https://www.cftc.gov/PressRoom/PressReleases/8647-23; Commodity Futures Trading Comm'n v. Eisenberg, ECF 23 Civ. 173 (LGS) (S.D.N.Y. Mar. 13, 2023).

대표적인 사례라 할 수 있다.

이 사안을 통해서 탈중앙화 거래소의 시세조종 사례를 살펴볼 수 있었다. 특히 가상자산시장은 다수 시장에서 동일한 가상자산을 취급하기 때문에 한 개 시장에서의 시세조종행위가 다른 시장에 상당한 영향을 미칠 수 있음을 알 수 있다. 특히 이 사건에서 아브라함 아이젠버그의 행위는 대표적인 연계시세조종행위에 해당하고, 가상자산시장의 특성을 반영한 규제체계의 완비를 위해서는 연계시세조종행위에 대한 규제도 필요함을 보여주는 사안이다.

2. 일본

다음으로 일본의 가상자산에 대한 불공정거래행위 규제체계를 살펴보고자 한다. 일본금융청(Financial Supervisory Agency, FSA)은 2018. 3. "가상통화교환업 등에 관한 연구회(仮想通貨交換業等に関する研究会)"를 설치하고 2018. 12. 21. 연구결과를 보고서 형태로 발간하였다.[34] 이 보고서에서는 가상자산의 현물거래를 둘러싼 불공정거래행위 사례가 보고되고 있음을 언급하였다. 특히 내부자거래와 관련된 사례로 신규 가상자산의 취급 개시와 관련하여 미공개정보가 외부로 유출된 사건, 거래자 그룹이 SNS를 통해 특정 가상자산과 관련하여 시간 및 거래장소를 지정한 후 팔로워를 통해 가상자산 구매를 유도함으로써 가격 상승을 주도한 사례 등을 언급하고 있다. 위 보고서에서는 이러한 사례들에 대한 규제 필요성을 인정하고 있다. 다만 가상자산이 전체 국가 경제활동에서 차지하는 비중, 중요성과 의미 및 행정비용을 고려할 때 유가증권시장과 동일한 감시감독체계의 구축이 필요한지에 대하여 의문이라고 한다.[35] 그리고 부정거래행위나 시

---

34 仮想通貨交換業等に関する研究会, 報告書(2018. 12); https://www.fsa.go.jp/news/30/singi/20181221-1.pdf "(2023. 4.29. 최종 확인).
35 仮想通貨交換業等に関する研究会, 報告書(2018. 12); https://www.fsa.go.jp/news/30/singi/20181221-1.pdf "(2023. 4.29. 최종 확인), p11.

세조종 등의 불공정거래행위에 대한 금지규정의 필요성은 인정하나 내부자거래와 관련하여서는 다음의 두 가지 점 즉, 가상자산의 경우, 발행자가 존재하지 않는 경우가 다수 있고, 설령 존재하더라도 중대한 영향을 미치는 사항을 파악하기 어렵다는 점을 지적하고 있다.[36]

가상통화교환업 등에 관한 연구회 보고서(2018. 12) 제11면

☐ 가상자산의 경우 발행자가 존재하지 않는 경우가 다수 있음. 또한 발행자가 존재하더라도 세계 각국에 흩어져 있을 가능성이 있어 해당 발행자를 파악하기 어려운 측면이 있음
☐ 가상자산의 가격변동 요인에 대한 확립된 견해가 없는 상황에서 내부자거래 규제에 필요한 '고객의 거래 판단에 중대한 영향을 미치는 미공개 중요 사실'을 사전에 파악하는 것이 어려운 측면이 있음.[37]

그리고 금융상품거래법이 2019. 5. 개정되어 2020. 5. 1. 시행되었다. 개정 금융상품거래법에서는 금융상품의 정의에 암호자산[38]이 추가되었다(금융상품거래법 제2조 제24항 제3호의2). 그리고 현물 암호자산 및 암호자산을 기초자산으로 하는 파생상품에 대한 불공정거래행위를 금지하는 규정이 추가되었다. 구체적으로 살펴보면 우선 금융상품거래법 제185조의22에서는 암호자산 및 암호자산을 기초자산으로 하는 파생상품에 대한 부정한 수단과 계획 등을 이용하는 행위를 금지하고 있다. 다음으로 금융상

---

36 仮想通貨交換業等に関する研究会, 報告書(2018. 12)p 12; https://www.fsa.go.jp/news/30/singi/20181221-1.pdf "(2023. 4.29. 최종 확인) 다만, 내부자 거래와 관련하여 가상자산 거래소 자체에서 취급하는 가상자산에 관한 미공개 정보를 적절히 관리하도록 요구하는 것 즉, 미공개 정보를 적절히 관리하고, 해당 미공개 정보에 근거하여 자기 또는 타인의 이익을 도모할 목적으로 거래를 하지 않을 것을 요구하는 것이 적절하다고 밝히고 있다.
37 仮想通貨交換業等に関する研究会, 報告書(2018. 12), p12; https://www.fsa.go.jp/news/30/singi/20181221-1.pdf "(2023. 4.29. 최종 확인).
38 우리나라의 가상자산이용자보호법상 가상자산에 해당하는 용어로서 일본 금융상품거래법 및 자금세탁방지법에서는 암호자산으로 규정하고 있다.

품거래법 제185조의23조에서는 암호자산 및 암호자산을 기초자산으로 하는 파생상품의 매매와 관련하여 시세 변동을 유발할 목적으로 풍문 유포, 부정한 수단의 사용 및 폭행협박을 하는 행위를 금지하고 있다. 마지막으로 금융상품거래법 제185조의24에서는 암호자산 및 암호자산을 기초자산으로 하는 파생상품의 매매와 관한 가장·허위·통정매매, 즉 시세조종행위를 금지하고 있다. 하지만 일본의 경우 앞서 "가상통화교환업 등에 관한 연구회(仮想通貨交換業等に関する研究会)"에서 발간한 보고서 내용과 동일하게 암호자산에 대한 내부자거래행위 금지규정은 두고 있지 아니하다.

3. 유럽연합(EU)

EU에서는 암호자산시장에 관한 규칙(Markets In Crypto Asset Regulation, 이하 "MICAR") 제6편(제86조부터 제91조)을 통해 암호자산[39]에 대한 시장남용행위의 예방과 금지를 규정하고 있다. 시장남용행위 금지의 대상은 크게 내부자거래, 시세조종으로 나누어 볼 수 있다. 이하에서 구체적으로 개별조항을 살펴볼 필요가 있다.

우선 MICAR의 시장남용행위 금지규정의 적용대상은 거래가 허용되거나 거래 신청이 이루어진 암호자산을 대상으로 하고(제86조 제1항) 주문 및 행위가 거래플랫폼에서 발생되었는지 여부와 무관하게 적용된다(제86조 제2항). 따라서 MICAR의 시장남용행위 금지규정은, 거래지원[40]이 되었거나 거래지원 될 예정인 암호자산을 대상으로 한 장내 및 장외시장에서의 불공정거래행위를 규제 대상으로 한다.

MICAR 제87조에서는 내부정보에 대한 정의를 두고 있다. 우선 제1항

---

[39] MICAR에서 유틸리티형 암호자산(전자화폐형 암호자산 및 자산준거형 암호자산을 제외한 암호자산)은 가상자산이용자보호법 상의 가상자산과 동일한 의미로 사용된다.
[40] 증권시장에서의 상장은 상장계약을 전제로 하지만 가상자산시장의 경우 발행자와 거래플랫폼간의 아무런 계약 없이 투자자들에게 매도 혹은 매수를 지원할 수 있으므로 일반적으로 상장이라는 용어를 대신하여 거래지원이라는 용어를 사용하고 있다.

a호에서는 발행자 또는 거래지원을 목적으로 이를 거래소 또는 당국에 신청한 자와 관련하여, "암호자산의 성질과 직·간접적으로 관련된 정보로서 가격에 영향을 미칠 수 있는 정보"를 내부정보로 정의하고 있다.[41] 다음으로 제1항 b호에서는 고객을 대신하여 암호자산의 주문을 대신 집행하는 자들과 관련하여, 고객이 전달한 주문에 관련된 정보로서 가격에 영향을 미칠 수 있는 정보(제1항 b호)[42]를 내부정보로 규정하고 있다. 제1항 a호에서 규정하고 있는 내부정보의 경우 암호자산의 성질과 관련된 직·간접적인 정보가 모두 포함되는 것으로 해석될 수밖에 없다. 따라서 해당 정보가 반드시 발행자 내부에서 생성된 정보가 아닌 정보라도 여기서의 내부정보에 해당할 수 있다.[43] 대표적으로 대규모 보유자가 매각을 예정하고 있다는 사실이 그에 해당할 수 있을 것이다. 다음으로 b호의 규정은, 고객 주문을 집행할 지위에 있는 자로 하여금 주문 정보 또는 미체결 주문 정보를 사전에 활용할 수 없도록 금지하는 규정으로서 선행매매 금지조항에 해당한다. MICAR의 내부정보에 대한 정의 규정은 Regulation (EU) No 596/2014 of the European Parliament and of the Council of 16 April 2014 on market abuse (이하 "시장남용행위 규칙") 제7조 1항 a호와 d호의 규정과 매우 유사하게 규정되어 있다.

---

[41] 1. For the purposes of this Regulation, inside information shall comprise the following types of information:
 (a) information of a precise nature, which has not been made public, relating, directly or indirectly, to one or more issuers, offerors or persons seeking admission to trading, or to one or more crypto-assets, and which, if it were made public, would likely have a significant effect on the prices of those crypto-assets or on the price of a related crypto-asset;

[42] (b) for persons charged with the execution of orders for crypto-assets on behalf of clients, it also means information of a precise nature conveyed by a client and relating to the client's pending orders in crypto-assets, relating, directly or indirectly, to one or more issuers, offerors or persons seeking admission to trading or to one or more crypto-assets, and which, if it were made public, would likely have a significant effect on the prices of those crypto-assets or on the price of a related crypto-asset.

[43] 시장남용행위규칙에서도 장외에서 생성된 시세정보 역시 내부정보에 해당하는 것으로 보고 있으므로 이러한 해석이 가능할 것이다.

다음으로 MICAR 제88조는 내부정보의 공시를 규정하고 있다. 사전에 공개된 정보의 경우에는 더 이상 내부정보로 취급되지 않을 것이므로 공개 방법과 공개 시점은 매우 중요한 의미를 갖는다. 제88조에서는 발행자나 모집주선인, 그리고 매매거래를 신청한 자들이 내부정보를 "당해 정보에 대한 일반 대중의 빠른 접근은 물론 완전하고 정확한, 적시 평가가 가능할 수 있게 하는 방식으로" 공개할 것을 규정하고 있다. 그런데 이러한 내부정보 공시와 관련하여 사전 공시 제도를 운영하는 것은 적절하지 않은 경우도 있다. 특히 거래신청사실 또는 신규 거래지원 예정인 암호자산(가상자산이용자보호법 상 "가상자산")과 관련하여서는 이와 같은 사전 공시제도는 적절하지 않은 측면이 있다. 예를 들어 특정한 암호자산이 EU 역내에 위치한 암호자산 플랫폼에서 거래될 예정인 경우를 상정해 보자. 해당 조항을 그대로 적용하면 거래 플랫폼에 종사하는 자 또는 발행자와 직접적 관련이 있는 자는 신규로 거래 지원될 예정인 암호자산 관련 정보를 가능한 빠르게 공개해야 한다는 것을 의미한다. 그런데 만일 해당 암호자산이 EU 외의 지역에 설립된 가상자산 거래소(Huobi, OKX, Binance 등) 또는 탈중앙화 거래소(Unisawp 등)에서 거래 중인 상황이라면 소위 내부자에 해당하지 않는 자들(전문적으로 가상자산 트레이딩에 관여하는 일부 투자자 또는 소위 고래라고 하는 세력들)은 사전 공시된 정보를 이용하여 EU 이외의 장소에서 해당 암호자산을 취득하는 등 사전에 암호자산을 매집하게 될 것이다. 그리고 이들은 시간이 경과하여 암호자산의 거래가 가능해진 시점이 되면 EU 역내에 위치한 암호자산거래업자를 통해 매도할 것이다. 해당 조항을 규정한 취지는 내부정보에 대한 공개를 통해 정보의 불균형을 해소하는 취지였을 것이지만 가상자산시장이 다분화된 시장이고 탈중앙화거래소와 같이 역외에서의 매매거래를 직접적으로 규제하기 어려운 시장이라는 점을 고려하지 못한 대표적인 내용으로 생각된다. 이처럼 가상자산시장은 분화되어 있어 누구나 가상자산을 여러 국가의 여러 플랫폼을 통해 매도·매수할 수 있는바 규정을 만듦에 있어서 당초 규정을 만들면서 예상했던것과 다른 결과에 이를 수 있다. 따라서 규제체계를 설계함에 있어서 자산의 특수성 및 시장상황 등 다양한 측면의 고려가 필요한 상황이다.

그리고 MICAR 제89조는 내부자거래의 금지를 규정하고 있다. 규정에 따르면 암호자산에 관한 내부정보를 보유한 자는 누구든지 타인에 대한 취득이나 처분을 권유하거나 주문 취소 또는 정정 행위 등을 하여서는 아니 된다. 내부자라 하더라도 제88조에 따라서 정보가 공개된 이후에 해당 정보를 매매 거래 등에 활용하는 것은 제89조의 금지대상에 해당하지 않을 것이다.

MICAR 제91조는 시장조작행위(market manipulation)를 금지하고 있다. 해당 조항에서는 시세관여형 시장조작행위를 금지하면서 구체적으로 시세고정, 통정가장매매, 풍문유포 및 위계를 통해 가격에 영향을 미치는 행위를 금지하고 있다.

4. 소결

미국에서는 가상자산에 대한 규제권한을 행사하는 기관이 SEC와 CFTC로 나누어져 있고 SEC는 가상자산의 불공정거래행위를, CFTC는 가상자산을 기초자산으로 하는 파생상품의 불공정거래행위를 규제하고 있으며 탈중앙화거래소에서의 불공정거래행위까지도 규제를 시도하고 있다는 점이 특징적이다. 일본의 경우 발행자를 특정하기 어렵고 중요정보의 범위를 정하기 어렵다는 것을 이유로 가상자산에 대한 내부자거래 금지규정을 두고 있지 않다. EU의 경우에는 MICAR 규정을 통해 내부자거래 금지 및 시장조작행위 금지규정을 두고 있다. EU의 MICAR에서는 시장조작행위 금지대상을 상장된 가상자산으로 하고 있으며 장소적 범위와 관련하여서는 장내·외 시장을 불문하고 있다. 특히 MICAR에서는 내부정보를 정의하고 발행인과 거래업자가 취급하는 내부정보의 의미를 다르게 정의하고 있다. 내부정보의 정의규정을 두고 행위 주체별로 다르게 정한 것은 매우 의미 있는 접근으로 생각된다.

V. 국내 가상자산시장에서의 불공정거래행위 규제 방향

이하에서는 우리나라의 가상자산이용자보호법의 불공정거래행위 규제체계를 살펴보도록 한다. 가상자산이용자보호법 제10조에서 불공정거래행위를 규제하고 있고, 미공개중요정보 이용행위, 시세조종행위, 부정거래행위, 자기발행 가상자산 거래 금지 및 입출금 차단 금지 등을 규정하고 있다. 미공개중요정보 이용행위 및 시세조종행위, 그리고 부정거래행위의 경우 기본적으로 자본시장법상 불공정거래행위 금지규정과 매우 유사하게 제정되었다. 다만 가상자산시장에서 특수하게 나타난 몇몇 행위를 금지하기 위한 규정을 추가하고 있다. 이하에서는 미공개중요정보 이용행위와 시세조종행위, 부정거래행위를 금지하고 있는 가상자산이용자보호법 제10조 제1항부터 제3항까지를 중심으로 살펴보고자 한다.

1. 가상자산이용자보호법의 보호법익

가상자산이용자보호법의 경우 2023. 6. 29. 이전에 제안된 여러 법률안의 대안으로 제안되었는데 이때 국회에서 작성한 제안이유서에는 "가상자산에 대한 규율 및 제도화 움직임이 세계 각국에서 다양하게 진행되고 있는 가운데, 최근 유럽연합에서 가상자산과 관련된 법이 제정되기도 하였으나 가상자산시장과 가상자산산업 전반에 대해 국제적으로 합의된 기준이나 규율체계는 부재한 상황임. 따라서 우선적으로 가상자산 이용자 보호와 불공정거래행위 규제 중심의 입법이 필요한바, 이 법을 제정하여 가상자산시장의 건전한 거래질서를 확보하고 이용자의 권익을 두텁게 보호하려는 것임"이라고 가상자산이용자보호법의 제안 이유를 밝히고 있다. 따라서 가상자산에 대한 불공정거래행위 규제를 도입한 것은 이용자에 대한 보호뿐만 아니라 가상자산 시장의 건전한 거래질서 확보도 목적으로 하고 있다고 볼 수 있다.

2. 미공개중요정보 이용행위에 대한 규제 (가상자산이용자보호법 제10조 제1항)

(1) 의의

가상자산이용자보호법 제10조 제1항에서는 가상자산의 매매와 관련하여 미공개중요정보 이용행위를 금지하고 있다. 자본시장법상 미공개중요정보 이용행위 규제 목적을 "증권 거래당사자의 평등 및 거래의 공정성, 그리고 유가증권시장의 건전성에 대한 일반투자자들의 신뢰 훼손 방지"라고 한다면 가상자산시장에서의 미공개중요정보 이용행위 규제 취지 역시 동일할 것으로 생각할 수 있다. 나아가 자본시장법이 자본시장을 발전시키고 국가 경제 발전에 적절하게 기여하도록 하기 위해서 미공개중요정보 이용행위를 규제하는 것과 동일하게 가상자산시장에서의 미공개중요정보 이용행위에 대한 규제 역시도 동일한 목적과 의미를 갖는다고 볼 수 있을 것이다.

(2) 수범자

가상자산이용자보호법 제10조 제1항에서는 수범자를 규정하고 있다. 제1호에서는 가상자산사업자, 가상자산을 발행하는 자 및 그 임직원, 대리인 등 직무 관련하여 미공개중요정보를 알게 된 자, 제2호에서는 발행하는 자가 법인일 경우 그 법인의 주요주주, 제3호에서는 가상자산사업자 및 인허가권자, 제4호에서는 위 각 주체와 계약을 체결하거나 체결을 교섭하는 자, 제5호에서는 위 각 주체들의 대리인, 사용자 종업원, 제6호에서는 이들로부터 정보를 수령한 1차 정보 수령자, 마지막으로 제7호에서는 그밖에 이에 준하는 자로서 대통령령으로 정하는 자를 수범자로 규정하고 있다.

그런데 이때 "발행하는 자"를 누구로 볼 것인가의 문제가 있다. 가상자산의 발행자는 자본시장법에서의 "발행인"에 대응되는 개념이긴 하지만 그 속성이 매우 상이하다. 우선 자본시장에서는 주식을 발행한 회사를 발행인이라고 지칭한다. 자본시장에서 주식을 발행한 회사에 대한 정보가 중요한 이유는 주식의 가치가 결국 회사의 가치와 연동되기 때문이다. 그리하여 미공개중요정보와 공시대상 정보 모두(물론 미공개 중요정보가 공시대상 정보에 국한되는 것은 아니지만) 회사에 대한 정보이다. 따라서 회사가 재무상황이나 경영상황 등과 관련된 각종 정보를 수시로 투명하게 공개하는 것은 투자자의 투자의사결정에 있어서 매우 중요하고, 내부자의 이러한 정보에 대한 접근성을 주식 거래에 이용하지 못하도록 하는 것 역시 자본시장의 건전한 발전을 위한 전제로서 중요한 의미를 갖는다. 미공개중요정보는 회사에 대한 정보를 의미하므로 당연히 공개의무를 부담하는 자는 발행인인 회사이다.

반면 가상자산의 경우에는 미공개중요정보 이용행위 등과 관련하여 발행하는 자에 대한 규제를 두고 있으나, 발행자(가상자산이용자보호법에서는 "발행하는 자")가 명확하게 드러나지 않는 경우에는 누구를 발행자로 보고 규제할 것인지 불명확한 측면이 있다. 왜냐하면 가상자산의 경우, 자본시장에서의 주식과는 전혀 다르게, 발행하는 자를 특정할 수 없거나 확인할 수 없는 경우가 존재하고 또한 여러 주체로 분화되어 있기도 하며, 각 주체 사이의 연관관계를 파악하기 어려운 경우도 있기 때문이다. 일본에서 암호자산에 대한 내부자거래 규제를 도입하지 않은 이유역시 이러한 이유에서 비롯되었음은 앞서 본 바와 같다.

따라서 가상자산이용자보호법 제10조 제1항 제1호의 수범자로 발행자가 규정되어 있기는 하나 발행자를 특정하기 어렵다는 점에서 미공개중요정보 이용행위 규제상의 어려움이 있을 수 있다. 한편 가상자산을 발행한 자는 특정할 수 없더라도 가상자산이 활용되는 프로토콜이나 가상자산 보유자로 구성된 탈중앙화 자율조직(Decentralized Autonomous Organization, 이하 "DAO")에서 최종적으로 의사결정을 하는 자가 있다면 이를 발행자로 간주하여 미공개중요정보 이용행위 규정의 수범자로 볼 여지는 없는가? 왜냐하면 이들이 직접 가상자산의 발행자라고 보기는 어렵더라도 미공개중요정보에 해당하는 내부정보를 상당히 많이 사전에 인지할 수 있고 이들이 가상자산 매매거래에 해당 정보를 이용하는 행위를 규제할 필요성 역시 충분하기 때문이다.

하지만 단순히 프로토콜의 개발이나 운영에 관여한다는 점만으로 제1호의 발행자로 포섭하기는 어려울 것이다. 이러한 경우에는 제10조 제1항 제7호에서 대통령령으로 수범자를 확장할 수 있는 여지를 남겨두고 있으므로 향후 대통령령을 통해 발행에 관여한 것으로 파악되는 개발회사나 프로토콜 운영자, DAO의 운영자 등을 포함하는 방법에 대해서도 고민해 볼 필요가 있다.

물론 제10조 제1항 제7호와 관련하여 대통령령을 통해 법에서 규정하고 있는 수범자 범위를 무한정 확대하는 것은 어려울 것으로 예상된다. 다만 그 밖에 이에 준하는 자로서 발행하는 자에 관여하여 발행에 깊이 관여한 자, 예를 들어 개발회사 및 발행된 가상자산과 관련된 사업을 영위하는 운영법인 등으로 범위를 확대할 필요는 있을 것이고, 이는 1호의 발행자에 준하는 자로서 수범자에 포함시킬 수 있을 것으로 생각된다.

(3) 대상 정보

대상정보는 미공개중요정보이다. 현재 제10조 제1항 규정에 따르면 가상자산에 관한 미공개중요정보란 "이용자의 투자판단에 중대한 영향을 미칠 수 있는 정보로서 대통령령이 정하는 방법에 따라 불특정 다수인이 알 수 있도록 공개되기 전의 것"을 말한다고 한다. 그렇다면 이때 "투자판단에 중대한 영향을 미칠 수 있는 정보"란 무엇을 의미하는지 문제된다.

우선 고민할 부분은, 미공개중요정보가 가상자산시장에서 거래중인 가상자산과 관련된 정보로 한정되는지 아니면 상태를 불문하고 발행된 가상자산 전부에 관련된 정보를 의미하는지 여부이다. 만일 규제 대상을 가상자산거래소에 상장된 가상자산에 국한된다고 보지 않는다면 발행 단계에 있고 국내 거래소에 상장되지 않은 가상자산이라고 하더라도 규제 대상이 될 수 있고, 가상자산사업자가 개설한 가상자산시장 이외의 시장에서의 거래 역시도 규제 대상이 된다는 의미로 해석할 수밖에 없다. 하지만 실제 규제당국의 규제 가능 여부를 고려할 때 가상자산사업자가 개설한 가상자산시장 이외의 시장에서 거래중인 가상자산까지 포함한다고 보기는 어려울 것이다. 따라서 장래에 2단계 입법을 진행하거나 가상자산이용자보호법을 개정하는 단계에서 미공개중요정보란, "가상자산사업자가 운영하는 가상자산시장에서 거래지원 중인 가상자산에 대한 정보로서 이용자의 투자판단에 중대한 영향을 미칠 수 있는 정보"로 한정할 필요가 있다.

다음으로는 정보의 범위가 문제될 수 있다. 과연 "이용자의 투자 판단에 중대한 영향을 미치는 정보"가 무엇을 의미하는가이다. 문언 상 "투자자 판단에 중대한 영향을 미치는 정보"라고 추상적으로 규정되어 있으므로 그 범위를 어디까지로 볼 것인지 명확하지 않다. 자본시장법에서는 미공개중요정보를 "상장법인의 업무 등과 관련된 미공개중요정보(투자자의 투자판단에 중대한 영향을 미칠 수 있는 정보로서 대통령령으로 정하는 방법에 따라 불특정 다수인이 알 수 있도록 공개되기 전의 것)"이라고 규정하고 있으므로[44] 그 범위 역시 "상장법인의 업무와 관련된 정보"로 제한이 가능하다. 그에 반하여 가상자산이용자보호법에서는 그와 같이 범위를 제한할 법 문언 상 근거가 없어 시장정보까지 포함되는 것으로 해석될 여지가 있다. 그런데 만일 시장정보까지 포함되는 것으로 해석할 경우, 정보생성시기를 확정하기 어려운 측면이 있고, 미공개중요정보의 범위가 과도하게 넓어지는 측면이 있다.

그렇다면 중요정보로는 어떠한 것이 있을지 살펴볼 필요가 있다. 최근 서울중앙지방법원 2022. 12. 7.자 2022카합21703 결정[45]에서는 유통량과

---

44 자본시장법 제174조 제1항.
45 서울중앙지방법원 2022. 12. 7.자 2022카합21703 결정에서는 다음과 같이 유통량의 중요성을 언급하고 있다. 즉 "(1) 가상자산의 경우, 주식의 내재가치에 대응되는 개념을 상정하는 것이 쉽지 않아 그 가치를 객관적으로 평가하는 것이 매우 어렵고, 이에 수요·공급의 원칙에 크게 의존하여 가격이 결정될 수밖에 없기 때문에 '유통량'은 투자자들의 투자판단에 있어서 매우 중요한 정보 중 하나이다. (2) 그런데 발행 및 인수 과정에서 적정한 인수가액을 지불해야 하는 주식과는 달리, 채권자가 발행한 D와 같은 형태의 가상자산의 경우에는 발행인이 이미 상당한 양의 가상자산을 발행해놓고 발행인의 지갑에 이를 보관한 다음 계획유통량에 따라 이를 추가로 유통하면서 그 수익을 얻는 구조인바, 발행인 측은 아무런 추가 대가를 지급하지 않고도 계획된 유통량을 넘어 시장에 형성된 가격으로 가상자산을 유통시킴으로써 큰 수익을 얻을 수 있는 반면, 이로 인해 투자자들로서는 유통량 증가에 따른 가상자산의 시세하락 등 불측의 손해를 입게 되는데, 이러한 유통행위는 즉시 적발하기 어려울 뿐만 아니라 일정한 시간이 지나면 계획유통량 이내로 들어올 수도 있어 사후적으로 발견하기는 것 역시 쉽지 않다. (3) 특히 주식시장에서 상장법인의 경우, 주식

관련하여 "가상자산의 경우, 주식의 내재가치에 대응되는 개념을 상정하는 것이 쉽지 않아 그 가치를 객관적으로 평가하는 것이 매우 어렵고, 이에 수요·공급의 원칙에 크게 의존하여 가격이 결정될 수밖에 없기 때문에 '유통량'은 투자자들의 투자판단에 있어서 매우 중요한 정보 중 하나이다"라고 판단한 바 있다. 이러한 결정 내용에 따르면 유통계획, 유통량 등이 미공개중요정보의 중요정보에 해당할 여지가 있게 된다. 그런데 현재까지 유통량이 무엇인지에 대한 명확한 법적인 정의규정은 존재하지 아니한 상황이다. 즉 시장에서 유통되고 있는 것이 무엇을 의미하는지 명확하지 않다. 발행자가 락업을 하여 보관중인 가상자산, 발행자가 관리는 하지만 락업은 되지 않은 상태로 보관중인 가상자산, 그리고 담보로 제공한 가상자산으로서 담보권자가 보유 중인 가상자산 등 그 보관 형태가 다양한 상황인데 과연 어떠한 상태를 유통 중인 것으로 볼 수 있을 것인지 여부에 대한 논의가 필요할 것이다. 또한 결정에 언급된 바와 같이 발행자(결정에서는 발행인)가 유통량 및 유통계획을 공개하지 아니한 이상 이를 파악하는 것이 쉽지 않은 측면이 있는데 이 경우에는 어떻게 유통량을 공개하도록 할 것인지도 문제된다. 결론적으로 유통량의 경우에는 유통량의 정의 및 산출방식이 정리되기 전까지는 미공개중요정보 이용행위에서의 중요정보로 볼 수 없는 현실적인 문제가 존재한다.

결론적으로 가상자산이용자보호법 제10조 제1항의 미공개중요정보 이용행위의 규제의 경우 수범자의 범위 및 대상정보의 범위와 관련된 해결되지 않은 문제들이 남아 있다. 이러한 부분은 대통령령과 추가 입법을 통

발행량, 증자, 감자, 소각, 자기주식의 취득 및 처분 등을 모두 공시하도록 하고 있고, 권한을 가진 금융당국이 허위 내지 부실공시를 적발하게 되면 자본시장과 금융투자업에 관한 법률 등에 의하여 엄격한 책임을 물을 수 있는 반면, 가상자산의 경우 위와 같은 공시사항을 강제하거나 규율할 수 있는 법규 내지 제도가 마련되어 있지 않을 뿐만 아니라 금융당국으로부터 이를 적발할 권한을 부여받은 자도 없다. (4) 결국 가상자산에 대한 거래를 지원하는 가상자산 거래소로서는 가상자산 발행인이 제출하는 유통량에 관한 정보 등을 토대로 가상자산의 유통량에 대한 점검을 할 수밖에 없고, 그 과정에서 문제점이 발견될 경우 '투자자 보호'라는 공익적 차원에서 해당 가상자산 발행인에게 그 소명을 요청하는 한편, 적시에 상당한 조치를 취하여야 할 필요성이 더욱 크다."

해 해결되어야 할 것으로 보인다.

3. 시세조종행위에 대한 규제 (가상자산이용자보호법 제10조 제2항, 제3항)

(1) 의의

가상자산이용자보호법 제10조 제2항에서는 "가상자산의 매매에 관하여 그 매매가 성황을 이루고 있는 듯이 잘못 알게 하거나 타인에게 그릇된 판단을 하게할 목적으로 통정, 가장 매매 등의 행위"를 금지하고 있다. 또한 가상자산이용자보호법 제10조 제3항은 "매매를 유인할 목적으로 가상자산의 매매가 성황을 이루고 있는 듯이 잘못 알게 하거나 그 시세를 변동 또는 고정시키는 매매하는 행위 및 이를 위·수탁하는 행위"를 금지하고 있다. 가상자산이용자보호법 제10조 제2항은 가상자산의 위장거래에 의한 시세조종행위를, 동조 제3항은 현실거래에 의한 시세조종행위를 금지하는 규정이다.

가상자산이용자보호법 제정 전에는 가상자산의 허위매매 또는 가장매매 행위를 사기죄로 규율하였다. 대표적으로 가상자산거래소를 운영하는 자가 자신이 운영하는 시스템 상으로 다수의 가공계정들을 생성한 뒤 각 계정들에는 가상자산이 입고된 것처럼 가상자산 포인트를 허위 입력하고 원화 포인트를 허위로 입력한 사례에서 해당 사업자는 사기죄로 처벌되었다(서울남부지방법원2018. 10. 18. 선고 2018고합181 판결, 서울고등법원 2019. 7. 23. 선고 2019노396 판결, 대법원 2020. 8. 27. 선고 2019도11294 판결). 가상자산에 대한 시세조종행위를 사기죄로 처벌하는 것과 불공정거래행위로 규제하는 것은 상당한 차이가 있다. 우선 형법상 사기죄는 개인적 법익에 대한 침해를 처벌하기 위한 것이다. 하지만 가상자산이용자보호법의 제정 목적에 비추어 볼 때 가상자산이용자보호법상 불공정거래행위 금지규정은 가상자산시장의 건전한 발전이라는 사회적 법익도 보호하기 위한 것이다. 따라서 단순히 개인적 법익에 대한 침해를 규제하는 사기죄와는 다른 의미를 갖게 된 측면이 있다.

(2) 행위의 장소적 범위

장소적 범위와 관련하여, 시세조종행위를 한 시장이 국내 가상자산시장, 즉 가상자산사업자가 운용하는 시장으로 한정된다고 해석해야 할지 아니면 국외 가상자산시장 및 탈중앙화거래소와 같은 신고 가상자산사업자 이외의 자가 운영하는 시장까지도 포함한다고 해석해야 할지가 문제될 수 있다. 이는 가상자산이용자보호법 제10조 제2항 및 제3항에서 행위의 장소적 범위에 대하여 특별한 제한을 두고 있지 않은 상태인 데다가 자본시장법상 시세조종행위에서 대상 증권을 상장증권만으로 제한하는 것과 달리 가상자산이용자보호법에서는 대상 가상자산을 거래소에서 거래중인 가상자산으로 한정하고 있지도 않기 때문에 더욱 문제된다. 우선 시세조종행위, 즉 매매가 성황을 이루고 있는 듯이 잘못 알게 하기 위하여 매도·매수를 하는 시장이 국내 거래소, 신고 가상자산사업자가 운영하는 시장만을 의미한다면 대상 가상자산 역시 자연스럽게 해당 시장에서 거래중인 가상자산만을 의미하는 것으로 해석될 수 있다. 하지만 만일 시세조종행위 대상 시장에 해외거래소 또는 탈중앙화 거래소까지 포함되는 것으로 해석한다면 대상 가상자산의 범위도 넓어질 수 있다.

우선 가상자산이용자보호법 제10조 제2항의 위장거래에 의한 시세조종행위부터 살펴보고자 한다. 가상자산이용자보호법 제10조 제2항 규정에 따르면, 행위자가 이용자들에게 매매가 성황을 이루고 있는 듯이 잘못 알게 하면 시세조종행위에 해당할 수 있고 그 행위를 행한 시장에 대해서는 명확하게 규정하고 있지 않다. 따라서 위 조항은 문언만으로는 행위자가 국내 가상자산시장에서 행한 위장거래행위뿐만 아니라 국외 가상자산시장 및 탈중앙화거래소에서의 거래까지도 규제 대상이 될 수 있다. 이와 관련하여 국내 가상자산시장으로 좁게 해석해야 한다는 견해와 장소적 범위를 넓게 해석하여 해외 가상자산시장 등까지 포함해야한다고 보는 견해가 존재할 수 있을 것이다. 우선 국내 가상자산시장으로 좁게 해석하는 견해를 상정해 본다면, 가상자산이용자보호법 제2조 제4호에서 "가상자산시장이란 가상자산의 매매 또는 가상자산 간 교환을 할 수 있는 시장을 말한다"

고 정의하고 있으며, 이때의 가상자산시장은 국내 가상자산사업자가 개설한 시장에 국한되는 것으로 해석할 수 있고(가상자산이용자보호법 제12조 제1항은 "가상자산시장을 개설·운영하는 가상자산사업자"라고 표현하여 같은 법률상의 가상자산시장이란 가상자산사업자가 운영하는 시장만을 의미하는 것을 해석할 여지가 있다.) 따라서 제10조의 가상자산 매매행위도 제2조 제4호의 시장을 전제로 하는 것이라고 주장할 수 있을 것이다. 이와 달리 가상자산이용자보호법 제3조에서 역외적용 조항을 두고 있으며 가상자산이용자보호법 제10조 제2항에서는 국내와 국외 시장을 구분하지 않고 있고 같은 맥락에서 가상자산사업자가 운영하는 시장과 그 밖의 시장의 구별도 하지 않으므로 원칙적으로 매매행위의 장소적 범위는 넓게 보아야한다는 견해도 있을 수 있다. 위 견해에 따르면 가상자산이용자보호법 제10조 제2항의 매매가 이루어지는 시장의 범위는 해외 가상자산거래소 및 탈중앙화거래소까지 확대해서 해석할 수 있을 것이다.

한편 가상자산이용자보호법 제10조 제3항에서는 "시세를 변동 또는 고정시키는 매매행위"를 금지하고 있다. 이 때 시세란 무엇을 의미하는가? 참고로 자본시장법에서는 시세를 "증권시장 또는 파생상품시장에서 형성된 시세, 다자간매매체결회사가 상장주권의 매매를 중개함에 있어서 형성된 시세, 그 밖에 대통령령으로 정하는 시세[46]"라고 규정하고 있다. 그런데 가상자산이용자보호법에서는 시세에 대한 정의 없이 시세라는 용어만을 사용하고 있다. 그렇다면 가상자산이용자보호법에서의 시세란 어디에서 어떻게 형상된 시세를 의미하는지 명확하게 정의될 필요가 있다. 우선 시세를 형성하기 위해서는 그 전제로서 시장의 범위가 확정되어야 한다. 이때 시장을 국내 가상자산사업자가 개설한 가상자산시장으로 한정해야 한다는 견해와 그 밖의 시장에서 형성된 가격도 시세로 보아야 한다는 견해가 있을 수 있다. 또한 시세가 경쟁매매방식으로 매매체결이 이루어지는 거래소에서 형성된 가격을 의미하는 것인지 아니면 매매가 체결된 모

---

46 자본시장법 제176조 제2항 제1호.

든 가격을 시세로 볼 것인지도 문제된다. 예를 들면 탈중앙화 거래소에서는 앞서 미국의 망고마켓 사례에서처럼 외부거래소(오라클 거래소)에서 형성된 시세를 그대로 사용하는 방식, 또는 Uniswap처럼 수학적 알고리즘을 사용하여 유동성에 따라서 체결가격을 결정하는 방식[47] 등 여러 가지 방법으로 매매체결가격이 결정된다. 따라서 시세라는 용어가 과연 어디에서 어떠한 방식으로 형성된 가격을 의미하는지에 대해서도 논의가 필요하다. 현재 규정상으로 "시세"가 무엇을 의미하는지 명확하게 규명되어 있지 아니하므로, 가상자산이용자보호법 제10조 제3항에서의 "변동 또는 고정"행위의 대상이 된 "시세"가 신고 가상자산사업자가 운영하는 시장에서 형성된 가격을 의미하는지, 아니면 해외거래소나 탈중앙화거래소에서 매매체결된 가격까지 포함하는지 알 수 없다. 아래에서는 가정적 사례를 통해 이 논의를 이어가보고자 한다.

1) 사례 1

국내 거주자 갑이 해외 거래소에서 여러 개정을 개설한 후 가상자산 A에 대하여 통정 가장매매를 수행하였고 이에 해외거래소에서의 가상자산 A의 가격이 상승하였다고 가정해보자.

가상자산이용자보호법 제10조 제2항에서는 장소를 불문하고 "가상자산의 매매"에 관하여 통정 가장매매행위를 금지하고 있으므로 문언 그대로 해석하면 국내 거주자 갑의 행위는 비록 해외 거래소에서 이루어진 것임에도 불구하고 가상자산이용자보호법 제10조 제2항에 해당할 수 있을 것이다.

2) 사례 2

국내 거주자 갑이 국내 이용자들의 매매를 유인할 목적으로 해외 가상자산거래소에서 B라는 가상자산을 실제로 매매함으로써 가격상승을 주도하였다. 이러한 해외 거래소에서의 가격상승을 보고 국내 이용자들이 국

---

47 이를 AMM 즉 자동화된 시장조성자시스템이라고도 한다. 참고, https://blog.uniswap.org/what-is-uniswap.

내 거래소에서 B라는 가상자산을 매집하여 상당한 규모로 가격이 상승하였다고 가정해보자. 이러한 경우, 국내 거주자의 해외거래소에서의 매매행위가 가상자산이용자보호법 제10조 제3항에 해당할 것인가?

현재 가상자산이용자보호법 제10조 제3항에서는 행위가 이루어지는 시장에 대하여 명확하게 구별하고 있지 않다. 그런데 가상자산이용자보호법 제10조 제3항의 "시세"를 탈중앙화거래소나 해외거래소에서 형성된 시세까지 포함하는 것으로 볼 수 있을지는 의문이다. 매매체결의 기준이 되는 가격이 생성되는 방법이 모두 상이한데 단순하게 모두 "시세"라는 용어로 포섭할 수는 없을 것이기 때문이다. 하지만 단순하게 가상자산이용자보호법 제10조 제3항의 규제 범위가 국내의 신고 가상자산사업자가 운영하는 시장에서의 현실거래행위만을 대상으로 한다고 볼 근거도 없고 시세에 대한 정의규정도 없는 상황에서 무조건 위와 같은 시장에서 형성된 가격으로 제한할 근거도 없다. 더 나아가 제10조 제3항의 장소적 적용범위를 국내의 신고 가상자산사업자가 운영하는 시장으로 한정할 경우 가상자산이용자보호법 제10조 제2항의 장소적 범위와도 불일치하게 된다.

이처럼 가상자산이용자보호법 제10조 제2항 및 제3항의 해석과 관련하여 장소적 범위를 정하는 것은 매우 어려운 상황이다. 엄격한 문언적 해석을 한다면 시세조종행위가 해외거래소나 탈중앙화거래소에서 발생한 경우까지 포섭하는 것이 타당하다. 하지만 해외거래소나 탈중앙화거래소에서의 시세조종행위를 입증하는 것은 매우 어렵고 행정력이 미치기 어려울 것으로 보인다. 나아가 "시세"의 해석과 관련하여 법률 규정의 불명확성이 문제될 수도 있을 것이다.

앞서 본 사례와 반대로 국내 가상자산시장에서 위장거래에 의한 시세조종행위를 한 후 해외 거래소에서 이익을 실현한 경우에는 가상자산이용자보호법 제10조 제2항 및 동법 제19조 제1항 제2호에 따라 처벌할 수 있을 것이다. 이때 해당 행위가 가상자산이용자보호법 제10조 제2항에서 금지하는 행위라는 점에는 큰 이견이 없을 것이지만 이익실현 시장이 해외거래소일 경우에는 부당이득 산정을 행위 시장을 기준으로 할 것인지 아니면 이익실현 시장을 기준으로 할 것인지 문제될 수 있을 것이다.

4. 부정거래행위에 대한 규제 (가상자산이용자보호법 제10조 제4항)

(1) 의의

가상자산이용자보호법은 부정거래행위 금지를 규정하고 있다. 위 조항에서는 누구든지 가상자산의 매매, 그 밖의 거래와 관련하여 부정한 수단, 계획 또는 기교를 사용하는 행위(1호), 중요사항에 관하여 거짓의 기재 또는 표시를 하거나 중요사항의 기재 또는 표시가 누락된 문서 등을 이용하여 재산상 이익을 얻고자 하는 행위(2호), 거래를 유인할 목적으로 거짓의 시세를 이용하는 행위(3호), 위 각 행위를 위탁하거나 수탁하는 행위(4호)를 부정거래행위로 규정하고 있다. 자본시장법 제178조 제1항의 행위를 가상자산이용자보호법에서도 동일하게 규제하고 있다.

자본시장법상의 부정거래행위 금지 목적과 관련하여 법원은 "개개 투자자의 이익을 보호함과 함께 투자자 일반의 증권시장에 대한 신뢰를 보호하여, 증권시장이 국민경제의 발전에 기여"하도록 하는데 그 목적이 있다고 판시하였다.[48] 가상자산이용자보호법상의 부정거래행위 규제 역시 개개 투자자의 이익을 보호하고 가상자산시장에 대한 신뢰를 보호하며 가상자산시장이 국민경제 발전에 기여할 수 있도록 하는데 그 목적이 있다고 보아야 할 것이다. 이하에서는 이러한 전제 하에서 본 조를 검토하고자 한다.

(2) 부정한 수단, 계획 또는 기교를 사용하는 행위 (제1호)

가상자산이용자보호법 제10조 제4항의 부정한 수단, 계획 또는 기교는 매우 넓은 의미로 해석될 수 있다. 자본시장법 제178조와 관련하여 법원은 "부정한 수단"을 사회통념상 부정하다고 인정되는 일체의 수단이라고 판시하였고(서울남부지방법원 2020. 8. 13. 선고 2019노753 판결) 위 사건의 상고

---

48 대법원 2018. 4. 12. 선고 2013도6962 판결.

심에서 "자본시장법 제178조 제1항 제1호 중 '부정한 수단' 부분이 죄형법 정주의에서 파생된 명확성의 원칙에 반한다고 볼 수 없다"고 판시하였다 (대법원 2022. 3. 31. 선고 2020도11566 판결). 따라서 가상자산이용자보호법 제10조 제4항 제1호에 대해서도 부정한 수단은 "사회통념상 부정하다고 인정되는 일체의 수단"을 의미하는 것이라고 볼 수 있을 것이고 해당 조항은 명확성 원칙에 반한다고 보기 어려울 것이다.

이러한 행위에 해당하는 유형으로는 스캘핑, 즉 가상자산 관련 투자자문업자가 자신의 보유사실을 밝히지 않고 매수 추천한 후 보유 가상자산을 매매함으로써 이익을 취득하는 행위 등이 포함될 수 있을 것이다. 또한 앞서 가정적으로 살펴 본 외국 가상자산거래소에서의 시세조종행위가 국내시장에 영향을 미친 경우 역시도 가상자산이용자보호법 제10조 제4항 제1호의 부정한 수단, 계획 또는 기교에 해당하는 것으로 보고 처벌할 수 있을 것으로 생각한다.

(3) 중요사항의 허위기재 또는 중요사항 기재의 누락 등 (제2호)

가상자산이용자보호법 제10조 제4항 제2호의 "중요사항"이란 무엇을 의미하는지가 문제된다. 본 조항은 자본시장법 제178조 제1항 제2호 규정을 참고한 것이다. 법원은 자본시장법상 부정거래행위에서의 중요사항과 관련하여 "'미공개중요정보'와 같은 취지로서, 당해 법인의 재산·경영에 관하여 중대한 영향을 미치거나 특정증권 등의 공정거래와 투자자 보호를 위하여 필요한 사항으로서 투자자의 투자판단에 영향을 미칠 수 있는 사항을 의미한다"(대법원 2006. 2. 9. 선고 2005도8652 판결)고 판시한 바 있다.

이러한 판시를 고려할 때 가상자산이용자보호법에서도 미공개중요정보 이용행위에서의 "중요정보"와 부정거래행위의 대상이 되는 "중요사항"은 사실상 동일한 취지의 규정이라고 볼 수 있을 것이다. 그런데 앞서 본 바와 같이 미공개중요정보 이용행위에서의 "중요정보"의 범위는 불명확한 측면이 있다. 단지 "이용자의 투자판단에 중대한 영향을 미칠 수 있는 정보"라고만 규정되어 있으므로 해당 중요정보가 무엇을 의미하는지 불명확하고 시장정보까지 포함되는 것으로 해석할 수밖에 없다. 그리고 이와 동일한 취지의 규정인 가상자산이용자보호법 제10조 제4항 제2호의 "중요사항" 역시 시장정보까지 포함되는 것으로 해석될 수 있다. 이렇게 중요사항의 범위가 넓게 해석될 수 있는 상황에서 가상자산이용자보호법 제10조 제4항 제2호를 적극적으로 적용하는 것은 지양되어야 할 것이다.

한편 가상자산이용자보호법 제10조 제4항 제2호 규정을 통해 백서의 잘못된 기재를 방지할 수 있다는 견해가 있다.[49] 우선 발행자 또는 그 관련자가 백서에 기재한 사항은 명시적으로 자신이 중요성을 인정한 정보로 볼 여지가 있다. 따라서 발행자가 의도적으로 백서에 허위 정보를 기재할 경우, "중요사항에 대한 허위기재"를 이유로 처벌할 수 있을 것이다. 하지만 "기재 누락"에 대한 판단은 달리 할 필요가 있다. 가상자산이용자보호법 제10조 제1항의 중요정보 및 동조 제4항의 중요사항이 무엇을 의미하는지 불명확하고, 해석상 시장정보까지 포함될 수 있다. 이처럼 의무적으로 기재해야 하는 대상이 불명확한 상황에서 "기재누락"을 부정거래행위로 처벌하는 것이 타당한지에 대한 고민이 필요하다. 발행자나 관련자가 중요정보에 해당하는지 여부조차 알 수 없는 상황에서 이에 대한 기재를 누락했다는 이유만으로 부정거래행위로 처벌하는 것은 실제 행위의 위법성에 비하여 과도한 처벌이 될 가능성이 있을 것이다.[50] 위 견해에서 의도하는 바는 이용자에게 투명한 정보를 제공하기 위함일 것이라고 생각한다. 하지만 정보공개는 결국 발행규제 체계 내에서 공시제도의 완비를 통해 달성해야 할 것이고 전적으로 불공정거래행위 규제에 의존할 수는 없을 것으로 생각한다.

---

49 박민우, 가상자산이용자보호법 내용 및 영향, 2023년 제3회 형사법아카데미 가상자산의 규율에 대한 법적 과제 p16 각주 8번 참고.
50 중요사항이 무엇인지 즉, 발행자에 해당하는 재단이나 법인의 재무상황이나 기술력인지 아니면 가상자산 자체의 발행량과 유통량인지, 전체 투자자의 규모인지, 가상자산의 기능적 측면인지 확정되지 않은 상태에서는 발행자 또는 그에 관여한자가 정보를 성실하게 공개할 것을 기대하기 어려울 것이다.

(4) 풍문 유포 등의 행위에 대한 처벌 가능성

가상자산이용자보호법 제10조 제4항 규정에서는 부정거래행위를 규정하면서 자본시장법 제178조 제2항[51]에 해당하는 규정을 두고 있지 않다. 따라서 시세변동을 도모할 목적의 풍문의 유포 등은 규제 대상에서 제외된다고 볼 여지가 있다. 대표적으로 특정 가상자산의 대량 보유자가 상장폐지 심사 중인 상황에서 상장폐지될 가능성이 없다는 등의 의지를 SNS를 통해 표명한 경우 그것이 가격에 영향을 미쳤다면 이러한 행위는 풍문 유포에 해당할 수 있을 것인데 이러한 행위를 가상자산이용자보호법 제10조 제4항으로 금지할 수 있을지 명확하지 않다. 향후 2단계 입법에서는 부정거래행위 유형의 하나로서 풍문 유포나 위계 역시도 명시적으로 금지할 필요가 있을 것이다.

VI. 결론 - 향후 규제체계의 방향성에 대하여

지금까지 각국의 가상자산 관련 불공정거래행위 규제와 함께 내년 7월에 시행될 가상자산이용자보호법의 불공정거래행위 규제에 대하여 살펴보았다. 가상자산이용자보호법 제1조에도 언급되어 있는 바와 같이 가상자산이용자보호법에서 불공정거래행위 규제를 도입한 것은 이용자 보호뿐만 아니라 시장의 건전한 발전을 도모하기 위한 것이다. 따라서 가상자산이용자보호법 제정을 통해 가상자산에 대한 불공정거래행위 규제체계가 신설됨으로써 가상자산시장이 건전하게 발전할 수 있는 토대가 마련되었다고 평가할 수 있다. 다만 입법과정에서 자본시장법상 규정을 가상자산시장에 그대로 대입시킴으로 인해 가상자산 및 가상자산시장의 특수성이 반영되지 못한 측면이 있고 그로 인해 불명확하게 해석될 수 있는 규정들이

---

51 자본시장법 제178조 제2항 "누구든지 금융투자상품의 매매, 그 밖의 거래를 할 목적이나 그 시세의 변동을 도모할 목적으로 풍문의 유포, 위계(僞計)의 사용, 폭행 또는 협박을 하여서는 아니 된다."

있음을 살펴보았다.

앞으로 대통령령의 제정과 함께 2단계 입법이 예정되어 있다. 향후 그러한 절차의 진행 과정에서는 불공정거래행위와 관련된 시장 범위의 확정 및 미공개중요정보 이용행위에서의 중요정보 범위의 명확화, 시세조종행위에서의 "시세"에 대한 정의규정 추가, 부정거래행위에서의 "중요사항"의 명확화 등이 필요해 보인다. 그리고 불공정거래행위 규제체계와 함께 연동되어 작동할 수 있는 발행규제체계의 도입 역시 필요할 것이다.

가상자산시장의 경우 국내 시장과 해외 시장을 분리해서 생각할 수 없으므로 탈중앙화거래소나 해외 시장에서의 거래를 규제할 필요성도 분명 존재한다. 다만 이를 위해서는 해외 시장에서의 불공정거래행위가 국내 시장에 미치는 영향을 정확하게 판단하고 해외 시장에서 이루어지는 불공정거래행위에 대한 감시체계를 구축하는 노력도 필요할 것이다.

향후 과제로는 탈중앙화거래소 등에서의 거래행위에 대한 규제체계에 대한 논의도 필요할 것이다. 이를 위해서는 탈중앙화거래소에서의 거래내역을 확인할 수 있는 블록체인상에서의 거래정보 즉, 온체인데이터를 활용한 규제방법 등이 추가로 논의될 필요가 있을 것이다.

* 본 논문은 증권법연구 24권 3호(2023. 12.)에 게재된 논문임을 밝힙니다.

제2부

디지털금융 관련 기술적·사법적 측면 분석

5

NFT 규제 현황과 실무상 주요 쟁점

김준영

Ⅰ. 들어가며

NFT(Non-Fungible Token, 대체불가능토큰)는 일반적으로 대체가능한 토큰(fungible token)과 대조되는 개념으로 고유성이 있고 다른 것으로 대체가 불가능한 토큰을 의미한다.[1] 블록체인 기술을 활용하여 고유 ID(token ID)가 부여되기 때문에 '대체불가능성(Non-Fungibility)'이라는 핵심적 특성을 지니고, 그 특성으로 인하여 기초자산의 '원본성(Originality)'을 증명하는 것이 상대적으로 용이하다.[2] 또한 NFT를 이용하면 상대적으로 위변조가 어려운 블록체인에 특정 NFT의 통제권자 정보 및 거래내역 등을 기록, 추적할 수 있고, 스마트 계약(Smart Contract)을 이용하는 등 다양한 방식으로 이를 활용할 수 있다. 이러한 특성 덕분에 NFT는 가상자산(Virtual

---

1 금융위원회는 2024. 6. 10. 자 "NFT(Non-Fungible Token)가 가상자산에 해당되는지 판단할 수 있는 가이드라인을 마련하였습니다." 보도자료에서 "NFT(Non-Fungible Token)는 통상 고유한 정보를 갖고 있어, 다른 것으로 대체가 불가능한 토큰을 의미"한다고 설명하였다.
2 다만, 블록체인 외부의 정보 자체의 정확성이나 해당 정보와 관련된 권리를 보장하지는 않는다. 예를 들어, NFT와 연결된 디지털아트가 권한 없는 자의 복제품이거나 제3자의 저작권을 침해한 원본일 수도 있다.

Asset) 시장의 발전에 맞추어 그 활용 영역이 점차 확장되어 왔고, 시장에서도 큰 호응을 얻어 왔다. NFT 시장이 침체에 접어들었다는 우려도 있지만, 여전히 NFT의 기술적 특성을 사업에 접목하려는 시도는 이어지고 있다.[3] 시장의 움직임에 발맞추어 각국 정부 역시 NFT에 대한 규제의 필요성이나 방향을 검토하고 있다. 그러나 가상자산의 경우 한국을 포함한 다수의 국가에서 법률을 제·개정하여 적극적으로 규제를 도입하고 있는 것과 달리, NFT의 경우 활용 목적과 용도의 스펙트럼이 넓고, 고유성과 대체불가능성의 특성으로 인해 가상자산과 동일한 규제를 적용하기에 어려운 측면 등을 고려하여 여러 국가에서 상대적으로 구체적인 규제를 도입하는 데 신중한 입장을 취하고 있어 아직까지 규제의 회색지대에 있는 경우가 많다. NFT는 가상자산에 해당하는 대체가능한 토큰의 법적 성격에 대한 논의(예를 들어, 증권 등 금융투자상품에 해당하는지, 기타 지급수단에 해당하는지)에 더하여 가상자산에 해당하는지 여부도 문제가 되기에, 사업자의 입장에서 NFT를 활용하여 사업을 추진하고자 하는 경우 어떠한 규제가 적용되는 것인지 판단하기 어렵다는 문제가 있었다.

이러한 상황에서 NFT에 대한 국내외 규제 현황을 정리하고, NFT를 활용하는 사업에서 최근 실무상 문제가 제기되고 있는 쟁점들을 정리하는 것은 그러한 논의를 보다 명확하게 하는 데 의미가 있을 것이다. 이 글에서는 NFT에 대한 주요 지역별 규제 현황을 국내(II.항)와 해외(III.항) 분야로 각각 나누어 정리하고, 실무상 NFT와 관련하여 문제되는 주요 이슈(IV.항)까지 검토해 보기로 한다.

---

3 2021년부터 NFT 경매를 시작하였던 글로벌 경매 회사 소더비(Sotheby's)는 2023년 한 해 동안에만 디지털 아트 경매로 약 3,500만 달러(약 453억 원) 정도의 매출을 기록하였고, 같은 해 자체 NFT 마켓플레이스 사업을 새롭게 시작하기도 하였다. 가상자산사업자 주식회사 두나무가 운영하는 가상자산거래소 업비트 또한 NFT 마켓플레이스를 통해 유저들의 NFT 거래를 지원하고 있으며 그 외에 각종 NFT 드롭 행사를 주최하고 있기도 하다.

Ⅱ. NFT에 대한 국내 규제

1. 특정 금융거래정보의 보고 및 이용 등에 관한 법률

아직까지 국내에서 NFT를 직접적인 적용 대상으로 포섭하고 있는 법률은 없다.[4] 다만 서두에서 언급한 것과 같이 개별 NFT가 국내법상 증권이나 가상자산의 정의에 해당하는지 여부가 주로 문제되므로, NFT에 대한 국내 규제를 살펴보기 위해서는 먼저 가상자산에 대한 국내 규제를 살펴볼 필요가 있다.

국내에서 가상자산에 관한 최초의 법률은 구「특정 금융거래정보의 보고 및 이용 등에 관한 법률」(2021. 5. 20. 법률 제17299호로 개정되기 전의 것, 이하 "구 특정금융정보법")이다. 동법은 G20 정상회의와 국제자금세탁방지기구 (Financial Action Task Force on Money Laundering, 이하 "FATF")의 논의를 반영하여, 가상자산사업자에게도 자금세탁방지 및 공중협박자금조달금지 의무를 부과하고 금융회사등이 가상자산사업자와 금융거래 시 준수할 사항을 규정하였는데(법률 제17113호, 2020. 3. 24., 제정·개정이유), 가상자산을 처음 정의하였다. 구 특정금융정보법은 가상자산을 "경제적 가치를 지닌 것으로서 전자적으로 거래 또는 이전될 수 있는 전자적 증표(그에 관한 일체의 권리를 포함한다)"로 정의하였는데(제2조 제3호 각 목에서 가상자산의 범위에서 제외하는 예외 항목은 별도로 명시), 이는 FATF가 발표한 가상자산 및 가상자산사업자 위험기반접근 지침(이하 "FATF 지침서")[5] 상의 가상자산(Virtual Asset, VA) 정의를 상당 부분 반영한 것이다.[6] 그런데 위와 같이 가상자산의 정의

---

4   가상자산이용자보호법 시행령 제2조 제4호에서 (일부 유형의) NFT를 가상자산의 범위에서 제외하는 방식으로 규정하고 있다.
5   FATF, Guidance for a Risk-Based Approach Virtual Assets and Virtual Asset Service Providers (2019).
6   FATF 지침서는 "A virtual asset is a digital representation of value that can be digitally traded, or transferred, and can be used for payment or investment purposes"라고 정의하고 있는바, 경제적 가치를 지닌 것(representation of value), 전자적으로 거래 또는 이전될 수 있는(digitally traded, or transferred) 등의 정의가 상당

가 상당히 포괄적으로 정의되어 있다 보니, 실무상 특정금융정보법에서 말하는 가상자산의 정의에 NFT가 포함되는지 여부에 대하여 (1) NFT 역시 경제적 가치를 지닌 것으로서 전자적으로 거래 또는 이전될 수 있는 전자적 증표에 해당하므로 가상자산의 정의에 포함된다는 견해와, (2) 특정금융정보법은 일반적으로 암호자산 업계에서 가상자산으로 불리는 이른바 FT(Fungible Token, 대체가능토큰)에 대한 자금세탁방지 측면의 규제를 염두에 둔 것으로서 NFT는 원칙적으로 포함된다고 보기 어렵다는 견해가 나뉘게 되었다. 특히 이러한 논의는 NFT가 가상자산으로 분류되는 경우 NFT를 이용하여 영업을 영위하는 회사의 입장에서는 특정금융정보법상 가상자산사업자 신고 의무(동법 제7조 제1항)에 더하여 가상자산사업자에 대한 규제 준수 의무를 부담하게 될 가능성이 있다는 점에서 중요한 의미를 가진다.

  FATF는 2021. 10. 28. FATF 지침서를 개정하였는데, 동 지침서에서 수집품(Collectible)으로 사용되는 NFT는 일반적으로 가상자산에 해당하지 않을 것이나, 지급결제(Payment) 또는 투자(Investment) 목적으로 사용되는 경우 등에는 가상자산에 해당할 수도 있다고 하면서 특정 NFT가 가상자산에 해당하는지 여부를 판단하기 위해서는 NFT의 특성과 실제 기능을 고려하는 것이 중요하다고 설명한 바 있다. 그리고 같은 맥락에서 금융위원회도 NFT의 가상자산 해당 여부에 관하여, "NFT는 일반적으로 가상자산이 아니며, 다만 결제·투자 등의 수단으로 사용될 경우에는 해당될 수 있습니다"라며, "NFT는 일반적으로 가상자산으로 규정하기 쉽지 않은 측면이 있으며, 개별 사안별로 봤을 때 일부 해당할 가능성이 있습니다"라는 원칙적인 입장을 보도설명자료를 통해 밝힌 바 있다.[7] 이에 따라 실무에서는 NFT가 일반적으로 가상자산에 해당하지는 않는다는 전제에서, 이러한 NFT에 대해서는 특정금융정보법의 규정이 배제될 가능성이 높고, 따라서

    부분 유사하게 정의되어 있다.
7 금융위원회, "[보도설명] NFT는 일반적으로 가상자산이 아니며, 다만 결제·투자수단으로 사용될 경우에는 해당될 수 있습니다.", 2021. 11. 23.자 보도설명자료.

NFT 관련 사업을 영위하는 사업자가 가상자산사업자 신고의무를 부담하게 될 가능성은 낮다고 보는 입장이 지배적이었고, NFT를 이용한 사업자가 국내에서 미신고 가상자산사업자로서 제재된 사례 또한 찾아보기 어려웠다.

2. 가상자산 이용자 보호 등에 관한 법률

특정금융정보법이 가상자산이라는 새로운 대상을 기존의 규율 영역으로 포섭하기 위해 기존 법률을 개정하는 형식을 취했다면(가상자산과 관련된 자금세탁방지등에 관한 사항을 규율), 2024. 7. 19. 시행된 「가상자산 이용자 보호 등에 관한 법률」(이하 "가상자산이용자보호법")은 애초부터 가상자산에 관한 이용자 보호 및 불공정거래 등을 규율할 목적으로 새로이 제정·시행된 법률이다.

우선 가상자산의 정의에 관하여 보면, 가상자산이용자보호법은 구 특정금융 정보법상 가상자산의 정의를 그대로 도입하고(동법 제2조 제1호), 특정금융정보법은 이와 같이 가상자산이용자보호법에서 정하고 있는 "가상자산" 정의를 인용하는 방식으로 개정되었다. 이와 같이 가상자산의 정의 조항을 가상자산이용자보호법에 두고, 특정금융정보법 등에서는 이러한 가상자산이용자보호법상 정의 조항을 인용하는 형식을 취함으로 인해 가상자산이용자보호법이 가상자산을 규율하는 기본법으로서 기능한다는 점을 보다 명확하게 드러나게 한 것으로 이해된다.

가상자산이용자보호법상 위임 규정에 따른 동법 시행령은 (거래의 형태와 특성을 고려하여) 가상자산의 범위에서 일정한 범위의 NFT[8]를 제외하고 있다 (가상자산이용자보호법 제2조 제1호 아목, 동법 시행령 제2조 제4호). 구체적으로 시행령에서는 "수집을 주된 목적으로 하는 전자적 증표, 거래 당사자 간의 거

---

8 금융위원회, 가상자산 이용자 보호 등에 관한 법률 시행령 조문별 제정이유서 1면, 2023년 12월, "주로 수집 목적으로 거래되는 등 단일하게 존재하여 상호간에 대체될 수 없는 NFT".

래 확인만을 목적으로 하는 전자적 증표 등 단일하게 존재하여 다른 전자적 증표로 대체할 수 없는 전자적 증표"를 원칙적으로 가상자산의 범위에서 제외하되 그 단서를 두어 "특정 재화나 서비스의 지급수단으로 사용될 수 있는 전자적 증표 등 금융위원회가 정하여 고시하는 전자적 증표는 제외한다"라고 하여 예외를 두고 있는데, 가상자산업감독규정 제2조는 위 단서를 "**특정[9] 재화나 서비스의 지급수단으로 사용이 가능한 전자적 증표**"로 구체화하였다.

결국 현행 가상자산이용자보호법에 따를 때, NFT가 가상자산에 해당하는지 여부는 일률적으로 판단할 수 없고 구체적인 내용 등 사실관계에 따라 달리 판단될 것이나, **원칙적으로 NFT**(법령상 "단일하게 존재하여 다른 전자적 증표로 대체할 수 없는 전자적 증표"라고 정의)**의 경우 가상자산의 범위에서 제외하되, 특정 재화나 서비스의 지급수단으로 사용이 가능한 NFT의 경우 예외적으로 가상자산에 해당할 수 있다는** 입장으로 이해되고, 이는 기존의 2021년 보도설명자료에서 밝힌 금융당국의 입장과도 궤를 같이 하는 것으로 보인다.

3. NFT의 가상자산 판단 가이드라인

앞서 살펴본 바와 같이 가상자산이용자보호법령은 NFT의 가상자산 해당 여부에 대해 일응의 기준을 제시하고 있다. 법령 문언을 살펴보면 NFT의 가상자산성을 판단함에 있어서는 "단일하게 존재하여 다른 전자적 증표로 대체할 수 없는 전자적 증표"(이른바 고유성 또는 대체가능성 요건)에 해당하는지 여부와 "특정 재화나 서비스의 지급수단으로 사용이 가능한지"(이른바 지급수단성 요건) 여부가 중요한 기준이 된다. 그러나 가상자산이용자보호법령은 위 두 요건에 대해 상세히 설명하지 않고 있어서 업계에서는 법 시행 전부

---

[9] 가상자산업감독규정 제2조에서의 "특정"이라는 단어의 해석의 여지가 있어 보여 향후 해석례의 축적을 통해 그 의미가 명확히 될 것으로 생각된다.

터 위 요건이 포섭하는 범위에 대해 불확실한 부분들이 많이 있어 보다 구체적인 가이드라인이 필요하다는 인식이 많았다.

이에 금융위원회는 2024. 7. 19. 가상자산이용자보호법 시행을 앞둔 지난 2024. 6. 10. 보도자료를 통해 "NFT의 가상자산 판단 가이드라인"(이하 "NFT 가이드라인")을 발표함으로써 NFT가 가상자산에 해당하는지 여부를 판단할 수 있는 보다 상세한 기준을 제시하였다. NFT 가이드라인의 주요 사항을 요약하면 아래와 같다.

▣ 실질 기준 사안별 판단 원칙
- ✓ NFT의 법적 성격에 대해서는 이를 발행·유통·취급하려는 자가 그 성격, 발행 및 유통 구조, 용도, 약관·광고, 사업 및 서비스의 내용 등 제반사항을 종합적으로 고려하여 개별적·구체적으로 검토하여야 하며 명칭·기술이 아닌 실질을 기준으로 사안별로 판단

▣ 판단순서
- ✓ 먼저, 해당 NFT가 자본시장법상 증권에 해당되는지 살펴보고, 증권에 해당되지 않는 경우에는 가상자산이용자보호법상 가상자산(법 제2조제1호)에 해당되는지를 검토
- ✓ 증권에 해당되는 경우에는 자본시장법상 발행공시 등 규제를 준수하여야 함
- ✓ 가상자산에 해당될 경우에는 가상자산이용자보호법, 특정금융정보법 등 관련 규제를 준수하여야 함

▣ 증권 해당 여부 판단 기준
- ✓ 증권에 해당되는지 여부에 대한 판단기준 및 증권에 해당되는 경우 준수하여야 하는 사항에 대한 세부적인 내용은 금융위원회 등이 2023. 2. 6. 발표한 "토큰 증권 가이드라인" 참고

■ 가상자산 해당 여부 판단 기준 - 법령상 요건
  ✓ 가이드라인은 법령상 정의 (수집을 주된 목적으로 하거나 거래 당사자 간에 거래의 확인을 위하여 수수하는 것 등과 같이 단일하게 존재하여 상호간에 대체할 수 없는 전자적 증표. 다만, 특정 재화나 서비스의 지급수단으로 사용이 가능한 경우는 제외한다)에 따른 주요 요건 별로 아래와 같이 설시

법령상 정의에 따른 주요 요건
① **수집형, 영수증형 NFT** 경제적 기능이 미미하고, 다른 가치나 효용을 주된 목적으로 하는 수집 또는 영수증 목적의 전자적 증표는 가상자산에서 제외되는 NFT의 대표적인 예시에 해당
② **단일하게 존재(고유성)** 고유식별자가 존재하지 않거나 더 작은 단위로 분할이 가능하게 되는 경우 등에는 고유성이 인정되지 않을 수 있고 이 경우에는 가상자산에 해당될 수 있음
③ **다른 것으로 대체할 수 없는 전자적 증표** 대량으로 발행되어 사실상 다른 것으로 대체가 가능하거나 NFT 간에 유사성이 높아 시장에서 대체가 가능한 것으로 인식될 경우 대체할 수 없는 전자적 증표에 해당되지 않으므로 이 경우에는 가상자산에 해당될 수 있음
④ **특정 재화나 서비스의 지급수단으로 사용이 가능하지 않을 것** NFT가 특정 재화 또는 서비스의 지급수단으로 사용이 가능한 경우 이는 실질이 가상자산에 해당되는 것으로 관련 규제를 준수하여야 함

■ 가상자산 해당 여부 판단 기준 - 가이드라인 제시 예시
  ✓ 다음 중 어느 하나의 특성을 보유한 경우 고유성 및 대체 불가능성이 훼손되어 NFT가 가상자산에 해당될 가능성이 높음

NFT의 가상자산성 판단 기준 예시
- NFT가 가상자산에 해당될 가능성이 높은 경우

① **대량 또는 대규모 시리즈로 발행되어 대체 가능성이 큰 경우**
사회통념상 고유성을 인정하기 어려울 정도로 대량의 동일 또는 유사 NFT가 동종 또는 유사한 NFT가 시세를 형성하고, 개별 NFT의 가격이 아닌 동종 또는 유사한 NFT의 시세차익을 주된 목적으로 거래가 이루어지는 경우

② **분할 가능하여 고유성이 크게 약화된 경우**
하나의 NFT가 분할 가능하거나, 하나의 NFT를 분할하여 발행 또는 판매하는 경우

③ **특정 재화나 서비스의 직·간접적인 지급수단으로 사용이 가능한 경우**

④ **불특정인 간에 가상자산으로 교환이 가능하거나, 다른 가상자산과 연계하여 재화 또는 서비스의 지급이 가능한 경우**
  1) 다른 가상자산으로의 교환 목적으로만 NFT가 발행된 경우
  2) NFT가 다른 가상자산과 불특정인 간에 상호교환이 가능한 경우
  3) NFT를 사용하여 다른 가상자산으로 가격 등이 표시된 재화 또는 서비스를 제공받을 수 있는 경우

✓ 반면, 다음 중 어느 하나의 특성을 보유한 경우에는 "가상자산이 아닌 NFT"에 해당될 가능성이 높음

NFT의 가상자산성 판단 기준 예시
- NFT가 가상자산에 해당되지 않을 가능성이 높은 경우

① **경제적 가치가 아닌 다른 가치·효용을 목적으로 하는 경우**
신원 또는 자격의 증명, 자산 또는 거래내역의 증명(영수증) 목적으로만 사용되는 경우

② 사용처 및 용도측면에서 경제적 기능이 미미한 경우
공연 티켓 등 한정적 수량으로 발행되어 전시·관람 목적으로만 사용되는 경우

③ 거래 또는 또는 이전이 가능한 전자적 증표로 보기 어려운 경우
2차 거래가 불가능한 경우

■ 가상자산 해당 여부 관련 가이드라인 제시 예시에 대한 구체적인 Q&A
✓ 대량 또는 대규모 시리즈로 발행하는 경우
  • 사례별로 구체적인 사정을 감안하여 판단(NFT의 총 발행 수량, 유사 또는 동종 NFT 발행 여부 및 그 수량, NFT의 가격, 거래빈도 등 거래양태 등을 종합적으로 고려하여 판단)할 필요
  • 단순하게 특정 발행량을 판단기준으로 제시하는 방안은 혁신 저해 우려, 주요국 또는 FATF 지침서 사례, 규제 회피 가능성 등을 고려하여 제시하지 않음
✓ 불특정인 간에 가상자산으로 교환이 가능하거나, 다른 가상자산과 연계하여 재화 또는 서비스의 지급이 가능한 경우
  • NFT가 가상자산 규제를 우회하기 위해 발행된 경우를 규제하기 위한 것
  • NFT 마켓플레이스에서의 가상자산으로 NFT를 구매하는 것을 금지하는 것은 아님
  • 특정한 가상자산과의 교환 목적으로만 발행된 경우, 특정한 가상자산으로 가격 등이 표시된 재화 또는 서비스를 제공받을 수 있는 경우 등 실질적으로 NFT가 특정한 가상자산에 해당된다고 볼 수 있을 정도에 이르는 경우를 가리키는 것임

이와 같이 NFT 가이드라인은 NFT와 가상자산이 원칙적으로 구분된다는 입장을 취하면서도, FT(Fungible Token)와 NFT를 구분짓는 본질적이고

중요한 특성이라고 볼 수 있는 고유성 또는 대체불가능성(Non-fungibility)의 특성 등을 고려하여 비록 NFT의 형식을 취하고 있지만 그 실질에 있어 FT와 유사하다고 판단되는 경우에는 가상자산에 해당하는 것으로 보아 가상자산 규제를 우회하기 위하여 NFT를 활용하는 것에 대해 경계하는 입장을 취하고 있는 것으로 이해된다.

NFT 가이드라인이 대량 또는 대규모 시리즈로 발행되거나 분할이 가능한 NFT를 가상자산으로 분류될 가능성이 높은 NFT라고 하는 것은, 이 경우 FT(Fungible Token)와 NFT를 구분짓는 본질적이고 중요한 특성이라고 볼 수 있는 고유성 또는 대체불가능성(Non-fungibility)의 특성이 상당부분 희석될 가능성이 높다고 보기 때문으로 이해된다. 또한, 특정 재화나 서비스에 대한 지급 수단으로 사용 가능하거나 다른 가상자산으로 교환될 목적으로 발행된 NFT는 동일 기능-동일 규제 관점에서 일반적인 FT와 유사한 기능을 하여 같은 수준의 규제를 부과하기 위해 가상자산으로 분류하고자 하는 것으로 보인다.

NFT 가이드라인의 예시 등을 통해 법령상 요건이 보다 구체화되었지만, 그 성격상 예시 내용 자체가 불가피하게 추상적일 수밖에 없고, 실제 적용에 있어 어디까지 이러한 예시에 포섭되는 것으로 볼 것인지 여부가 여전히 문제되는 경우가 많아 개별 NFT별로 가상자산에 해당하는지 여부에 대해서 판단함에 있어서는 불확실한 측면이 많이 남아 있다. 이러한 모호성 때문에 NFT 업계에서는 금융위원회가 상당 수의 NFT를 가상자산으로 해석하여 다양한 양태의 NFT 사업자들도 모두 규제에 포섭하려는 것이 아니냐는 우려의 목소리를 낸 바 있고 금융위원회는 그 우려를 불식시키기 위해 2024. 7. 10. 보도설명자료[10]를 통해 "금융당국은 가상자산이용자보호법의 적용 범위에서 가상자산과 달리 다수 이용자의 피해 발생 가능성이 낮은 NFT를 제외하였고, NFT 가상자산 판단 가이드라인은 NFT

---

10 금융위원회, 보도설명자료 "NFT 가상자산 판단 가이드라인은 NFT에 대한 규제 불명확성을 해소하기 위한 것입니다. - 한국경제, 7월 10일자 보도에 대한 설명", 2024. 7. 10.

에 대한 규제 불명확성을 해소하기 위한 것일 뿐"이라고 설명한 바 있다. 이와 같은 금융위원회의 입장 및 가이드라인의 문언 등에 비추어 보더라도 현재 금융당국에서 NFT에 대해 전면적으로 가상자산 관련 규제를 적용하고자 하는 입장이라기보다는 NFT 중 예외적으로 가상자산 규제의 적용대상으로 보아야 하는 NFT에 한정하여 가상자산으로 포섭하고자 하는 의도로 이해되고, 이러한 측면에서 NFT 발행 등 NFT 관련 사업을 함에 있어서는 해당 NFT가 가상자산에 해당하는지 여부에 대한 검토가 중요할 것으로 생각된다. 결국 NFT 가이드라인에서 제시한 가상자산과 NFT 간의 경계는 향후 법원 및 금융당국의 해석례가 축적되면서 보다 명확해질 것으로 생각되는데, 이와 같은 해석례가 축적될 때까지는 각 유형별, 사안별로 가상자산에 해당할 가능성에 대해 검토하는 것이 중요할 것이며 (실무상 주로 문제되는 유형에 대한 자세한 사항은 이 글 Ⅳ항 참조), 이러한 검토 과정에서 해외에서의 입법례 및 규제 상황도 중요한 참고가 될 수 있을 것으로 생각된다.[11]

Ⅲ. NFT에 대한 해외 규제

국경을 초월하여 이전, 거래될 수 있는 디지털자산 중 하나인 NFT의 경우에도 가상자산과 마찬가지로 규제 차익(regulatory arbitrage)이 발생하게 된다. 사업자의 입장에서는 각 국가, 지역별 규제와 관련된 경영상의 의사결정이 필요하고, 정부 등 규제기관의 입장에서는 NFT의 초국경성이라는 특성을 고려하여 국제공조 관점을 고려하여 시장 및 이용자보호 측면의 역내 규제를 설계하게 된다. 이러한 관점에서 우리나라 금융위원회도

---

11 사업자의 입장에서는 이상의 논의를 참고하여 취급하는 NFT가 가상자산에 해당할 소지가 있는지 면밀히 검토할 필요가 있다. 예를 들어, NFT 가이드라인에서 "대량 또는 대규모 시리즈로 발행되어 대체 가능성이 큰 경우"라는 요건의 경우 문언상으로는 컬렉션형 디지털컨텐츠도 배제된다고 보기 어려워서, 동 가이드라인 Q&A (7면)에 기재된 것처럼 사례별 판단이 필요하다.

NFT 가이드라인 준비 시 주요국의 NFT 규율 현황을 검토하고 해석 기준을 안내한 것으로 보이며,[12] 앞으로 구체적인 해석례가 축적되는 과정에서도 주요국의 NFT 규제 동향은 중요한 참고가 될 것으로 보인다. 이하에서 NFT에 대한 해외 규제 동향을 간략히 살펴보기로 한다.

1. 미국의 NFT 규제 현황[13]

미국에서 가상자산을 별도로 규율하는 연방법은 아직 없으며 가상자산의 법적 성격 및 활용되는 맥락에 따라 적용되는 법률과 연방 관할 기관이 달라지게 된다. 예를 들어, 가상자산을 "증권"으로 보는 관점에서는 미국 SEC가, "상품"으로 보는 관점에서는 CFTC가 감독권한을 가진다. 이처럼 현행 법체계 내에서는 가상자산을 증권으로 보는 관점과 상품으로 보는 관점이 대립하고 있고, 이를 입법적으로 해소하려는 입법안도 계류되어 있다.[14]

이와 같은 가상자산의 법적 성격에 관한 논의는 NFT의 경우에도 유사하게 적용될 수 있다. SEC는 NFT에 대하여 가상자산과 동일한 방식으로 증권성을 판단한다. 미국에서는 NFT가 증권에 해당될 경우 NFT를 공모하거나 관련 거래를 중개하기 위해서는 연방 증권법(Securities Act of 1933, 이하 "증권법") 및 증권거래소법(Securities Exchange Act of 1934, 이하 "증권거래소법")을 준수해야 한다고 보고 Howey Test 등 기존 판례법상 기준을 적

---

12 NFT 가이드라인에 Q&A에서는 동 가이드라인에서 제시하는 일부 기준이 다소 추상적인 점은 NFT와 관련한 국제 표준 또는 객관적 기준이 없기 때문이라고 설명되었다(7면).
13 기타 NFT 플랫폼이 저작권 침해 소지가 있는 NFT를 거래지원 하지 않는 경우 적용될 수 있는 the Digital Millennium Copyright Act나 미국 재무부 해외자산통제국(Office of Foreign Assets Control, "OFAC")의 암호자산 관련 지침에 대한 소개는 생략한다.
14 2024. 9. William Timmons 하원의원이 발의한 이른바 NFT 법(New Frontiers in Technology Act)는 증권에 해당하지 않는 미술품(a work of art), 수집품(collectible), 가상토지(virtual land), 디지털 신원확인수단(a digital identifier) 등을 주된 목적으로 하는 NFT를 이른바 "covered non-fungible token"으로 정의하고 있다. NFT 법의 보다 자세한 내용은 〈https://timmons/house.gov/uploadedfiles/12.20.24_nft_bill_text.pdf〉 참조.

용하고 있다.[15] 만일 NFT가 증권에 해당하는 경우 별도로 증권법상 면제 요건을 충족하지 않는 한, 증권법에 따른 증권신고서를 제출하여야 하고, NFT 판매를 중개하는 자는 브로커딜러로 등록해야 하며, 거래소는 증권 거래소로 등록해야 한다.[16] 실제로 SEC는 2023년 최초로 NFT에 대해 증권(투자계약)에 해당된다고 판단하고 증권 발행 절차 등을 준수하지 않은 점에 대해 집행조치를 취하고 발행자 측과 합의하여 종결한 사례가 있으며,[17] 이후 적극적으로 NFT의 증권성을 판단하고 있다. 같은 해 SEC가 NFT 발행자에 대해 거래중지명령과 민사제재금을 부과하였고 합의로 종결한 사례도 존재하며, 2024. 9. 16.에는 SEC가 레스토랑 관련 NFT를 발행하는 Flyfish Club, LLC에 대해서도 거래중지명령을 내린 바 있다.[18] 한편, 미국 하급심 법원은 2023년 2월 최초로 NFT의 증권성이 인정될 가능성을 시사하는 결정을 하였다.[19] 미국 뉴욕 남부지방법원은, 소를 진행할 것인지를 결정하기 위한 각하 여부(motion to dismiss) 판단에서 Top Shot Moments NFT 판매가 투자계약(즉, 증권)에 해당할 소지가 있다고 보고 피고 측의 각하 신청을 기각하여 소송이 계속되었고, 결국 2024년 합의로 종결되었다(Friel v. Dapper Labs).

2022년 재무부는 미술품 거래를 통한 자금세탁 및 테러자금 조달에 관한 보고서(Study on the Facilitation of Money Laundering and Terror Finance through the Trade in Works of Art)[20]에서 NFT에 대해 다루었는데, NFT가 제공되는 성격 등에 따라 그 플랫폼이 FATF가 정의하는 가상자산사업자에 해당할 수 있고, FinCEN의 규제 범위에 포함될 수 있다고 설명하였다(동 보고서 26면). 그에 따라 NFT의 성격에 따라 미국 내 NFT 거래를 지원

---

15 NFT가 증권에 해당하는 경우 관련 주법상 증권 규제도 준수해야 한다.
16 이에 더하여 주별 증권법상 규제는 별도로 적용된다.
17 https://www.sec.gov/files/litigation/admin/2023/33-11226.pdf(Impact Theory, LLC).
18 https://www.sec.gov/newsroom/press-releases/2023-178(Stoner Cats 2 LLC).
19 Friel v. Dapper Labs, Inc., et al., 21 Civ. 5837, (S.D.N.Y. Feb 22, 2023).
20 https://home.treasury.gov/system/files/136/Treasury_Study_WoA.pdf.

하는 플랫폼은 MSB로 등록할 의무를 부담할 수 있다.[21]

이와 같이 미국도 앞서 살펴본 우리나라에서의 규제 방식과 유사하게, 증권 해당 여부에 대해서는 가상자산의 증권 해당 여부에 대한 판단 기준과 유사한 기준 및 방식으로 NFT에 대해서도 증권 해당 여부에 대한 판단을 하고 있고, 더 나아가 증권에 해당하지 않는 NFT의 경우에도 그 구체적인 성격 등에 따라 FinCEN 규제를 적용할 수 있다는 것으로 이해된다.

2. 유럽연합의 NFT 규제 현황

(1) MiCA의 주요 내용

유럽연합(EU) 집행위원회는 2020. 9. 24. EU 디지털 금융 패키지(EU Digital Finance Package)를 발표하였는데, 여기에는 ① 디지털 금융 전략, ② 암호자산시장에 관한 법률안(Markets in Crypto Assets Regulation, MiCA), ③ 암호자산사업자를 포함한 금융업체들의 디지털 운영상 복원력에 관한 법안(Digital Operational Resilience Act, DORA),[22] ④ 금융시장 인프라에 대한 분산원장 기술의 시범 적용에 관한 법률안(Proposed DLT pilot regime for Financial Market Infrastructures)[23] 등 네 가지 법안이 포함되어 있었다.

---

21 가상자산의 성격을 가진 NFT의 경우 미국의 일반적인 송금 규제가 적용될 수 있다. 예를 들어, 가상자산 이전이 송금의 실질을 가진다고 보는 측면에서 연방 은행비밀법(Bank Secrecy Act)이 적용된다. FinCEN(Financial Crimes Enforcement Network)은 가상자산의 이용자를 제외하고, 가상자산의 관리자 및 교환자를 연방 은행비밀법상의 자금이체업으로 보고, MSB(Money Services Business)로 등록하도록 하고 있다. 이는 미국 내에서 상당한 부분에서(wholly or in substantial part) 사업을 영위하고 있는 해외 MSB에게도 동일하게 적용된다. 개별 주 단위에서는 (가상자산이 증권에 해당하지 않는 것을 전제로) 가상자산 또한 "화폐 혹은 화폐등가물(Money or Monetary value)"에 해당하는 것으로 보고, 가상자산거래소도 송금업 등록을 요구하고 있다.
22 동 법률안[Regulation(EU) 2022/2554]는 금융을 위한 디지털 운영상의 복원력 보장을 위한 전담 프레임워크 구축을 중심으로 하며, 2023. 1. 16. 발효되고 2025. 1. 17.에 시행될 예정이다.
23 동 법률안[Regulation(EU) 2022/858]은 분산원장 기술 기반 금융상품 거래 및 결제 시스템에 대해 규제 샌드박스(Regulatory Sandbox)를 허용하였는데, 신청인의 신청에 따라 현행 규제를 일부 면제하면서 기한부 사업을 허용하는 방식이다. 이는 2022. 6. 도입되어서 2023. 3. 23. 부터 발효되어 신청이 가능해졌고, 이에 따라 승인된 투자

EU 이사회는 2021. 11. 24.에 MiCA(안)을 채택하였고, EU 이사회 및 의회는 2022. 6. 30. 혁신 및 공정경쟁 지원, 소비자 및 투자자 보호, 시장 건전성 확보를 위해 암호자산 규제 법안(Regulation of the European Parliament and of the Council on Markets in Crypto-Assets, and amending Directive (EU) 2019/1937, 이하 "MiCA")에 대하여 잠정 합의하였다. MiCA는 이후 2023. 4. 20.에 EU 의회에서 공식적으로 승인되었고, 2023. 5. 16.에 EU 이사회에서도 승인되기에 이르렀다. EU 이사회는 2024년 5월 이상의 암호자산에 대한 규율 체계를 자금세탁방지 측면에서도 보완하는 내용을 포함한 AML 법률 패키지를 승인하였다.

MiCA는 EU 최초의 통일적인 암호자산 및 활동을 규제하는 법안으로서, MiFID II(금융상품시장지침) 등 기존 금융규제에 포섭되지 않는 암호자산을 MiCA로 규율하는 방식으로 이원화하여 규율한다. 특히 MiCA는 암호자산을 유형별로 나누고 각각에 대하여 규제를 달리 적용하고 있는데, 암호자산을 (1) 증권형 토큰(Security Token),[24] (2) 유틸리티 토큰(Utility Token),[25] (3) 자산준거 토큰(Asset-Referenced Token),[26] (4) 전자화폐 토큰(E-money Token)[27] 등으로 나누어 정의하고 전문에 이른바 Catch-all Category를 둠으로써 전자화폐 토큰, 자산준거 토큰 및 유틸리티 토큰을

회사 및 시장운영자는 "DLT multilateral trading facility"(DLT 다자간 거래시설) 운영을 신청할 수 있고 승인된 중앙증권예탁기관(CSD)은 "DLT securities settlement system"(DLT 증권결제시스템) 운영을 신청할 수 있게 되었다. 이를 통해 CSD가 아닌 자도 샌드박스를 통해 결제 서비스를 제공하는 것이 허용되었고, 역으로 CSD는 최초로 거래시설을 제공할 수 있는 기회를 갖게 되었다.

24 주식, 채권, 단기금융상품 등 금융투자상품과 기능상 동일하며, 유럽증권시장감독청(ESMA, European Securities and Markets Authority)이 별도로 정한 기준에 해당하는 암호자산.

25 분산원장에서 사용되는 재화 또는 서비스 이용을 위해 발행되는 암호자산으로 토큰 발행자에게만 사 용할 수 있는 암호자산.

26 토큰 발행액의 100%에 해당하는 안전자산을 유지하는 방식으로 가치 안정을 도모하는 암호자산으로 지급수단으로 주로 이용되는 암호자산.

27 화폐와의 1:1 교환으로 발행되어 보유자에게 상환권이 부여되는 지급수단으로서 기존의 전자화폐와 기능면에서 동일하나 분산원장기술을 이용한다는 점에서 차이가 나는 암호자산.

직접적인 규제 대상으로 설정하고 있으며 그 중에서도 지급수단으로 수용될 가능성이 상대적으로 높은 자산준거 토큰과 전자화폐 토큰을 중점적인 규율 대상으로 하고 있다.[28] 그 외에도 MiCA는 암호자산사업자를 유형화하고 그에 대한 규제를 제시하고 있으며 공시 제도를 도입하고 암호자산 소비자를 보호하기 위한 불공정거래행위 규제 등을 도입함으로써 상당히 폭넓은 범위에서 암호자산 생태계를 법체계 내로 포섭한 법안이다.[29]

(2) MiCA의 NFT 규제

앞서 살펴본 바와 같이 MiCA는 전자화폐 토큰, 자산준거 토큰 및 유틸리티 토큰을 규제 대상으로 하고 있고, MiCA의 규율 범위를 제2조에서 정하고 있다. MiCA 제2조 제3항은 "고유성이 있고 대체가능하지 않은 암호자산(Crypto-assets that are unique and not fungible with other Crypto-assets)", 즉 고유성과 대체불가능성이 인정되는 NFT를 MiCA의 적용 대상에서 명시적으로 제외한다. 다만, MiCA 전문에 의하면 일반적으로 디지털아트와 수집품(collectibles) 등 고유성과 대체불가능성이 인정되는 NFT의 경우 MiCA의 적용을 받지는 않지만, 그와 달리 고유성이 인정되지 않거나 대체가 가능하다고 판단되는 NFT의 경우에까지 MiCA가 적용될 여지가 완전히 배제된 것은 아니다(MiCA 전문 제10항, 제11항 등).[30] 이와 같이 MiCA에서도 MiCA 규제 적용 대상이 되는 NFT인지 여부를 판단함에 있어 고유성과 대체불가능성을 중요한 기준으로 보고있는 것으로 이해된다.

---

28 한국은행, "지급결제 참고자료 : EU 암호자산시장 법률안", 2022. 8., 3면.
29 2024. 6. 30.부터 자산준거 토큰과 전자화폐 토큰에 대하여 규제가 시행되었고, 2024. 12. 30.부터 는 기타 토큰 및 암호자산서비스제공자에 대한 규제가 단계적으로 시행될 예정에 있다.
30 최근의 ESMA 보고서에서도 같은 취지로 설명되어 있다(ESMA, "Final Report - Draft Technical Standards specifying certain requirements of the Markets in Crypto Assets Regulation (MiCA) - second package", 2024. 7. 3., p.31, "ESMA would stress that such assets, including NFTs, would only enter into the scope of MiCA… if they quality as crypto-assets").

ESMA는 MiCA 후속 보고서 최종본(2024. 12. 17. Final Report)[31]에서 MiCA의 적용 범위에 포함되지 않는 NFT의 요건인 고유성과 대체가능성의 의미를 보다 구체화한 바 있다. ESMA는 우선 NFT가 원칙적으로 MiCA의 적용을 받지 않지만(제65항), 그와 관계없이 NFT가 금융상품(Financial instruments)의 기준을 충족하는 경우 MiFID II 및 기타 EU 규정의 적용을 받을 수 있다는 기본 입장을 밝히고 있다(제66항). 또한 NFT가 고유(unique)하다고 보기 위해서는 NFT가 대체불가능해야 한다(non-substitutable)고 하면서, 이를 특정한 기술 식별자 등과 같은 기술적 특징으로만 판단해서는 안 된다는 입장을 밝혔다(제67항). 그 대신 ESMA는 어떠한 자산이 고유하고 위조가 불가능한지 여부는 NFT의 본질적 가치와 희귀성(intrinsic value and rarity; 예를 들어 암호자산에 본질적 가치와 희귀성을 부여하는 고유한 특성을 가지고 있어 다른 자산과 구별되는지), 유틸리티와 기능(utility and functionality), 소유권과 권리(예를 들어 보유자에게 독자적인 접근권이나 사용권이 부여되는지) 등에 따라 평가되어야 한다는 입장이다(제68항).

또한 ESMA는 유사한 속성을 가진 다른 자산과 비교가 가능하여 대체가능해지는 경우에는 MiCA가 면제되지 않을 수 있지만, 고유한 특징과 유용성으로 인해 그 가치가 결정되고 다른 자산과의 비교가 어려운 경우 대체불가능하다고 볼 수 있다고 본다(제69항). 이러한 관점에서 ESMA는 "상호의존성 테스트(Interdependency test)"를 제시한다. 이는 (i) 암호자산의 가치가 주로 해당 암호자산의 고유한 특성과 암호자산 보유자에게 부여되는 구체적인 사용성(utility)이나 이익(benefit)으로부터 나오는 것인지(예를 들어, 유명 예술가의 한정판 디지털 아트워크), (ii) 다양한 암호자산 간의 상호연결성(interconnection)으로 인해 어느 하나의 가치가 다른 것에 영향을 주게 되어 NFT가 시리즈나 수집의 대상이 되는 다른 NFT들과 분리되어서는 가치가 없는 경우에 해당하는지(예를 들어, 시리즈 NFT에 대한 통상적인 거래가격의

---

31 ESMA, "Final Report – Guidelines on the conditions and criteria for the qualification of crypto-assets as financial instruments", 2024. 12. 17. p.46-48.

존재), (iii) 암호자산을 다른 암호자산과 구분짓는 고유한 특징 등을 살펴봐야 한다는 것이다(제70항).

그러면서 ESMA는 자산의 고유성(uniqueness)과 위조불가능성(fungibility)은 해당 자산이 2차 시장에서의 거래 가능성과는 별도로 고려되어야 하고, 2차 시장에서 암호자산이 거래된다는 사실만으로 고유성이 결정되는 것은 아니라는 입장이며(제71항), fractional-NFT (이른바 조각형 NFT 또는 f-NFT, MiCA 전문 제11항)를 당연히 고유하고 대체 불가능하다고 간주해서는 안 되며, 해당 암호자산이 고유하고 대체 불가능한 토큰의 일부 지분을 나타내는지, 각각의 분할된 부분이 고유하고 대체 불가능한지, 각 분할된 부분들이 동일한 속성이나 특징을 공유하는지, 모든 분할된 부분을 합쳤을 때 원래의 고유하고 대체 불가능한 토큰 소유권을 복원할 수 있는 것인지 등을 종합적으로 고려해야 한다는 입장이다(제72항). 예를 들어, 하나의 NFT가 수백 개의 작은 토큰으로 분할되어 원래 NFT 이미지의 일부를 나타내는 NFT 컬렉션을 생각해보면, 원래의 NFT 이미지는 고유성이 있지만, 분할된 토큰들은 개별적으로는 고유성이나 대체불가능성 기준을 충족하지 못할 수 있으며, 다만 이러한 분할된 토큰들을 결합하여 원래의 NFT에 대한 완전한 소유권을 복원할 수 있는 경우라면, 분할된 부분들을 고유하고 대체 불가능하다고 판단할 수 있는 근거가 될 수 있다고 밝히고 있다(제73항).

3. 일본의 NFT 규제 현황

(1) 일본의 NFT 규제 개요

일본에서는 일찍부터 암호자산 거래가 활발히 이루어졌으나 일본의 암호자산거래소 마운트곡스가 2014. 2. 경 비트코인 해킹 사고로 인해 파산하게 되면서 암호자산 관련 규제를 도입하기 위한 논의가 시작되었다. 그 이후 일본은 별도의 암호자산 법률을 도입하는 대신 기존의 법률을 정비하는 방식으로 암호자산 규제를 도입하였는데, 증권형 토큰의 경우 금융상품거래법을 통해, 스테이블코인의 경우 자금결제에 관한 법률(이하 "자금결제법") 및 은행법을 통해, 그 외의 암호자산은 자금결제법 및 금융상품거래법을 통해 규율하고 있다. 한편, 모든 암호자산에 대하여서는 범죄에 의한 수익의 이전방지에 관한 법률 및 AML/CFT 가이드라인과 같은 자금세탁방지 규제도 적용되고 있다.

일본에서는 아직까지 NFT에 대해 직접적으로 규율하는 별도의 입법이 이루어 지지는 않았다.[32] 다만 개별 NFT의 특성에 따라 관련 법령의 적용을 받게 되는바, 이하에서는 일본에서 암호자산과 관련되어 가장 핵심적인 규제라고 할 수 있는 자금결제법과 금융상품거래법을 중심으로 간단히 살펴보도록 한다.

자금결제법 제2조 제14항은 암호자산의 개념[33]을 다음과 같이 정의하고 있고, 해당 정의는 금융상품거래법 등 다른 법령에서 인용되고 있다.

(i) 물품의 구입, 임대 또는 서비스 제공을 받은 경우에 이에 대한 대가의 변제를 위해 불특정인에게 사용할 수 있으며, 불특정인을 상대방으로 매매가 가능한 재산적 가치(전자기기 또는 기타 물건에 전자적 방법으로 기록된 것에 한하고, 국내통화·외국통화·통화표시자산 및 전자결제수단 제외)가 있고 전자정보처리 조직을 이용하여 이전이 가능한 것
(ii) 불특정인을 상대방으로 (i)의 것과 상호 교환할 수 있는 재산적 가치로 전자정보처리조직을 이용하여 이전이 가능한 것

또한 자금결제법은 암호자산의 매매 또는 다른 암호자산과의 교환, 그에 대한 주선, 중개 또는 대리 행위 등을 업으로 하는 경우를 암호자산교환업으로 정의 하고 있다(자금결제법 제2조 제15항). 동법은 암호자산교환업에 대한 진입규제를 두 고 있는데, 암호자산교환업을 영위하려는 자는 암호

---

32 Takeshi Nagase, "Blockchain & Cryptocurrency Laws and Regulations 2024 – Japan", ⟨https://www.globallegalinsights.com/practice-areas/blockchain-laws-and-regulations/japan/⟩ (2024. 7. 31. 최종 방문).
33 암호자산의 개념 중 (i)의 경우 1종 암호자산, (ii)의 경우 2종 암호자산으로 분류된다.

자산교환업자로서 등록하여야 한다(자금결제법 제63조의2). 그 외에 암호자산 교환업자에 대한 행위규제 역시 존재 한다. 여기에는 정보의 안전관리의무(자금결제법 제63조의8), 광고 규제(자금결제법 제63조의9의2), 금지행위 규제(자금결제법 제63조의9의3), 이용자 보호조치(자금결제법 제63조의10), 이용자 재산관리 규제(자금결제법 제63조의11) 등이 있는데, 최근 시행된 가상자산이용자보호법 제정 시에도 역시 자금결제법의 관련 조항들을 일정 부분 참고한 것으로 보인다.

한편 자금결제법은 암호자산의 정의에서 '전자기록이전권리'를 제외하고 있고(자금결제법 제2조 제14항), 금융상품거래법 제2조 제3항은 '전자기록이전권리'를 "금융상품거래법 제2조 제2항에 규정된 간주유가증권 권리 중 전자정보 처리조직을 이용하여 이전할 수 있는 재산적 가치(전자 기타의 물건에 전자적 방법으로 기록되는 것에 한함)에 표시된 것을 의미"한다고 규정하고 있다. 여기서 "전자정보 처리조직"이라 함은 블록체인을, "재산적 가치(전자 기타의 물건에 전자적 방법으로 기록되는 것에 한함)"이라 함은 토큰을 가리킨다고 할 수 있을 것이다.

따라서 투자자들에게 판매되는 토큰이 자금결제법상 암호자산이 아니라 금융상품거래법상 전자기록이전권리 등 유가증권에 해당하는 경우에는 자금결제법이 아니라 금융상품거래법이 적용될 것이다. 제1종 유가증권에 해당하는 "전자기록이전권리"의 매매나 모집·매출·사모 등을 하기 위해서는 제1종 금융상품거래업으로 등록이 필요하며(금융상품거래법 제28조 제1항 제1호), 그 외에도 토큰의 발행자에 대해서는 투자설명서 작성 의무(금융상품거래법 제13조 제1항) 등 금융상품거래 법상의 공시 규제가 적용된다(동법 제3조 제3호).

이처럼 일본에서는 법률상 NFT를 직접 규정하지 않고 있고, 암호자산에 대해 넓게 정의하고 있어 개별 NFT가 이러한 암호자산에 해당하는지 여부는 해석의 영역에 있는바, 이하에서는 그러한 해석의 이정표가 되는 가이드라인을 소개한다.

(2) NFT 관련 민간 협회 가이드라인

일본에서는 비록 법령과 같은 구속력을 갖는 것은 아니지만 민간협회 차원의 가이드라인도 발간되고 있다. 일본가상자산사업자협회(Japan Cryptoasset Business Association, 이하 "JCBA")는 2021. 4. 26.에 NFT 관련 사업자를 위한 가이드라인(이하 "JCBA 가이드라인")을 발간하였고 이는 2022. 3. 31. 한 차례 개정 되었다.[34]

[JCBA 가이드라인 5면]

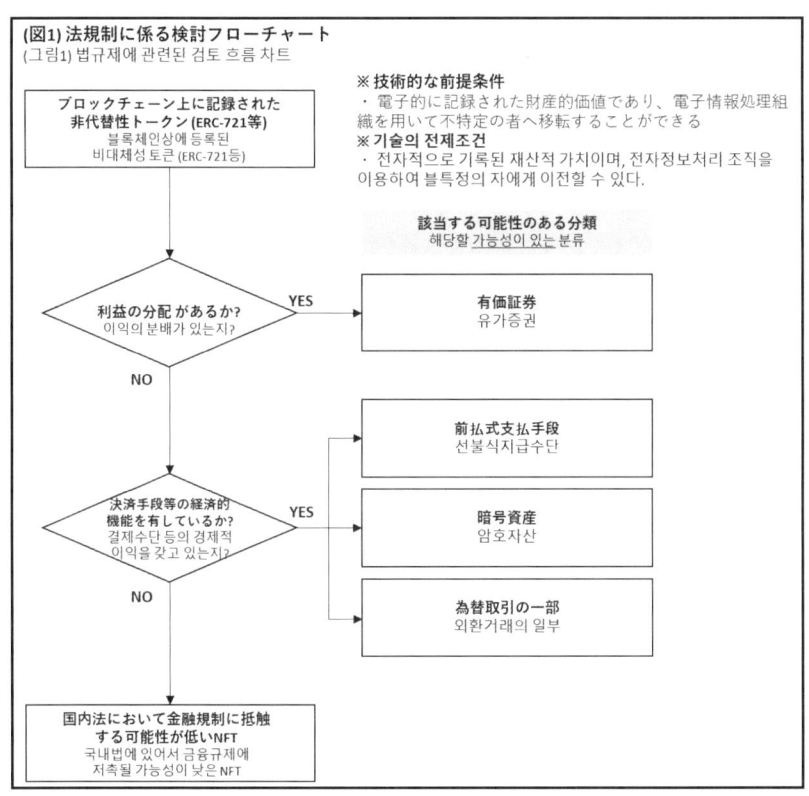

---

34 一般社団法人 日本暗号資産ビジネス協会, "NFTビジネスに関するガイドライン", 2022. 3. 31.

JCBA 가이드라인 5면에 의하면, "전자적으로 기록된 재산적 가치로서 전자정보처리조직을 이용하여 불특정인에게 이전할 수 있다"는 것을 전제로 하는 대체 불가능한 토큰이, (i) 이익 분배 기능이 있다면 유가증권으로 분류될 수 있고, (ii) 결제 수단 등의 경제적 기능을 가지고 있다면 선불식지급수단, 암호자산으로서 규제되거나 외환거래규제를 받게 된다고 보고 있다. 그리고 이익 분배 기능과 결제 수단 등의 경제적 기능이 모두 없는 대체 불가능한 토큰의 경우 일본법상 금융규제에 저촉될 가능성이 낮은 NFT에 해당한다고 분류하고 있다.

또한 JCBA 가이드라인은 NFT를 보유함으로써 경제적 이익을 얻을 수 있는 권리를 가지게 되는 경우 금융상품거래법상 증권에 해당할 수 있고 이 경우 금융상품거래법에 따른 규제의 대상이 될 수 있다고 있다(JCBA 가이드라인 3-2). 그리고 JCBA 가이드라인은 "NFT가 결제 수단과 같은 경제적 기능을 가지고 있는 경우, 선불식지급수단, 암호자산, 외환 거래의 적용 가능성을 고려해야 하는 경우가 많다. 그러나 NFT가 암호자산에 해당하는지 여부를 검토함에 있어서 NFT는 각각 고유한 가치를 지닌 대체 불가능한 토큰이라는 기술적 특성으로 인해 결제 수단과 같은 경제적 기능을 갖는다고 말하기는 일반적으로 어렵다"라고 판단하고 있기도 하다(JCBA 가이드라인 3-3).

이와 같이 일본의 경우 위 JCBA 가이드라인까지 고려할 때, NFT의 성격 및 기능에 따라 먼저 증권에 해당하는지 여부를 판단한 후, 이에 해당하지 않는 경우에는 결제수단 등의 경제적 기능 유무에 따라 이러한 결제수단 등의 경제적 기능이 있는 경우 그 기능 및 성격에 따라 선불식지급수단, 암호자산, 외환거래의 일부로 보지만, 이러한 결제수단 등의 경제적 기능이 없는 NFT에 대해서는 이러한 암호자산 규제 등 금융규제의 적용을 받지 않는 것으로 판단하는 것으로 이해된다.

4. 기타 주요 국가의 NFT 규제 현황

(1) 두바이의 NFT 규제 개요

두바이는 2016년부터 두바이 블록체인 전략 2021을 실행하였는데, 동 전략은 두바이에 블록체인 기술을 도입하고 전 세계 도시와 기술을 공유할 수 있는 개방형 플랫폼 제공을 목표로 하였다. 이후 두바이는 2022년 제정한 가상자산법(Law No. 4 of 2022 Regulating Virtual Assets in the Emirate of Dubai, 이하 "가상자산법 2022")에 따라 2022년 3월 세계 최초의 가상자산 전담 관청인 두바이 가상자산 규제관청(The Dubai Virtual Assets Regulatory Authority, 이하 "VARA")을 설립하여 이목을 끌었다. VARA는 두바이 국제금융센터지역(Dubai International Financial Centre, 이하 "DIFC")를 제외한 두바이 전 지역에서의 가상자산 및 가상자산 관련 활동에 대한 감독 권한을 갖는다. VARA는 2023년 가상자산 및 관련 활동을 규율하기 위한 규정을 제정하였다.[35] 가상자산법 2022는 가상자산을 디지털 거래, 이전되거나 교환 또는 지불 수단으로 사용되거나 투자 목적으로 사용될 수 있는 가치의 디지털 표현으로, 가상 토큰 및 VARA에 의해 결정된 기타 가치의 디지털 표현을 포함하는 것으로 정의한다. 동법에서는 NFT에 대해 별도로 정의하고 있지 않으나, VARA의 공식 웹사이트 FAQ[36]에 따르면 NFT 마켓플레이스를 운영하는 경우에도 상업 라이선스 외에도 VARA로부터 가상자산 교환 또는 브로커 딜러 라이선스를 취득해야 한다고 안내하고 있어 원칙적으로 NFT도 가상자산 규제의 적용 범위 내 포함될 수 있는 것으로 보인다.

DIFC의 경우 두바이금융서비스관청(Dubai Financial Services Authority)이

---

[35] 참고로 UAE에서는 2023년 초 Cabinet Decision No. 111/2022가 발효되었는데, UAE(경제특구 내에서만 관련 활동이 이루어지는 경우 해당 경제특구법에 따름) 내 가상자산 활동을 위해서는 UAE 증권상품감독청 또는 지역 인가 관청(예를 들어 두바이 VARA)의 라이선스를 받도록 하였다.
[36] https://www.vara.ae/en/faq/.

가상자산 감독 권한을 보유하는데, 가상자산 서비스의 성격에 따라 DFSA 규정상 금융서비스에 해당할 수 있고, 그 경우 DFSA의 인가를 받아야 한다. DFSA 룰북 모듈(Rulebook Modules) 중 일반 모듈(General Module, GEN VER66/01-25)에 따르면, 고유성이 있고 대체불가능한 NFT는 면제 토큰(Excluded Token)에 해당하여 DFSA의 관할 범위에 포함되지 않는다.[37] 단, DNFBP(Designated Non-Financial Business or Profession)[38]에 해당하는 자로서 NFT를 전송하거나 수령하기 위해서는 (해당 NFT가 면제토큰에 해당하는지 여부와 무관하게) DNFBP로 등록하여야 하며 자금세탁방지 규정 준수 의무를 부담한다.[39]

DIFC는 2024년 3월 디지털자산법(Digital Assets Law DIFC Law No 2 of 2024)[40]을 제정하여 기존 법제를 보완하였다. 동법은 디지털자산을 정의하고 규제하는 것에서 더 나아가 디지털자산의 이전, 통제권과 관련된 법체계도 정비하였다. 동법은 디지털자산을 (i) 네트워크 참여자의 소프트웨어 운영과 네트워크에서 생성된 데이터가 결합하여 나타나는 가상의 단위로, (ii) 법체계 또는 특정인과 독립적으로 존재하고, (iii) 복제(duplication) 불가능하며 소비 또는 사용되는 경우 다른 이의 소비 또는 사용이 필연적으로 배제되는 것으로 정의하면서, 법적 성격을 무형자산으로 정의한다(DIFC 디지털자산법 제1편 제3조 제2항). 이와 같이 디지털자산이 포괄적으로 정의되어 있고, 구체적으로 법 문언상 NFT가 이에 포함되는지 여부에 대한 직접적인 규정은 없으나, 2023년 9월 동법 제안 단계에서의 consultation paper 보도자료에 따르면 NFT를 동 법의 규율대상에 포함하려 하였던 것으로 보이며,[41] 실제로 현재 정의 규정에 비추어 NFT도 동

---

37 https://dfsaen.thomsonreuters.com/rulebook/gen-a252.
38 https://dfsaen.thomsonreuters.com/rulebook/gen-a252.
39 https://dfsaen.thomsonreuters.com/rulebook/aml-93b1.
40 https://edge.sitecorecloud.io/dubaiintern0078-difcexperie96c5-production-3253/media/project/difcexperiences/difc/difcwebsite/documents/laws--regulations/digital_assets_law_2_of_2024.pdf.
41 https://www.difc.ae/whats-on/news/difc-announces-consultation-new-digital-assets-law-new-law-security.

법률에서 정의하는 디지털자산에 포섭되어 관련 규제가 적용될 것으로 보인다는 견해가 있는 것으로 보여,[42] 향후 NFT에 대해서도 새로 도입된 디지털자산법상 규제가 적용될 가능성이 있을 것으로 보인다.

(2) 독일의 NFT 규제 개요

독일 연방금융감독청(Bundesanstalt für Finanzdienstleistungsaufsicht, BaFin)은 2019. 11. 22. 암호화 토큰(Crypto token)의 발행(ICO, ITO, STO 등)시 투자설명서 작성 의무와 관련하여 "Guidance Notice – Crypto tokens"(이하 "토큰 발행 지침")를 발표한 바 있다.[43] 토큰 발행 지침에 따르면 BaFin은 토큰을 크게 ① 유틸리티 토큰(Utility token), ② 결제형 토큰(Payment token), ③ 증권형 토큰(Security token), ④ 하이브리드 토큰(Hybrid token)으로 구분하고 있다. 토큰의 개별적인 특성이나 내용 등에 비추어 보아 EU Prospectus Regulation[44]이나 독일 투자설명서법(Wertpapierprospektgesetz – WpPG)[45]에서 말하는 '증권'으로 분류되는 경우[46] 또는 독일 자산투자법(Vermögensanlagengesetz - VermAnlG)에서 말하는 자산투자(Capital investment)[47]로 분류되는 경우 각 법이 정하는 의무를 준수하여야 하는데, 여기에는 각 법이 정하는 바[48]에 따른 투자설명서 작성 의

---

42 https://www.lexology.com/library/detail.aspx?g=3bd94705-3877-4e12-a439-1d67a300e441.
43 BaFin, "Guidance Notice : Second advisory letter on prospectus and authorisation requirements in connection with the issuance of crypto tokens", 2019. 11. 22.
44 EU Prospectus Regulation, Article 2(a).
45 WpPG, Section 2 no.1.
46 특히 BaFin은 토큰 발행 지침에서 암호화 토큰이 증권으로 분류될 수 있는지 여부를 판단하는 요건으로서 ① 양도 가능성(transferability), ② (시장에서의) 협상 가능성(negotiability), ③ 토큰에 내재화된 권리가 증권과 유사할 것(the embodiment of rights similar to securities in the token)을 들고 있다.
47 VermAnIG, Section 1 (2). 특히 BaFin은 디지털 미술품 작가가 작품을 일정한 대가를 받고 토큰 보유자에게 판매하고 토큰 보유자는 상환 및 이자 청구권을 보유하는 것으로 볼 수 있는 경우에는 VermAnIG에서 정의된 Capital Investment 중에서도 "Other Investments"(Section 1 (2) no. 7 first alternative of the VermAnIG)에 해당할 수 있다고 평가하기도 하였다.
48 EU Prospectus Regulation에서 말하는 증권에 해당할 경우 Delegated Regulations

무도 포함된다.⁴⁹ 위와 같이 암호자산에 대한 일반적인 지침 등 외에 독일 역시 NFT를 직접적인 적용 대상으로 삼는 별도의 규제는 마련되지 않은 상황이다. 다만 BaFin은 2023. 4. 14. NFT가 증권과 유사한 권리를 보유하고 양도가 가능한 경우 증권에 해당하고, 결제수단 또는 투자목적으로 사용되는 경우에는 암호자산에 해당한다는 이른바 사례별 판단원칙을 제시한 바 있다.⁵⁰ 이에 따르면 EU Prospectus Regulation(Regulation (EU) 2017/1129)에 따라 증권(Securities)으로 분류되거나 독일 자산투자법(VermAnIG)에 의해 자산투자(Capital investment)로 분류되는 NFT의 경우 투자를 권유하기 전에 투자설명서(Prospectus)를 작성하여 BaFin으로부터 승인받아야 한다. 다만 BaFin은 NFT가 대체 불가능한 특성으로 인해 최소단위 표준화가 불가능하고, 이 때문에 증권 시장에서 거래 및 호환이 어려워 규제 관점에서 NFT를 증권으로 분류하기는 어렵다는 결론을 제시하면서, ① NFT에 증권과 유사하다고 볼 만한 권리가 내재화된 경우를 찾기 어렵다는 점, ② NFT는 개별적인 권리 또는 컨텐츠에 연동되어 있는 것이어서 일반적으로 표준화가 불가능하다는 점을 고려하면 일반적으로 NFT가 증권의 정의에서 말하는 협상 가능성(negotiability)이 충족되는 것으로 보기는 어렵고, 아직까지 BaFin이 감독 목적에서 증권으로 분류할 만한 NFT를 발견하지는 못하였다고 밝혔다. 다만 BaFin은 동일한 상환 및 이자 청구권을 가지고 있는 NFT가 1,000개 정도 동일하게 발행되는 경우가 있다면 이는 증권으로 분류될 가능성이 있다고 하여 향후 규제 가능성을

(EU) 2019/979, (EU) 2019/980에 따라, VermAnIG의 적용을 받는 투자상품에 해당할 경우 Capital Investment Prospectus Regulation (Vermögensanlagen-Verkaufsprospektverordnung – VermVerkProspV)에 따라 각 투자설명서가 작성되어야 한다(다만 이 경우에도 20개 이하의 소량으로 발행되는 경우 관련 규정에 따라 투자설명서 작성 의무가 면제된다).

49 다만 암호자산이 WpPG에서 말하는 증권에 해당하는 경우 전통적으로 VermAnIG에서 말하는 투자상품에는 해당할 수 없다고 하여 양자 사이의 관계는 중첩되지 않는다.
50 BaFin, "Non-fungible tokens : what matters is the content", 2023. 4. 14. https://www.bafin.de/SharedDocs/Veroeffentlichungen/EN/Fachartikel/2023/fa_bj_2303_NFT_en.html (2024. 7. 31. 최종방문).

열어 두기도 하였다.

한편, BaFin은 앞서 본 바와 같이 NFT가 결제수단 또는 투자목적으로 사용되는 경우에는 암호자산에 해당한다는 입장인데, 이러한 암호자산은 독일 은행법(Kreditwesengesetz – KWG) 또는 독일투자회사법(Wertpapierinstitutsgesetz – WpIG)에 따른 규제가 적용될 수 있을 것으로 생각된다. 한편 e-money 유형의 암호자산은 독일 지급결제서비스감독법(Zahlungsdiensteaufsichtsgesetz—ZAG)이 적용된다.[51]

Ⅳ. NFT 관련 주요 실무 이슈

1. NFT의 가상자산 해당 여부

앞서 살펴본 바와 같이 우리나라뿐 아니라 해외 사례에서도 대체로 NFT에 대해서는 NFT 자체에 대한 직접적이고 구체적인 별도의 규제를 두기 보다는, 기존에 이미 존재하는 증권 규제 및 가상자산 규제를 활용하여 NFT 중 그 성격이나 기능에 비추어 증권에 해당한다고 판단될 수 있는 NFT에 대해서는 증권 규제를, 가상자산에 해당한다고 판단될 수 있는 NFT에 대해서는 가상자산 규제를 적용하는 방식으로 NFT에 대해 규율하는 것이 일반적인 입장으로 보인다. 이러한 측면에서 NFT와 관련하여 법률적으로 중요한 쟁점은 해당 NFT의 법적 성격, 특히 증권에 해당하는지 여부 및/또는 가상자산에 해당하는지 여부에 대한 판단 기준을 통해 이를 분석하는 것이 실무상 주로 문제된다.

물론 우리나라의 NFT 가이드라인에서도 판단 순서에 대해 증권 여부를 먼저 판단하고, 증권에 해당하지 않는 경우에 가상자산 해당 여부에 대

---

51 Wronka, C. Crypto-asset regulatory landscape: a comparative analysis of the crypto-asset regulation in the UK and Germany. J Asset Manag 25, 422면 (2024). https://doi.org/10.1057/s41260-024-00358-z.

해 판단하도록 하고 있어 논리적으로는 NFT가 증권에 해당하는지 여부가 먼저 검토되어야 할 것이나, NFT가 증권에 해당하는지 여부는 결국 가상자산이 증권에 해당하는지 여부를 검토함에 있어 활용하는 판단 기준과 동일한 기준을 활용한다는 점에서, 오히려 실무상 주로 문제되는 중요한 쟁점은 NFT가 특정금융정보법 또는 가상자산이용자보호법에서 정의된 가상자산에 해당하는지 여부라 할 수 있으며, 이러한 점을 고려하여 이 글에서는 NFT의 가상자산 해당 여부에 대한 쟁점을 먼저 정리한 후 이어서 NFT의 증권 해당 여부에 대한 쟁점을 서술하였다.

가상자산이용자보호법 시행령은 고유성 및 대체불가능성이 인정되는 NFT를 가상자산의 범위에서 제외하고 있으므로 원칙적으로는 이에 따라 판단하면 될 것이다. 그리고 그 구체적인 기준은 금융위원회가 2024. 6. 발표한 NFT 가이드라인의 내용을 참고하면 될 것으로 보인다.

다만 실무상 NFT의 구체적인 형태나 특성에 따라 가상자산으로 판단될 가능성이 상대적으로 높은 것과 낮은 것이 있을 수 있는데, 이하에서는 NFT를 실무상 주로 문제되는 몇 가지 대표적인 유형으로 나누어서 가상자산 해당 여부를 살펴보기로 한다.

(1) 티켓 NFT

실무상 콘서트, 박물관, 전시회 등 행사의 입장권 티켓 자체를 NFT로 발행하고, 이를 어플리케이션 등을 이용한 NFT 지갑에 저장하여 사용할 수 있게 하는 경우가 있다. 이처럼 기존의 지류 티켓 형태에서 벗어나 NFT 형태로 티켓을 발행하고자 하는 것은 주최 측이 시장에서 티켓 선점 또는 암표 거래 과정에서 티켓이 지나치게 고가에 거래되는 등의 문제점을 사전에 방지하기 위한 목적인 경우가 많은 것으로 보인다.

티켓 NFT의 경우, (i) 각 티켓마다 일자, 좌석 등이 지정되어 있는 지정석 티켓(가령 콘서트 지정석 티켓 등)과, (ii) 별도의 일자나 좌석 지정 등이 없는 비지정석 티켓(가령 박물관, 전시회 관람권 티켓)으로 나누어 볼 수 있을 것인데, 지정석 티켓의 경우 각 티켓마다 일자, 좌석 등이 모두 다르고 이에 따라 티켓의 가치 등에도 차이가 있을 것이기 때문에, 고유성이 인정될 가능성이 상대적으로 높고, 대체가능성이 있다고 보기에도 무리가 있으므로, 상대적으로 가상자산으로 판단될 가능성이 낮을 것으로 보인다.

이러한 측면에서 실무상 비지정석 티켓 기능을 하는 NFT가 주로 가상자산에 해당하는지 여부가 문제된다. 비지정석 티켓 NFT의 경우 각 티켓에 큰 차이가 없는 경우가 많을 것이므로 대체로 고유성이 인정되기가 어렵고 서로 대체 가능한 것으로 볼 여지가 있다는 점에서 지정석 티켓 NFT에 비해 가상자산에 해당한다고 판단될 가능성이 상대적으로 보다 높아지는 측면이 있다. 다만, NFT 가이드라인은 공연 티켓 등 한정적 수량으로 발행되어 전시·관람 목적으로만 사용되는 경우와 같이 사용처 및 용도측면에서 경제적 기능이 미미한 NFT의 경우 가상자산에 해당할 가능성이 낮다고 설명하고 있고, 이러한 이러한 금융당국의 입장은 티켓 NFT의 경우 공연이나 전시회 등이 종료된 후에는 개인의 수집 목적 이외에 재판매 등 다른 경제적 기능은 미미해지는 것이 일반적이기 때문에 가상자산으로 규제할 필요가 상대적으로 높지 않다는 생각이 반영된 것으로 보인다. 따라서 비지정석 티켓 NFT의 경우에도 박물관, 전시회 관람권 티켓과 같이 관람 목적으로만 주로 사용되어 사용처 및 용도 측면에서 경제적 기능이 미미한 경우라면 가상자산으로 판단될 가능성은 높지 않을 것으로 보인다.

(2) 멤버십 NFT

멤버십 NFT의 경우 통상적으로 해당 멤버십 NFT를 보유함에 따라 일종의 멤버십 내지 혜택을 제공하는 목적에서 활용되는 경우가 많고, 이러한 측면에서 일반적으로 동일한 멤버십 NFT 내 각 NFT별로 사실상 큰 차이가 없는 방식으로 발행되는 경우가 많다(예를 들어, 일련번호만 차이가 있도록 발행되는 등). 이와 같이 발행되는 멤버십 NFT의 경우에는 고유성이 인정된다고 보기도 어렵고 대체 가능성도 높아 가상자산에 해당하는 것 아닌지 여부가 문제되는 경우가 상당히 존재한다.

다만, 이 경우에도 해당 멤버십 NFT가 주로 해당 NFT 보유에 따라 연동된 멤버십 내지 혜택을 이용하는 것이 주된 목적이라면, 유통시장에서 활발히 거래되어 2차 거래를 통한 시세차익이 주된 보유 목적으로 판단된다는 등의 특별한 사정이 없는 한, 위에서 살펴본 바와 같이 금융당국이 NFT 가이드라인에서 '사용처 및 용도측면에서 경제적 기능이 미미한 NFT의 경우 가상자산에 해당할 가능성이 낮다'는 입장을 취하고 있다는 점을 고려할 때, (특히, 해당 멤버십 NFT를 통해 받을 수 있는 혜택이 제한적이거나, 사용 기간도 단기로 정해지는 경우) 가상자산에 해당하는 것으로 판단될 가능성이 높지 않을 것으로 생각된다.

(3) 아트 NFT

아트 NFT의 경우 개별 NFT별로 상당히 성격도 다르고 다양한 방식으로 활용되고 있어 가상자산에 해당하는지 여부에 대해 일률적인 판단 기준을 제시하기 어렵고, 특정 아트 NFT가 가상자산에 해당하는지 여부는 구체적인 사실관계에 따라 달리 판단되어야 한다. 다만, 실무적으로 주로 아트 NFT가 가상자산으로 판단될 가능성에 영향을 미칠 수 있다고 보는 사실관계에 대해 가능한 범위에서 유형화하여 살펴보는 것이 아트 NFT의 가상자산 해당 여부를 판단함에 있어 도움이 될 것으로 생각된다.

통상 동일한 이미지 파일 등을 기초로 토큰 ID, 일련번호만 차이를 두는 형식의 아트 NFT의 경우 상대적으로 고유성이 인정되기 어렵고 대체가능성이 존재한다고 보는 경우가 많아, 개별 NFT별로 고유의 특성을 갖는 아트 NFT(예를 들어, 일정한 확률에 따라 배경, 캐릭터, 색상 등에 차이가 있고 희귀도 등에 있어 차이가 있어 각 NFT별 가치가 상당히 다르다고 인정되는 경우 등)에 비해 가상자산으로 판단될 가능성이 상대적으로 높아진다고 보는 것이 일반적이다. 다만, 이와 같은 기준으로만 판단할 수는 없고, 해당 아트 NFT가 유통시장에서 활발하게 거래되는지 여부, 고가에 거래되는지 여부, 보유자들이 주로 시세차익을 목적으로 이를 보유하는지 여부 등도 중요한 고려 요소가 된다.

(4) 조각형 NFT

NFT 가이드라인은 특정 NFT가 "분할이 가능하여 고유성이 크게 약화된 경우"에는 가상자산에 해당한다고 판단될 가능성이 높은 것으로 예시하고 있어, (물론 가상자산에 해당하는지 여부는 개별 NFT별로 제반 사실관계를 종합하여 판단하여야 할 것이나) 조각형 NFT의 경우 다른 형식의 NFT에 비해서는 상대적으로 가상자산에 해당한다고 판단될 가능성이 높을 것으로 생각된다.

특히, 해당 조각형 NFT가 개별 조각 NFT 그 자체로서도 독자적인 고유한 특성과 가치를 갖고 있는지, 아니면 각 조각 NFT는 동질적인 특성을 보유하고 그 자체로서의 고유성이 인정되기 어려운지 (예를 들어, 각 조각 NFT 간 차이가 존재하지 않고 이를 조합하여 새로운 조합된 NFT를 생성하기 위한 목적으로 주로 활용되는 경우 등) 등이 가상자산 해당 여부를 판단함에 있어 중요한 고려 요소가 될 수 있으며, 후자 유형에 속하는 조각형 NFT는 상대적으로 가상자산에 해당한다고 판단될 가능성이 보다 높을 것으로 생각된다.

한편, 조각형 NFT에 대해서는 가상자산 해당 여부 뿐 아니라 증권에 해당하는지 여부도 함께 문제되는 경우가 많고, 해당 조각형 NFT를 통해 NFT보유자가 얻게 되는 권리의 구체적인 내용에 따라 증권에 해당한다고 판단될 가능성이 있는 경우가 존재하므로, 실무상 이에 대한 검토도 중요한 의미를 갖는다(NFT의 증권성 이슈는 아래 2.항 참고).[52]

2. NFT의 증권 해당 여부

(1) 자본시장법상 투자계약증권의 요건

미국의 NBA Top Shot Moments 사례에서 볼 수 있듯 NFT가 증권, 특히 투자계약증권에 해당하는지 여부는 최근까지도 많은 논란이 있는 영

---

[52] 금융위원회는 2023. 2. 6. "토큰 증권(Security Token) 발행·유통 규율체계 정비방안"을 발표하였다. 토큰 증권이란 분산원장 기술을 기반으로 하여 디지털화된 자본시장법상 증권을 가리킨다고 하면서, 발행형태가 달라진다고 하여 증권이라는 본질이 변하지는 않는다는 점을 밝힌 바 있다.

역 중 하나이다. 한국에서는 NFT가 투자계약증권에 해당하는지 여부가 검찰이나 금융당국 등에 의해 공식적으로 문제 제기된 사안은 아직까지 찾아보기 어렵다.

「자본시장과 금융투자업에 관한 법률」(이하 "자본시장법")은 증권을 "내국인 또는 외국인이 발행한 금융투자상품으로서 투자자가 취득과 동시에 지급한 금전 등 외에 어떠한 명목으로든지 추가로 지급의무를 부담하지 아니하는 것을 말한다"라고 규정하면서(동법 제4조 제1항), 증권의 종류를 ① 채무증권, ② 지분증권, ③ 수익증권, ④ 투자계약증권, ⑤ 파생결합증권, ⑥ 증권예탁증권으로 구분하고 있다(동조 제2항). 이 중에서도 가장 흔히 문제되는 것은 NFT가 투자계약증권에 해당하는지 여부라 할 것이다.

자본시장법은 투자계약증권을 "특정 투자자가 그 투자자와 타인(다른 투자자를 포함한다)간의 공동사업에 금전등을 투자하고 주로 타인이 수행한 공동사업의 결과에 따른 손익을 귀속받는 계약상의 권리가 표시된 것"으로 정의하고 있는바, 투자계약증권에 해당하기 위하여는 (i) 투자자와 타인 간의 공동사업에 (ii) 금전등을 투자하고, (iii) 주로 타인이 수행한 공동사업의 결과에 따른, (iv) 손익을 귀속받는 계약상의 권리가 표시되어야 한다(자본시장법 제4조 제6항).

(2) 금융위원회의 토큰 증권 가이드라인

금융위원회는 2023. 2. 6. "토큰 증권(Security Token) 발행·유통 규율체계 정비방안"을 통해 ① 가상자산이 토큰 증권에 해당하는지를 판단하기 위한 증권성 판단 원칙과 ② 토큰 증권 발행·유통 허용을 위한 제도적 기반 마련 계획을 제시하였다. 특히 금융위원회는 가상자산의 증권 여부 판단원칙과 그 예시를 주요 내용으로 하는 '토큰 증권 가이드라인'(이하 "토큰 증권 가이드라인")도 함께 제시하였는데, 동 가이드라인의 투자계약증권 요건별 판단 기준을 간략히 정리하면 아래와 같다. 해당 가이드라인은 명시적으로 NFT를 적용 대상으로 언급하고 있는 것은 아니지만, NFT는 당연히 토큰의 일종이고, 구체적인 사실관계에 따라 NFT에 내재된 권리의 성격으로 인해 NFT가 증권에 해당할 수 있는 가능성이 있다는 전제에서 보면 동 가이드라인은 NFT의 투자계약증권성을 판단하는 데에도 중요한 기준이 될 수 있을 것으로 보인다.

---

1. 공동사업
- 수평적 공동성 또는 수직적 공동성이 있는 경우 공동사업에 해당함.

2. 금전 등을 투자
- 투자되는 금전등은 반드시 법정통화(금전)일 필요는 없으며, 법정통화와의 교환 가능성, 재산적 가치의 유무 등을 종합적으로 고려함.

3. 주로 타인이 수행
- 타인(발행인)의 노력이 부정할 수 없을 정도로 중대하고 사업의 성패를 좌우하는 필수적인 경영상의 노력이어야 함.
- 발행인이 모든 사업을 직접 수행하지 않더라도, 투자자 외에 사업주체의 공동적·집단적 노력이 있는 경우를 포함함.
- 발행주체와 사업주체가 형식적으로만 상이한 경우 공동 발행인으로 볼 수 있음.
- 투자자가 사업 일부를 수행하는 경우에도 사업의 대부분의 사항에 대한 정보 비대칭성이 있는 경우 주로 타인이 수행한 것으로 볼 수 있음.

4. 공동사업의 결과에 따른 손익을 귀속 받는 계약상의 권리
- 장래 일정 시점이 도래하거나 일정한 객관적 조건(예: 매출액 목표)이 달성될 경우 사업 결과에 따른 손익을 귀속 받기로 계약한 경우도 포함될 수 있음.
- 발행인 등이 투자자의 금전등으로 사업을 수행하고, 수행한 사업의 성과에 따른 수익을 귀속시키기로 약속한 경우 해당함. 특히 약속한 수익이 사업에서 발생한 매출·이익과 비례관계에 있거나, 사업에서 발생한 매출·이익을 환산하여 분배하기로 약속한 경우 공동사업의 결과에 따른 손익에 해당함.

- 투자자의 권리가 스마트계약을 통해 이행되나 그 스마트계약의 구현을 계약으로 약속한 발행인이 있다면 발행인에 대한 계약상 권리로 해석 가능함.
- 발행인이 투자자에게 사업 수익을 직접 분배할 것을 명시적·묵시적으로 약속하거나, 발행인이 제3자와의 계약 등을 바탕으로 해당 제3자가 투자자에게 사업 수익을 분배할 것을 약속하는 등 투자자와 발행인 간 계약에 따른 수익 청구권이 인정되어야 함.

5. 이익 획득 목적
   - 투자자는 투자 이익을 목적으로 금전 등을 투자하였어야 함.

(3) 하급심 판결례의 입장

비록 NFT에 관한 사안은 아니지만, 하급심 판결 중에서는 가상자산의 투자계약증권 해당 여부가 문제된 경우가 있었다(서울남부지방법원 2020. 3. 25. 선고 2019가단225099 판결,[53] 의정부지방법원 고양지원 2021. 9. 10. 선고 2019가단78506 판결[54]). 해당 판결들은 공통적으로 가상자산 거래소가 발행한 토큰을 보유한 자에게 가상자산 거래소의 거래수수료가 수익으로 분배된 사안이었는데, 이에 대하여 재판부는 아래와 같은 점을 일관되게 판시하였다.

- 해당 가상자산 자체에 본질적으로 내재된 구체적인 계약상 권리가 없다면 이는 투자계약증권이라고 볼 수 없다.
- 설령 해당 가상자산 보유자가 특정회사로부터 일정 수익을 배분받는다고 하더라도 그것이 가상자산 보유자에게 부수적으로 제공되는 이익일 뿐 해당 가상자산에 내재된 구체적인 계약상 권리거나 본질적 기능이 아닌 한 마찬가지다.

---

53 항소 없이 2020. 4. 9. 그대로 확정.
54 피고가 항소하였으나 항소심(의정부지방법원 2021나219018)에서 항소기각으로 2022. 11. 10. 확정.

- 나아가 가상자산 보유자들이 해당 가상자산 거래를 한 것이 해당 거래로 발생하는 시세차익의 취득이 가장 큰 동기이고, 이에 관하여 가상자산 보유자(투자자) 사이에 이해관계가 상충하는 사정이 있다면 해당 가상자산을 투자계약증권으로 볼 수 없다.

이러한 하급심 법원의 입장은 NFT에도 유사하게 적용될 수 있을 것이라 생각한다. 통상적으로 NFT에 대한 투자는 매매차익을 기대하는 경우에 불과하거나 NFT를 보유함으로써 누릴 수 있는 유틸리티(가령 행사 참여 등)에 목적을 두는 경우가 많고, NFT 보유자가 NFT 발행자를 상대로 특정 사업과 연계된 수익이나 이자, 배당금 등의 상환 또는 분배 청구권을 보유하고 있지는 않다. 이러한 점을 고려하면 일반적인 NFT 역시 위 판결과 유사하게 투자계약증권에서 말하는 "손익을 귀속받는 계약상의 권리"가 있다고 보기는 어려울 것이다. 참고로 NFT를 보유함으로써 회사에서 일부 보유자들을 상대로 경품 등을 추첨으로 지급하는 경우가 있을 수 있기는 하나 이것은 NFT 보유에 따른 직접적이고 주된 권리라고 보기 어려워서 상기 결론이 달라질 만한 요소는 아닐 것이라 생각한다.

3. NFT 마켓플레이스 운영 관련 라이선스 이슈

NFT를 이용한 주요 사업 중 하나는 NFT가 2차 거래될 수 있는 NFT 마켓 플레이스를 운영하는 것이다. NFT 마켓플레이스는 크게 (i) NFT 보유자가 자신이 보유하는 NFT를 판매 등록하도록 하는 기능과 (ii) 매수를 희망하는 자가 NFT를 가상자산 또는 원화로 구매할 수 있도록 제공하는 결제 기능 등으로 구성되어 있고, NFT 마켓플레이스 운영자는 거래 중개의 대가로 일정한 비율의 수수료를 수취하는 경우가 통상적이다.

만약 거래 대상 NFT가 가상자산이용자보호법상 가상자산에 해당하는 경우, NFT 마켓 플레이스 운영자로서는 가상자산의 매매(또는 교환)를 중개하는 것이므로 특정금융정보법상 가상자산사업자에 해당하여 신고 의무와 관련 의무를 부담하게 될 것이다. 나아가, NFT 마켓플레이스에서 거래되는 NFT가 증권에 해당한다고 볼 수 있는 경우라면, 자본시장법상 증권 규제의 적용 가능성에 대한 검토도 필요하다. 따라서 NFT 마켓플레이스 사업자로서는 취급하는 거래 대상 NFT가 가상자산뿐만이 아니라 증권에 해당하는지 여부를 검토하는 사전 절차를 통해 가상자산 규제 또는 증권 규제가 적용될 가능성이 있는지 여부를 미리 검토할 필요가 있다.

한편 그 외에도 NFT 마켓플레이스와 관련하여서는 실무상 전자상거래 등에서의 소비자보호에 관한 법률상 통신판매(중개)업자에 해당하는지 여부, 전기통신사업법상 부가통신사업 신고 필요 여부, NFT 마켓플레이스의 결제 및 정산 서비스 내용에 비추어 전자금융거래법상 전자지급결제대행업에 해당하는지 여부 등이 함께 문제되는 경우가 많다.

* 이 글의 내용은 필자의 개인적 견해이며 필자가 속한 김·장 법률사무소의 공식적인 입장과는 관련이 없습니다. 또한, 이 글을 준비하는 과정에서 많은 도움을 준 김·장 법률사무소의 강성윤, 강호길 변호사께 감사드립니다.

6

탈중앙화 금융(디파이) 규제 현황 및 규제 방향

김 정 민

Ⅰ. 들어가며

인터넷에서 이용자 개개인의 역할은 '정보검색(Web 1.0)'에서 '정보생산 및 교류(Web 2.0)'의 단계를 거쳐 '정보소유(Web 3.0)'로 발전했다. Web 3.0의 정의는 통일되어 있지 않은 것으로 보이지만, "컴퓨터가 시맨틱 웹 기술을 이용하여 웹페이지에 담긴 내용을 이해하고 개인 맞춤형 정보를 제공할 수 있는 지능형 웹 기술을 말한다"[1]라고 하기도 하고, "'인공지능(AI)'과 '블록체인'을 기반으로 '맞춤형 정보'를 제공하는 '초개인화된(Hyper-personalized)' 인터넷 환경을 뜻한다"[2]라고 하기도 한다. 그러나 '개별 이용자'가 새로운 중심이 되는 '탈중앙화' 원칙이 Web 3.0의 핵심 개념인 것만은 분명해 보인다. 그리고 이런 '탈중앙화'를 논할 때 빼놓을 수 없는 것이 블록체인이다. 탈중앙화라는 이념적 원칙이 이론의 단계를 넘어 실제 세계에서 구현이 가능해진 이유가 바로 블록체인 기술의 등장이었기 때문이다.

---

[1] 위키피디아, 〈https://ko.wikipedia.org/wiki/%EC%9B%B9_3.0〉 (최종검색일:2025. 1. 18.)〉 참조.
[2] KT Enterprise 홈페이지, 〈https://enterprise.kt.com/bt/dxstory/1083.do〉 (최종검색일:2025. 1. 18.)〉 참조.

블록체인은 '탈중앙성(decentralization)', '투명성(transparency)', '무신뢰성(trustless)' 등을 핵심적 특징으로 한다. 블록체인 거래는 거래를 중개하거나 보증하는 '중앙기관(중개자)' 없이 개별 이용자들이 모두 함께 거래 정보를 저장하고 검증하는 '탈중앙성', 이러한 거래가 모두에게 공개되는 '투명성', 거래의 상대방이나 참여자를 신뢰하지 않더라도 거래가 반드시 약속한 대로 일어난다는 것을 확보할 수 있는 '무신뢰성'을 보장한다.

따라서 블록체인을 기반으로 하는 가상자산이 관련된 문제에서, '탈중앙화 금융(디파이, DeFi, Decentralized Finance)'은 어떻게 보면 블록체인 및 가상자산의 본질적, 핵심적인 특성에 더 가까운 영역이라 할 수 있다. 그러나 현실은 여러 실질적인 문제로 인해 여러 가상자산 관련 제도나 규제에 관한 논의에서 탈중앙화 금융은 오히려 변두리 내지 후순위로 밀려나 있다.

이는 탈중앙화 금융이 블록체인 내 가상자산 거래(온체인, on-chain)에서만 작동하는 경향이 높다는 특성 때문에 현실의 경제나 법정통화(fiat money)에 대해 미치는 영향이 낮다고 평가되는 경향이 있다는 사실 때문이기도 하고, 새롭게 등장한 영역에 대한 규제 체계에 대해 논의할 때도 이미 만들어져 있는 기존 금융체계의 제도 및 틀에서 출발할 수밖에 없는 현실적인 접근방법의 한계 때문이기도 하며, 탈중앙화 금융 자체가 규제 적용 관점에서 매우 까다로운 특성들을 가지고 있기 때문이기도 한 것으로 보인다.

본 발표문에서는 탈중앙화 금융의 특징을 살펴보고, 미국 SEC의 Uniswap 기소 관련 움직임 등 최신의 탈중앙화 금융 규제 관련 논의 현황을 소개하며, 탈중앙화 금융에 관한 새로운 규제 방향을 제시하고자 한다.

Ⅱ. 탈중앙화 금융(디파이)의 특징

1. 탈중앙화 금융의 정의

탈중앙화 금융에 대한 합치된 정의는 없지만, 일반적으로 말 그대로 중앙화기관이 개재되지 않는 금융[3]을 말한다. "블록체인 네트워크상에서 스마트 계약 기반으로 암호자산을 이용하여 동작하는 탈중앙화 금융서비스"[4], "탈중앙화된 참여자들의 운영·관리에 따라 블록체인 네트워크상에서 스마트계약으로 이루어지는 암호자산 거래를 제공하는 금융서비스"[5]라고 하기도 한다.

탈중앙화 금융의 개념은 전통 금융(TradiFi) 및 중앙화 금융(CeFi, Centralized Finance)과 비교하는 방식으로 이해하는 것이 더 쉬울 수 있다. 이하 〈표 1〉에서 전통 금융(은행, 증권사 등), CeFi(중앙형 가상자산거래소, 가상자산 수탁업체 등)[6]와 비교한 탈중앙화 금융의 특징을 소개한다.

〈표 1〉 전통 금융, 중앙화 금융(CeFi), 탈중앙화 금융의 비교[7]

구분	전통 금융	CeFi	DeFi
거래단위	법정화폐	가상자산	가상자산
이용자 신원검증	ID/KYC/AML	ID/KYC/AML	없음

---

[3] 고동원, "탈중앙화 금융(DeFi)의 현황과 법제 정비 방향", KIF Working Paper 2022-21, 2022, 1면.
[4] 과학기술정보통신부·한국인터넷진흥원, "블록체인 기반 혁신금융 생태계 연구보고서", 2021, 28면.
[5] 신동우, "탈중앙화 금융(DeFi)의 규제 방안에 관한 연구", 박사학위논문, 2022.
[6] 국내에서는 업비트(UPbit), 빗썸(Bithumb), 코인원(Coinone), 한국디지털애셋(KODA), 한국디지털자산수탁(KDAC) 등이 있다.
[7] Fitch, 하이투자증권, "DeFi/NFT, 야 너두 할 수 있어", 2022.3월 (원문에서 번역하고 마지막 행 추가).

구분	전통 금융	CeFi	DeFi
수탁자(Custody)	서비스제공자/수탁기관	서비스제공자/수탁기관	없음 (이용자 본인)
거래실행자 (Execution)	중개자	중개자	스마트 컨트랙트
청산자 (Clearing)	서비스제공자/결제원(T+2)	서비스제공자/블록체인(T+0)	블록체인(T+0)
상호운용성	낮음	중간, 같은 블록체인 내	높음, 같은 블록체인 내 및 블록체인 간 활용가능
투자자 보호	정부규제, 건전성규제, 예금보험제도	정부규제, 건전성규제	누구나 검증(Audit) 가능함을 전제로 작동함
거래내역 투명성	중개자만 확인가능	중개자만 확인가능	모든 이에게 공개

2. 탈중앙화 금융의 주요 개념

(1) 스마트 컨트랙트

 탈중앙화 금융에서는 블록체인 스마트 컨트랙트(Smart Contract, 스마트 계약)로 모든, 또는 대부분의 거래가 이루어지는 특징이 있다. 스마트 컨트랙트는 그 이름이 주는 인상과 달리 계약이라기보다는 일종의 자동화된 블록체인 특화형 프로그램이라 할 수 있다. 이더리움의 창시자 비탈릭 부테린은 기술적 용어 대신 이런 비유적 용어를 선택해 많은 오해가 생겨난 것을 후회한다는 말을 남긴 바 있다.[8]
 스마트 컨트랙트는 '특정한 조건'이 충족되었을 때 정해진 동작을 '자동으로 실행'하는 코드이며, 당사자들이 서로를 모르거나 신뢰하지 않더라

---

[8] 블록미디어, "스마트 계약 개발자 부테린, "이름 다르게 지었어야 했다", 2018.10.15. 〈https://www.blockmedia.co.kr/archives/49037 (최종검색일: 2025. 1. 18.)〉

도 중개자 없이 정해진 조건만 충족되면 계약의 온체인 실행이 보장된다. 예를 들어 A가 자신이 가진 가상자산 a 1개를 가상자산 b 5개와 교환하는 스마트 컨트랙트를 개발하여 블록체인에 업로드(배포)하고 해당 컨트랙트의 주소 및 내용을 공개한다. 그러면 A와 어떠한 관계도 없는 지구상 어떤 곳의 B가 가상자산 b 5개를 보유하고 있기만 하면 이 컨트랙트 코드에 서명하는 방식으로 컨트랙트 코드의 실행을 요청할 수 있다. 이때 컨트랙트 코드는 사전에 정의된 조건이 충족되었으므로 A나 B 또는 중개자의 승인이나 개입 없이도 a 1개를 b 5개와 교환하여 B의 지갑에서 b 5개를 A의 지갑에 송금하고 A의 지갑에서 a 1개를 B의 지갑에 송금하는 거래를 자동으로 실행한다.

이더리움 EVM(Ethereum Virtual Machine)[9]에서 스마트 컨트랙트가 동작하는 기술적 방식을 간단히 설명하면 다음과 같다. 스마트 컨트랙트는 블록에 배포된 뒤에는 원칙적으로 변경할 수 없으므로, 탈중앙화 금융은 코드가 공개되어 있다면 누구나[10] 그 스마트 컨트랙트의 동작에 대해 검증할 수 있다는 전제를 기반으로 동작한다.

1. A가 코딩 언어(Solidity 등)로 스마트 컨트랙트의 내용을 구현한 코드를 작성
2. A가 그 코드를 컴파일하여 실행코드(Bytecode)를 생성해서 트랜잭션(Transaction)에 담아 블록체인에 배포함
3. 채굴자(Miner)가 트랜잭션이 담긴 블록을 채굴하면 이 트랜잭션이 블록체인의 다음 블록에 기록됨 (*다른 노드의 검증 과정 설명 생략)

---

9   이더리움 EVM은 이더리움 블록체인 네트워크에서 스마트 컨트랙트를 실행하기 위해 사용되는 일종의 개념적 컴퓨터이다. 실제로 물리적인 단독 서버나 컴퓨터가 존재하는 것은 아니고, 블록체인 네트워크를 구성하는 각 노드의 자원을 활용해 개념적으로 동작한다.
10 말 그대로 '누구나' 검증하기는 어렵고, 코드를 검증하려면 당연히 코드를 읽을 수 있는 능력이 있어야 하는데 일반 탈중앙화 금융 이용자 중에 이런 능력을 보유한 이용자의 비중이 높지는 않을 것으로 추정된다. 이 현실적인 단점을 해결하기 위해 탈중앙화 금융 서비스 제공자들은 오프체인(현실)에서 신뢰할 수 있는 제3검증기관(코드감사인, 보안전문기관 등)의 검증을 받았음을 내세우기도 한다.

4. 다른 사용자 B가 A가 배포한 스마트 컨트랙트 코드에 정의된 함수를 호출하는 실행 코드를 생성해 트랜잭션에 담아 블록체인에 배포
5. 채굴자가 B의 호출 바이트코드를 A가 배포한 스마트 컨트랙트 코드에서 정한 조건에 따라 EVM에서 실행, 블록에 추가, 실행 결과가 유효하면(조건을 충족하면) 그 결과가 블록 State에 반영되어 a 1개와 b 5개의 교환 결과를 실현함

(2) 지갑과 개인키

'지갑(cryptocurrency wallet)'[11]은 블록체인 이용자가 블록체인 상의 자신의 자산에 접근하고 관리할 수 있도록 하는 일종의 개인형 인터페이스 또는 접근수단이자 인증수단이다. 그러나 일반에서 흔히 오해하는 것과 달리, 가상자산 지갑(wallet)은 일반적인 인터넷 서비스의 계정(account)이나 진짜 디지털 자산을 보관하는 보관 프로그램과는 전혀 다르다.

지갑은 블록체인에서 일종의 고유식별자 역할을 하는 '지갑주소(wallet address)'[12]와 '개인키(private key)'[13]를 저장하는 디지털 프로그램이다.[14] '지갑주소'는 블록체인에 기록되어 있는 해당 가상자산의 위치 고유값을 표현한다. '지갑주소'에 있는 가상자산은 이용자가 가지고 있는 지갑에 실제로 존재하는 것이 아니라 블록체인 분산원장에서 해당 '지갑주소'를 기준으로

---

11 여기에서는 탈중앙화 금융에서 사용되는 지갑의 기본 형태이자 블록체인의 기본 구성요소인 비수탁형(non-custodial, unhosted) 지갑을 기준으로 설명한다. 반면, 수탁형(custodial, hosted) 지갑은 보통 중앙형 거래소 등에서 사용되는, 제3자가 각 이용자 자산의 각 개인키를 보관하거나 자신이 개인키를 보유한 지갑에서 보관하며 대상 자산에 대한 완전한 통제권을 보유하고 관리하는 방식이다.
12 지갑주소의 구성 방식이나 크기는 블록체인에서 정한 규칙에 따라 다르며 대부분 영숫자로 구성된 27~40자 내외로 구성되어 있다.
13 개인키의 구성 방식이나 크기는 블록체인에서 정한 규칙에 따라 다를 수 있으나 보통 256bit 난수로 구성된다.
14 더 자세하게 보자면, 이더리움 지갑 체계를 기준으로 설명할 때, 개인키로 공개키를 생성하고 공개키에 해시함수를 적용하여 지갑주소를 생성한다. 단, 이 과정을 거꾸로 복호화하는 것은 암호학적으로 불가능하다. 즉, 개인키를 알고 있으면 이와 1대 1 대응하는 공개키와 지갑주소를 알아낼 수 있지만, 지갑주소를 알고 있다고 해서 개인키를 알아낼 수는 없다. 실제 거래에서는 지갑주소나 공개키는 거래상대방에게 공개되지만 개인키는 공개되지 않는다.

기록되어 있는 값(value)을 통해 인정된다. 따라서 "오늘 나의 지갑에 1 이더리움이 있다"라는 식의 표현은 물론 이해에는 무리가 없지만 기술적으로는 잘못된 표현이다.

그리고 이 '지갑주소'에서 자산을 송금하는 등의 처분행위를 가능하게 하는 인증수단이 '개인키'다. '개인키'는 거래 시 외부에 노출되지 않는 비공개 키이며 지갑 프로그램에 보통 암호화된 상태로 저장되어 있기 때문에 원래의 개인키를 알고 있는 본인 외에는 외부인이 알 수 없다. 다만 이런 자릿수가 긴 난수 형태의 '개인키' 자체를 일반 이용자가 외우거나 적어 놓더라도 보고 입력하는 일은 매우 어렵거나 불가능하기 때문에 보통 니모닉 코드(mnemonic code)라는 일련의 의미 있는 영단어의 나열로 인코딩 한 뒤 니모닉 코드를 외우거나 따로 저장해두고, 지갑 프로그램에 저장되어 있는 암호화된 개인키를 그 니모닉 코드나 복구 시드키(seed)를 통해 복호화 호출하여 사용하는 방식을 사용한다. 한편, '핫월렛(hot wallet)'과 '콜드월렛(cold wallet)'은 같은 정보 구조로 구성되어 있지만, 핫월렛은 인터넷에 항상, 또는 부분적으로 연결되어 있는 온라인 프로그램의 형태를 하고 있다는 점에서 인터넷과 분리된 독립적 디바이스의 형태를 취하고 있는 콜드월렛과 다르다.

대부분의 탈중앙화 금융에서는 현실의 이용자 정보(이름, 연락처, 식별번호 등)를 전혀 수집하지 않으며 오직 지갑 정보를 기준으로 이용자를 식별한다. 즉, 블록체인에서 특정 지갑 주소에 대한 거래를 할 수 있다는 사실만이 그 지갑 주소에 대한 진정한 권한자임을 대외적으로 입증하는 유일한 방법이라는 논리 하에 동작한다. 따라서 탈중앙화 서비스 제공자의 입장에서는 무조건 특정 '지갑주소'에 대한 '개인키'를 가진 자가 해당 '지갑주소'의 정당한 이용자다. 결정적으로 그 외에 이용자를 식별할 방법이 전혀 존재하지 않기 때문이다. 예를 들어 현실의 이용자 '김진실'이 자신의 지갑주소 0x71...71F의 '개인키'를 해커인 '이해거'에게 탈취당했다고 생각해보자. 탈중앙화 금융 서비스의 관점에서는 (다소 충격적이게도) 해당 지갑주소에 대해 '개인키'로 인증하여 이용하는 '이해거'를, 더 정확히는 '김진실'

인지 '이해거'인지 알 수 없는 '개인키'를 가진 누군가를 정당한 이용자로 인정할 수밖에 없다.

이는 탈중앙화 금융의 원리나 개념에 익숙하지 않은 대부분의 사람들에게 현실적으로 받아들이기가 쉽지 않을 수 있는 결론이기 때문에 실무에서도 많은 분쟁이 발생하는 원인이 되기도 한다. 은행과 같이 이용자 정보를 수집하는 중앙화 금융에서는 신분증이나 기타 본인인증을 통해 원래의 정당한 현실의 이용자가 김진실이었음을 온체인(on-chain)이 아닌 오프체인(off-chain)의 수단으로 입증할 수 있다. 그러나 탈중앙화 금융은 오프체인 정보나 이용자의 신원정보를 전혀 보유하고 있지 않기 때문에 원래 이용자가 김진실이었는지, 이해거였는지 알 방법이 없다. 이런 면에서 탈중앙화 금융에서 지갑의 '개인키'는 ID이자, 비밀번호이자, 신분증이자, 가장 중요하고 핵심적인 식별 수단이며 인증수단이다.[15]

(3) 탈중앙화 금융서비스 유형

탈중앙화 금융서비스는 현재 인가 제도 내에 들어와 있지 않은 만큼 매우 다양한 실명 또는 비실명 플레이어(player)가 매우 다양한 유형의 서비스를 활발하게 개발하고 있다. 전통적 금융서비스에서 등장한 유형들이 탈중앙화 금융서비스에서도 사실상 이미 거의 다 시도된 적이 있다고 해도 과언이 아니다. 현재는 (1) 탈중앙화 거래소(DEX, DEcentralized eXchange),[16] (2) 대여(Lending), (3) 브릿지(Bridge),[17] (4) 스테이킹 및 리스테이킹(Staking &

---

15 다만, 이로 인해 이용자(End-User) 단에서 피싱이나 해킹 등에 의한 개인키 유출이 일어나면(*탈중앙화 프로토콜이나 서비스에서는 개인키를 저장하거나 보관하지 않기 때문에 서비스 제공자나 플랫폼으로부터 개인키 유출이 일어나는 상황은 상정하기 힘들다) 이용자의 자산 피해가 복구 불가능하게 되는 문제를 개선하기 위해 일부 탈중앙화 금융 서비스는 개인키 외에 OTP와 같은 추가 정보를 요구하는 2단계 인증(2FA)을 도입하기도 한다.
16 DEX: 중앙형 거래소는 A자산을 매수, 매도하는 호가를 맞춰 거래를 체결하는 방식으로 이루어지며 거래소 내부에서의 거래는 온체인에 기록되지 않지만, 탈중앙형 거래소에서는 모든 거래가 온체인에서만 일어나며 A자산과 B자산을 거래 당시 미리 정해진 동적 계산 방식(가치 등을 반영)에 따라 정해진 비율로 교환하는 방식으로 이루어진다.
17 브릿지: 블록체인의 가상자산은 원래 동일한 메인넷(예: 이더리움, 클레이튼) 내에서만 거래가 가능하나, 브릿지를 이용하면 메인넷1(예: 이더리움)의 자산을 메인넷2(예: 클레

Restaking),[18] (5) 부채담보포지션(CDP, Collateralized Debt Position)[19] (6) 실물자산토큰화(RWA, Real-World Asset)[20] 등이 TVL[21] 기준으로 가장 많이 이용되고 있는 유형이다. 각 유형에 대한 구체적인 설명은 이미 잘 설명된 자료가 많고 매우 복잡하고 기술적인 내용이 많아서 이 발표문의 한계를 넘으므로 여기에서는 생략하도록 한다. 다만, 탈중앙화 금융은 블록체인의 특성을 이용한 자동 거래와 고도의 금융기법들이 계속 적극적으로 활용되고 있으며 매우 '빠르게' 프로토콜의 대세나 이용 경향이 바뀌고 '새로운' 프로토콜이 끊임없이 등장하는 역동성을 보여 주는 시장이다.

〈그림 1〉 탈중앙화 금융 프로토콜 유형별 TVL 차트[22]

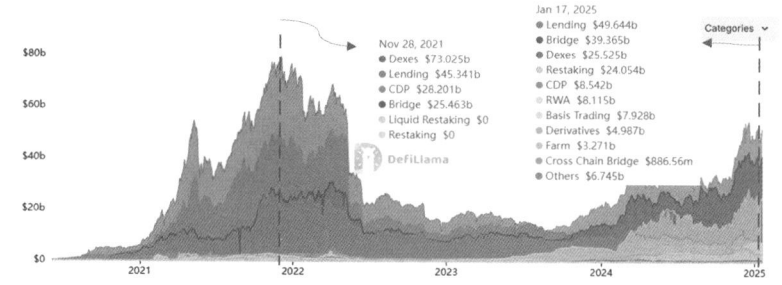

이튿)에서 거래하는 것이 가능하다. 그 구체적인 기술은 브릿지마다 다르나, 가장 잘 알려진 방식은 메인넷1의 자산을 동결(lock-up)해두고 메인넷2에서 해당 자산에 1대1로 대응하는 자산을 발행하는 기법이다.

18 리스테이킹: 스테이킹(staking)은 블록체인에 일정 기간 자산을 위임하거나 예치한 뒤 그 대가로 보상을 받는 투자 방법인데, 리스테이킹(restaking)은 스테이킹된 자산을 다른 플랫폼이나 애플리케이션에서 추가로 활용할 수 있게 하는 기법이다. 2024년 초 이후부터 급격히 인기를 얻고 있으며, 아이겐레이어(EigenLayer) 프로토콜이 유명하다.

19 CDP: 대출의 한 종류로 디지털자산을 담보로 하여 스테이블코인(stable coin)을 발행한다. 가장 유명한 프로토콜로 메이커다오(MakerDAO) 프로젝트와 이들이 만든 이더리움 기반의 다이(DAI) 토큰이 있다.

20 RWA: 현실 세계의 자산(그림, 부동산, 채권 등)을 디지털 토큰화하여 블록체인에서 거래하는 프로토콜. 증권성에 대한 논란이 많다.

21 TVL: Total Value Locked. 각 프로토콜에 예치되어 있는 자산규모의 총합계금액.

22 디파이라마(defillama), 〈https://defillama.com/categories(최종검색일: 2025. 1. 17.)〉.

3. 탈중앙화 금융의 특징

(1) 탈중앙성(Decentralization)

탈중앙화 금융에는 거래를 관리, 보증, 지배하는 주체가 없다. 중개자나 중앙기관이 개입하지 않고 모든 거래가 사전에 배포된 코드에 의해 실행된다. 전통 금융에서 중개자의 개입으로 인해 생기는 횡령이나 조작 등의 인적 위험, 보안 취약성, 개인정보 과잉 수집 및 유출, 인격체 또는 사회적 중앙 주체의 자의적/정치적 운영 문제, 외부적 인자에 의한 거래 불안정성 등 기존 중앙형 금융의 문제를 해결하고자 하는 목표 하에 등장한 방식이다. 그러나 이로 인해 책임 소재의 불분명성 문제가 제기되기도 한다. 중앙기관을 두지 않는 것은 결국 잠재적 불법행위 등에 대한 책임소재 부분을 명확하지 않게 한다는 비판[23]이나 문제 발생 시 거래를 동결하고 문제를 해결하며 정상적인 운영을 복원하기 위한 조치를 할 방법이 없다는 단점에 대한 비판[24]이 있다.

(2) 투명성(Transparency)

탈중앙화 금융에서는 모든 거래가 온체인(on-chain)에서 일어난다. 따라서 모든 거래는 공개 블록체인에 기록되고, 모두에게 평등하게 공개된다. 그러나 이 부분 때문에 역으로 이용자의 개인정보를 위협하는 데 오용될 가능성이 있다는 비판이 있다.[25]

(3) 무신뢰성(Trustless)

탈중앙화 금융에서는 거래상대방을 '알거나' '신뢰할' 필요가 없다. 상대

---

23 장숙련, 이원석, 허재영, 안수현, "디파이(DeFi) 관련 법적 이슈 검토", 아세아여성법학, 제26호, 2023, 106면.
24 김협, 김민수, 권혁준, "디파이(De-fi) 탈중앙화 금융의 가능성과 한계점", 한국전자거래학회지, vol 26, no 2, 2022, 152면.
25 김협, 김민수, 권혁준, 앞의 논문, 151면.

방을 아예 모르더라도, 블록체인에서 탈중앙형으로 어떤 특정 주체의 개입 없이 자동적으로 정해진 대로 동작하는 스마트 컨트랙트 시스템이 내가 의도한 거래의 결과가 일어날 것을 보장함을 알 수 있기 때문이다. 이는 곧 인터넷과 컴퓨터만 있으면 자신이 거주하는 국가나 사회의 금융 서비스 수준이나 자신이 제시할 수 있는 신용 증거 등과 무관하게 매우 고도화된 금융서비스에 빠르고 쉽게 접근할 수 있는 글로벌한 금융 접근성을 보장한다는 뜻이기도 하다. 그러나 이는 결국 '익명성'과 연결되기 때문에 자금세탁이나 테러 자금 조달의 위험 면에서 자유롭지 않다는 뜻이기도 하다. 특히 탈중앙화 금융에서는 지금까지의 국제적 자금세탁방지 체계에서 핵심이 되어 온 식별, 점검, 기록, 차단, 보고 의무들을 실제로 수행할 중앙 주체가 명확히 존재하지 않기 때문에 더 문제가 될 수 있다.

III. 탈중앙화 금융 규제 논의 현황

1. ISOCO 권고안 (2023년 12월)

국제증권감독기구(IOSCO)[26]는 2023년 12월 탈중앙화 금융 정책에 관한 권고안을 발표했다.[27] 이 권고안은 법적 구속력을 가지지는 않지만 각국 규제기관에 상당 수준의 영향력을 가진다. IOSCO는 이 권고안에서 현재 탈중앙화 금융의 여러 리스크를 지적하는데, 시장 간 상호연동성 및 의존성, 레버리지 활용, 예측하기 어렵고 불투명한 지배구조, 분산원장 기반구조 자체의 보안 취약성, 초기 투자자에게 보상하기 위해 지속적 투자자 유입

---

26 International Organization of Securities Commissions. 증권 분야의 감독 기준을 논의하는 국제기구로 미국 SEC, CFTC, 싱가포르 금융관리국(MAS), 영국 금융감독청(FCA), 한국 금융감독원이 포함된 각국 증권감독기관 및 관계기관으로 구성되어 있다.
27 IOSCO 홈페이지, 〈https://www.iosco.org/library/pubdocs/pdf/IOSCOPD754.pdf〉, 2013.12.

에 의존하는 일부 탈중앙화 금융의 비즈니스 모델의 문제, 전통 금융시스템에 대한 리스크 이전 문제, 탈중앙화 금융 옹호론자들의 투명성, 접근성 주장에도 불구하고 실제로는 어려운 코드를 읽을 능력이 없는 일반인들의 접근이나 이해가 어렵다는 문제 등에 대한 기존 보고나 우려가 있다고 언급하고 있다. 그리고 각국 금융당국에 탈중앙화 관련 금융정책을 수립할 때 다음의 9가지 사항을 고려하라고 권고했다.

〈그림 2〉 IOSCO의 탈중앙화 금융 정책에 관한 9가지 권고사항[28]

[IOSCO의 9가지 권고사항]

구분	주요 키워드
권고사항 1	디파이 상품, 서비스, 활동 등에 대한 분석과 규제 대응 Analyze Defi Products, Services, Activities, and Arrangements to Assess Regulatory Responses
권고사항 2	책임자 식별 Identify Responsible Persons
권고사항 3	규제에 대한 공통 기준 확립 Achieve Common Standards of Regulatory Outcomes
권고사항 4	이해상충문제 식별 및 해결 Require Identification and Addressing of Conflicts of Interest
권고사항 5	운영 및 기술적인 리스크를 포함한 주요 리스크 식별 및 해결 Require Identification and Addressing of Material Risks, Including Operation and Technology Risks
권고사항 6	명확하고, 정확하며 포괄적인 정보 공시 Require Clear, Accurate, and Comprehensive Disclosure
권고사항 7	법률 시행 Enforce Applicable Laws
권고사항 8	국가간 협력 및 정보공유 촉진 Promote Cross-Border Cooperation and Information Sharing
권고사항 9	디파이, 디지털 자산 시장, 전통 금융 시장간 상호연결 Understand and Assess Interconnections Among the DeFi Market, the Broader Crypto Asset Market, and Traditional Financial Markets

2. FATF 가이드라인 (2021년 10월 - 2023년 6월)

국제자금세탁방지기구(FATF)[29]는 지난 2021년 10월 가상자산사업자의 위험기반 접근법 가이드라인[30]을 발표하면서, 가상자산사업자(VASP)에 대

---

28 업비트 투자자보호센터, 〈https://m.upbitcare.com/academy/research/678(최종검색일: 2025. 1. 18.)〉.
29 Financial Action Task Force, 자금세탁, 테러자금조달 및 기타 국제 금융시스템에 대한 위험을 방지하기 위해 설립된 정부 간 기구.
30 FATF, "Updated Guidance for a Risk-Based Approach to Virtual Assets and Virtual Asset Service Providers", 2021.10.

해서도 자금이동규칙(Travel Rule) 등의 자금세탁방지의무를 적용해야 함을 명확히 하고, 이러한 의무를 부담하는 가상자산사업자(VASP)의 정의는 "영업 목적으로, 제3자를 위해, ① 가상자산과 법정통화의 교환, ② 가상자산 간의 교환, ③ 가상자산의 이전, ④ 가상자산의 보관, 관리, ⑤ 가상자산발행인의 모집/매출과 관련된 금융서비스 제공 등 위 5가지 행위 중 하나 이상을 하는 자"로 정의하였다. 그리고 이러한 FATF 기준은 "소프트웨어나 기술에는 적용되지 않는다"는 점을 명확히 하며, "탈중앙화 금융 애플리케이션(소프트웨어 프로그램)은 가상자산사업자(VASP)가 아니다"라고 선언하였다. 그러나, 탈중앙화 금융에서 "통제권(control)이나 충분한 영향력(sufficient influence)을 유지하는 창작자, 소유자, 운영자 또는 다른 자들(creators, owners and operators or some other persons)"이 VASP 서비스를 제공하거나 적극적으로 촉진하는 경우, 이러한 구조가 탈중앙화된 것처럼 보일지라도 VASP 정의에 포함될 수 있다고 하였다. 그리고 "다른 제3자가 개입하거나 과정의 일부가 자동화되었을 때"도 VASP로 볼 수 있는 경우가 있다고 하여, 탈중앙화 금융 시스템의 운영자 등도 단지 권한의 분산이나 자동화 요소만으로는 국제적인 자금세탁방지 의무에서 벗어날 수 없다는 점을 천명하여 두었다.

그러나 이 2021년 개정 FATF 가이드라인은 결국 탈중앙화 금융에서 자금세탁방지 의무를 부과할 운영자 등을 식별하는 기준을 구체적으로 각국 금융당국이 활용할 수 있는 수준으로 제시한 것은 아니었다. 실제로 이 가이드라인의 발표 후에도 각국에서 탈중앙화 금융 프로토콜에 구체적인 자금세탁방지 관련 의무를 부과한 사례는 쉽게 발견되지 않는다.[31] 탈중앙화 금융은 모든 거래가 블록체인에 공개되기 때문에 거래 자체는 어차피

---

31 미국에서 2022년 9월, CFTC가 디지털자산 레버리지 및 마진거래 탈중앙 프로토콜인 bZeroX에 대해 미등록 선물중개업(FCM, Futures Commission Merchants), KYC 의무 미수행을 이유로 제재조치에 들어간 사례는 있으나, 이는 결국 파생상품 관련 FCM이라는 기존 금융규제 체계를 활용한 제재로 보는 것이 타당하고, 가상자산 탈중앙 프로토콜 자체에 대한 기준을 수립해 적용한 것으로 보기는 어렵다는 한계가 있다.

모두 추적이 가능한 한편, 자금이동규칙 등 자금세탁방지 의무 부과를 위해 특정 주체가 송수신자의 신원정보를 수집하도록 하는 것 자체가 결국 탈중앙화 방식을 원천 금지하는 것이나 다름없다는 비판이 있는 점, 국가나 인프라에 대한 의존성이 매우 약한 탈중앙화 방식을 원천 금지하는 정책을 택하더라도 그 구현이 현실적이지 않다는 비판이 있는 점, 탈중앙화 금융의 특성상 서비스 제공 주체를 실제로 유의미한 소수의 법인이나 개인 형태로 특정하기가 매우 어려운 문제 등 현실적인 문제들이 아직 해결되지 않은 상태로 보인다.

한편, FATF는 그 이후 2023년 6월, 가상자산 규준 구현 관련 집중 업데이트 보고서[32]를 발표하면서 탈중앙화 금융에 대해 상당 부분을 할애해 설명했다. 2023년 6월 FATF 보고서는 가상자산 관련 FATF 기준의 이행실태를 분석하면서, 여전히 많은 국가가 이러한 기준을 준수하고 있지 않다고 지적했다. 그리고 보고서 발표 기준으로 FATF 회원국 가운데 60%(90개국)는 가상자산사업자(VASP)를 규제하는 법령 등을 제정하면서 허용하고, 11%(16개국)는 가상자산사업 자체를 금지했으며, 회원국의 약 3분의 1에 해당하는 45개국이 규제 여부를 결정하지 못했다는 조사 결과를 발표했다. 그리고 탈중앙화 금융에 의한 자금세탁 및 테러 자금 조달 위험에 대해 언급하면서, 탈중앙화 금융은 여전히 전체 가상자산 활동에서 상대적으로 낮은 비율을 차지하고 있지만, 북한, 알카에다, 극우단체의 자금조달 수단이나 랜섬웨어 공격, 사기, 마약밀매 등 가상자산의 오용 위험이 증가하고 있다고 지적했다. 그리고 현재 탈중앙화 금융 규제에 대한 현실적인 어려움을 소개하면서 탈중앙화 금융에 VASP에 해당할 수 있는 중앙화된 요소가 존재할 수 있지만, 어떤 특정 실체가 VASP에 포함되는지 여부를 판단하기는 어렵고, 탈중앙화 금융의 특성상 의심거래보고(STR), AML, CFT를 적용하기에 어려움이 있다고 인정하고 있다.

---

32 FATF, "TARGETED UPDATE ON IMPLEMENTATION OF THE FATF STANDARDS ON VIRTUAL ASSETS AND VIRTUAL ASSET SERVICE PROVIDERS", 2023. 6.

그리고 이 보고서에서는 2021년 FATF 가이드라인에서 제시했던 탈중앙화 금융의 어떤 체계(arrangement)를 VASP로 볼 수 있는 기준을 다시 한 번 확인하면서, 이에 추가하여 "관리키(administrative keys)를 보유한 사람들, 거버넌스 토큰(governance token) 보유자 및 탈중앙화 자율 조직(DAO)의 참가자와 같이 거버넌스 구조에 관여한 사람들, 탈중앙화 금융 프로토콜에 수정, 업데이트를 하거나 실질적인 영향을 줄 능력이나 영향력의 집중, 탈중앙화 금융 체계와 인터페이스하는 애플리케이션의 관리자, 탈중앙화 금융 체계를 홍보하거나 탈중앙화 금융 프로토콜 업데이트를 공개하는 데 관여한 사람들, 수익이나 수수료 구조"를 살펴볼 수 있다고 하였다.

그리고 P2P(Peer-to-Peer) 거래나 P2P 거래에 사용될 수 있는 비수탁형 지갑(unhosted wallet)이 AML/CFT 규제를 피하는 데 이용될 위험이 있다고 지적하면서, 몇몇 국가에서는 P2P 거래의 비중이 적긴 하지만 VASP 간의 거래보다 AML/CFT 위험이 높다는 보고가 있다고 하면서도 VASP 규제수준이 높은 국가에서조차 대부분의 국가가 P2P 거래나 비수탁형 지갑을 통한 거래와 관련된 구체적인 위험을 아직 평가하지 못했다고 인정한다. 그리고 앞으로 FATF와 각 국가들이 관련 위험을 더 점검하고 평가할 필요가 있다고 쓰면서, 일부 국가에서는 VASP에게 비수탁형 지갑 관련 요소를 의심거래로 판단할 요인으로 취급하도록 하는 규제를 적용하거나, 규제가 없어도 몇몇 VASP들은 자발적으로 비수탁형 지갑 거래를 더 높은 위험군으로 분류하고 더 높은 수준의 실사 절차를 이행하는 경우가 있다고 소개한다.

3. 미국 CFTC 기술자문위원회 DeFi 보고서 (2024년 1월)

미국은 현재 탈중앙화 금융에 관해 가장 적극적인 규제 형성 움직임을 보이는 국가로 보인다. 미국 상품거래위원회(CFTC)[33]의 기술자문위원회(TAC,

---

33 Commodity Futures Trading Commission, 미국 연방정부 내 선물 옵션 시장 감독 기

Technology Advisory Committee)는 지난 2024년 1월 8일, 탈중앙화 금융 (DeFi)에 관한 최종 보고서를 발표했다.[34] 일부는 이를 미국 정부자문위원회가 DeFi에 관해 작성한 최초의 실질적 보고서라고 평가한다.[35]

이 보고서는 DeFi의 기회와 위험을 균형 있게 설명하면서, 금융상품 및 서비스 제공 효율성 향상, 금융시스템 내 투명성 증대, 금융접근성 및 포용성 확대, 혁신 및 경쟁 촉진 등의 기회와 더불어, 정보 비대칭, 이해 상충, 탈중앙화의 투명성 문제, 보안 위험 등의 위험 요소를 설명한다. 그리고 정책입안자가 DeFi의 위험을 좀 더 잘 이해하고 완화하는 정책을 만들기 위한 다음의 5가지 권고사항을 제시했다. ① DeFi 이해증진: 정책입안자는 DeFi 규모, 범위, 주요 특징에 대한 데이터를 수집하고 분석해야 함, ② 어떤 DeFi가 현재의 규제 내에 포섭되는지 '매핑', ③ DeFi와 관련된 위험 정의 및 분류(체계적인 위험 식별, 정의, 분류), ④ 위험 완화 전략 평가(공개, 보고, 제3자 감사, 진입제한, 감독, 거버넌스 규제, 영업규제, 제품규제, 재무제표 규제, 행위규제, 구조적 규제 등), ⑤ 타 기관 또는 업계 협력 촉진(타 규제기관이나 업계와의 협력을 통해 공통기술, 보안표준 등 개발)

4. 미국 SEC의 DeFi 대상 연방증권법 준수 규정 추가 (2024년 2월)

미국 증권거래위원회(SEC)[36]는 지난 2024년 2월, 상당한 유동성 제공 역할(significant liquidity-providing roles)을 하는 시장참여자들이 미국 연방증권법을 준수하도록 요구하는 새로운 규칙(rule)을 3명의 찬성과 2명의 반

관, 파생상품에 관련된 부정행위, 조작, 시스템 리스크 등의 방지를 목적으로 설립된 기관이다.

34 CFTC(TAG), "REPORT OF THE SUBCOMMITTEE ON DIGIT AL ASSETS AND BLOCKCHAIN TECHNOLOGY", 2024. 1. 8.

35 The Block, ⟨https://www.theblock.co/post/271083/cftc-advisory-committee-advances-recommendations-urging-a-timely-focus-on-defi (최종검색일: 2025. 1. 18)⟩, 2024. 1. 8.

36 Securities and Exchange Commission, 미국 증시를 감시 및 감독하기 위해 설립된 기관. 미국 대통령 직속의 독립관청으로 준사법적 권한을 가지고 있다.

대가 나온 투표로 채택했다.37 이 규칙은 2022년 3월 초안에 관련 각주가 도입된 형태로 제안된 이후 탈중앙화 금융 업계의 반발 및 많은 논의를 거쳐왔으나 결국 오히려 DeFi에 대한 '포함'을 더 구체적으로 명시하는 방식으로 최종 채택되었다. 이 규칙은 증권(securities) 또는 정부증권(government securities)의 정의를 충족하는 가상자산을 거래하는 자에게 적용되나, 5,000만 달러 미만의 자산은 제외된다. 이 규칙에 따르면, "소위 'DeFi' 시장과 관련된 제품, 체계, 활동을 '포함'한 개인의 암호화폐 자산 증권(crypto asset securities) 거래 활동이 이 규칙에 명시된 '정기적 사업의 일부로서(as part of a regular business)'의 정의를 충족하고(즉, 해당 개인이 정성적 기준에 명시된 대로 다른 시장참여자에게 유동성을 제공하는 효과가 있는 암호화폐 자산 증권을 정기적으로 매수 및 매도하는 패턴에 참여하는 경우), 예외가 적용되지 않는 경우, 해당 개인은 딜러(dealer)38 또는 정부증권 딜러로 등록해야 한다." 이는 시장에 일정 수준 이상의 유동성을 제공하는 시장참여자를 모두 '딜러'로 간주하는 것으로도 볼 수 있게 하는 '딜러' 범위의 확대다.

이에 대해 탈중앙화 금융 업계는 모호한 프레임워크이자 탈중앙화 금융 측에서 실제로 준수하는 것이 불가능한 규칙이어서 혁신을 위축시킬 것이라 강력하게 반발하고 있다. 탈중앙화 금융에 우호적인 입장인 것으로 알려져 있는 공화당 위원 헤스터 피어스는 "저는 탈중앙화 금융이 규칙을 준수하지 않는 이유 중 하나는 규칙 자체를 알 수 없고 심지어 우리(규제기관)가 어떨 때 무엇을 증권이라고 생각할지도 알 수 없기 때문이라고 생각합니다"39라고 언급했다.

---

37 SEC 홈페이지, 〈https://www.sec.gov/newsroom/press-releases/2024-14 (최종검색일: 2025. 1. 18)〉, 2024. 2. 6.
38 미국 증권법에서 딜러(dealer)는 "자기의 계산으로 증권의 매수 및 매도 영업에 종사하는 자"를 말함. [1934년 증권거래법(Securities Exchange Act of 1934) Section 3.(a).(5)].
39 The Block, 〈https://www.theblock.co/post/271083/cftc-advisory-committee-advances-recommendations-urging-a-timely-focus-on-defi (최종검색일: 2025. 1. 18)〉, 2024. 1. 8.

5. 미국 SEC의 토큰 증권성 주장에 근거한 Uniswap 기소 예정 통지
   (2024년 4월)

미국 증권거래위원회(SEC)는 준사법기관으로 연방증권법을 위반한 대상자에 대해 먼저 조사(investigation)를 진행한 뒤 민사소송 형태로 민사적 제재조치(civil enforcement action)를 진행한다.[40] SEC는 그동안 Ripple(XRP) 재단, 바이낸스, 코인베이스 등 미국 기반의 가상자산 업계 주요 회사들을 우선 대상으로 하여 연방증권법 위반을 이유로 차례차례 기소를 진행해 왔다. SEC는 솔라나(SOL), 에이다(ADA), 폴리곤(MATIC), 파일코인(FIL), 샌드박스(SAND), 엑시인피니티(AXS) 등 국내에도 상장된 코인을 포함해 많은 토큰을 증권으로 보고 있다. 그리고 SEC는 이러한 토큰을 발행하거나 판매한 코인 재단은 미등록증권 공모행위를 한 것으로, 이러한 토큰의 거래를 중개하는 거래소는 미등록 브로커딜러 행위를 한 것으로 본다.[41]

그리고, SEC는 2024년 4월, 탈중앙화 금융의 최일선에 있다 해도 과언이 아닌, 상징적 의미와 실질적 규모를 동시에 보유한 탈중앙형 거래소

---

40 SEC의 민사적 제재조치는 민사절차이긴 하지만 대부분 합의로 종결되며 과징금 성격의 금원 납부가 이루어지거나 담당 임직원 등이 직위해제되는 결과가 따르고 법무부의 형사절차 개시와도 긴밀한 영향이 있어서 사실상 형사절차에 가까운 성격도 있기 때문에, 그리고 한국적 관점에서는 준사법기관 내지 행정기관이 피감기관에게 민사소송을 제기한다는 개념 자체가 어색하기 때문에, SEC이 이런 소송(litigation)을 제기(bring a civil action)하는 것을 한국에서는 '소 제기'가 아니라 '기소'라고 번역해서 소개하는 경우가 많다. '기소'는 한국에서는 형사기소권(right to prosecute)을 가진 기관(검사)의 독점행위이기 때문에 정확한 번역용어는 아닌 것으로 생각되지만, 본 발표문에서는 관행을 따라 '기소'라는 표현을 쓰기로 한다.
41 이 중 가장 초기인 2020년 경 기소가 이루어진 리플 재단 대상 소송의 경우, 2023년 7월 뉴욕 남부지방법원의 약식판결은 기관투자자에게 리플(XRP)을 판매한 것은 증권 판매로 볼 수 있지만, 거래소를 통해 일반 대중에게 판매한 것이나 직원에 대한 보상은 증권 판매로 볼 수 없다고 판단했으며(SEC는 이런 판단에 불복한 것으로 알려져 있다), 2024년 7월 기준 SEC와 리플재단은 10억 달러 단위의 합의금을 협상하고 있는 것으로 알려져 있었다. 그러나 2024년 11월 미 대선의 결과 당선된 트럼프 측 취임준비위원회가 SEC측에 소송 중단(합의)을 종용하는 등 이 소송을 둘러싼 분위기가 바뀌고 있다. 다만 2025년 1월 16일 기준 트럼프 행정부 출범 및 SEC 의장 게리 겐슬러의 사임을 앞두고 SEC는 위 약식판결에 항소하였다고 알려졌다.

(DEX)인 유니스왑(Uniswap)[42]을 정면으로 겨냥해 SEC가 곧 기소하겠다는 예고장인 웰스 통지(Wells Notice)를 보냈다. 이 통지에서 SEC는 유니스왑 프로토콜이 미등록 증권거래소 역할을 하고 있고, 유니스왑 랩스가 미등록 증권 브로커 역할 및 미등록 청산소(clearing agency) 역할을 한다고 적시하면서, 유니스왑의 거버넌스 토큰인 UNI 토큰과 유동성 토큰(LP)은 (증권인) 투자계약(investment contract)으로 취급될 수 있다고 하였다.[43]

유니스왑은 AMM(Automated Market Maker) 기반 방식의 탈중앙형 거래소로, 거래소가 중개기관이 되어 매도자와 매수자 사이의 호가를 관리하며 1대 1로 거래를 체결시켜 주는 시스템인 중앙형 거래소(바이낸스, 코인베이스 등)와 달리, A코인와 B코인의 쌍(pair)으로 구성된 코인 풀(liquidity pool)에서 어떤 이용자 1인이 단독으로 A코인을 B코인으로 바꾸는 거래를 신청하면 블록체인 위에서 자동적으로 동작하는 프로그램(스마트 컨트랙트)에 의해 이미 정해진 알고리즘이 실시간으로 교환비를 변동시키며 풀에 이용자가 제공한 A코인을 더하고 풀에서 B코인을 빼서 이용자에게 주는 방식을 통해 동작한다.

이런 방식이 혁신적으로 받아들여졌던 이유는 이러한 AMM 방식의 탈중앙형 거래소에 여러 특수한 장점이 있었기 때문이다. 유니스왑이 제시한 AMM 방식 탈중앙형 거래소 방식에는 ① 중앙형 거래소처럼 상장(거래지원) 절차가 필요하지 않은 자율적 거래 풀 형성, ② 유동성 풀에 유동성을 공급하는 자에게 거래소 프로토콜의 거버넌스 토큰(UNI)을 분배하는 방식을 통해 유동성 공급자에게 높은 보상을 제공하여 유동성을 확보하고 유동성 규모가 확보되면 거래비용이 절감되어 거래량이 증가하는 인센티브 기반 선순환 구조, ③ 중앙형 중개인 및 거래의 관리비용 제거(중개수수

---

42 유니스왑은 미국 기반의 유니스왑 랩스(Uniswap Labs)가 개발하고 운영하는 탈중앙 거래소(DEX)로, 이 분야에서 현재까지 가장 성공적이고 선도적인 역할을 하고 있다. 2018년 창업한 유니스왑 랩스의 기업가치는 2022년 기준으로 2조 3,700억 원에 달했다.
43 공개된 유니스왑의 답변서(Wells Notice Response; Wells Submission) 내용에서 추정한 내용.

료 없음[44]), ④ 거래소 내부에서의 모든 거래가 온체인 거래이므로 블록체인 트래커에 투명하게 공개됨(자전거래, 시세조작, 내부자거래 등의 실시간 또는 사후 적발 용이성), ⑤ 중앙형 공격대상(서버, 개인정보, 데이터DB, 계좌, 지갑 정보)을 아예 제거함으로써 해킹, 개인정보 유출, 직원 횡령/비위 등의 위험을 효과적으로 완화 및 제거, ⑥ 소액투자자들도 토큰 투표(voting) 방식을 통해 프로젝트의 공동 운영에 참여 가능 등의 혁신적인 특징들이 있었고, 오픈 소스 기반의 프로젝트였기 때문에 이후 글로벌 규모로 유니스왑을 본뜬 많은 프로젝트가 많이 생겨난 계기가 되었다.

유니스왑 랩스는 2024년 5월, 자사 홈페이지에 SEC의 웰스 통지에 대한 답변서(Wells Notice Response) 전문과 입장문을 공개하면서[45] 이 분쟁에서 적극적으로 싸울 것임을 천명했다.

유니스왑 랩스의 주장은 다음과 같다. ① 유니스왑은 증권법상 거래소가 아님: 유니스왑에서 이루어지는 2차 시장거래는 투자계약에 해당하지 않으며,[46] 프로토콜, 인터페이스 등은 증권거래소의 법적 정의를 충족하지 않음.[47] ② 유니스왑 랩스는 증권법상 브로커가 아님: 유니스왑 랩스는 사용자에게 특정 토큰의 구매를 권유하거나, 투자의 장점을 평가하거나 투자자문을 제공하지 않음.[48] ③ 유니스왑 랩스는 이용자의 토큰을 수탁하거

---

44 다만, 유니스왑 랩스는 2023년 일부 주요 토큰 거래에 0.15% 인터페이스 수수료(interface fee)를 부과하기로 하는 결정을 하고 현재는 0.25%까지 올린 바 있다.
45 유니스왑 랩스 홈페이지, 〈https://blog.uniswap.org/the-fight-for-defi-continues(최종검색일: 2025. 1. 18)〉, 2024. 5. 21.
46 유니스왑 측의 답변서에 따르면, SEC는 리플 및 코인베이스 소송에서 '토큰' 자체는 미국 연방대법원 판례의 하위(Howey) 테스트 기준에 따른 '계약, 거래, 계획(contract, transaction, scheme)'이 아님을 인정하기는 했으나 '2차 시장 거래'는 토큰 구매자가 이런 토큰을 둘러싼 '생태계(ecosystem)'에 투자하는 것이기 때문에 '투자계약(investment contract)'이 된다는 입장이라고 한다. 유니스왑은 '에르메스 버킨 백'의 예시를 들며, 이런 '생태계' 이론을 취한다면 명백한 비증권 자산의 모든 2차 판매도 투자계약이 될 수밖에 없다는 반박을 하고 있다.
47 유니스왑 측의 답변서에 따르면, 유니스왑 랩스가 통제하지 않는 유니스왑 프로토콜이나 유니스왑 프로토콜의 기능[오토라우터(autorouter); 가장 최적의 교환경로를 찾아 자동으로 해당 경로에 의한 교환을 실행하는 프로그램]은 그저 기술이나 기능일 뿐, '거래소'가 아님이 문언상 명백하다는 주장이다.
48 유니스왑 측의 답변서에 따르면, SEC 대 코인베이스 소송에서 법원은 코인베이스가 수

나 해당 토큰을 '이전'하는 등으로 관여하지 않기 때문에, 청산 역할을 하지 않음. ④ 유니스왑 랩스는 미등록 증권의 청약이나 판매에 관여하지 않음: UNI 토큰의 배포는 금전이나 재산의 투자를 구성하지 않으며, 청약을 구성하지 않고, 하위테스트의 나머지 요건 중 공동사업(common enterprise)이 없으며, UNI 구매자에게는 랩스의 노력에 기반한 이익에 대한 기대가 없음. 그리고 유니스왑 랩스는 SEC의 기소가 수십억 달러의 거래비용을 절감할 잠재력이 있고 전통 금융시장에 혁신을 가져올 가능성이 있는 유니스왑 프로토콜 기술을 금지하려는 시도로서 공공이익에 부합하지 않으며 미국 투자자들에게 추가 비용을 발생시킬 것이라고 주장했다.

유니스왑의 이런 반박과 탈중앙화 금융 업계의 우려에도 불구하고 SEC가 곧 유니스왑에 대한 기소 절차를 시작할 것으로 보는 의견이 많았다. 그러나 2024년 11월 미 대선 결과 공화당의 도널드 트럼프 대통령이 당선되며, 가상자산 관련 사업자들에 대한 SEC의 강경한 증권성 주장 및 소송 방침을 이끌어온 SEC 의장 게리 겐슬러가 2025년 1월 사임할 예정임에 따라 앞으로 SEC가 어떤 조치를 취할지 그 향방을 예측하기 어렵게 되었다.

6. EU의 탈중앙화 금융 포함 규제

EU의 암호자산시장규정(MiCAR)이 2024. 12. 30.자로 전면 시행되었다. 해당 규정에 따르면 탈중앙화 금융 또한 기존 금융서비스 회사와 동일한 수준의 인가 및 고객확인(KYC) 요구사항을 준수해야 한다. 다만 MiCAR에 따르면 '중개인 없이 완전히 탈중앙화된 방식으로(fully decentralised manner without any intermediary)'[49] 제공되는 경우에는 이 규제가 적용되지 않는다. 그러나 구체적으로 어느 정도의 탈중앙화 상태가 이 요건을 만족할 것인지에 대해서는 매우 모호한 상황이고 아직 전문가들의 의견도 분분하다.

수료를 받는다는 사실만으로 브로커가 되지는 않는다고 판단했다고 한다.
49 MiCA Recital (22).

이 때문에 MiCAR 시행 전에는 MiCAR가 전면 시행되는 2024년 말까지 EU 소재 탈중앙화 금융 프로토콜들은 불확실성을 피하기 위해 EU 외의 국가로의 이전을 고려하게 될 것이라는 의견도 있었다.[50] 다만, 2025년 1월 현재, EU 내의 탈중앙화 금융 프로토콜들의 공개적인 움직임은 포착되지 않았으며,[51] 여전히 위와 같은 탈중앙화 규제 면제 규정 등의 적용 기준이 분명하지 않은 만큼 지금까지는 관망세가 더 강한 것으로 보인다.

7. 일본의 탈중앙화 금융 규제

일본 법령에 따르면 탈중앙화 금융에 대한 별도의 정의나 특화된 규제는 존재하지 않는다. 다만 탈중앙화 금융 플랫폼이 기존 금융 규제를 위반할 경우 해당 규제에 따라 규율할 수 있는 근거가 있다.[52] 일본의 암호자산 규제 체계는 증권형 암호자산(暗号資産)은 '금융상품거래법(金融商品取引法)'에 의해 규제하고, 다른 유형의 암호자산에 대해서는 현물 거래는 '자금결제법(資金決済に関する法律)'에 의해, 파생상품 거래에 대해서는 '금융상품거래법'에 의해 규제한다.[53]

일본의 자금결제법에 따르면 (1) 암호자산의 매매 혹은 다른 암호자산으로 교환, (2) 이전 항목에서 언급된 활동과 관련하여 중개 또는 대리인의 역할 수행, (3) 이전 항목들과 관련하여 고객의 자금을 관리, (4) 이전 항목들과 관련하여 타인의 이익을 위해 고객의 암호자산을 관리하는 사업자는

---

50 코인텔레그래프 사이트, 〈https://cointelegraph.com/news/defi-decentralized-eu-law (최종방문일: 2025. 1. 18)〉, 2024. 5. 14.
51 다만 위에서도 설명하였듯이, 탈중앙화 금융은 지역적인 경계를 탈출하기 매우 쉬운 특성이 있으므로, 드러나지 않는 방식으로 일부 사업자등록을 옮기거나 웹사이트 등록지를 옮기는 수단 등을 통해 MiCAR 규제 지역에서 탈출하는 시도가 있었을 가능성을 배제할 수는 없다.
52 https://practiceguides.chambers.com/practice-guides/blockchain-2024/japan (최종방문일: 2025. 1. 18)〉, 2024. 7. 13.
53 고동원, "탈중앙화금융의 진전과 불공정거래의 규제 방향", 증권법연구 제23권 제1호 (2022.4), 2022, 163면.

암호자산교환업자(暗号資産交換業者)로 일본금융청에 등록하여야 한다[54].

즉, 탈중앙화 금융이라 하더라도 암호자산의 정의에 해당하는 토큰의 매수, 매도 및 교환을 가능하게 하는 자동화된 시장조성(AMM) 기능, 합성 투자 플랫폼, 예측시장(prediction market),[55] 스테이블코인, 대출 플랫폼의 기능을 제공하는 경우 자금결제법에 따른 암호자산교환업자 등록 규정 또는 자금 송금 거래(為替取引, fund remittance transactions) 규정, 금융상품거래법에 따른 증권 펀드 내지 파생상품 규제 관련 규정의 적용을 받을 수 있다고 한다.[56]

8. 국내 탈중앙화 금융 규제

2021년 3월 「특정 금융거래정보의 보고 및 이용 등에 관한 법률(특정금융정보법)」이 개정되면서, 가상자산에 대한 정의, 가상자산거래업자에 대한 금융회사의 확인 의무, 거래거절 및 종류 의무, 가상자산거래업자의 신고 의무 및 고객별 거래내역 구분관리 의무 등이 마련되었다. 특정금융정보법 제2조 제1호 하목에 따르면 가상자산사업자를 '영업으로' 가상자산의 '매도, 매수, 교환, 보관, 관리 행위를 하는 자', '고객의 요청에 따라 가상자산의 매매등을 위해 가상자산을 이전하는 행위를 하는 자', '매도, 매수, 교환을 중개, 알선하거나 대행하는 행위를 하는 자'로 규정하고 있다. 탈중앙화 금융 서비스는 대부분 이러한 '행위를 하는 자'가 존재하지 않고 스마트 컨트랙트와 같은 자동 프로그램에 의해 동작한다는 점, 이용자의 개인키를 보관하거나 관리하지 않는다는 점과 같은 특징에 의해, 감독기관인 금융정보분석원에서 "사업자가 개인 암호키 등을 보관 저장하는 프로

---

54 일본 지급결제법 제63조의2 (암호자산교환업자의 등록).
55 아직 일어나지 않은 미래에 일어날 사건에 대한 예측을 걸고 실제 결과에 따라 금전적 이익이나 손실을 보는 시장. 폴리마켓(Polymarket)이 유명하다.
56 https://practiceguides.chambers.com/practice-guides/blockchain-2024/japan (최종방문일: 2025. 1. 18)〉, 2024. 7. 13.

그램만 제공할 뿐 개인 암호키에 대한 독립적인 통제권을 가지지 않아 가상자산의 이전 보관 교환 등에 관여하지 않는 경우[57]"는 가상자산사업자에서 제외되는 것으로 보고 있으므로 현재로서는 탈중앙화 금융 사업자는 이론상, 실무상 특정금융정보법의 적용을 받는 가상자산사업자는 아니라는 것이 주류적 의견이다.

한편, 2024년 7월 19일 시행된 「가상자산 이용자 보호 등에 관한 법률(가상자산이용자보호법)」은 이용자 보호를 목적으로 한 최소한의 규제체계를 마련하는 것을 목적으로 하였으며, 가상자산 이용자 자산보호, 불공정거래행위 규제, 가상자산시장이나 사업자에 대한 금융당국의 감독과 제재 관련 내용을 담고 있다. 가상자산이용자보호법은 탈중앙화 금융을 특별하게 다루거나 탈중앙화 금융을 타겟으로 한 규제를 담고 있지는 않으나, 가상자산 관련 불공정거래행위 규제를 개시하면서 '발행자'나 '누구든지' 준수해야 할 규제를 추가하여 탈중앙화 금융에도 일부 규제 범위가 확대된 결과가 되었다. 즉, 미공개중요정보 이용금지(법 제10조 제1항)는 토큰의 '발행자'도 의무자로 포함되며, 위장거래/시세조종/사기성 거래의 금지(법 제10조 제2항 각호)는 '누구든지' 의무자가 되므로, 앞으로는 탈중앙화 금융 프로토콜의 개발자나 운영자라 하더라도 이러한 행위를 하면 제재를 받을 수 있게 되었다.

한편, 금융위원회는 토큰도 특정 요건을 만족하면 증권으로 보고 증권으로서 규제하겠다는 입장을 명확히 하고, 2023년 2월 관련 가이드라인인 "토큰 증권(Securities Token) 발행·유통 규율체계 정비방안"을 발표하였다. 그럼에도 불구하고 일반 가상자산 거래소 등을 통해 유통되거나 거래되던 기존의 토큰이 증권으로 판단된 사례는 아직까지는 없었던 것으로 보이며, 조각투자 일부 유형[58]에 대해 투자계약증권으로 판단한 대신 관련

---

57 금융정보분석원, 가상자산사업자신고매뉴얼(2021), 금융정보분석원은 가상자산사업자 신고 현황 공개 내용에서도 "신고한 업무((1)~(5)) 외 NFT 매매, 가상자산 예치 및 렌딩, DeFi 서비스 등은 「특정금융정보법」상 신고 업무에 해당하지 않음"이라고 안내하고 있다.
58 뮤직카우의 저작권료 참여청구권, 한우, 미술품 조각투자 등에 대해 증권성이 인정되었다.

보완행위 준수를 조건으로 제재면제 의결 조치가 취해졌다. 이를 토대로 살펴보면, 탈중앙화 금융 서비스라 하더라도 증권성이 인정되는 경우에는 별도로 증권 규제가 적용될 가능성은 여전히 있으나, 국내 투자계약증권의 정의 및 요건은 미국의 경우와 다르므로 실제로 탈중앙화 금융 서비스에서 사용되는 토큰 등이 증권으로 인정되는 사례가 등장할지는 예상하기 어려운 문제로 판단된다.

Ⅳ. 탈중앙화 금융의 규제 방향

1. 고려사항

탈중앙화 금융에 대한 규제체계의 수립이 매우 어렵고 까다로운 이유는 여러 가지가 있지만, 그 중에서도 탈중앙화 금융의 특징 중 하나인 '국경초월성'에 대한 이해가 중요하다. 탈중앙화 금융에는 특정 중개자나 중앙 조직이 존재하지 않으며 인프라도 전 세계에 분산되어 있는 블록체인 노드만을 이용하기 때문에, 특정 국가에 굳이 법정지나 소재지가 있을 필요가 없다. 이는 다시 말해 특정 국가에서만 규제가 강화될 경우 탈중앙화 금융 프로토콜은 다른 유형의 서비스에 비해서 훨씬 해당 국가를 쉽고 빠르게 '탈출'할 수 있다는 뜻이다. 결국 탈중앙화 금융에 대한 효과적인 규제 수립을 위해서는 매우 높은 수준의 국제적 차원의 공조와 협력이 필요하다.

그리고 탈중앙화 금융을 어떤 수준으로, 어떻게, 어떤 시기에 규제할지 결정하기 위해서는 '규제필요성'에 대한 이해도 필요하다. 탈중앙화 금융이 기존의 규칙을 파괴하는 것은 분명하지만, 이것이 기존 금융의 혁신 내지 발전을 불러올 수 있는 것인지, 아니면 그저 규제 우회수단에 불과한지, 이용자 개인이나 시장의 자유에 맡겨두어야 할 영역이 있는지 등에 대해 판단하기엔 아직 탈중앙화 금융 자체에 대해 충분한 연구와 조사가 이

루어지지 않았다는 사실은 많은 국제기구와 연구기관이 인정하고 있다.[59]

 탈중앙화 금융은 기존의 금융과 다른 혁신적인 특성을 많이 가지고 있다. 따라서 기존 금융에 대한 규제체계를 '억지로' 비틀어 적용하는 것이 적절한 조치인지, 완전히 새로운 규제 방식을 고민할 필요가 없는지에 대해서도 충분히 고려되어야 한다고 생각된다. 유니스왑 랩스가 SEC의 기소 임박 통지에 대해 반박한 것처럼, 탈중앙화 금융에 엄청난 거래비용을 절감할 잠재력이 있고 전통 금융시장에 혁신을 가져올 가능성이 있음에도 억지로 기존 규제의 틀을 적용한다면, 결국 규제의 의도와 무관하게 탈중앙화 금융이 따를 수 없는 규제를 강요하여 결국 탈중앙화 금융을 '금지'하는 결과를 낳을 수 있다. 이는 공공이익에도 부합하지 않으며 이용자나 투자자들에게 추가 비용을 발생시킬 우려가 있다.

2. 탈중앙화 금융에 대한 조사와 연구 강화

위와 같은 고려 사항을 전제로 할 때, 탈중앙화 금융에 대한 규제 체계의 수립을 위해 가장 우선순위를 두어야 할 부분은 명확하다. 우리는 탈중앙화 금융에 대해 좀 더 자세히 '알아야' 한다. IOSCO가 탈중앙화 금융 정책에 관한 9가지 권고사항에서 첫 번째 권고사항으로 '디파이 상품, 서비스, 활동 등에 대한 분석'을 제시한 이유도 이 때문으로 생각된다.

 감독 당국이나 정부 용역 기관에서 구체적인 탈중앙화 금융 서비스 유형군이나 서비스군을 지정하여 외부 용역위탁 등의 방식을 통해 거래나 자산규모의 변동추이, 가상자산시장이나 금융시장에 대한 영향력, 특정 주체의 관여 양상, 지배권의 분산도, 자금세탁 위험, 보안 위험, 이용자 위험, 이용자가 이해할 수 있는 형태의 정보 공개를 위한 노력 등 여러 쟁점이 되는 요소들에 대해 상당 기간에 걸친 분석이나 조사를 진행할 필요가 있다고 생각된다. 탈중앙화 금융에서의 거래 양상이나 운영 양상은 모

---

59 ISOCO, 위의 보고서; FATF, 위의 보고서 등.

두 공개된 트랜잭션 분석을 통해 접근이 가능하다는 장점이 있기 때문에, 굳이 특정 기업이나 노드 운영자에 대한 강제 조사를 단행하거나 자료 제출을 요구하지 않더라도 외부에서 접근할 수 있는 공개 자료만으로 조사 및 연구하더라도 충분히 의미가 있을 수 있다.

또한 탈중앙화 금융의 위험 요소 자체를 식별하여 위험도 순위나 레벨을 분류하기 위한 연구도 유용할 것이다. 국내 서비스나 국내 시장 영향을 넘어선 차원의 분석을 위해서는 여러 국제기구와의 연계 연구도 도움이 될 것으로 본다.

3. 자금세탁방지

현실적인 국제적 규제 유인과 시급성이 가장 높고, 따라서 국제적으로 균형적인 규제 논의를 추진하기에 가장 용이한 영역은 역시 자금세탁방지 등(AML/CFT) 영역으로 생각된다.

탈중앙화 금융에도 어느 정도는 자금세탁방지 등을 위한 장치가 필요하다는 당위성 자체에는 이론의 여지가 없다. 그러나 기존의 자금세탁방지 등을 위한 체계는 특정 중앙 주체가 수행해야 하는 행위 의무 중심으로 짜여져 있기 때문에 탈중앙화 금융에 그대로 적용하기가 어렵다. 이를 극복하기 위해 두 가지 규제 방향을 생각해 볼 수 있다.

첫 번째 방향은 현재 FATF가 취하고 있는 접근방식으로, 탈중앙화 금융에서도 기존 금융기관과 같은 관련 행위 의무를 부담해야 하는 '의무자'를 특정해 내는 방식이다.

구체적으로는 "통제권(control)이나 충분한 영향력(sufficient influence)을 유지하는 창작자, 소유자, 운영자 또는 다른 자들(creators, owners and operators or some other persons)", "관리키(administrative keys)를 보유한 사람들, 거버넌스 토큰(governance token) 보유자 및 탈중앙화 자율 조직(DAO)의 참가자와 같이 거버넌스 구조에 관여한 사람들, 탈중앙화 금융 프로토콜에 수정, 업데이트를 하거나 실질적인 영향을 줄 능력이나 영향력의 집중, 탈중앙화 금융 체계와 인터페이스하는 애플리케이션의 관리자, 탈중앙화 금융 체계를 홍보하거나 탈중앙화 금융 프로토콜 업데이트를 공개하는 데 관여한 사람들, 수익이나 수수료 구조" 등을 고려하여 이런 '의무자'를 특정하고 더 나아가 그러한 의무자를 감독당국에 신고하도록 하는 방식을 고려할 수 있다.

다만 이 방법은 어쩔 수 없이 많은 모호성과 분쟁의 여지를 남긴다. 탈중앙화 금융 서비스 제공자의 입장에서는 신고하지 않고 의무자가 누군지의 단계부터 다투게 되는 일이 빈번하게 발생할 수도 있다. 규제 목적 달성 관점에서도 이러한 '의무자'가 불명확할 때 이에 대한 분쟁으로 시간을 낭비하는 동안 자금세탁방지의 목적을 달성하지 못하게 될 위험이 있다.

두 번째 방향은 탈중앙화 금융에 굳이 이런 '의무자'를 둘 필요가 있느냐는 문제의식에서 출발한다. 전술하였듯이, 탈중앙화 금융에서 모든 거래는 제3자를 비롯한 누구에게나 공개되기 때문이다. 불법자금 이동 경로 자체의 추적 면에서는 오히려 대포통장이나 추적이 어려운 블랙박스 장부 등을 이용하는 기존 금융보다 더 추적이 용이하다고 볼 수도 있다.

다만 각 거래경로에서 익명 개인지갑을 이용하기 때문에 송수신자의 신원을 실시간으로 특정할 수 없다는 점이 문제가 될 수 있는데, 이 부분의 해결 방법에 대해서는 다시 다음의 두 가지 아이디어를 생각해 볼 수 있다.

대안 ① : 모든 탈중앙화 금융 서비스가 아니라 거래의 출발점이 되는 전 세계의 '개인지갑 프로그램'의 배포자에게만 각 이용자가 주소를 개설할 때 신원인증 의무 및 해당 지갑을 통해 거래할 때마다 신원을 확인할 수 있는 키를 암호화한 서명을 의무화하는 방법(신원키에 다른 키를 덧붙여서 암호화된 키를 기록하는 방법 등)이다. 그리고 인증된 정부기관 등만 해당 암호키 서명에서 원래 신원정보를 복원할 수 있도록 하는 일종의 마스터키를 요청할 수 있게 하여 필요시에만 신원 확보를 달성한다는 아이디어다. 다만 이 방법은 보안 면에서 매우 위험할 수 있다는 단점이 있어서 기술적으로 많은 보완 논의가 필요하다.

대안 ② : 법정화폐로 전환되는 길목(법정화폐 거래소, 교환소)만을 관리하는 방법이 있을 수 있다. 적어도 현재는 가상자산이 현실 세계에 영향을 끼치려면 결국 언젠가는 법정화폐로 전환되어야 한다. 이 점에 착안하여, 법정화폐 교환을 다룰 수 있는 거래소(중앙형 거래소)가 이미 자금세탁방지 등의 의무를 수행하고 있으므로, 해당 거래소를 통해 개인 지갑(탈중앙화 금융)으로 들어가거나 나오는 거래가 있을 경우 해당 거래소가 개인 지갑에 KYC를 하도록 하여 거래자의 신원을 확보하는 방법이다.[60] 그리고 이 신원 확보 포인트들을 추적 기점 또는 체크포인트로 삼고, 해당 포인트들 사이의 탈중앙화 금융 거래내역은 어차피 블록체인에 모두 공개되어 있으므로 체이널리시스(Chainalysis)처럼 지금도 계속 고도화되고 있는 블록체인 트랜잭션 추적 및 분석 솔루션이나 수사 기법을 활용해서 필요한 경우에만 특정 거래의 거래자 신원을 추적하는 대안적인 방법을 고려해 볼 수 있다.

〈그림 3〉 자금세탁방지를 탈중앙화 금융에 적용할 경우의 대안 ②에 대한 개념도

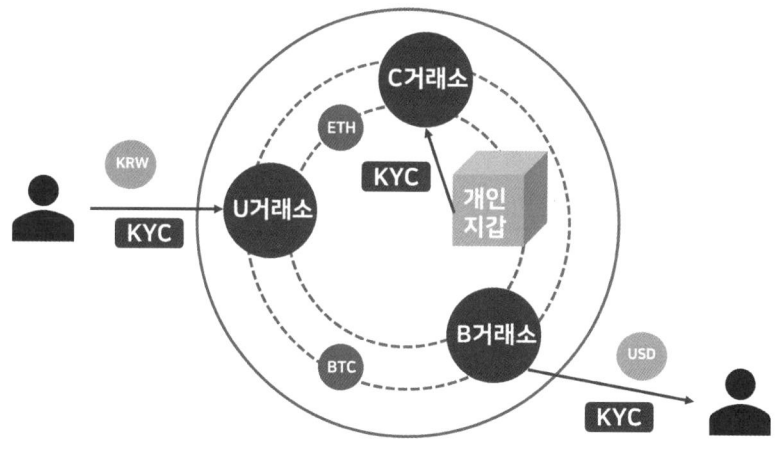

---

60 현재도 한국을 포함한 일부 국가의 중앙형 거래소에서 적용되고 있는 규제.

4. 이용자 보호

탈중앙화 금융 거래에서는 중개자가 없으므로 모든 거래가 이용자 본인 스스로의 책임이 된다. 그리고 탈중앙화 금융은 대부분 매우 고도화된 금융기법이나 알고리즘을 활용하므로 일반적인 이용자가 그 내용을 이해하기 어려울 수 있다. 전통 금융에서의 이용자 보호 기준을 적용한다면 이용자의 투자이해도나 감당할 수 있는 위험수준(연령, 투자경험, 투자위험도 등)을 평가하여 거래를 제한하는 과정을 거쳐야 하겠지만 탈중앙화 금융은 중개자가 없고 이용자의 개인정보도 수집하지 않으므로 이런 과정을 거칠 수 없다. 그리고 문제가 생겼을 때(오송금, 개인키 유출, 해킹 등), 이에 대한 구제를 해 줄 주체도 명확하지 않다.

여기에 대해서는 여러 가지 논의가 있을 수 있다. 중개자가 없는 시스템에 중개자의 존재를 전제로 한 기존 금융소비자 보호 프레임워크를 적용하는 것이 적절한지부터 논의하기 시작해야 할 것이다. 다만, 이에 대해 판단하기 위해서는 전술한 대로 탈중앙화 금융의 현황에 대한 더 자세한 연구가 필요하다고 생각된다. 탈중앙화 금융 이용자 중에 보호해야 할 필요성이 높은 비전문투자자/취약계층의 비중이 어느 정도 되는지에 대한 기본적인 통계조차 아직 확보되어 있지 않은 상태이기 때문이다.

또한 외부 해킹과 관련해서는 대규모의 탈중앙화 금융 해킹 사례들이 최근 많이 발생하면서 많은 우려가 있는 것이 사실이지만, 이는 PC나 스마트폰 등장의 경우와 마찬가지로 기존의 신산업도 겪었던 자연스러운 초기 발전 과정의 일부라고 생각되고, 해킹 기법 발전에 따라 보안 기법도 같이 발전 중임에 주목해야 한다. 탈중앙화 금융이기 때문에 다른 금융에 비해 해킹이나 보안에 취약하다고 볼 이유는 없으며,[61] 오히려 탈중앙화

---

61 지금까지 알려진 탈중앙화 금융 프로토콜 해킹의 원인은 블록체인 네트워크 자체 해킹이 아니라, 각 프로토콜에서 자동화된 규칙을 적용하기 위해 사용한 스마트 컨트랙트 코드, 지갑의 개인키, 블록체인 외부요소(네트워크 장비, 웹사이트 API 등)의 취약점을 활용한 침투였다.

금융이 거래익명성이라는 특성 때문에 전문화된 해킹 범죄조직의 집중 타 겟이 되는 경우가 늘어서 발생한 결과로 해석하는 것이 더 타당하지 않을까 생각된다.

다만, 단계적 접근을 전제로 하면, ① 탈중앙화 금융 프로토콜의 설계자, 또는 해당 프로토콜에 대해 특별한 기술적 지식을 지니지 않은 비전문가 이용자가 접근할 수 있을 정도의 용이한 접근수단 내지 인터페이스(웹사이트 등)를 제공하는 자에게, 관련 서비스의 위험성에 대해 해당 인터페이스를 통해 사전 고지해야 하는 의무를 부과, ② 비전문투자자/취약계층 이용자가 접근할 수 있는 서비스에 대해서는 거래상 위험 내지 손실 위험의 관점에서 중요한 코드나 알고리즘 등에 대한 설명을 알기 쉽게 백서로 공시하게 하는 의무를 부과, ③ 해킹 방지를 위해 외부 인증기관을 통한 사전 코드 보안 취약성 평가 의무화 등의 기초적 규제는 논의해 볼 수 있지 않을까 생각한다.

V. 맺음말

탈중앙화 금융에 대한 규제는 매우 복잡하고 다층적인 장애물들을 극복해야 하는 어려운 과제다. 탈중앙화 금융이라는 개념 자체가 방대하고 다양하기 때문에 본 발표문 준비를 위해 주어진 시간 내에서 다루기엔 그 한계가 뚜렷하였음을 인정할 수밖에 없다. 앞으로 세부 쟁점별로 관련 전문가들 사이에 더 진전된 논의가 이루어질 수 있기를 기대한다.

본문에서도 언급하였지만, 현재 단계에서는 탈중앙화 금융에 대한 규제 방향을 제대로 수립하기 위해 개별 국가에서의 섣부른 구체적 규제 논의보다는 탈중앙화 금융의 실체, 현황, 실제 위험성 등에 대한 더 많은 조사와 연구에 가장 우선적인 투자가 이루어져야 하며, 이런 연구를 위해서는 국제공조와 협력이 필수적이라고 생각된다. 특히 국내 탈중앙화 금융 서비스의 현황에 대해서는 일부 연구를 제외하면 집중 연구가 거의 이루어지지 않은 상황이다.

  만약 뜻있는 정부기관이나 연구기관이 중심이 되어 블록체인 트랜잭션 분석 등의 기법을 활용할 수 있는 전문기관과 협력해 실제 거래 현황 및 트랜잭션 데이터 등에 관한 집중 연구를 진행한다면 앞으로의 탈중앙화 금융 규제 설계 방향에 매우 큰 영향을 주는 정량적 근거가 될 수 있을 것이라는 개인적인 희망을 밝히면서 본 발표문을 마무리한다.

---

* 이 발표문은 2024. 7. 24. 제4회 디지털금융혁신포럼의 발제용으로 준비한 초안을 2025. 1. 18.까지의 정보를 반영하여 수정한 것입니다.

7

가상자산사업자의 사이버보안 규제체계 연구
– 국내·외 법제도 비교 분석을 중심으로

장 규 현

Ⅰ. 서론

2008년, 블록체인 기술 기반의 전자화폐 비트코인(Bitcoin) 개념이 최초로 제안된 이후 암호화폐를 비롯한 가상자산은 지난 15년간 발전해 금융 시장의 한 축으로 자리매김했다. 이더리움(Ethereum)과 다양한 알트코인(altcoin)이 출시되면서 암호화폐의 시장 규모와 블록체인 기반 생태계는 폭발적으로 성장했다. 2020년대 초반, 코로나19 팬데믹 이후의 유동성 확대로 인해 가상자산에 대한 투자 열풍이 본격화되었으며, 글로벌 기업들이 가상자산을 결제 수단으로 채택하거나 투자 자산으로 편입하기 시작했다.

2024년 11월, 미국 47대 대통령 선거에서 비트코인에 친화적인 정책을 내세우는 트럼프 후보가 당선되면서 암호화폐 가격이 급상승하며 글로벌 가상자산 시가 총액이 3조 달러(한화 약 4,225조 원)에 육박하고 있다. 세계 최대의 자산운용사 블랙록이 2024년 1월 출시한 비트코인 현물 ETF 상품인 IBIT는 순자산 규모 331.7억 달러로 동사가 2005년 출시한 금 현물 ETF 상품인 IAU 순자산 규모(329.6억 달러)를 상회했다.[1] 가상자산 시장

---

1 지디넷코리아, "블랙록 비트코인 ETF, 순자산 규모에서 금 ETF 추월", 2024년 11월 11

은 우리나라 시장에도 중요한 영향을 미치고 있다. 2024년 상반기 우리 가상자산 시장 거래 규모는 1,087조 원으로 유가증권시장(1,301조 원), 코스닥(1,207조 원) 등 자본시장과 유사한 거래 규모를 보이며 주요 투자 자산으로 인식되고 있다.[23] 이처럼 가상자산은 우리를 비롯한 글로벌 주요국 금융 시장에서 주요한 자산이 되었다.

가상자산의 급격한 성장은 다양한 사이버 위협을 초래하고 있으며, 이는 전통적인 정보통신기술(Information Telecommunication Technology, 이하 ICT) 혹은 금융 시스템 대상과는 다른 양상으로 나타나고 있다. 블록체인 기술 자체는 보안이 내재되어 있는 기술이라고 볼 수 있으나 블록체인 기술을 활용한 탈중앙화, 익명화 등의 성격은 공격자들에게 매력적인 공격 유인 요소를 제공한다.[4] 특히 가상자산거래소, 지갑 서비스, 탈중앙화금융 등의 플랫폼에는 막대한 자금이 있으며 많은 부분이 인터넷에 연결되어 있어 해커들의 주요 표적이 되고 있다.

가상자산에는 여러 기술과 프로토콜, 플랫폼 등이 중첩됨에 따라 복잡성이 증가하게 되고, 이로 인한 보안 취약점들 역시 발생하고 있다. 또한 블록체인과 가상자산이 가지고 있는 독특한 프로토콜과 아키텍처, 구현 과정에서도 새로운 취약점들이 나타나고 있으며 이는 보안 위협으로 이어질 수 있다.

사이버 위협 공격자들은 보다 조직화되고 정교해지고 있다. 특히 국가 주체와 초국적 범죄 집단이 해킹에 참여하면서 지능형타깃지속공격(Advanced Persistent Threat, 이하 APT) 형태의 공격이 이루어지고 있으며, 이는 기업이나 서비스제공업체 등 민간 영역에서는 감당하기 어려운 위협이 되고 있다.[5] 주요 가상자산 위협에서 APT 기반 공격이 주로 수행되면서

일자 기사.
2 금융위원회, "24년 상반기 가상자산사업자 실태조사 결과", 2024년 10월 31일자 보도자료.
3 한국경제, "거래대금 늘어난 코스피…코스닥은 찬바람 쌩쌩", 2024년 6월 30일자 기사.
4 ODaily, "디지털 경제에서의 해커 위협: Lazarus 및 Drainer 갱단에 대한 전체 분석", 2024년 9월 5일 포스팅.
5 APT 공격은 2008년 전후로 등장한 새로운 해킹 방식으로 상대적으로 무작위적이었던

해킹 사고로 이어졌다.

대표적인 가상자산 대상 사이버 공격을 수행하는 주체는 북한이다. 북한은 가상자산 탈취에 가장 몰두하고 있는 국가로 전 세계 가상자산 해킹의 약 3분의 1이 북한에 의해서 이루어지고 있는 것으로 추정된다. 유엔 대북제재위원회 전문가 패널 보고서에 따르면 북한은 2017년부터 2023년까지 가상자산으로 탈취한 금액이 약 30억 달러(약 4조 2200억 원)에 달하고 있다.[6] 가상자산 추적 기업 체이널리시스는 북한 미사일 실험 횟수와 북한 가상자산 해킹에 뚜렷한 상관관계가 관찰된다고 설명하고 있다.[7]

국가 주체 외에도 다양한 공격자들이 다크넷을 통해 손쉽게 사이버 위협에 가담하는 환경도 만들어지고 있다.[8] 최근 다크넷의 해킹 관련 암시장에서 원하는 형태의 공격을 맞춤형으로 제공해 주는 서비스형 공격이 사이버 위협을 지배하고 있다.[9] 서비스형 멀웨어(Malware as a Service), 서비스형 익스플로잇(Exploit as a Service) 등 다양한 위협이 제공되고 있어 고도의 역량이 없는 주체도 이들을 이용해 공격 수행이 가능한 상황이다.

이러한 위협 증가에 따라 가상자산을 취급하는 가상자산사업자에 대한 보안이 요구되며 우리나라를 비롯한 주요 국가들은 가상자산사업자 보안 관련 규제를 제정하고 있다. 우리는 특정금융정보법에 따라 금융정보

기존의 해킹과 다르게 타겟을 선정하고 장기간(평균 8개월)에 걸쳐 정보를 수집해 정교하게 수행하는 공격 기법. 공격자는 오랜 기간 수집한 정보를 바탕으로 사회공학적 기법, 피싱, 맞춤형 익스플로잇을 통해 목표 시스템에 침투한 뒤, 탐지를 피하면서 장기간에 걸쳐 정보를 탈취함. APT 공격은 흔히 고도의 기술과 자원을 가진 해커 그룹이나 국가 주체에 의해 수행되고 있음. APT 공격은 직원의 사소한 실수 등으로도 보안에 실패할 수 있어 사실상 사전에 예방하기 불가능하다고 인식되고 있으며, 보안 패러다임 역시 APT 공격 등장 이후 사전적 보안에서 사후 사고 관리와 대응, 복구에 초점을 맞추도록 변화됨. 이후 이러한 사후적 보안 패러다임은 레질리언스(resilience)라는 개념으로 정착함.

6   UN Security Council, S/2024/215.
7   조선일보, "체이널리스 CEO '北 미사일 도발과 가상자산 해킹 상관관계'", 2024년 9월 10일자 기사.
8   다크넷은 일반 웹 브라우저와 검색 엔진으로는 접근이 어려운 익명 네트워크로, 불법적인 정보의 공유나 물건의 매매 등이 이루어지고 있는 공간.
9   Darktrace, "End of Year Threat Report, analysis of the second half of 2023", 2024.

분석원에 가상자산사업자 신고 시 정보보호관리체계(Information Security Management System, 이하 ISMS)를 인증을 요구하고 있다. 또한 가상자산사업자 환경에 맞는 ISMS 통제항목을 제시하여 평가받을 수 있도록 하고 있다. 우리 ISMS가 가상자산 관련 사이버 위협을 효과적으로 대응할 수 있으며, 타 국가의 규정과 비교하는 것은 가상자산 산업의 보호를 위하여 중요한 고려사항이다.

따라서 본 연구에서는 가상자산 관련 사이버 위협 양상을 분석하고(Ⅱ), 다음으로 우리 가상자산 사이버보안 제도 현황을 분석한다(Ⅲ). 이어 유럽연합과 미국, 싱가포르 등 주요국의 사이버보안 관련 제도를 분석한다(Ⅳ). 이러한 분석을 바탕으로 시사점을 도출한다(Ⅴ).

Ⅱ. 가상자산 사이버위협 양상

가상자산 사이버위협은 정보시스템 등 다른 자산 대상 사이버 위협과 마찬가지로 자산의 취약점과 이를 노리는 위협, 행동의 결과인 해킹 사고 등으로 구성된다. 가상자산 사이버위협 양상을 파악하기 위해 우선되어야 하는 것은 취약점 및 위협에 대한 분석과 실제 해킹 사례 분석이다.

1. 가상자산 보안 취약점

가상자산 보안 취약점을 분류하거나 다각도로 제시한 선행 연구들은 대체로 스마트컨트랙트, 합의 알고리즘, 자산 전송 프로토콜 등 블록체인 생태계 전반을 아우르며 주요 공격 벡터를 정의한다. Atzei et al.(2017)은 스마트컨트랙트에서 발생하는 취약점을 분석했으며,[10] 크로스체인 연계 분

---

10 Atzei, Nicola et al., "A survey of attacks on ethereum smart contracts (sok)." Principles of Security and Trust: 6th International Conference, POST, 2017.

야에서는 Chen et al.(2022),[11] 합의 알고리즘 취약점과 관련해 Eyal et al.(2018) 등의 선행 연구가 있었다.[12] 이 연구들을 바탕으로 가상자산 보안 취약점으로 스마트컨트랙트 취약점, 크로스체인 브릿지 취약점, 합의 알고리즘 취약점, 그리고 기타 취약점으로 분류하여 분석한다.

(1) 스마트컨트랙트 취약점

스마트컨트랙트(smart contract)는 이더리움 등 블록체인 플랫폼에서 거래 조건을 설정하고 해당 조건이 충족 될 경우 계약 내용이 자동으로 실행되는 일종의 프로그램이다. 스마트컨트랙트 기능을 통해 디앱(Decentralized Application, 이하 DApp), 탈중앙화금융(Decentralized Finance) 등 여러 어플리케이션 등이 작동하고 있다. 스마트컨트랙트는 솔리디티(Solidity) 등 특화된 프로그래밍 언어로 작성되는 코드이기에, 프로그래밍상의 오류나 논리적 결함이 존재할 수 있으며, 이러한 취약점들은 심각한 보안 위협으로 이어질 수 있다.

대표적인 스마트컨트랙트의 취약점으로는 재진입 취약점(reentrancy vulnerability), 산술 연산 취약점(arithmetic vulnerability), 접근 제어 취약점(access control vulnerability), 자원 고갈 취약점(resource exhaustion)으로 분류할 수 있다.[13]

재진입 취약점은 스마트컨트랙트의 상태 변경이 완료되기 전에 외부 함수 호출이 발생할 때, 공격자가 이를 악용하여 반복적으로 함수를 재호출할 수 있는 설계상의 결함을 의미한다. 특히 이더리움 송금 함수인 call.value()를 사용할 때 자주 발생하며, 컨트랙트의 상태가 업데이트되기 전

---

11 Chen et al. "SBRAC: Blockchain-based sealed-bid auction with bidding price privacy and public verifiability." Journal of Information Security and Applications 65, 2022.
12 Eyal et al., "Majority is not enough: Bitcoin mining is vulnerable." Communications of the ACM, 2018.
13 OWASP, "OWASP Smart Contract Top 10", 2025.
URL : https://owasp.org/www-project-smart-contract-top-10/.

에 외부 컨트랙트를 호출하는 경우 취약점이 드러난다.[14] 2016년 발생한 DAO 해킹 사건에서는 이 취약점을 이용해 약 6천만 달러 상당의 이더리움이 탈취되었으며, 이는 이더리움 네트워크의 하드포크를 초래할 만큼 큰 영향을 미쳤다.

산술 연산 취약점에는 오버플로우(overflow)와 언더플로우(underflow)가 있으며, 이는 변수가 자신의 데이터 타입이 허용하는 범위를 벗어날 때 발생하는 취약점이다. 특히 UINT 타입 변수에서 자주 발생하며, 토큰 전송이나 잔액 계산 시 심각한 문제를 초래할 수 있다.[15] 2018년 발생한 BeautyChain 토큰의 batchOverflow 취약점 사례에서는, 공격자가 오버플로우를 이용해 무한한 양의 토큰을 생성할 수 있었다. 이 사건으로 여러 거래소가 ERC-20 토큰 거래를 일시 중단해야 했다.[16]

접근 제어 취약점은 스마트컨트랙트의 중요 함수에 대한 접근 통제가 부적절할 때 발생한다.[17] 주요 원인으로는 부적절한 가시성 설정, 권한 검증 누락, 권한 상승 취약점 등이 있다. 2021년 Poly Network 해킹에서는 크로스체인 브릿지 컨트랙트의 접근 제어 취약점으로 인해 6억 달러 이상의 자산이 탈취되었다. 특히 관리자 권한을 가진 함수의 접근 제어가 미흡할 경우, 공격자가 컨트랙트의 핵심 기능을 무단으로 조작할 수 있다.[18]

자원 고갈 취약점은 스마트컨트랙트의 실행 과정에서 시스템 자원을 과도하게 소모하게 만드는 설계상의 결함을 의미한다. 이는 가스(gas) 한도 초과, 무한 루프, 과도한 계산 복잡도 등으로 인해 스마트컨트랙트가 정상

---

14 TheHackerNews, "Malware Campaign Uses Ethereum Smart Contracts to Control npm Typosquat Packages", 2024년 11월 5일자 기사.
15 Cymetrics, "2024 DeFi Smart Contract Hack Incident Review", 2024년 12월 30일자 포스팅.
16 Checkmarx, "Supply Chain Attack Using Ethereum Smart Contracts to Distribute Multi-Platform Malware", 2024년 11월 4일자 기사.
17 Yang, Shuo, et al. "Uncover the premeditated attacks: detecting exploitable reentrancy vulnerabilities by identifying attacker contracts." Proceedings of the IEEE/ACM 46th International Conference on Software Engineering. 2024.
18 Cobalt, "Smart Contract Security Risks: Today's 10 Top Vulnerabilities and Mitigation", 2024년 12월 3일자 포스팅.

적으로 실행되지 못하게 하는 취약점이다.[19] 2018년 Fomo3D 사례에서는 공격자가 이더리움 네트워크의 블록 가스 한도를 포화시켜 다른 사용자들의 트랜잭션이 처리되지 못하도록 만들었다. 이러한 취약점은 특히 복잡한 로직을 포함한 DeFi 프로토콜에서 자주 발생한다.[20]

스마트컨트랙트에는 이외에도 시간 의존성 취약점, 트랜잭션 순서 의존성 취약점 등 다양한 취약점이 존재하며, 이들은 가상자산 대상 사이버위협에서 이미 활용된 바 있다.

(2) 크로스체인 브릿지 공격

크로스체인 브릿지(cross-chain bridge)는 서로 다른 블록체인 네트워크 간에 자산의 이동을 가능하게 하는 기술이다. 이러한 브릿지는 블록체인의 상호운용성을 제공하며, 사용자들이 특정 블록체인에 국한되지 않고 다양한 네트워크에서 자산을 활용할 수 있도록 지원한다. 그러나 크로스체인 브릿지의 기술적 복잡성과 보안 설계의 미비로 인해, 사이버 공격에 취약한 주요 표적이 되어왔다.

첫째, 검증 노드 중앙화 취약점이다. 크로스체인 브릿지는 검증 노드를 통해 자산 이동의 유효성을 확인하는데, 이러한 검증 노드가 소수에 집중될 경우 심각한 보안 위험이 발생할 수 있다.[21] 2022년 Ronin Network 해킹 사건에서는 9개의 검증 노드 중 5개의 개인 키가 탈취되어 약 6억 1,500만 달러 상당의 자산이 해커에게 도난당했다.

둘째, 스마트컨트랙트 취약점이다. 크로스체인 브릿지의 자산 이동은 스마트컨트랙트를 통해 자동화되는데, 이 과정에서 권한 관리 미흡이나

---

19 Zhuo Zhang et al., "Reentrancy Vulnerability Detection and Localization: A Deep Learning Based Two-phase Approach", 37th IEEE/ACM International Conference on Automated Software Engineering, 2023.
20 Onur Solmaz blog, "The Anatomy of a Block Stuffing Attack", 2018년 10월 18일자 포스팅.
21 101Blockchains, "Know Everything About Cross-Chain Bridge Security", 2023년 11월 17일자 포스팅.

코드 결함이 발생할 수 있다.[22] 2022년 BNB 체인 브릿지 해킹에서는 검증 로직의 취약점으로 인해 5억 8,600만 달러의 손실이 발생했다. 특히 브릿지 컨트랙트의 복잡성으로 인해 전통적인 스마트컨트랙트 취약점이 증폭되어 나타날 수 있다.[23]

셋째, 키 관리 취약점이다. 크로스체인 브릿지는 대규모 자산을 관리하기 위해 복잡한 키 관리 시스템을 필요로 한다. 2024년 오르빗 체인 브리지 해킹에서는 키 관리 시스템의 취약점으로 인해 약 8,200만 달러의 자산이 탈취되었다. 멀티시그 구현의 미비나 키 관리 프로세스의 불완전성이 주요 원인으로 지적되었다.[24]

마지막으로 프로토콜 설계 취약점이다. 크로스체인 브릿지는 서로 다른 블록체인 네트워크 간의 상호작용을 위한 복잡한 프로토콜을 필요로 한다. 이 과정에서 발생하는 프로토콜 레벨의 설계 결함은 심각한 보안 위험으로 이어질 수 있다. 특히 자산 잠금(asset locking)과 해제(unlocking) 과정에서의 비동기성 문제나 상태 관리의 불일치는 주요한 취약점으로 작용한다.

(3) 합의 알고리즘 취약점

블록체인의 합의 알고리즘(Consensus Algorithm)은 분산 네트워크에서 거래의 유효성을 검증하고 원장을 동기화하는 핵심 메커니즘이다. 특히 작업증명(Proof of Work, 이하 PoW) 방식은 비트코인을 비롯한 주요 블록체인에서 채택하고 있는 대표적인 합의 알고리즘이다. 그러나 PoW 기반의 합의 메커니즘은 해시파워의 중앙화, 에너지 효율성, 확장성 등의 측면에서 여러 취약점을 노출하고 있다.[25]

---

22 Chainalysis, "Vulnerabilities in Cross-chain Bridge Protocols Emerge as Top Security Risk", 2022년 8월 2일자 포스팅.
23 Scorechain, "Binance bridge hack: what we know so far", 2022년 10월 6일자 포스팅.
24 CryptoBriefing, "Orbit Chain exploited, $81.6 million drained from cross-chain bridge", 2024년 1월 2일자 기사.
25 Wenkai Li et al., "Security Analysis of DeFi: Vulnerabilities, Attacks and Advances," 2022 IEEE International Conference on Blockchain, 2022.

PoW 합의 알고리즘의 주요 취약점으로는 51% 공격, 이기적 채굴(Selfish Mining), 이중지불(Double Spending) 공격 등이 있다. 51% 공격은 네트워크 해시파워의 과반을 장악한 공격자가 블록체인을 재구성하여 거래를 조작하는 공격이다. 2019년 이더리움 클래식 네트워크에서는 공격자가 해시파워를 장악하여 약 54만 달러 상당의 ETC를 이중지불하는 사건이 발생했다.[26]

이기적 채굴은 채굴자가 발견한 블록을 즉시 공개하지 않고 비공개 체인을 구축하다가, 유리한 시점에 공개하여 정당한 보상 이상의 이익을 취득하는 공격이다. 이는 채굴 풀의 중앙화와 결합하여 네트워크의 건전성을 해칠 수 있다. 2020년 비트코인 골드(BTG) 네트워크에서는 대형 채굴 풀의 이기적 채굴로 인해 네트워크 불안정성이 증가한 사례가 있다.[27]

(4) 기타 취약점

플래시론(Flash Loan)은 탈중앙화 금융에서 단기적으로 대규모 자본을 담보 없이 빌릴 수 있는 기능이다. 플래시론에서는 대출과 상환이 단일 트랜잭션 내에서 이루어져 해당 특성을 악용한 공격이 증가하고 있다. 2023년 3월 발생한 Euler Finance 해킹 사례에서는 공격자가 Aave 프로토콜에서 3천만 DAI를 플래시론으로 대출받은 후, 이를 활용해 약 1억 9,700만 달러의 자산을 탈취했다.[28] 공격자는 플래시론을 통해 대규모 자산을 빌린 뒤, 빌린 자산을 이용해 특정 가상자산의 가격을 조종하거나 스마트 컨트랙트의 설계 결함을 이용하여 이득을 취득했다.

라우팅 공격은 블록체인 네트워크의 통신을 방해하거나 조작하는 공격이다. 공격자는 BGP(Border Gateway Protocol) 취약점을 이용하여 거래

---

26 Bitquery, "Ethereum Classic 51% Chain Attack July 31, 2020", 2020년 8월 7일자 포스팅.
27 CoinTelegraph, "Bitcoin Gold Blockchain Hit by 51% Attack Leading to $70K Double Spend", 2020년 1월 27일자 기사.
28 Aon Cyber Labs, "Flash Loan Attacks: A Case Study", 2023.

정보의 전달을 방해하거나 네트워크를 분할할 수 있다. 2019년 발생한 KLAYswap 해킹 사례에서는 BGP 하이재킹을 통해 사용자들의 트래픽을 악의적인 서버로 리다이렉트하여 약 200만 달러의 자산을 탈취했다.[29]

2. 주요 가상자산 해킹 사례

가상자산 취약점에서 살펴본 바와 같이 가상자산 생태계에는 다양한 취약점들이 존재하고 있으며, 이들은 실제 위협과 해킹 사례를 통해 확인되고 있다. 주요 해킹사례 분석하여 실제 공격 양상에 대해서 분석할 필요가 있다.

(1) 엑시 인피니티 해킹 (2022)

2022년 3월, 유명 P2E 게임 엑시 인피니티(Axie Infinity)를 위한 이더리움 사이드체인 로닌 네트워크(Ronin Network)가 해킹을 당했다 엑시인피니티를 운영하는 스카이마비스(Sky Mavis)에 따르면 6억 2,500만 달러에 달하는 이더리움과 USDC가 탈취당했으며 이는 역대 최대 규모의 가상자산 해킹 사건으로 꼽히고 있다.[30]

엑시 인피니티는 메인 이더리움 블록체인에서 직접 실행되지 않으며 Sky Mavis가 운영하는 사이드체인 Ronin에서 실행된다. 이 과정에서 로닌 체인과 이더리움을 연결하는 브릿지가 필요하다. 로닌 사이드체인에는 높은 사용자 수요에 대응하기 위해 탈중앙화된 검증 노드 시스템을 채택했으나 9개의 검증 노드만 두고 5개의 서명이 있으면 거래를 승인할 수 있는 구조를 채택했다. 해커는 이 중 5개의 노드(Sky Mavis의 4개, Axie DAO 1개)의 탈취에 성공했으며, 이에 따라 전체 블록체인을 장악할 수 있었다.[31]

---

29 ImmuneBytes, "Routing Attacks in Blockchain Security", 2024.
30 CoinDesk, "Axie Infinity's Ronin Network Suffers $625M Exploit", 2022년 5월 30일자 기사.
31 Bharat Kumar Ramesh, Swapnika Nag, "The $625M Ronin hack", Substack 2022년 4월 5일 포스팅.

노드의 해킹 관련 세부 기법 등은 알려지지 않았으나 로닌 체인에서 사용하는 원격절차호출(Remote Procedure Call, RPC) 노드의 취약점과 권한 관리가 제대로 되지 않은 것이 원인으로 지목되고 있다. 해커는 채용 관련 사회공학적 기법으로 악성코드가 담긴 PDF 파일을 내부 직원이 실행하도록 만들었으며 이를 통해 시스템에 침투한 것으로 추정된다.[32] 엑시 인피니티는 9개의 노드만 운영했으며 이들의 관리가 제대로 되지 않은 점, 모니터링이 부족했다는 점 등 관리적 보안 조치의 미비했다는 지적이 나오고 있다.

(2) 폴리네트워크 해킹 (2021)

2021년 8월, 크로스체인 프로토콜 폴리네트워크(Poly Network)에 대한 해킹을 공격이 발생해 약 6억 1,100만 달러의 자산이 탈취되는 사건이 발생했다. 이는 당시 DeFi 해킹 사고 중 최대 규모였으며, 특히 크로스체인 브릿지의 취약점을 이용한 대표적 사례로 기록되었다.

해커는 폴리네트워크의 크로스체인 메시지 검증 과정의 취약점을 악용했다. 구체적으로 EthCrossChainManager 스마트컨트랙트의 putCurEpochConPubKeyBytes() 함수에서 서명 검증을 우회하는 방식으로 공격을 수행했다.[33] 이 취약점으로 인해 해커는 크로스체인 메시지를 위조하여 이더리움, 바이낸스 스마트체인, 폴리곤 네트워크에서 자산을 무단으로 이동시킬 수 있었다.

폴리네트워크 해킹이 특이한 점은 해커가 탈취한 자산을 돌려줬다는 점이다. 해커는 자신이 취약점을 알리기 위한 화이트해킹이었다고 밝히며 48시간 이내에 탈취한 자산 대부분을 돌려줬다. 또한 리네트워크 팀과의 Q&A 세션을 통해 취약점 발견 과정과 보안 개선 방안을 공유했다.

---

32 Bleepingcomputer, "Hackers stole $620 million from Axie Infinity via fake job interviews", 2022년 7월 17일자 기사.
33 Chainalysis, "Poly Network Attacker Returning Funds After Pulling Off Biggest DeFi Theft Ever", 2021년 8월 12일자 포스팅.

(3) BNB 체인 토큰 브릿지 해킹 (2022)

2022년 10월, 바이낸스의 BNB 비콘 체인과 BNB 스마트 체인을 연결하는 크로스체인 브리지가 해킹되어 약 5억 8,600만 달러 상당의 BNB 코인이 탈취되었다. 해커는 BSC(Binance Smart Chain)의 Token Hub 브릿지의 검증 로직 취약점을 이용해 공격을 수행했다.[34]

공격자는 과거 정상 트랜잭션의 프루프(proof)를 조작하여 새로운 거래를 위조하는 방식을 사용했다. BSC는 이진 검색트리의 일종인 AVL 트리를 통해 거래를 검증하는데, 해커는 이 검증 과정의 취약점을 이용해 가짜 프루프를 생성했다. 바이낸스는 사건 발생 즉시 BNB 체인의 검증인들과 협력하여 네트워크를 일시 중단시켰고, 이로 인해 실제 피해액은 약 1억 달러 수준으로 제한될 수 있었다.

(4) WazirX 해킹 (2024)

2024년 7월, 인도 최대 가상자산 거래소 중 하나인 WazirX가 해킹을 당해 약 2억 3,500만 달러 규모의 자산이 탈취되었다. 이 사건은 멀티시그 지갑의 취약점과 사회공학적 공격이 결합된 복합적인 해킹 사례였다.[35]

해커들은 거래소 직원들을 대상으로 한 피싱 공격을 통해 내부 시스템에 접근했으며, 멀티시그 지갑의 서명 키 중 일부를 탈취하는 데 성공했다.[36] 이후 악성 스마트컨트랙트를 승인하도록 속여 자금을 탈취했다. 이 사건으로 약 1,500만 명의 사용자가 영향을 받았으며, WazirX는 피해 보상을 위해 복구 토큰(RT)을 발행하는 방안을 제시했다.

---

34 PT Security, "Binance Smart Chain Token Bridge Hack", 2023년 2월 9일자 포스팅.
35 WazirX, "Preliminary Report: Cyber Attack on WazirX Multisig", 2024년 7월 18일자 포스팅.
36 GASA, "WazirX Hack Fallout: Lessons for Building Resilient Crypto Systems", 2024년 8월 6일자 포스팅.

III. 국내 가상자산사업자 보안 규제 현황

1. 가상자산 관련 법제에서의 규제

(1) 국무조정실, '정부, 가상통화 관련 긴급 대책 수립' (2017.12.)

2017년 12월, 국무조정실은 우리 정부 최초의 가상자산 관련 정책이라 볼 수 있는 '정부, 가상통화 관련 긴급 대책 수립'을 발표했다.[37] 이는 2017년 가상자산 가격 급등에 따른 시장 과열 현상과 여러 우려에 대한 대응이었다. 정부는 금융 불안정과 사기, 해킹 등의 범죄에 따른 이용자 보호를 위하여 대책을 발표했다. 주요 정책 방향으로는 (1) 불법 행위 방지, (2) 시장 과열 완화, (3) 이용자 보호, (4) 사이버보안, (5) 코인 ICO 금지 등이다.

사이버보안 관점에서는 거래소의 해킹과 개인정보 유출 등 피해를 방지하기 위한 조치들이 포함되었다. 거래소의 보안과 개인정보보호에 대하여 주기적으로 점검하며 정보통신망법 위반 사항이 있는지를 확인하도록 했다.[38] 거래소의 개인정보 유출 등 법규 위반 시 처벌 관련 항목도 제시되었다. 마지막으로 매출액 100억 혹은 일 평균 방문자 수 100만 명 이상의 거래소에 대하여 ISMS 인증 의무를 부가했다.

〈표 1〉 국무조정실 긴급 대책에서 사이버보안 요구사항 (2017)

요구사항	개요
거래소 주기적 점검	거래소를 주기적으로 점검하며 정보통신망법 위반 사항이 있는 경우 제재
법규 집행력 강화	개인정보 유출 등 법규 위반 사업자에게 '서비스 임시중지 조치' 제도 도입과 과징금 부과 기준 상향

---

37 국무조정실 보도자료, "정부, 가상통화 관련 긴급 대책 수립", 2017년 12월 13일.
38 현재 개인정보보호 관련 규제는 개인정보보호법에서 소관하고 있으나, 2020년 데이터 3법(개인정보보호법, 신용정보법, 정보통신망법) 개정 전의 정책이기에 정보통신서비스제공자의 개인정보보호를 규율하는 정보통신망법을 기준으로 제시하였다.

요구사항	개요
인증	일정 규모 이상 거래소 ISMS 인증 의무화 (매출액 100억 이상, 일 평균 방문자 수 100만 명 이상)

(2) 「특정 금융거래정보 보고 및 이용 등에 관한 법률」 및 하위 법령 (2021.03.)

2021년 3월, '특정 금융거래정보 보고 및 이용 등에 관한 법률(이하 특금법)' 개정안이 시행되면서 가상자산사업자의 정의 도입과 함께 가상자산사업자의 신고 의무, 자금세탁방지 관련 조치들에 대한 의무가 부과되었다. 특금법 제3장에 가상자산사업자에 대한 특례 조항이 도입되었으며, 신고 의무에서 보안 관련 요구사항이 포함되었다. 개정안 제7조 3항에 가상자산 신고 수리를 아니할 수 있는 사항으로 정보보호관리체계 인증(ISMS)을 획득하지 못한 자 조항이 도입되면서 ISMS를 가상자산사업자에게 의무화했다.

(3) 「가상자산 이용자 보호 등에 관한 법률」 및 하위 법령 (2024.07.)

2023년 6월, '가상자산 이용자 보호 등에 관한 법률(이하 가상자산이용자보호법)'이 제정되어 2024년 7월 19일 시행되었다. 가상자산이용자보호법은 지속적으로 발생한 해킹 사건들과 특히 2022년 발생한 테라·루나 사태, FTX 파산 등에 따라 이용자 보호의 중요성과 시급성을 인식하여 제정되었다.[39] 가상자산 관련 국회 계류 중이던 19건의 법률안을 이용자 보호 조치를 중심으로 통합·조정하여 제정했다.

가상자산이용자보호법은 가상자산사업자로 하여금 이용자 보호를 하기 위한 조치들을 제시하고 있다. 동 법은 크게 자산의 보호와 불공정거래행위 규제로 구분할 수 있으며, 이용자 자산의 보호에서 일부 보안 관련 규

---

39 금융위원회 보도자료, "내일(7.19)부터 가상자산이용자보호법이 시행됩니다", 2024년 7월 18일.

제가 도입되었다. 우선 가상자산의 실질 보유와 함께 특정 비율 이상을 인터넷과 분리된 콜드월렛에 보관하도록 하고 있다. 동법 시행령과 가상자산업감독규정에서 콜드월렛 보관 비율을 80%로 정했으며, 보관 방법 등에서 보안 기준을 제시하고 따르도록 했다. 해킹·전산장애 등 사고에 따른 책임 이행하기 위해 보험 가입과 준비금 적립의 조치도 포함되었다. 해킹과 전산장애에 해당하는 사고 유형을 규정했으며 보험금과 적립금의 기준 역시 제시했다.

〈표 2〉 가상자산이용자보호법 및 하위 법령에서의 보안 요구사항 (2024)

요구사항	개요
콜드월렛 보관과 보안 - 법 제7조 - 시행령 제11조 - 감독규정 제9조	- 보유 가상자산의 80%를 콜드월렛에 보관 - 보안 기준을 충족하는 기관에 위탁 보관 가능 - 이용자 가상자산 안전한 보관을 위한 위험관리, 사고 예방 방안 등이 포함된 업무 지침 마련과 공시 - 가상자산 보관 정보시스템의 보안 연 1회 이상 점검 평가하며, 평가 기관은 전자금융감독규정에서 명시한 평가전문기관

해킹·전산장애 등 사고 책임 이행 위한 보험 가입 혹은 준비금 적립
- 법 제9조
- 시행령 제12조
- 감독규정 제10조
	- 해킹·전산장애 등 대통령령으로 정하는 사고 규정
	  (1) 접근매체 위변조 사고
	  (2) 거래 정보의 전자적 전송·처리 과정에서 발생하는 사고
	  (3) 정보통신망 불법 접근 및 침입 사고
	  (4) 정보통신망 및 시스템 사고
	  (5) 기타 사고
	- 콜드월렛 보관 제외 나머지 가상자산의 5%에 해당하는 금액 (원화마켓거래소 : 최소 30억 원, 코인마켓거래소 : 최소 5억 원)

2. 보안 관련 법제에 의한 규제

(1) ISMS 인증
1) 제도 개괄

ISMS 인증은 2001년 도입된 조직의 정보보호 관리체계를 평가하기 위한 제도이다. 2000년대 초반 정보화의 역기능 대응으로 정보보호 대응 필요성이 인식되면서 보안 관련 정책과 규제들이 도입되었다. 대표적인 법이 2001년 1월 전부 개정된 「정보통신망 이용 촉진 및 정보보호 등에 관한 법률」(이하 '정보통신망법')로 해당 법에서 정보보호와 개인정보보호 관련 조치들이 규율되었다.[40] 전부개정안 제47조에서 정보보호 관리체계의 인증이 포함되면서 한국정보보호진흥원(현 한국인터넷진흥원)이 ISMS 인증 제도를 운영하게 되었다. 이후 2002년 5월, 인증 기준이 고시되었고 인증업무지침이 공포되면서 ISMS 인증이 본격 시행되었다.[41] 초기에는 기업들이 ISMS 인증을 자율적으로 참여할 수 있도록 했다.

2012년 정보통신망법 개정에 따라 정보보호 안전진단 제도가 ISMS 인증제도로 통폐합되었으며, 이후 2013년 정보통신망법 개정에서 주요정보통신서비스제공자를 ISMS 인증 의무 대상자로 지정하면서 확대되었다.[42] 이에 따라 금융회사도 ISMS 의무 대상에 포함되었다. 또한 한국정보통신진흥협회(KAIT), 한국정보통신기술협회(TTA), 금융보안원(FSI)으로 인증기관이 확대되었다. 이후 2016년, 개인정보보호 인증 관련 분리되어 있던 PIPL과 PIMS가 통합되었으며, 정보통신망법 개정에 따라 일부 병원과 학교가 ISMS 인증 의무 대상으로 확대되었다. 반면 중복 규제 문제가 지속적으로 제기되면서 정보통신망법 시행령 제49조를 개정하여 금융회사

---

40 1986년 5월 제정된 '전산망 보급 확장과 이용 촉진에 관한 법률'에서 1999년 2월 '정보통신망 이용 촉진 등에 관한 법률'로 전부 개정됐으며, 해당 법이 2001년 1월, '정보통신망 이용 촉진 및 정보보호 등에 관한 법률'로 전부 개정됨.
41 정보통신부, '인증기준 고시', 고시 제2002-22호.
42 한국인터넷진흥원, "정보보호 관리체계(ISMS) 인증 제도 안내서", 2013.06.

는 ISMS 인증 의무 대상에서 제외되었다.[43] 2018년 ISMS 인증은 개인정보보호법 상 개인정보보호관리체계(PIMS)와 통합되면서 ISMS-P 인증이 시행되었다.

〈표 3〉 정보통신망법 제47조 2항에 따른 ISMS 인증 의무대상

구분	의무대상자 기준
ISP	전기통신사업법 제6조 제1항에 따른 허가를 받은 자로서 서울특별시 및 모든 광역시에서 정보통신망서비스를 제공하는 자
IDC	정보통신망법 제46조에 따른 집적정보통신시설 사업자
다음 조건 중 하나라도 해당하는 자	연간 매출 또는 세입이 1,500억 원 이상의 자 중에서 다음에 해당하는 경우 - 의료법 제3의 4조에 따른 상급종합병원 - 직년연도 12월 31일 기준으로 재학생 수가 1만 명 이상인 고등교육법 제2조에 따른 학교
	정보통신서비스 부문 전년도(법인인 경우에는 전 사업연도를 말한다) 매출액이 100억원 이상인 자 (금융회사 제외)
	전년도 일일평균 정보통신서비스 이용자 수가 100만 명 이상인 자 (금융회사 제외)

ISMS 인증에서 평가 방식은 정보통신기술의 발전과 사이버위협 양상 진화에 따라 지속적으로 변화하고 있다. 현재 통합 ISMS-P 인증에서는 ISMS 인증의 경우 (1) 관리체계 수립 및 운영 16개 항목, (2) 보호대책 요구사항 64개 항목에 따라 총 80개의 통제항목으로 평가하고 있다.

---

43 정보통신망법 시행령 제49조(정보보호 관리체계 인증 대상자의 범위)
   2. 정보통신서비스 부문 전년도(법인인 경우에는 전 사업연도를 말한다) 매출액이 100억 원 이상인 자. 다만, 「전자금융거래법」 제2조제3호에 따른 금융회사는 제외한다.
   3. 전년도 말 기준 직전 3개월간의 일일평균 이용자 수가 100만 명 이상인 자. 다만, 「전자금융거래법」 제2조제3호에 따른 금융회사는 제외한다.

ISMS-P 인증은 기존 ISMS의 항목 외에 (3) 개인정보 처리단계별 요구사항 21개가 추가되어 총 101개의 통제항목으로 평가하고 있다.[44]

〈표 4〉 ISMS-P 통제항목

인증		구분	통제항목	
ISMS-P (101)	ISMS (80)	1. 관리체계 수립 및 운영 (16)	1.1. 관리체계 기반 마련 (6)	1.2. 위험관리 (4)
			1.3. 관리체계 운영 (3)	1.4. 관리체계 점검 및 개선 (3)
		2. 보호대책 요구사항 (64)	2.1. 정책, 조직, 자산 관리 (3)	2.2. 인적보안 (6)
			2.3. 외부자 보안 (4)	2.4. 물리보안 (7)
			2.5. 인증 및 권한 관리 (6)	2.6. 접근통제 (7)
			2.7. 암호화 적용 (2)	2.8. 정보시스템 도입 및 개발 보안 (6)
			2.9. 시스템 및 서비스 운영관리 (7)	2.10. 시스템 및 서비스 보안 관리 (9)
			2.11. 사고 예방 및 대응 (5)	2.12. 재해복구 (2)
	-	3. 개인정보 처리단계별 요구사항 (21)	3.1. 개인정보 수집 시 보호조치 (7)	3.1. 개인정보 보유 및 이용 시 보호조치 (5)
			3.3. 개인정보 제공 시 보호조치 (4)	3.4. 개인정보 파기 시 보호조치 (2)
			3.5. 정보주체 권리보호 (3)	

---

44 한국인터넷진흥원, "정보 보호 및 개인정보보호 관리체계(ISMS-P) 인증제도 안내서", 2024.07.

금융권의 보안 인증제도는 ISMS 의무화 도입(2013), 이후 의무화 폐지 (2016), 금융분야 ISMS(소위 F-ISMS) 인증 도입(2019) 등 지속적인 변화가 있었다. 2013년 정보통신망법 개정안에 따라 연 매출액 100억원 이상 혹은 3개월 일평균 이용자 수 100만 명 이상 정보통신 분야 기업은 의무적으로 ISMS 인증이 의무화되었다. 금융회사 40~50여 곳도 해당 개정안에 따라 2014년 말부터 의무 조치가 적용되었다. 하지만 금융기업의 전자금융거래법과 전자금융감독규정 등의 규제와 중복되는 문제가 제기되면서 금융회사는 ISMS 인증 의무 대상에서 제외되었다.[45] 2019년 금융분야에 특화된 ISMS-P 인증이 도입되면서 금융회사들은 자율적으로 인증을 받고 있다.[46]

〈표 5〉 금융분야 ISMS의 점검항목

구분	통제분야	통제 사항	점검항목(세부통제사항)	
			KISA	금융보안원
관리체계 수립 및 운영	4	16	42	45
보호대책 요구사항	12	64	195	237
개인정보 처리단계별 요구사항	5	21	91	117
합계	21	101	328	399

2) 가상자산 ISMS 인증

2017년 국내·외 가상자산 거래소 해킹 사고가 발생하면서 가상자산사업자를 대상으로 한 ISMS 인증 제도 필요성이 제기되었다. 당시 일부 거

---

45 정보통신망법 시행령 제49조(정보 보호 관리체계 인증 대상자의 범위)
  2. 정보통신서비스 부문 전년도(법인인 경우에는 전 사업연도를 말한다) 매출액이 100억원 이상인 자. 다만, 「전자금융거래법」 제2조제3호에 따른 금융회사는 제외한다.
  3. 전년도 말 기준 직전 3개월간의 일일평균 이용자 수가 100만명 이상인 자. 다만, 「전자금융거래법」 제2조제3호에 따른 금융회사는 제외한다.
46 금융보안원, "금융권에 적합한 ISMS-P 인증기준 점검항목" 2023년 12월.

래소가 대규모 자산 유출 및 개인정보 침해를 입는 등 투자자 보호가 심각한 문제로 대두되면서, 정부와 관계 기관은 가상자산 업계에도 기존의 ISMS 기준을 적용하는 방안을 논의하기 시작했다. 이에 따라 2017년 말 국무조정실, '정부, 가상통화 관련 긴급 대책 수립'에 일정 규모 이상 거래소 ISMS 인증을 의무화했다. 하지만 일반 기업 대상의 ISMS 인증기준을 가상자산사업자에게 적용하기에는 가상자산 특유의 기술적·운영적 특성이 충분히 반영되지 않았다는 지적도 나타났다.[47]

이러한 상황에서 특금법에 가상자산 사업자를 포괄하는 개정안이 2020년 3월 공포, 2021년 3월 25일부로 시행되면서 가상자산 사업자에게 ISMS 인증이 진입 규제로 도입됐다. 개정 특금법은 가상자산 사업자가 금융정보분석원(FIU)에 신고하기 위해서는 ISMS를 필수 요건으로 규정하였다. 하지만 ISMS 인증은 실제 운영이 아닌 경우 안전성을 확인할 운영 데이터가 없어 인증 신청 전 최소 2개월 이상 관리체계 구축 및 운영을 요구하고 있다. 이에 따라 신규 가상자산사업자는 ISMS 신청을 할 수 없으며, 이에 따라 FIU에 가상자산사업자 신고가 되지 않는 문제가 발생했다. 정부는 해당 문제를 해결하기 위해 ISMS 인증 고시 제18조의 2에 예비인증 특례를 신설해 ISMS 예비인증 제도를 도입했다.

가상자산사업자의 ISMS 인증 신청이 증가와 ISMS의 가상자산사업자 특수성 포괄 문제 등이 제기되면서 KISA는 가상자산사업자를 위한 인증심사기준 마련과 심사 인력 확대에 나섰다. 2020년 10월, KISA는 지갑 서비스, 개인키 보안, 거래소 내부거래 감시체계 등 가상자산사업자의 특수성을 반영한 통제항목을 발표했다.[48] 가상자산거래소에 특화된 56개의 점검항목이 추가되면서 가상자산사업자는 기존 ISMS의 80개 통제항목 내의 234개 점검항목에 덧붙여 290개의 확인사항으로 점검하도록 했다.

---

47 IT조선, "[가상자산 법제화 개선] 가상자산 사업자 특수성 반영한 ISMS 필요하다", 2021년 8월 12일자 기사.
48 한국인터넷진흥원, "가상자산사업자용 ISMS 세부점검항목" 2020.11.2. 이후 해당 세부 점검항목은 일부 오류가 있어 2023년 7월 11일 오류 수정에 따른 변경됨.

가상자산사업자 대상 추가된 통제분야와 해당 점검항목 개수는 아래 표와 같다.

〈표 6〉 가상자산사업자 특화 ISMS 통제분야 별 점검항목 수

구분	통제분야	점검항목 (개수)
관리체계 수립 및 운영	1.1.5. 정책 수립	2
	1.1.6. 자원 할당	1
	1.2.1. 정보자산 식별	1
	1.2.3. 위험 평가	4
	1.2.4. 보호대책 선정	1
	1.4.1. 법적 요구사항 준수 검토	2
보호대책 요구사항	2.1.1. 정책 유지관리	1
	2.2.1. 주요 직무자 지정 및 관리	1
	2.2.4. 인식제고 및 교육	2
	2.3.3. 외부자 보안 이행 관리	1
	2.4.1. 보호구역 지정	2
	2.4.2. 출입통제	2
	2.4.5. 보호구역 내 작업	1
	2.5.5. 특수 계정 및 권한 관리	1
	2.6.1. 네트워크 접근	3
	2.6.2. 정보시스템 접근	1
	2.6.4. 데이터베이스 접근	1
	2.6.5. 무선 네트워크 접근	1
	2.6.6. 원격접근 통제	1
	2.6.7. 인터넷 접속 통제	1
	2.7.2 암호키 관리	5
	2.8.1. 보안 요구사항 정의	2
	2.8.2. 보안 요구사항 검토 및 시험	2
	2.8.5. 소스 프로그램 관리	3

구분	통제분야	점검항목 (개수)
보호대책 요구사항	2.9.1. 변경 관리	2
	2.9.3. 백업 및 복구관리	1
	2.9.4. 로그 및 접속기록 관리	3
	2.9.5 로그 및 접속기록 점검	2
	2.10.4. 전자거래 및 핀테크 보안	2
	2.10.6. 업무용 단말기기 보안	1
	2.11.1. 사고 예방 및 대응체계 구축	1
	2.11.2. 취약점 점검 및 조치	1
	2.11.3. 이상행위 분석 및 모니터링	1
	합계	56

(2) 금융 보안 관련 규제

국내 보안 관련 규제는 ISMS 인증 외에도 정보통신망법을 통해 광범위하게 마련되어 왔다. 개인정보보호 역시 2011년 개인정보보호법이 제정 및 시행되기 이전에는 정보통신망법에서 주로 규율되었으며, 2020년 소위 '데이터 3법' 개정안 시행 이전까지 의료·교육·공공 등 각 산업 분야별 개별 법령에서도 보안 및 개인정보 보호에 관한 의무 사항이 병존하는 구조가 형성되었다.[49]

금융 부문에서는 '전자금융거래법'과 그 하위 법령을 통해 전자적 방식으로 이루어지는 금융 서비스를 전자금융업으로 규정했으며, 금융소비자의 자산과 정보의 보호를 위한 조치들이 상세하게 규정됐다. 이는 금융기관들이 전자적 금융서비스를 제공하는 과정에서 준수해야 할 핵심 근거로 작용해 왔다. 전자금융거래법은 국내에서 전자적 방식으로 이뤄지는 금융서비

---

49 데이터3법은 2020년 1월 개정안이 통과된 개인정보보호법, 정보통신망법, 신용정보법의 개정안을 통칭하는 용어로, 개인정보 관련 규정들을 정비하기 위해 추진되었음. 개인정보보호법 개정안에는 가명정보 개념이 도입되고 개인정보보호위원회가 개인정보보호 컨트롤타워를 맡게 되었으며, 정보통신망법 개정안에는 개인정보 관련 규정이 일몰됨. 또한 신용정보법 개정안에는 가명정보 데이터 분석, 전송 요구권 등이 포함되었음.

스 전반을 규율하는 핵심 법률로서, 금융회사가 안전한 시스템을 갖추고 소비자 자산 및 정보를 보호하도록 다양한 의무사항을 부과하고 있다.

전자금융감독규정 및 그 시행 세칙은 IT 인프라 운영 및 보안 위협 대응 방식을 더욱 세분화하여 안내함으로써, 법률에서 포괄적으로 규정한 내용을 각 기관이 구체적으로 적용할 수 있도록 돕는다. 전자금융거래법과 하위 법령에서 규정하는 전자금융업자가 준수해야 할 보안 조치는 다음 표와 같이 정리할 수 있다.

〈표 7〉 전자금융거래법상 보안 요구사항

조항	항목	규정
법 제21조	안전성의 확보 의무	- 전자금융거래가 안전하게 처리될 수 있도록 선량한 관리자로서 주의 의무를 다하여야 함
법 제21조의2	정보보호최고 책임자 지정	- 정보보호최고책임자(CISO) 지정 의무화 - CISO의 자격요건 및 겸직 제한 규정 - 정보 보호 조직 구성 및 운영에 관한 사항
법 제21조의3	전자금융기반 시설의 취약점 분석·평가	- 전자금융기반시설의 취약점 분석·평가 - 침해사고 대응을 위한 체계 구축 - 전자금융기반시설에 대한 물리적·기술적 보안대책 수립
법 제21조의4	전자적 침해행위 금지	- 전자금융기반시설에 대한 무단 접근, 데이터 조작·파괴·유출 행위를 금지 - 컴퓨터 바이러스, 논리폭탄, 메일폭탄 등의 악성 프로그램 투입을 통한 운영 방해 행위 금지 - 신호, 고출력 전자기파, 부정 명령을 통한 시스템 장애 유발 행위 금지
법 제21조의5	침해사고의 통지	- 전자적 침해행위로 인한 전자금융기반시설 침해사고 발생 시 즉시 금융위원회에 통지
법 제21조의6	침해사고의 대응	- 금융위원회는 침해사고에 대응하기 위해 관련 정보의 수집·전파, 예보·경보 발령, 긴급조치 실시 등의 업무를 수행

가상자산업자가 전자금융업에 해당하는지에 대한 논의가 진행됐으며, 전자금융업에 해당하지 않는다는 법령 해석과 함께 개별법에서 규정하게 되었다.[50] 이에 따라 가상자산사업자는 전자금융거래법과 전자금융감독규정 등에서 요구하는 전자금융업의 보안 조치들은 적용되지 않는다.

IV. 해외 가상자산사업자 보안 규제 현황 분석

가상자산 시장이 전 세계적으로 급성장하고 여러 보안 사고들이 발생함에 따라 투자자 보호와 금융안정성 확보를 위해 보안의 중요성이 부각되고 있다. 이에 주요국 규제 당국은 가상자산 서비스를 기존 금융권 수준으로 안전하게 운영하기 위해 사이버보안 프로그램, 침해사고 보고, 운영 리질리언스 확보 등을 의무화하고 있다.

1. 유럽 연합

(1) MiCAR[51]

유럽연합의 MiCAR(Markets in Crypto-Assets Regulation)는 암호자산 산업의 명확한 규제 체계를 수립하고 소비자 보호 및 금융 안정성을 강화하기 위해 마련됐다. MiCAR는 증권·파생상품 등 기존 금융 규제로 다루지 않는 암호자산을 규제하고 있으며, 암호자산을 전자화폐토큰, 자산준거토큰, 그리고 이 둘이 아닌 일반 암호자산으로 구분하고 있다.[52] MiCAR에서

---

50 머니투데이, "가상자산, 전금업 아니다...속도내는 가상자산법, 제정 방향은?", 2022년 4월 7일자 기사.
51 REGULATION (EU) 2023/1114 OF THE EUROPEAN PARLIAMENT AND OF THE COUNCIL of 31 May 2023 on markets in crypto-assets, and amending Regulations (EU) No 1093/2010 and (EU) No 1095/2010 and Directives 2013/36/EU and (EU) 2019/1937의 약칭.
52 천창민, "유럽 암호자산시장법 연구 – MiCAR의 적용범위와 업규제를 중심으로", 상사법연구, 43(1), 2024.

는 각 암호자산 별 관련 사업자(Crypto Asset Service Provicder, CASP)에 대한 규제를 요구하고 있으며, 사이버보안과 레질리언스 관련 요구사항도 포함되어 있다.

〈표 8〉 EU MiCAR 사이버보안 요구사항

조항	항목	규정
14	일반 암호자산의 공모나 상장을 추진하는 주체의 의무	- 모든 시스템 및 보안 액세스 프로토콜을 적절한 EU 표준을 준수하여 유지해야 함(ESMA와 EBA와 표준 가이드라인을 마련하도록 함)

34	자산준거토큰 발행자의 의무	(1) 거버넌스 및 내부통제
		  - 상세한 거버넌스 체계 구축
		  - 내부통제 메커니즘과 리스크 관리 절차 마련
		  - 제3자 업체와의 계약상 협약에 대한 명확한 설명 필요
		(2) 데이터보안
		  - 데이터의 가용성, 신뢰성, 무결성 및 기밀성을 보장하기 위한 시스템과 절차 구축
		  - 데이터 보호를 위한 적절한 시스템 구현
		(3) 비즈니스 연속성 보장
		  - 비즈니스 연속성 정책 수립 및 유지
		  - 시스템 장애나 재해 상황에 대비한 복구 계획 마련
		(4) 아웃소싱 보안
		  - 운영 기능의 제3자 위탁 시 적절한 조치와 절차를 마련해야 함
		  - 아웃소싱 시에도 동일한 수준의 보안 조치 유지 필요

73	CASP의 아웃소싱	- CASP는 아웃소싱 관련 위험을 지속적으로 관리하는 데 필요한 전문성과 리소스를 보유해야 함 - 아웃소싱 시 데이터보안 관련 EU 표준 준수 - 아웃소싱 업체 계약 시 서비스 연속성 보장 조항 포함

조항	항목	규정
86	CASP의 암호자산 이체	- 고객을 대신해 가상자산 이체 서비스를 제공하는 CASP는 고객과 의무와 책임을 명시하는 계약을 체결해야 함 - 해당 계약에는 CASP가 사용하는 보안 시스템에 대한 설명이 포함

(2) DORA(Digital Operational Resilience Act)[53]

EU는 디지털 금융 생태계의 급속한 발전과 함께 이에 수반되는 다양한 리스크를 체계적으로 관리하고자 '디지털 금융 패키지(Digital Finance Package)'의 일환으로 MiCAR와 함께 '금융 부문의 디지털 레질리언스를 요구하는 법안, DORA(Digital Operational Resilience Act, Regulation 2022/2554)'를 도입했다.[54] 디지털 금융 패키지에는 이 두 규제와 디지털 금융전략, 디지털금융에 분산원장기술 시범 적용 법안(proposed DLT pilot regime for Financial Market Infrastructures) 등이 포함돼 있다. MiCAR와 DORA는 각각 암호자산 시장의 투명성과 안정성을 확보하고, 금융 부문의 디지털 레질리언스를 강화하는 것을 목표로 하며 상호 보완적인 관계를 형성하고 있다.

DORA의 주요 목표는 금융 기관들이 사이버 위협과 같은 디지털 리스크에 효과적으로 대응할 수 있도록 ICT 리스크 관리 체계를 구축하고, 사고 대응 능력을 향상시키는 데 있다.[55] 이는 금융 부문 전반에 걸쳐 디지털 운영의 안정성과 지속 가능성을 보장함으로써 금융 시스템의 전반적인 신뢰성을 증진시키는 것을 목적으로 한다. DORA는 은행, 보험사, 투자회사

---

53 Regulation (EU) 2022/2554 of the European Parliament and of the Council of 14 December 2022 on digital operational resilience for the financial sector and amending Regulations의 약칭.
54 European Commission, Digital Finance Package, 2020년 9월 24일 URL : https://finance.ec.europa.eu/publications/digital-finance-package_en
55 업비트 투자자보호센터, "EU, 「디지털 운영 복원력에 관한 법률」(DORA)의 핵심 요점", 2024년 4월.

등 전통적인 금융 기관뿐만 아니라 MiCAR에서 규제하는 CASP와 핀테크 기업들까지 광범위한 금융 기관들이 디지털 리스크 관리와 사이버 보안을 강화하도록 요구한다.

DORA는 (1) ICT 리스크 관리 및 거버넌스, (2) 사고 대응 및 보고, (3) 디지털 운영 레질리언스 테스트, (4) 서드파티 위험 관리, (5) 정보 공유를 요구하며 마지막 정보공유는 필수가 아닌 선택으로 규정했다. DORA의 사이버보안 관련 주요 요구사항은 다음 표와 같이 정리할 수 있다.

〈표 9〉 DORA 사이버보안 주요 요구사항

항목	규정
ICT 리스크관리 및 거버넌스	- ICT 관련 위험을 식별, 평가, 관리 및 감시하기 위한 포괄적 프레임워크 수립 - 위험 식별 및 평가, 위험 완화 전략 개발, 모니터링 및 보고, 거버넌스 구조 확립 등의 내용 포괄 - 조직의 전체적인 위험 관리 시스템에 통합되어야 하며, 최소한 연 1회 검토 및 업데이트가 필요
사고 대응 및 보고	- ICT 관련 사고 발생 시 신속하고 효과적으로 대응하기 위한 절차를 마련해야 함 - 사고 대응 계획 수립, 사고 보고 체계 구축, 사고 기록 유지 등의 내용 포괄 - 사고 대응 계획은 정기적으로 테스트되고, 필요한 경우 업데이트돼야 함
디지털 운영 레질리언스 테스트	- ICT 레질리언스 강화를 위한 테스트를 수행해야 함 - 조직의 ICT 레질리언스 관련 테스트 계획 수립, 정기적 테스트 수행, 독립적 평가, 결과 분석 및 개선의 프로세스에 따라 수행 - 새로운 위협 환경에 대응하기 위해 지속적으로 업데이트되어야 함
서드파티 위험관리	- 전체 공급망에 대한 명확한 이해와 통제를 요구함 - ICT 서비스 제공업체 등 서드파티와의 관계에서 발생하는 위험을 관리하기 위한 절차를 마련해야 함 - 서드파티 식별 및 평가, 계약 관리, 모니터링 및 감사, 서드파티 위험 전략 수립 등의 절차 필요

항목	규정
정보 공유	- 사이버 위협 및 보안 사고에 대한 정보를 공유해 효과적인 대응을 가능하도록 함 - 사이버 위협 인텔리전스 공유, 협력 및 공동 방어체계 구축, 내부 정보 공유 및 교육, 법·규제, 안전한 정보공유 시스템 구축 등의 내용 포괄

2. 미국

(1) 뉴욕주 NYDFS, Bit License

뉴욕주 금융서비스국(NYDFS)은 2015년, Bit License 규정을 도입했다. 이 규정은 뉴욕주에서 가상화폐 사업을 영위하고자 하는 모든 기업에 적용되며, 사업자의 소재지와 관계없이 뉴욕 주민을 대상으로 서비스를 제공하는 경우에도 적용된다.[56] 뉴욕주 규정 NYCRR(New York Codes, Rules and Regulations)의 타이틀23 금융서비스, 파트 200에서 가상자산 관련 규제가 도입되었다. 이 중 200.16 조항에서 사이버보안 프로그램, 200.17 조항에서 사고 대응 등을 규정하고 있다.[57]

〈표 10〉 뉴욕주 BitLicense 사이버보안 요구사항

근거 조항 23 CRR-NY	요구사항	개요
Section 200.16(a)	사이버보안 프로그램	포괄적인 사이버보안 프로그램 구축 및 유지 - 내·외부 사이버보안 위험에 대한 식별 - 정보시스템의 기밀성, 무결성, 가용성 보장 - 침입, 침해, 무단접근, 악성코드 등 탐지 - 탐지된 위협에 대한 대응 및 완화 조치 - 사업 지속성 계획 수립

---

56 Department of Financial Services New York, "Virtual Currency Businesses – Licensing and Resources."
57 New York Codes, Rules and Regulations, Title 23 Financial Services, Part 200 Virtual Currencies.

근거 조항 23 CRR-NY	요구사항	개요
Section 200.16(b)	정보 보호 정책	다음을 고려한 문서화 된 정보 보호 정책 수립 이행하며, 연 1회 이상 검토 및 개선 - 정보 보호 - 데이터 거버넌스 및 분류 - 액세스 제어 - 비즈니스 연속성 및 재해 복구 계획 - 용량과 성능 계획 - 시스템 운영 및 가용성 - 시스템 및 네트워크 보안 - 시스템 및 어플리케이션 개발 및 보증 - 물리적 보안 및 환경 제어 - 고객 정보 보호 - 공급업체 및 협력업체 관리 - 핵심 프로토콜의 모니터링과 변경 관리 - 사고 대응
Section 200.16(c)	CISO 임명	CISO를 임명해야 하며 다음의 책임 부과 - 사이버보안 프로그램 총괄 - 연례 보안 평가 보고서 작성 - 보안 사고 대응 총괄
Section 200.16(e)	감사 및 테스트	다음 사항들 감사와 보안 테스트 필요 - 연례 보안 평가 - 취약점 평가 - 침투 테스트 - 준수 여부 감사
Section 200.16(d)	직원 교육·훈련	직원 둘에게 다음 사항들 정기적 교육 - 보안 정책 및 절차 교육 - 사회공학적 공격 대응 훈련 - 사고 대응 절차 교육
Section 200.16(f)	어플리케이션 보안	사용하는 모든 애플리케이션의 보안 보장
Section 200.16(g)	인력 운영	사이버보안 전담 인력을 고용하고 다음의 사항들 준수 요구 - 인력의 지속적 교육 - 변화하는 사이버 위협에 대한 대응
Section 200.17	비즈니스 연속성 및 재해 복구	사업 연속성 및 재해 복구 계획 수립 및 유지

(2) 미 상품선물거래위원회(CFTC)

미 상품선물거래위원회(Commodity Futures Trading Commission, 이하 CFTC)는 파생상품과 선물시장의 감독 기구로, 디지털 자산이 이러한 성격에 해당되는 경우 규제 권한을 행사한다. CFTC 규정에서 보안과 레질리언스는 정보시스템 보호와 시스템 장애 발생 시의 복원력을 강조한다. 대표적으로 17 CFR § 39.18 조항은 시스템 안전성을 확보하기 위한 프레임워크를 요구하며, 다음과 같은 주요 규정을 포함하고 있으며, 이는 다음 표와 같다.

〈표 11〉 미 CFTC 사이버보안 요구사항

근거 조항	요구사항	개요
17 CFR § 39.18(a)	시스템 안전성 프로그램 수립	정보시스템의 보안을 위한 시스템 안전성 프로그램을 수립 운영해야 함
17 CFR § 39.18(b)	위험 분석 및 관리	정보시스템 관련 위험을 식별, 평가, 관리하기 위한 절차 마련
17 CFR § 39.18(g)	침해사고 대응 계획 수립	침해 사고 발생 시 대응 계획을 수립하고 정기적으로 훈련함
17 CFR § 39.18(e)	보안 모니터링 및 탐지	정보시스템 대상 지속적 모니터링과 침입 탐지 시스템을 운영하며 이상 활동 식별
17 CFR § 39.18(e)	접근 통제	정보시스템 접근 권한을 관리하며 인가된 사용자만 접근하도록 함
17 CFR § 39.18(e)	데이터 백업 및 복구	주요 데이터를 정기적으로 백업하며 장애 발생 시 복구 절차 마련
17 CFR § 39.18(j)	임직원 교육 훈련	직원 둘에게 정기적으로 사이버보안 인식 제고와 대응 역량 향상 교육 훈련 수행

근거 조항	요구사항	개요
17 CFR § 39.18(f)	위탁업체 관리	외부 서비스 제공업체 보안 통제 평가하며 계약 시 보안 요구사항 명시
17 CFR § 39.18(h)	시스템 안전성 테스트	최소 연 1회 이상 시스템 안전성 프로그램 효과성 검증을 위한 테스트 수행
17 CFR § 39.18(k)	침해사고 보고	중대한 사이버 침해사고 발생 시 CFTC에 신속하게 보고해야 함

3. 기타 주요국

(1) 싱가포르

싱가포르는 가상자산 산업을 선도하는 대표적인 국가이다. 싱가포르 통화청(Monetary Authority of Singapore, 이하 MAS)은 2019년 1월, 기존 결제 관련 규제를 통합·정비하기 위해 '지급서비스법(Payment Service Act, 이하 PSA)'을 제정했다. PSA에서는 결제 서비스를 제공하는 7개의 산업이 규제 대상에 포괄되었으며 이 중 '디지털 지급 토큰 서비스(Digital Payment Token Service, 이하 DPT)'가 포함되면서 암호화폐, 가상자산 관련 사업자들이 규제 대상에 포함되었다.[58]

PSA에 따라 지급 서비스제공자들은 AML/CFT 준수, 거래 모니터링 및 위험 평가, 소비자 보호, 보고 및 감사 의무, 광고 홍보 규제 등이 요구되며, MAS는 이를 감독한다. PAS에서 사이버보안과 관련한 명시적 조항은 많지 않으나, 라이센스 취득자의 의무에 하위 법령에서 기술 리스크 관리, 사이버 위생(보안)이 포함되면서, 보안 관련 요구사항은 다음 표와 같다.[59]

---

58 세계법제정보센터, "싱가포르, 암호화폐 거래 또는 교환서비스를 규제하는 「지급서비스법」 제정", 2019년 5월 14일자.
59 Singapore Status Online, Singapore Service Act 2019 (2020 Revised Edition).

<표 12> 싱가포르 PSA 사이버보안 요구사항

조항	항목	규정
21A	DPT 서비스 제공자에 대한 추가 요구사항	- 고객 자산 보호, 데이터 보안, 고객의 DPT 장치 보안 조치 구현 - 라이센스 취득자는 고객에게 상기 정보들에 대하여 공개해야 함
37	감사	- 라이센스 취득자의 감사 의무 - 기술 리스크 관리, 사이버보안 체계에 대한 정기적 감사 실시
72	당국 검사권한	- MAS는 PAS 목적 달성을 위한 규정 제재 권한을 부여 받았으며, 이에 따라 PSN05(Technology Risk Management)와 PSN06(Cyber Hygiene) 제정[60] - MAS의 검사 범위에 기술 리스크 관리와 사이버위생(보안) 관련 사항 포함
78	의무 불이행 시 규제 조치	- 사이버보안 의무 위반 시 당국의 개입 및 제재 권한
102	서면 통지 발행 권리	- MAS는 필요시 서면 통지를 발행할 수 있으며, 이에는 정보기술 위험 포함 리스크 관리를 위한 표준, 프레임워크, 정책 및 절차 포함
90-95	위반 행위 제재	- 사이버보안 및 레질리언스 포함 관련 의무 위반 시 처벌

(2) 일본

일본의 가상자산 관련 규제는 「자금결제에 관한 법률(資金決済に関する法律)」(이하 자금결제법)과 하위 법령, 그리고 「금융상품거래법(金融商品取引法)」에서 이분화하여 규정하며 금융청(金融庁)에서 감독하고 있다.[61] 자금결제법

---

60 HM Strategy, "The Payment Services Act – Complying with the Technology Risk Management Notice and Guidelines", 2022년 10월 22일자 포스팅 URL : https://hmstrategy.com/the-payment-services-act-complying-with-the-technology-risk-management-notice-and-guidelines/.
61 조영은, "일본의 가상자산(Virtual Assets) 이용자 보호 규율 강화 2019년 자금결제법 및 금융상품거래법 개정 내용을 중심으로", 국회입법조사처, 외국입법 동향과 분석, 제38

제3장의 3에서 암호자산 교환업자(crypto asset exchange providers)의 등록과 의무에 대해 규정했다.[62] 금융상품거래법에서는 암호자산 관련 시장 파생상품을 취급할 경우 라이센스 및 규제 등을 규정하고 있다.[63]

가상자산 관련 보안 규정은 자금결제법에서 암호자산교환업에 대한 보안 의무와 감독 규정으로 제시되고 있다. 이외에도 금융청의 '금융분야 사이버보안 가이드라인(金融分野におけるサイバーセキュリティに関するガイドライン)', 일본가상화폐거래협회(JVCEA) 가이드라인 등에서도 가상자산사업자 관련 보안 관련 요구사항이 포함되어 있다. 일본의 자금결제법에서 요구하는 보안 관련 요구사항은 다음 표와 같다.

〈표 13〉 일본 가상자산 사이버보안 요구사항

법 및 조항	항목	규정
제63조의8	암호자산교환업 정보의 안전 관리 의무	- 가상자산 교환업무 관련 정보의 안전한 관리체계 구축 - 보안 정책 및 내부통제 시스템 구축 의무화 - 사이버보안 위험평가 및 대응체계 수립
제63조의9	암호자산교환업 위탁 시 보안관리 지도 의무	- 위탁업체 선정 시 보안역량 평가 기준 수립 - 수탁자에 대한 보안관리 감독 의무 - 위탁계약 시 보안요구사항 명시
제63조의11	암호자산 이용자 재산의 관리	- 이용자 자산 분별관리 의무화 - 콜드월렛 보관 비율 준수 - 고객자산 보호를 위한 보안조치 이행

호, 2020.
62 e-GOV 法令検索, 資金決済に関する法律 URL: https://laws.e-gov.go.jp/law/421AC0000000059.
63 e-GOV 法令検索, 金融商品取引法 URL: https://laws.e-gov.go.jp/law/323AC0000000025.

V. 맺음말

금융산업의 디지털 전환이 가속화되고 금융의 패러다임이 변화하면서 가상자산은 새로운 금융 혁신의 중심으로 부상하고 있다.[64] 가상자산은 전통적 금융시스템의 한계를 극복하고 새로운 금융 서비스를 창출하는 혁신적 도구로 부상하고 있으며, 이는 금융 시장의 효율성과 접근성을 획기적으로 개선할 수 있는 잠재력을 보여주고 있다. 이러한 시장 환경의 변화는 가상자산 생태계의 성장 잠재력을 시사하는 동시에, 시장 안정성과 신뢰성 확보라는 규제적 과제를 제시하고 있다.

가상자산 시장의 급속한 성장과 함께 보안 위협 또한 고도화·다변화되고 있다. 2022년 기준 가상자산 관련 해킹 피해액은 약 39억 달러를 기록했다.[65] 크로스체인 브릿지 공격, 스마트컨트랙트 취약점 악용, DeFi 프로토콜 공격 등 신종 보안 위협이 지속적으로 출현하고 있다. 이러한 보안 위협의 진화 양상은 기존 사이버보안 대응 체계의 한계를 노정하며, 가상자산 산업의 특수성을 고려한 차별화된 보안 대응 체계의 구축 필요성을 시사한다.

우리는 특금법 시행을 기점으로 가상자산 규제의 제도적 기반을 확립했으며, 가상자산이용자보호법 제정을 통해 규제 체계를 고도화했다. 특히 ISMS 인증 의무화를 통해 가상자산사업자의 정보보호 관리체계 구축을 제도화했으며, 가상자산사업자 특화 통제항목을 도입하여 콜드월렛 운영, 개인키 관리, 스마트컨트랙트 보안성 검증 등 업종 특성을 반영한 세부적 보안 요구사항을 규정했다.

주요국의 규제 동향을 분석하면, 보다 포괄적 관점에서 가상자산 산업의 위험관리 체계를 구축하고 있음을 확인할 수 있다. EU는 MiCAR을 통해 가상자산사업자의 건전성 규제와 소비자 보호를 통합적으로 규율하고

---

64 World Economic Forum, "Digital Transformation of Financial Services", 2023.
65 Chainalysis, "2023 Crypto Crime Report", 2023.

있으며, DORA를 통해 금융부문의 디지털 운영 레질리언스 강화를 도모하고 있다. 미국은 규제당국이 각 관할 영역에서 가상자산 관련 위험을 관리하면서, 사이버보안 위험평가, 사고 대응 체계, 제3자 위험관리 등을 중점적으로 규제하고 있다.

현행 국내 규제 체계는 ISMS 인증을 중심으로 한 기술적, 관리적 보호조치에 중점을 두고 있어, 포괄적 위험관리 측면에서 보완이 필요한 상황이다. 향후 가상자산 관련 법 제·개정과 관련 규정 마련 시 다음과 같은 요소들을 고려한 규제 체계의 고도화가 요구된다. 또한 가상자산 보안에 있어서 레질리언스 중심의 조치들이 보다 요구되고 있다.

첫째, 운영 리스크 관리 체계의 고도화가 필요하다. 사이버보안 관리를 넘어 비즈니스 연속성 계획, 재해복구 체계, 위기관리 등을 포괄하는 종합적 운영 리스크 관리 체계가 구축되어야 한다. 둘째, 사고 대응 및 복구 체계의 강화가 시급하다. 해킹 사고 발생 시 신속한 탐지와 대응, 이용자 자산 보호, 시장 영향 최소화를 위한 구체적 절차와 체계가 마련되어야 한다. 셋째, 제3자 위험관리의 중요성이 증대되고 있다. 블록체인 노드 운영, 커스터디 서비스, 기술 개발 등에서 외부 서비스 의존도가 높은 만큼, 이에 대한 체계적 위험관리 방안이 요구된다.

결론적으로, 가상자산 시장의 건전한 발전을 위해서는 기술 발전과 시장 변화를 반영한 유연하면서도 실효성 있는 규제 체계가 필수적이다. 현행 ISMS 인증 중심의 접근을 넘어 운영 리스크 관리, 사고 대응, 비즈니스 연속성 등을 포괄하는 통합적 규제 방안에 대한 고민이 필요하다. 이를 통해 가상자산 산업의 신뢰성과 안정성을 제고하고, 궁극적으로는 디지털 금융 혁신을 촉진하는 기반을 구축할 수 있을 것이다.

부록 - 가상자산사업자 대상 ISMS 점검항목[66]

* 관리체계 수립 및 운영

분야	항목	가상자산 사업자 대상 주요 확인사항
1.1. 정책	1.1.5. 정책 수립	가상자산 거래 서비스를 안전하게 제공/관리하기 위하여 취급업소의 주요 자산분류 및 작업에 대한 보안요구사항이 정책, 매뉴얼, 지침 등에 포함되어 있는가? 핫/콜드 월렛 관련 주요 작업 지침 및 절차는 비밀로 관리하고 업무상 열람이 필요한 인원으로 배포를 제한하고 있는가?
	1.1.6. 자원 할당	가상자산 거래 서비스의 안전성 확보 및 이용자 보호를 위해 정보기술(IT)부문과 정보보호에 필요한 예산과 인력을 지원하고 있는가? * 권고 - 정보보호 예산을 정보기술(IT)부문 예산의 100분의 7이상으로 편성 - 정보기술(IT)부문 인력은 총 임직원 수의 100분의 5이상, 정보보호 인력은 정보기술(IT)부문 인력의 100분의 5이상 확보
1.2 위험관리	1.2.1. 정보자산 식별	가상자산과 관련한 자산을 식별하여 목록으로 관리하고, 최소한 필요한 인원에게만 제공하고 있는가? - 주요자산 예시 : 개인키, 패스프레이즈, 월렛시스템, 월렛서버 및 관련 어플리케이션, 가상자산 노드서버, 가상 인프라(스토리지 포함), 콜드/핫 월렛용 단말기(노트북, PC), 자금세탁방지(AML) 관련 시스템 등 가) CCTV, 출입통제시스템, 콜드/핫 월렛(핫즈, 월렛(핫, 콜드), 월렛금고, 월렛구역(월렛 작업공간)

[66] 한국인터넷진흥원, "가상자산사업자용 ISMS 세부 점검항목" 2023.07.11.

분야	항목	가상자산 사업자 대상 주요 확인사항
1.2 위험관리	1.2.3. 위험 평가	위험평가 항목에서 경영진의 승인을 받은 항목에는 가상자산 취급업소에서 관리하는 가상자산의 콜드월렛과 핫월렛의 보유액 비율을 포함하고 있는가? 가상자산 거래 서비스에서 발생할 수 있는 위험을 빠짐없이 식별·평가하고 있는가? - 예. CEO 사망, 내부유출, 부정거래, 자연재해, 키 분실, 월렛서버 탈취 등 가상자산의 특성상 가상자산별 노드서버가 공인IP 사용, DMZ 구간에 위치해야 하는 등 운영상 제약이 있는 경우, 그에 따른 위험이 식별되어 있는가? 위험식별 내용에는 가상자산별 블록체인에서 멀티시그를 제공하지 않는 경우가 포함되어 있는가?
	1.2.4. 보호대책 선정	가상자산별 블록체인에서 멀티시그를 제공하지 않는 경우, MFA(Multi Factor Authentication), 키 분할, 자체 구축한 멀티시그 방식 등 이를 대체하기 위한 안전장치가 보호대책에 포함되어 있는가?
1.4 관리체계 점검 및 개선	1.4.1. 법적 요구 사항 준수 검토	경영진은 가상자산 거래 서비스 안전성 확보 및 이용자 보호를 위한 법적 요구사항에 대해 임직원이 준수여부를 연 1회 이상 정기적으로 검토하고 최고경영자에게 보고하는가? 정보보호최고책임자는 정보보호안점검의 날을 지정하고, 정보보안 점검항목을 수립하여 매분기 준수여부 점검 및 그 결과를 최고경영자에게 보고하는가?

* 보호대책 요구사항 (1) 정책, 조직, 자산관리

분야	항목	가상자산 사업자 대상 주요 확인사항
2.1. 정책, 조직, 자산관리	2.1.1. 정책 유지 관리	조직의 대내외 환경에 중대한 변화(아래 참고) 발생 시 정보보호 및 개인정보보호 관련 정책 및 시행문서에 미치는 영향을 검토하고 필요 시 제・개정하고 있는가? * 중대한 변화 예시: - 가상자산의 핫 - 콜드 월렛 보유액 비율 변경 - 블록체인산업 관련 정책 변경 또는 가상자산 거래 관련 규제 신설

* 보호대책 요구사항 (2) 인적 보안

분야	항목	가상자산 사업자 대상 주요 확인사항
2.2. 인적 보안	2.2.1. 주요 직무자 지정 및 관리	월렛 및 개인키, 거래원장에 접근가능한 직무에 대하여 정의하고 있는가?
	2.2.4. 인식제고 및 교육	정보보호 및 개인정보보호 교육의 시기, 기간, 대상, 내용, 방법 등이 내용이 포함된 연간 교육계획을 수립하고 경영진의 승인을 받고 있는가?(다음 교육시간 준수) - 임원 : 3시간 이상(단, 정보보호 최고책임자는 6시간 이상) - 일반직원 : 6시간 이상 - 정보기술부문업무 담당 직원 : 9시간 이상 - 정보보호업무 담당 직원 : 12시간 이상 IT 및 정보보호, 개인정보보호, 월렛 조직내 임직원은 직무별 정보보호 전문성 제고를 위해 별도의 교육을 수행하고 있는가?
	2.3.3. 외부자 보안 이행 관리	제휴, 위탁을 통한 가상자산 거래 서비스, 개인정보처리시스템 개발 시 업무에 사용되는 장소 및 전산설비는 내부업무용과 분리 설치・운영하고 있는가?

* 보호대책 요구사항 (3) 물리보안

분야	항목	가상자산 사업자 대상 주요 확인사항
2.4. 물리 보안	2.4.1. 보호구역 지정	콜드-핫 월렛 관련 보관, 금고, 월렛 사용을 위한 공간 등 중요 통제구역을 일반 업무/보호구역과 별도로 분리하고, 통제구역으로 지정 및 관리하고 있는가?
		월렛룸 CCTV 및 월렛룸 출입통제장치, 금고관리대장 등 월렛룸에 대한 보호대책을 마련하였는가?
	2.4.2. 출입통제	월렛룸에 대한 출입권한은 월렛룸에 출입가능한 인원이 부여하도록 통제하고 있는가?
		중요 통제구역에 대한 출입관리시스템, CCTV 및 출입관리대장, 출입권한자의 적정성 등에 대하여 매월 관리/검토하고 책임자에게 보고 하고 있는가?
	2.4.5. 보호구역 내 작업	월렛룸내 작업 시, 관련 책임자 승인 및 작업절차(코인 이관절차, 감사인 동반 입장 등)를 수립/이행하고 있는가?
	2.5.5. 특수 계정 및 권한 관리	가상자산 노드서버, 키관리 시스템, 월렛서버, 월렛 관련 어플리케이션 등 주요직무에 필요한 정보시스템에 접속할 수 있는 특수 계정/권한으로 식별하고 있는가?

* 보호대책 요구사항 (4) 접근 통제

분야	항목	가상자산 사업자 대상 주요 확인사항
2.6. 접근 통제	2.6.1. 네트워크 접근	가상자산 노드서버존(블록체인 참여 및 거래를 발생시킬 수 있는 서버 등)은 내부 및 다른 서버존이 장비들과 불필요한 통신/터미널 접속이 발생하지 않도록 접근을 제어하고 있는가? 노드서버들에 대하여 필수적으로 필요한 포트만 허용하고 있는가 - (권고)1024 이후 포트로 적용 월렛 접근 인원/시스템에 대한 별도 네트워크 존을 구성하고 접근통제 정책을 적용하고 있는가?
	2.6.2. 정보시스템 접근	월렛관련 서버에 직접 접속(SSH 등)하거나 클라우드 환경에서 해당 서비스를 변경할 수 있는 관리자들에 대한 접근통제(접근권한 분리, 망분리, 추가인증 보안토큰 등) 대책을 마련하고 있는가?
	2.6.4. 데이터베이스 접근	가상자산 거래 관련 중요 DB(월렛관련 DB, 회원DB, 가상자산 보유 현황 등)의 테이블 목록 등 직장, 관리되고 있는 정보를 식별하고 있는가?
	2.6.5. 무선 네트워크 접근	IDC 내부에 무선통신망 설치 및 운용을 금지하고 있는가?
	2.6.6. 원격접근 통제	월렛 관련 시스템의 접속은 예외없이 외부네트워크를 통한 원격 접근을 금지하고 있는가?
	2.6.7. 인터넷 접속 통제	콜드월렛 작업시 월렛 및 개인키를 사용하는 노트북은 전용장비로 구성하고, 사용하지 않을 때에는 전원을 OFF 또는, 네트워크의 접속을 차단하고 있는가? (목적외 SW 설치 및 인터넷 사용 금지)

분야	항목	가상자산사업자 대상 주요 확인사항
2.6. 접근 통제		월렛(핫 월렛, 콜드 월렛 등) 개인키의 유출, 도난, 분실을 방지할 수 있는 보안대책 및 절차를 수립·이행하고 있는가? - 신규 코인 상장 시 안전한 개인키 생성 및 배포, 보관 절차 - 개인키 passphrase 설정 및 관리 방안 - 개인키의 안전한 보관(핫월렛, 콜드월렛) - 개인키 접근 및 사용 절차 - 개인키 접근권한자에 의한 유출 및 권한 오남용 방지 대책 - 개인키 백업 및 소산 - 개인키 관련 책임추적성 확보 - 블록체인 및 핫/콜드 월렛 상의 보유량 변동 모니터링 - 기타(키 분할, passhrase 분할, 멀티시그, H/W월렛 등)
	2.7.2. 암호키 관리	멀티시그를 지원하지 않는 코인, 토큰, 플랫폼의 경우에도, 취급업소내 가상자산의 송/수신시 2인 이상이 MFA(Multi-Factor Authentication) 인증, 취급업소내 멀티시그 기능(2개 이상의 key가 있어야만 거래가 가능하도록 통제 적용) 등을 활용하여 보안이 강화된 안전장치를 적용하고 있는가?
		외부 인터넷 구간의 가상자산 노드서버와 분산원장을 동기화하는 취급업소의 노드서버에서는 개인키 및 개인키가 포함된 월렛을 사용하지 않도록 분리하고 있는가? 다만, 노드서버와 월렛이 분리가 불가능한 경우, 그에 대한 보호대책을 마련하고 있는가?
		월렛의 개인키 보안강화를 위하여 멀티시그, 자체 개발 MFA 등 보안강화를 위한 추가 인증수단을 적용하고 있는가?
		핫/콜드 월렛에서 사용되는 키, 패스프레이즈는 물리적으로 안전한 장소에 소산하여 보관하고 있는가?

* 보호대책 요구사항 (5) 정보시스템 도입 및 개발 보안

분야	항목	가상자산 사업자 대상 주요 확인사항
2.8. 정보시스템 도입 및 개발 보안	2.8.1. 보안 요구사항 정의	신규 가상자산 상장 시, 멀티시그 적용여부, 가상자산 노드서버 운영, 거래결과 확인방법 등 해당 코인 관련 보안 요구사항을 정의하고 적용하고 있는가?
		주요 작업관련 정보시스템 등 월렛 관련 응용프로그램 개발시에는 해당 가상자산의 월렛 관련 상세 위험평가(공인IP 필요, DMZ구간에 가상자산 노드서버 배치 필요, 불특정 IP/PORT 통신 등)를 근거로 보안요구사항을 도출하여 이를 설계에 반영하고 있는가?
	2.8.2. 보안 요구사항 검토 및 시험	설계단계에서 도출한, 가상자산 월렛 관련 상세 보안 요구사항(멀티시그 적용, 공인IP 필요, DMZ구간에 가상자산 노드서버 배치 필요, 불특정 IP/PORT 통신, 거래결과 확인방법 등)을 근거로 이행여부를 확인하기 위한 시험을 수행하고 있는가?
		가상자산 거래 서비스 관련 다음과 같은 행위를 하고자 하는 경우 자체 보안성심의를 실시하고 있는가? - 가상자산 거래에 사용되는 전산프로그램을 정보시스템에 설치 및 변경 - 정보통신망을 이용하여 이용자를 대상으로 신규 가상자산 거래업무 수행 - 복수의 가상자산 거래소가 공동으로 가상자산거래 관련 표준 제정
	2.8.5. 소스 프로그램 관리	월렛과 관련된 소스프로그램은 개발자 및 관리자 등에 대한 접근 권한을 구분하고 인가된 사용자만이 접근할 수 있도록 엄격하게 통제하고 있는가?

분야	항목	가상자산 사업자 대상 주요 확인사항
2.8. 정보시스템 도입 및 개발 보안	2.8.5. 소스 프로그램 관리	중요도가 높은 소스 코드는(커스터마이징한 월렛, 키관리 소프트웨어, 거래 프로그램 등) 접근을 통제하기 위한 사용자 인증, 권한관리 절차를 수립·이행하고 있는가? ※ 취급업에서 클라우드 또는 외부 형상관리 솔루션을 통해 소스코드 버전관리를 하는 경우, 중요 소스 프로그램에 대해 외부에서 접속(다운로드) 가능한 위험이 존재 ※ 상용 KMS 솔루션, HSM 등의 키관리 장비 외에도, 키관리용 소프트웨어를 자체 개발하여 사용하는 경우가 있으므로, 이때 사용되는 소스 프로그램에 대한 안전한 관리가 필요함 소스 프로그램 변경이 필요한 경우 해당 프로그램을 개발 또는 시험 시스템에 복사 후 변경하고 있는가?

* 보호대책 요구사항 (6) 시스템 및 서비스 운영 관리

분야	항목	가상자산 사업자 대상 주요 확인사항
2.9. 시스템 및 서비스 운영 관리	2.9.1. 변경 관리	장애 또는 오류 등에 의한 이용자 전산원장 변경을 위하여 별도의 변경절차를 수립·운영하고 있는가? - 변경 대상 및 방법 변경 권한자 지정 - 변경 전후내용 자동기록 및 보존 - 변경 의뢰 시 변경대상 업무, 변경 사유, 변경 내용, 변경요청일 및 작업완료일, 변경의뢰 요청자 및 승인내용 등을 포함 - 원장변경 의뢰내용 및 변경결과에 대해 그 적정성 제3자(감사자 등) 확인

가상자산 사업자 대상 주요 확인사항

분야	항목	가상자산 사업자 대상 주요 확인사항
2.9. 시스템 및 서비스 운영 관리	2.9.1. 변경 관리	안전하고 체계적인 일괄작업(batch) 수행을 위하여 다음사항을 준수하고 있는가? - 작업요청서에 의한 책임자 승인 - 일괄작업의 최대한 자동화 및 오류 최소화 - 일괄작업 오류 발생 시 책임자 확인 및 조치 - 모든 일괄작업내용 기록관리 - 일괄작업 수행자의 주요업무관련행위 책임자 모니터링
	2.9.3. 백업 및 복구 관리	개인키, 패스프레이즈와 같이 중요정보가 저장된 디바이스, 콜드 월렛, 백업매체 등이 경우 재해·재난에 대처할 수 있도록 내화금고에 보관하고, 물리적으로 떨어진 장소에 별도 소산하고 있는가? - 클라우드를 이용하여 서비스 하는 경우에도, 장애를 대비하여 중요정보(개인키, Passphrase 등)를 물리적으로 백업하고, 소산하여야 함
	2.9.4. 로그 및 접속기록 관리	월렛에 대한 모든 접근 및 사용은 책임추적성을 확보할 수 있도록 관련 접속기록과 권한부여 및 삭제, 거래 발생 등의 행위이력 로그를 빠짐없이 기록하고 있는가? - 행위이력과 책임추적성과 달리 개인키값 등 불필요한 정보가 로그기록에 과도하게 된 채로 방치되지 않도록 기록항목을 검토하였는가?
		정보시스템 기동기록을 1년 이상 유지하고 있는가?
		이용자 중요업무에 직접 접근하여 조회·수정·삭제·삽입한 경우 작업자 및 작업내용 등을 기록하여 5년간 보존하고 있는가?

분야	항목	가상자산 사업자 대상 주요 확인사항
2.9. 시스템 및 서비스 운영 관리	2.9.5 로그 및 접속기록 점검	월렛 서버, 가상자산 노드서버 등 취급업소에 특금법에 대해서도 로그 및 접속기록에 대한 검토 정책을 누락없이 운영하고 있는가? - 특히, 월렛 관련 정보시스템에 대한 로그는 개인키, 암호화키, 패스프레이즈 등이 포함될 수 있으므로 암호화하거나, 불필요한 정보가 과다하게 남지 않도록 저장해야 함 전산원장, 주요정보, 이용자정보 등이 저장된 정보시스템에 대한 중요작업 수행 시 책임자가 이중확인하고 있는가?

* 보호대책 요구사항 (7) 시스템 및 서비스 보안관리

분야	항목	가상자산 사업자 대상 주요 확인사항
2.10. 시스템 및 서비스 보안 관리	2.10.4. 전자거래 및 핀테크 보안	이용자가 취급업소의 로그인/출금/사용자 정보 변경 등의 서비스를 이용할 경우, 추가 인증수단 또는, 멀티시그를 적용하고 있는가? * 예. OTP, 인증서, 기기인증 등 가상자산거래 기록의 보존(5년) 및 관리를 하고 있는가?
	2.10.6. 업무용 단말기기 보안	가상자산 취급업소의 주요 작업 담당자 및 개인정보취급자 업무용 단말기, 콜드/핫 월렛용 단말기에 대해 자료공유프로그램 사용 금지, 공유설정 제한, 무선망 이용 통제 등이 강화된 통제 정책을 수립·이행하고 있는가?

* 보호대책 요구사항 (8) 사고 예방 및 대응

분야	항목	가상자산 사업자 대상 주요 확인사항
2.11. 사고 예방 및 대응	2.11.1. 사고 예방 및 대응 체계 구축	월렛 개인키 유출, 가상자산 탈취 등의 사고 발생시 보호대책으로 수립된 사항에 대해 대응체계 및 절차를 마련하고 있는가?
	2.11.2. 취약점 점검 및 조치	정보시스템 취약점 점검 절차를 수립하고 정기적으로 점검을 수행하고 있는가? - 대외서비스: 반기 1회 이상 - 내부시스템: 연1회 이상
	2.11.3. 이상행위 분석 및 모니터링	- 월렛 접근과 관련하여 실시간 알람 등을 통해 사고 방지 체계를 구축하고 있는가? - 월렛에 대한 비인가 접근, 권한 오남용, 개인키 접근 및 유출, 비인가자에 의한 가상자산 이체 등 비정상 행위를 탐지, 대응할 수 있도록 관련 로그 검토 및 모니터링 절차를 수립 · 이행하고 있는가? ※ 24시간 운영 되는 가상자산취급업소 특성상 24*365 모니터링 체계 수립 필요

8

디지털자산 거래의 물권적 측면에 관한 준거법

천 창 민

I. 들어가며

2022년 5월 스테이블코인[1]의 일종인 테라·루나의 대폭락 사태와 2022년 Sam Bankman-Fried와 Gary Wang이 2019년 3월에 공동설립한 미국 기반 디지털자산거래소인 FTX의 파산 사태[2]는 디지털자산[3] 거래와 관

---

[1] 스테이블코인은 디지털자산이 가진 높은 가격변동성의 문제를 해결하여 디지털자산이 교환수단으로 사용될 수 있도록 하기 위해 만들어진 것이다. 스테이블코인은 크게 법화를 기반으로 하는 것, 법화 이외의 자산(디지털자산이나 국채 등) 그리고 자체 알고리듬에 의해 그 가치를 안정시키는 것 세 가지로 분류할 수 있다. 스테이블코인의 개념과 규제에 대한 상세는 우선 천창민, "글로벌 스테이블코인 규제 흐름과 감독기구의 역할에 대한 연구", 금융법연구 제18권 제3호, 2021. 12, 47면 이하 참조.

[2] FTX의 파산 경위와 관련한 간략한 소개로는 나무위키(https://namu.wiki/w/FTX%20파산) 및 Wikipedia(https://en.wikipedia.org/wiki/FTX) 참조. 참고로 FTX의 정식명칭은 FTX Trading Ltd.이며, Antigua and Barduda법에 따라 설립하고 바하마에 본점을 두고 있었다.

[3] 디지털자산은 가상자산, 암호자산, 가상통화, 암호통화, 디지털통화 등으로 불린다. 유럽과 일본에서는 암호자산이라는 용어를 법률용어로 채택하고 있고, 미국에서는 대체로 디지털자산이라는 용어를 많이 사용한다. 우리나라에서는 「특정 금융거래정보의 보고 및 이용 등에 관한 법률」(이하 '특금법')에서 처음으로 '가상자산'이라는 용어를 법률용어로 채택하였고, 최근 제정된 가상자산이용자보호법에서 동일한 용어를 채택하고 있다. 이 글은 규제법적 쟁점이 아니라 민사법적 측면, 그중에서도 (준)물권적 측면을 다루므로 이를 구별한다는 점과 UNIDROIT 디지털자산원칙이 공식적으로 디지털자산이라는 용어를

련한 위험성을 전 세계적으로 각인시키며, 규제당국의 주목을 끌었다. 이를 계기로 각국에서는 디지털자산규제법을 새롭게 마련하거나 기존의 관련 규제법을 강화하는 법적 정비를 서둘렀다.[4] 우리나라에서도 20대 국회부터 논의되던 디지털자산규제법과 관련된 논의가 21대 국회에서도 계속되다가, 디지털자산거래의 규제 측면과 관련한 법제 구축을 통한 투자자 보호가 2022년 5월 출범한 윤석열 정부의 국정과제 중 하나로 채택되어 국회에서 보다 활발한 논의와 입법작업이 진행되었고, 그 결과물로서 1단계 입법이라고 할 수 있는 「가상자산 이용자 보호 등에 관한 법률」이 지난 2023년 7월 18일 제정되어 2024년 7월 19일부터 시행되고 있다.[5]

그러나 디지털자산의 규제법적 영역에 관한 활발한 논의와 입법적 진전에 비해 디지털자산의 민사법적 측면 그중에서도 디지털자산의 국제사법적 측면에 대한 논의는 거의 없었고 있다고 하더라도 큰 주목을 받지 못했다.[6] 이에 반해, 국제적으로는 2020년부터 UNIDROIT에서 디지털자산의 사법적 측면에 관한 통일 원칙의 제시를 위한 작업을 진행하여 2023년 5월에 최종안이 채택되었는바, 이 원칙은 실질법적 원칙[7]뿐만 아니라 저촉법적 원칙에 관한 내용도 포함하고 있다. 또한 헤이그국제사법회의(HCCH)에서도 디지털자산 거래와 관련한 국제재판관할 및 준거법 등과 관련한 본격적

채택하고 있으므로 보다 광의의 개념으로서 디지털자산이라는 용어를 사용하기로 한다.

[4] 대표적으로, 2023년 5월 31일 유럽연합은 전 세계적으로 가장 정치한 단일 디지털자산규제법이라고 평가할 수 있는 MiCAR(Markets in Crypto-Assets Regulation; Regulation (EU) 2023/1114)를 최종 채택하였다.

[5] 법 명칭에서 알 수 있는 바와 같이, 가상자산이용자보호법은 이용자 보호 관점에서 디지털자산 거래의 불공정거래행위 규제에 초점이 맞추어져 있으며 업법과 관련한 측면 즉, 업자의 진입규제, 영업행위규제, 건전성규제, 영업행위규제, 공시규제 등에 관한 종합적인 2단계 입법은 2025년부터 진행될 예정이다.

[6] 본격적이지는 않으나, 국내에서 디지털자산과 관련한 국제사법적 논점을 소개한 것으로는 우선 정순섭, "블록체인과 금융", BFL 제108호, 2021. 7, 19~21면; 이정수, "가상자산의 국제사법적 쟁점에 관한 시론적 고찰 : 금융거래를 중심으로", 국제사법연구 제29권 제1호, 2023, 375면 이하; 천창민, "가상자산 거래의 물권법적 측면에 관한 연구: UNIDROIT의 디지털자산 프로젝트를 중심으로", 서울대학교 법학, 제63권 제1호, 2022, 79~81면 참조.

[7] 2021년까지 논의되었던 UNIDROIT의 디지털자산프로젝트의 실질법 원칙을 소개한 것으로는 천창민, 위의 논문(2022), 57~79면 참조.

인 논의를 준비하는 단계여서 조만간 디지털자산 거래의 국제사법적 측면에 관한 국제적인 논의가 더욱 활발하게 이루어질 것으로 예상된다.

이에, 이 글에서는 그간 디지털자산 규제법에 비해 상대적으로 관심이 부족했던 디지털자산의 민사법적 측면, 그중에서도 물권적 측면과 관련한 UNIDROIT의 디지털자산원칙상 저촉규칙과 미국의 UCC(Uniform Commercial Code) 제12편에서 규정하는 저촉규칙 및 주요국의 관련 입법현황 등을 소개함으로써 디지털자산 거래가 노정하는 국제사법적 쟁점을 점검하고 우리법에의 함의를 도출하고자 한다.

II. 실질법적 관점에서의 디지털자산 개관

이 장에서는 디지털자산의 기반기술인 분산원장기술과 이 기술을 이용한 디지털자산 양도의 기술적 측면에 대해서는 생략하고,[8] 디지털자산 거래의 실질법적 의미를 분석하기 위한 전제라고 할 수 있는 디지털자산의 유형와 디지털자산의 법적 성질을 간략하게 전개하기로 한다. 디지털자산의 유형과 관련해서는 2018년 12월에 공간(公刊)된 스위스 연방평의회보고서(Federal Council Report)[9]가 유의미하므로 이를 중심으로 소개하고, 법적 성질과 관련해서는 우리 민법상 물권적 관점에서 이를 소개하기로 한다.[10] 이어서 UNIDROIT의 디지털자산원칙상 실질법적 주요 내용을 이 글의

---

8 디지털자산 양도의 기술적인 측면에 대한 소개로는 천창민, 앞의 논문(2022), 49~51면 참조. 참고로, 디지털자산이 반드시 분산원장기술을 기초로 하는 것은 아니나 현재 논의되고 있는 거의 대부분의 디지털자산은 분산원장기술을 기초로 하므로 이 논문에서 달리 밝히지 않는 한 디지털자산은 분산원장기술을 기초로 한 것을 전제로 함을 밝힌다.

9 The Federal Council, Legal Framework for Distributed Ledger Technology and Blockchain in Switzerland, Federal Council Report, 14 December 2018(이하 '연방평의회보고서'로 인용한다).

10 비록 우리법을 중심으로 논의를 진행하나, 한국 민법의 재산권법 영역은 독일법계를 계수한 것이어서 독일법계 국가에 공통적으로 의미가 있다고 본다. 다만, 이 글은 국제사법에 관한 것이므로 실질법적 분석에 대해서는 준거법 결정과 관련하여 필요한 선에서 그 침을 밝힌다.

주제와 관련하여 의미 있는 부분에 한정하여 간략히 소개하기로 한다.

1. 디지털자산의 유형과 법적 성질[11]

(1) 디지털자산의 유형

디지털자산의 유형화는 종래 금융규제의 목적에서 먼저 시작되었다. 2017년 이후부터 널리 알려지기 시작한 디지털자산공개(Initial Coin Offering: ICO)[12]를 통한 자금모집이 증권규제의 적용대상인지를 살피기 위해 디지털자산이 증권인지 아닌지를 분석할 필요가 있었기 때문이었다. 이에, 2017년 중반부터 미국을 필두로 상당한 국가에서 디지털자산의 유형화와 금융규제법의 적용가능성에 대한 논의가 본격화 되었다.[13] 미국은 연방법인 1933년 증권법(Securities Act)의 적용을 위해 특정 디지털자산이 증권형인지 비증권인지로 양분하고, 디지털자산을 적극적으로 증권으로 성질결정하였다. 그런데 전 세계적으로 가장 일반적인 금융규제법적 유형화 방식은 스위스의 연방금융감독기구인 FINMA(Financial Market Supervisory Authority)가 2018년 2월 16일에 공간한 ICO 가이드라인[14]에 따른 삼분법이다. FINMA의 ICO 가이드라인은 디지털자산을 그 기능에 따라 지급결제

---

11 이에 관한 논의는 천창민, 앞의 논문(2022), 51~57면 및 60~61면의 내용을 바탕으로 한 것임을 밝힌다.
12 ICO는 주식시장의 IPO(주식신규공모 내지 기업공개)를 모방한 것이다. 즉, ICO는 증권규제의 흠결을 이용하여 증권이 아니라 디지털자산을 매개로 일반 공중을 대상으로 자금(대부분 비트코인이나 이더)를 조달하는 것이다. ICO에 관한 소개로는 Henry Hilman, "Initial Coin Offerings: Financial Innovation or Scam" in Alison Lui & Nicholas Ryder ed., *Fintech, Artificial Intelligence and the Law* (Oxon: 2021, Routledge), 105면 이하; 천창민, "크라우드세일의 증권법적 쟁점에 대한 고찰: DAO 사례와 관련하여", 경제법연구 제16권 제3호, 2017, 117면 이하; 천창민, ICO(Initial Coin Offering)의 증권법적 평가와 함의, 자본시장연구원 자본시장포커스 2017-19호 참조.
13 미국을 중심으로 한 증권규제집행의 강화 등의 이유로 현재 ICO 시장은 크게 축소되어 그 의미가 미미한 상태이다. 2018년 ICO가 가장 활발하던 시기 주요국의 ICO 규제 동향에 대한 논의로는 천창민, 『글로벌 ICO 규제동향과 시사점』, 자본시장연구원 이슈보고서 18-06, 2018 참조.
14 FINMA, Guidelines for Enquiries Regarding the Regulatory Framework for Initial Coin Offerings (ICOs), 16 February 2018.

형(payment), 서비스이용형(utility) 및 증권형(asset)으로 삼분하여, 지급결제형은 지급결제와 관련한 법률을 적용하고, 증권형은 금융상품의 성격을 가지므로 증권규제법이 적용되지만 서비스이용형 디지털자산[15]은 금융규제법의 적용대상이 아니므로 금융규제의 적용 없이 발행이 가능하다는 지침을 내렸다. 금융규제법적 관점에서 스위스 FINMA의 이 같은 분류법은 약간의 차이는 있으나 현재 대다수 국가에서 채택하고 있다.[16]

이 같은 금융규제법적 관점의 유형화 내지 분류방식과는 달리 민사법(실질법)적 측면에서는 디지털자산을 달리 분류한다. 디지털자산의 실질법적 분석을 위한 분류방법은 크게 스위스의 이분법과 UNIDROIT 프로젝트에서 제시한 진전된 이분법이 있다. 스위스의 이분법은 스위스 연방평의회보고서에서 시도된 것으로서, 디지털자산을 '블록체인 내생적가치토큰'과 '블록체인 외생적가치토큰'[17]으로 분류한다. 즉, 블록체인 내생적가치토큰은 대표적으로 비트코인이나 이더리움과 같이 주로 블록체인시스템 내에서의 가치를 표창하는 것을 말하고, 블록체인 외생적가치토큰은 블록체인 밖에서 이미 존재하는 권리를 나타내고(map) 표창하는 것을 말한다.[18] 연방평의회보고서에 따르면 블록체인 내생적가치토큰은 토큰 즉, 디지털자산 그 자체로 가치를 가지며, 블록체인 외생적가치토큰은 당사자들이 블록체인 외부의 가치와 토큰을 연계·표창시키려고 의도하거나 그것에 대한 접근을 제공하기 위한 것이라고 한다.[19]

한편, 스위스의 지배적 견해에 따르면 블록체인 내생적가치토큰이라 할

---

15 FINMA의 위 가이드라인은 디지털자산이라는 용어 대신 토큰이라는 용어를 사용한다.
16 참고로, 2019년 9월 11일 FINMA는 스테이블코인과 관련한 가이드라인을 추가로 발표하여 스테이블코인의 기존 금융규제의 적용가능성에 대한 해석 지침을 선보였다. 따라서 스위스에서는 최종적으로 디지털자산을 총 4가지 유형으로 분류하고 있으며, 영국에서도 금융규제법적 관점에서 스위스와 동일하게 사분류를 채택한다.
17 연방평의회보고서에서 이러한 용어를 직접적으로 사용하는 것은 아니며, "tokens that primarily represent a value within the blockchain context"를 블록체인 내생적가치토큰으로, "tokens intended to map and represent a right existing outside the blockchain"을 블록체인 외생적가치토큰으로 필자가 만든 용어임을 밝힌다.
18 연방평의회보고서, 63면.
19 Ibid.

수 있는 블록체인 내에서만 사용되는 지급결제형 토큰은 순수한 사실상의 (de facto) 무체재산권(intangible asset)이고, 이는 스위스 민법상 어느 주요 유형에도 해당하지 않기 때문에 그 양도와 관련해서도 특별한 요건이 없다고 한다.[20] 따라서 비트코인이나 이더와 같은 디지털자산의 양도와 관련하여 민법을 조정할 필요는 없다고 결론을 내린다.[21] 반면, 외부의 권리를 표창하고 이를 거래할 수 있도록 하는 블록체인 외생적가치토큰은 유가증권과 유사한 기능을 수행해야 하지만, 개정전 스위스 민법의 해석상 블록체인 외생적가치토큰이 그러한 기능을 하기에는 한계가 있다고 분석하였다. 이러한 문제점을 해결하기 위해 연방평의회보고서는 블록체인 외생적가치토큰에 대해서는 유가증권법적 측면의 조정과 발전이 필요하고,[22] 제3자가 지배하고 있는 채무자의 디지털자산이나 채무자가 지배하고 있는 제3자의 디지털자산에 대한 환취권 등과 관련한 도산법적인 조치도 필요함도 제시하고 있다.[23]

UNIDROIT 디지털자산 프로젝트에서 제시한 바 있는 진전된 이분법은 스위스의 이분법과 유사하게 제1유형의 디지털자산(디지털자산)과 제2유형의 디지털자산으로 분류하고 제1유형은 일정한 자산을 기초로 하는 것인데, 그 기초된 자산이 무엇인지에 따라 이를 다시 세분한다. 그리고 제

---

20 Ibid.
21 Ibid. 연방평의회보고서는 지급결제형이 아닌 블록체인 내생적가치토큰에 대해서는 어떻게 할 것인가에 대해서는 침묵하고 있다. 아마도 지급결제형과 같은 결론에 이르기 때문에 이를 생략한 것으로 보인다.
22 이 같은 결론을 반영하여, 스위스는 채무법에 증권형 토큰(토큰증권)이라고 할 수 있는 등록부무증서증권(Registerwertrechte)의 개념을 신설하고, 등록부무증서증권의 발행, 효과, 양도, 담보, 취소 등과 관련한 다수의 조문을 신설 및 개정하였다(제973c조제1항~제973i조 참조). 분산원장기술과 관련하여 일련의 법을 개정하기 위한 법률인 분산원장기술법(일명 'DLT법')은 2021년 2월부터 시행되었다. 이에 관한 문헌으로는, Stefan Kramer et. al., The Swiss Federal Council Submits the Finalized Draft Law on Distributed Ledger Technology to the Swiss Parliament, Homburger Bulletin, December 2, 2019. 그리고 CapLaw No. 1/2020 2~27면에는 DLT법안에 대한 개관, 민사법적 측면, 도산법적 측면, 저촉법적 측면 및 중앙예탁결제기관(CSD) 측면으로 나누어 현황을 소개하고 있다.
23 연방평의회보고서, 65~69면 참조. DLT법은 도산법에 제242a조를 신설하여 이와 관련한 문제의 해결을 시도하고 있다.

2유형은 제1유형에 속하지 않는 모든 유형의 것으로서 사실상 비자산기반형 디지털자산 내지 스위스의 블록체인 내생적가치토큰과 유사한 것이라고 할 수 있다. 참고로, 실무에서는 통상 제2유형을 native, 제1유형을 non-native라고 하는데, UNIDROIT 디지털자산 프로젝트의 이 같은 분류법은 실무상의 분류를 이용하였다고 한다.[24] UNIDROIT 디지털자산 프로젝트의 디지털자산 유형화 방법을 표로 요약하면 다음과 같다. 다만, 최종 채택된 디지털자산원칙에서는 이 같은 유형화를 더 이상 채택하지 않고, 디지털자산을 전자적 기록이라는 요소와 지배가능대상성이라는 두 가지 요소를 가진 경우 모두 동 원칙상 디지털자산으로 정의하고 모두 동일한 원칙을 적용하고 있음을 주의할 필요가 있다.[25]

〈표 1〉 UNIDROIT 디지털자산 프로젝트상 디지털자산의 유형[26]

유형	제1유형					제2유형
기초자산	유체동산	부동산	토큰화된 화폐	무체 금융자산	무체 비금융자산	(1유형이 아닌 것)
사례	PAX Gold	아파트 매매	USC (Utility Settlement Coin; 공용 결제화폐)	Benja 그린본드 프로젝트	NFT로서 Berners-Lee 인터넷 원소스 코드의 판매	비트코인 Matell 'Hot Wheels' 수집 가능 NFT

---

24 UNIDROIT 2021 Study LXXXII - W.G. 3 - Doc. 2 (rev. 1), 11면.
25 2022년 논의의 결과물인 WG 7의 최종 결과물부터 이러한 분류는 큰 의미가 없어졌고, '전자적 기록'이면서 '지배의 목적이 될 수 있을 것'이어야 한다는 요소가 동 프로젝트가 지향하는 최종결과물인 '원칙'상 중요한 것으로 채택되었다. 이에 관한 상세는 UNIDROIT 2022 Study LXXXII - W.G. 7 - Doc. 2, December 2022, 7~10면 참조.
26 UNIDROIT 2021 Study LXXXII - W.G. 3 - Doc. 2 (rev. 1), 13면.

(2) 우리법상 디지털자산의 법적 성질

독일법계에서 물권법의 적용대상은 물건이어야 하는데, 예외적인 경우를 제외하고 물건은 곧 유체물(tangible things)을 의미한다.[27] 따라서 유체물이 아닌 것은 원칙적으로 물권법의 대상이 아니므로 디지털자산의 법적 성질을 파악하는 것은 중요한 의미를 가진다. 즉, 물권과 채권을 준별하는 독일법계에서는 법적으로 영국과 같은 무체동산(intangible movables)이라는 개념이 없으며, 원칙적으로 이는 채권법의 영역으로 취급하기 때문에 법적용에 있어 디지털자산의 법적 성질이 중요하다.[28]

우리 민법 제98조상 물건은 '유체물 전기 기타 관리할 수 있는 자연력'을 의미한다. 따라서 학설상 형체가 없는 무체물은 원칙적으로 물건이 아니다.[29] 무체물 중에서 물건에 해당하는 것은 법문상 전기를 비롯한 그 밖의 관리가능한 자연력이어야 하는데, 여기서 관리가능하다는 것은 배타적 지배가 가능하다는 것을 의미한다는 것이 통설이다.[30] 그리고 권리는 대표적인 무체물이라고 보는 것이 일반적이고,[31] 디지털정보나 디지털콘텐츠도 입법론으로서는 몰라도 민법의 해석상 물건에 해당하지 않는다는 것이 지배적 견해이다.[32]

따라서 이 같은 지배적 견해에 의하면 우리 민법상 디지털자산은 유체성이 없으므로 물건이 아니고 따라서 물권법의 적용대상이 아니다. 그러나 '관리가능한 자연력'이라는 측면을 주목하여, 디지털자산도 물건으로 해석할 수 있다는 견해도 최근 등장하고 있다. 예컨대, 비트코인은 개인 암호키를 가진 자에 의하여 비트코인 주소에서 관리되므로 배타적 지배가 가능한 자연력의 범위에 포함하는 것이 불가능하지 않다는 점,[33] 경합성·

---

27 예컨대 독일 민법 제90조, 스위스 민법, 제713조, 일본 민법 제85조, 한국 민법 제98조.
28 오스트리아 민법은 무체물도 물건의 개념에 포함하고 있다. 이는 프랑스 민법도 동일하다.
29 지원림, 『민법강의』, 제19판, 홍문사, 2022, 문단번호 2-155.
30 지원림, 위의 책, 문단번호 2-155; 송덕수, 『민법강의』, 제11판(혁신판), 2017, 문단번호 A-430.
31 한국사법행정학회/김종기, 『주석 민법』, 제5판, 2019, §98, 259면.
32 한국사법행정학회/김종기, 위의 주석서, §98, 261~262면.
33 이상의 주장에 대한 상세는, 김이수, "비트코인(Bitcoin)의 사법상 지위에 관한 고찰",

배제성·존립성이 있기 때문에 유체물과 동등한 수준의 관리 가능한 데이터라는 점[34] 등에 비추어 볼 때, 비트코인과 같은 디지털자산도 민법상 물건에 포섭 가능하다는 긍정설도 등장하였다.[35]

생각건대, 이 같은 긍정설의 취지에는 동감하나, 현행법의 목적론적 해석의 관점에서는 찬성하기 어렵다. 이는 결정적으로 긍정설이 취하고 있는 디지털자산의 배타적 지배가능성은 동산에서 의미하는 것과 다르기 때문이다. 따라서 "특정인의 전자지갑에서 생성된 개인키는 그 특정인이 배타적으로 지배하는 것으로 추정한다"와 같은 법적 추정 규정이 없는 한, 공시 기능이 없는 개인키 자체만으로 동산에서 성취되는 배타적 지배가능성을 디지털자산에서는 기대하기 어렵다. 그러므로 현행 민법의 해석으로는 디지털자산은 물건이 아니며 물권법의 대상이 아니라고 본다.[36]

부산대학교 법학연구 제59권 제4호, 2018, 189~22면; 전우정, "암호화폐의 법적 성격과 규제개선 방안", 금융법연구 제16권 제1호, 2019, 162-164면; 최경진, "데이터와 사법상의 권리, 그리고 데이터 소유권(Data Ownership)", 정보법학 제23권 제1호, 2019, 233-235면; 홍은표, "암호자산에 대한 소유권 보호를 위한 시론", 정보법학 제23권 제3호, 2019, 119~128면 참조.

34 백대열, "데이터 물권법 시론(試論) -암호화폐를 비롯한 유체물-동등 데이터를 중심으로-" 민사법학 제90호, 2020, 136~137면은 따라서 디지털자산은 일반적인 금전과는 달리 공개된 거래 내역에 기해 개별적으로 특정·추적하는 것이 용이하므로 이는 금전이 아닌 일반적인 동산에 해당한다고 보아야 할 것이라고 주장한다.

35 최근에는 디지털자산의 존재 형태인 전자파일에 주목하여 공학과 자연과학, 전산학 등과의 통섭적 분석을 통해 디지털자산도 민법상 물건에 해당할 수 있다는 견해도 등장하였다. 이에 대하여는 김우성, "가상자산의 법적 성격", 서울대학교 법학 제64권 제1호, 2023, 129면 이하 참조.

36 디지털자산이 물건이 아니면 그 법적 성질이 무엇인가에 대해 필자는 이를 스위스의 이분법을 원용하여 블록체인 내생적가치토큰은 기존의 법률에서는 존재하지 않는 '특수한 형태의 재산권' 내지 '준물권'으로 볼 수 있다는 견해를 제시하고, 블록체인 외생적가치토큰은 해당하는 경우 채권적 청구권이나 사원권 등에 해당할 수 있다는 견해를 제시한 바 있다(천창민, 앞의 논문(2022), 56~57면). 참고로, 독일에서도 디지털자산의 법적 성질에 대해서는 아직 명확하지 아니하나, 유체성의 결여로 인해 독일 민법 제90조에서 규정하는 물건이 아니라는 것에는 광범위한 의견의 일치가 있다고 한다(Sophia Schwemmer, "Das Tokensachstatut", IPRAX 2022 Heft 4, 333면. 참고로 Schwemmer의 이 논문은 다음의 문헌을 그 근거로 소개하는데: Langenbucher, Digitales Finanzwesen, AcP 218 (2018), 386, 405; Beck/König, Bitcoin: Der Versuch einer vertragstypologischen Einordnung von kryptographischem Geld, JZ 2015, 130, 131; Spindler/Bille, Rechtsprobleme von Bitcoins als virtuelle Währung, WM 2014, 1357, 1359;

2. UNIDROIT 디지털자산원칙

(1) 배경

UNIDROIT의 디지털자산 프로젝트는 2019년 5월 이탈리아 로마와 2020년 3월 오스트리아 빈에서 UNCITRAL과 공동으로 개최하였던 두 차례의 워크샵 논의를 기초로, 2020년 11월에 개최된 공식적인 워킹그룹 회의에서 시작되었다. 2022년 말까지 총 7차례의 워킹그룹 회의가 있었으며,[37] 총 25차례의 원칙안 기초위원회 등을 거쳐 2022년 12월 7차 회의에서 최종안을 도출하였고, 2023년 1~2월 최종안에 대한 의견조회를 거쳐 2023년 5월 10일 이사회(Governing Council)에서 일부 내용을 수정하고 보강한 원칙과 축조해석을 최종 채택하였다.[38]

디지털자산 프로젝트의 최종 결과물은 해설을 담은 일련의 원칙(principles)이며, 협약의 형태를 취하지는 않는다. 이는 아무래도 디지털자산 프로젝트가 목표로 하는 물권적 쟁점은 각 국가마다 오랜 법적 전통에 기초하고 있기 때문에 빠른 시일 내에 결과물을 도출하기 어렵고, 도출할 수 있다고 하더라도 많은 회원국에서 이를 채택할 가능성이 높지 않다는 점을 반영한 것으로 보인다. 최종 채택된 디지털자산원칙안의 공식명칭은 「UNIDROIT Principles on Digital Assets and Private Law」(디지털자산과 사법에 관한 유니드로와원칙안, 이하, '디지털자산원칙'으로 약칭한다)이며, 원래 의도하였던 바와 같이 원칙으로서 각국의 관련 입법에 대한 안내 역할을 할

Koch, Die „Tokenisierung" von Rechtspositionen als digitale Verbriefung, ZBB 2018, 359, 362; Omlor, Kryptowährungen im Geldrecht, ZHR 183 (2019), 294, 308; Walter, Bitcoin, Libra und sonstige Kryptowährungen aus zivilrechtlicher Sicht, NJW 2019, 3609, 3612; John, Zur Sachqualität und Eigentumsfähigkeit von Kryptotoken, BKR 2020, 76, 78 ff.)

37 UNIDROIT 디지털자산 프로젝트의 배경과 그간의 상세한 일정에 대해서는 위의 자료(Issue Paper), 3~4면과 동 프로젝트의 웹페이지 ⟨https://www.unidroit.org/work-in-progress/digital-assets-and-private-law/#1622753957479-e442fd67-036d⟩ 및 천창민, 앞의 논문(2022), 57~59면 참조.

38 UNIDROIT 2023 C.D. (102) 6, April 2023, Governing Council 102nd Session Rome 102-12 May 2023.

것으로 예상된다.[39]

(2) 디지털자산원칙 중 실질법 관련 원칙 개관[40]

2023년 5월에 최종 채택된 디지털자산원칙(이하, '최종채택안')은 총 7개의 절(Section)에 19개의 원칙으로 구성되어 있으며, 각 절별 원칙의 표제는 다음과 같다. 우선 제1절은 원칙의 적용범위와 정의와 관련된 것으로, 원칙 1은 범위, 원칙 2는 정의, 원칙 3은 일반원칙, 원칙 4는 연계자산(linked assets)을 규정한다. 제2절은 국제사법에 관한 것으로서, 원칙 5에서 준거법에 관한 원칙을 규정한다. 제3절은 지배(control)와 이전(transfer)에 대한 것으로, 원칙 6은 지배, 원칙 7은 디지털자산을 지배하는 자의 특정(identification), 원칙 8은 선의취득, 원칙 9는 양수인의 권리를 규정한다. 제4절은 보관(custody)에 관한 것으로, 원칙 10은 보관, 원칙 11은 자신의 고객에 대한 보관기관의 의무, 원칙 12는 선의고객, 원칙 13은 보관기관의 도산을 규정한다. 제5절은 담보거래에 관한 것으로, 원칙 14는 담보거래: 총칙, 원칙 15는 제3자효를 갖기 위한 방법으로서의 지배, 원칙 16은 디지털자산에 대한 담보권의 우선순위, 원칙 17은 디지털자산에 대한 담보권의 실행을 규정한다. 제6절은 집행을 포함한 절차법에 관한 것으로, 원칙 18에서 이를 규정한다. 마지막으로, 제7절은 도산에 관한 것으로, 원칙 19에서 디지털자산에 대한 물권의 도산상 효력을 규정한다. 참고로, 이 같

---

39 참고로, 우리나라는 동 원칙의 성안과정에 전혀 참여하지 않았고, 국내에서도 이에 대한 관심을 전혀 보이지 않았는데 이는 상당히 유감이다. 국제적인 규범의 형성 과정에 참여하여 그에 대한 논리를 익히고, 우리나라의 의견도 반영하여 향후 우리나라에서의 관련 법률작업에 이를 적극 활용하였어야 했는데 그런 소중한 기회를 놓친 것은 블록체인기술을 발전시켜야 한다는 지난 정부와 현 정부의 구호가 적어도 법과 관련된 분야에서는 소외되어 있다는 것을 반증하는 것이라고 생각한다.

40 이 글은 국제사법적 쟁점에 대해 논의하므로 여기서는 동 원칙 중 실질법적 원칙에 대한 주요내용을 간략히 소개하는 데 그친다. 2021년까지 공개되었던 자료 등을 참고로 동 원칙의 실질법적 내용을 소개한 문헌으로는, 천창민, 앞의 논문(2022)을 참조. 2022년 이후의 논의가 2021년까지의 논의보다 확장되어 있어, 2022년 이후의 논의 내용을 보강하여 최종안에 대한 보다 상세한 실질법적 검토와 그 함의에 관한 비교법적 연구는 추후 과제로 남긴다.

은 형식의 편제와 원칙의 구성은 2022년 2월 제5차 워킹그룹 회의를 위해 제시된 디지털자산원칙안[41]부터이다. 그러나 그 내용은 최종채택안과 다른 부분이 다수 있다. 대표적으로 2022년 2월안은 제4절을 Transfer(양도)라고 하면서 디지털자산의 취득과 처분, 선의취득규칙, 대피처원칙, 선의취득규칙의 보관관계에의 적용에 관한 원칙을 두고 있었으나, 최종채택안에서는 양도에 관한 규정을 삭제하고, 제3조 제3항의 타법의 적용사항과 제8조의 선의취득에 관한 규정 및 제9조의 양수인의 권리에 대한 내용 등에서 이를 일부 규정한다.

디지털자산원칙은 원칙 5를 제외하고 거의 모두 디지털자산에 관한 실질규칙을 규정하며, 가장 핵심적인 개념은 제3절의 지배와 제4절의 보관, 제5절의 담보거래이다. 원칙 1은 이 원칙은 디지털자산과 관련한 사법을 다룬다고 규정하나, 디지털자산원칙은 채권법적 쟁점은 포함하지 않으며 디지털자산과 관련한 물권적 쟁점과 일부 도산법적 쟁점 및 절차법적 쟁점에 대해서만 다룬다. 따라서 디지털자산원칙에서 말하는 사법은 크게 디지털자산의 취득, 처분 등과 같은 물권적 쟁점에 관한 사법과 국제사법으로 이해하여도 무방하다.[42] 그러나 디지털자산원칙이 '물권(proprietary rights)'[43] 내지 '물권적 쟁점(proprietary issues)'이라는 용어를 사용하나 이것이 무엇을 의미하는 것인지에 대한 정의규정은 두지는 않으며, 이는 법정지법에 따른다.[44] 그리고 디지털자산원칙은 사법에 관한 쟁점에 대해 다루므로 공법적 영역이라고 할 수 있는 규제(법)은 적용범위에서 제외된다. 업자의 진입규제 등과 같은 규제법적 쟁점 외에도 어떤 자가 디지털자산에 대한 물권을 가지는지의 여부, 물권이 다른 자에게 유효하게 이전되었는

41　UNIDROIT 2022 Study LXXXII – W.G. 5 – Doc. 2, February 2022.
42　UNIDROIT 2023 C.D. (102) 6, 원칙 1, 주석번호 1.1 및 1.2 참조.
43　예컨대 원칙 3(1). 원칙 3 주석번호 4는 디지털자산원칙상 물권은 물권적 효력을 갖는 물권적 이익 및 권리를 포함한다는 점에서 광의의 개념이라고 설명한다. 따라서 디지털자산원칙에서 사용하는 물권의 개념의 개념은 우리법상 물권과 상당히 유사한 것으로 이해된다.
44　UNIDROIT 2023 C.D. (102) 6, 원칙 5 주석번호 5.2 참조. 다만, 물권 자체의 개념에 대하여는 원칙 3 주석번호 3.3에서 이를 광의로 해석해야 함을 강조한다.

지 등의 쟁점에 대해서도 원칙 3 제3항은 디지털자산원칙이 규정하는 경우를 제외하고 타법(other law)[45]이 적용된다고 규정한다.

디지털자산은 지배의 대상이 될 수 있는 전자적 기록[46]으로 정의되어 있으므로(원칙 2(2)), 그 개념은 상당히 넓고 지배대상성과 전자적 기록이라는 두 개념요소가 디지털자산의 개념을 이해하는 데 중요하며, 그중에서도 지배가능한 대상이라는 요소가 핵심이다. 지배는 대륙법계의 점유에 상응하는 것으로서 '기능적'으로 점유와 동일한 사실상의 개념이다.[47] 원칙 6 제1항은 어느 경우에 디지털자산의 지배를 가지게 되는가를 규정하며, 제2항과 제3항은 각각 지배의 변경에 대한 예시와 지배가 배타적일 필요가 없는 경우를 규정한다. 보관기관을 이용할 경우에도 누가 디지털자산을 지배하고 있는 것인가가 중요하고, 담보권과 관련해서도 지배를 통해 담보권을 완성한 경우에 가장 우선하는 효력을 부여하는 등 지배는 디지털자산의 정적·동적 관계에서 가장 중요한 요소로 기능한다.

요컨대, UNIDROIT의 디지털자산원칙은 원칙 5에서 규정하는 저촉규칙을 제외하고 대부분 디지털자산거래와 관련한 실질규칙을 제시하고 있으며, 이는 향후 각국의 관련 입법에 유의미한 시사점을 줄 수 있을 것으로 생각한다. 다만, 디지털자산원칙의 주요내용이 후술하는 미국의 UCC 제12편의 관련 부분이나 아직까지 국제적으로 발효되지 못한 UNIDROIT의 간접보유증권협약 및 간접보유증권가이드라인에서 제시하는 내용과 유

---

45 디지털자산원칙에서 '타법'이라 함은 원칙법(Principles law)이 아닌 범위 내에서의 국가법을 말한다(원칙 2(4)). 원칙법은 디지털자산원칙을 이행하거나 이와 일치하는 국가법의 모든 부분을 말하는데(원칙 2(3)), 어느 국가가 디지털자산원칙을 채택하여 자국법으로 이행하는 경우 원칙법이 되고, 굳이 디지털자산원칙을 채택하지 않는 경우에도 이미 그 국가의 사법에서 디지털자산원칙에 상응하는 내용을 가진 규정이 있다면 이것도 원칙법에 해당하며, 디지털자산원칙을 시행하는 국가라면 원칙 5에서 규정하는 저촉규칙도 원칙법에 해당한다(UNIDROIT 2023 C.D. (102) 6, 원칙 2 주석번호 2.18~2.19).
46 전자적 기록은 전자적 매체에 저장되고 검색가능한 정보를 말한다(원칙 2(1)). 이는 양도가능한 전자적 기록(Electronic Transferable Recod: ETR)에 관한 UNCITRAL 모델법상 정의와 유사하다. UNCITRAL의 동 모델법에 관한 소개로는 정경영, "UNCITRAL 전자양도성기록(ETR) 모델법에 관한 연구" 비교사법 제24권 제4호, 2017, 1597면 이하 참조.
47 UNIDROIT 2023 C.D. (102) 6, 원칙 6 주석번호 6.2.

사하여 향후 디지털자산원칙에 관한 각국의 평가를 조금 더 지켜볼 필요가 있다고 생각된다. 그리고 각국이 디지털자산원칙을 자국법에 모두 반영한다고 하더라도 동 원칙이 디지털자산거래의 모든 물권적 쟁점을 다루지 않고 있고 또 원칙 3 제3항은 명문으로 여러 쟁점에 대해 타법이 적용된다고 규정하고 있으므로, 이 영역에서 국제사법적 측면의 논의와 적극적 역할이 중요하다. 다음의 Ⅲ장에서는 디지털자산 거래의 물권적 측면으로 한정하여 국제사법의 준거법 결정에 관한 측면을 살펴보기로 한다.

Ⅲ. 디지털자산 거래의 물권적 측면에 대한 준거법

외국적 요소가 있는 법률관계에 대해 가장 밀접한 관련이 있는 장소를 연결하는 방법을 취하는 전통적인 국제사법 방법론은 특정 국가의 공간적 장소를 필요로 한다. 따라서 가상의 블록체인상(인터넷상)에서만 행위가 이루어지고 현실 세계와 전혀 연결점을 가지지 아니하는 디지털자산(UNIDROIT 디지털자산 프로젝트에서 제시한 제2유형/스위스의 블록체인 내생적가치토큰)은 그와 관련한 객관적인 연결점을 찾는다는 것이 매우 어렵다.[48] 또한, 앞서 논의한 바와 같이 독일·한국·일본과 같은 독일법계에서 무체의 재산인 디지털자산은 물건이 아니기 때문에 물권적 연결점을 탐구하는 데 있어 현행 우리「국제사법」상 어느 연결점을 적용하여야 하는지 즉, 어떻게 성질결정할 것인가의 문제 등 다양한 쟁점을 야기한다. 반면에, 디지털자산 거래와 관련한 계약법적 쟁점에 대해서는 거의 대부분의 국가에서 당사자 자치의 원칙과 보충적인 객관적 연결점을 자신의 국제사법에 수용하였기 때문에 블록체인 특히, 스마트컨트랙트로 인한 문제도 기존의 국제사법 해석으로도 해결할 수 있다는 것이 학계의 중론이다.[49]

---

48 물론, 디지털산 프로젝트에서 언급하는 제1유형 및 스위스 연방평의회보고서상 블록체인 외생적가치 디지털자산도 그 연결점을 찾는 것이 결코 용이한 것은 아니다.
49 디지털자산 거래의 계약법적 측면에 대한 분석으로는 우선, Giesela Rühl, "Smart (Legal)

따라서, 아래에서는 디지털자산의 물권적 측면에 관한 헤이그국제사법회의, UNIDROIT, 영국, 미국, 스위스 및 독일 등에서의 논의와 입법 현황을 소개하고, 마지막으로 우리 국제사법의 관점에서 디지털자산의 물권적 측면에 관한 문제를 어떻게 해결할 수 있을 것인가에 대한 해석론을 전개하기로 한다.

1. 헤이그국제사법회의 및 UNIDROIT에서의 논의 현황

국제사법의 국제적 통일규칙을 정하는 국제기구인 헤이그국제사법회의(Hague Conference on Private International Law)와 실질법의 국제적 통일규칙의 제정을 목적으로 하는 국제기구 중 하나인 UNIDROIT는 2020년부터 디지털자산의 물권적 측면에 관한 준거법의 연결규칙을 정하기 위한 논의를 시작하였다. UNIDROIT는 앞서 소개한 디지털자산 프로젝트의 일환으로 진행한 것으로서, 그 범위를 디지털자산의 처분 및 도산과 관련된 부분에 중점을 두되, 헤이그국제사법회의와의 조율하에 이를 진행하였다. 양 기관 중 UNIDROIT는 원칙의 형태이긴 하지만 관련 쟁점에 관한 상세한 규칙을 담은 준거법 결정원칙을 제시하고 있는 반면, 헤이그국제사법

Contract, or: Which (Contract) Law for Smart Contracts?", in Benedetta Cappiello & Gherardo Carullo ed. Blockchain Law and Governance (Cham: Springer, 2021), 159면 이하; Paolo Bertoli, "Smart (Legal) Contracts: Forum and Applicable Law Issues" in Benedetta Cappiello & Gherardo Carullo ed. Blockchain Law and Governance (Cham: Springer, 2021), 181면 이하; Andrew Dickinson, "Cryptocurrencies and the Conflict of Laws", in David Fox & Sarah Green ed., Cryptocurrencies in Public and Private Law (Oxford: OUP, 2019), 104~118면; Florence Guillaume, "Aspects of Private International Law Related to Blockchain Transactions" in Daniel Kraus et. al. ed., Blockchains, Smart Contracts, Decentralised Autonomous Organisations and the Law (Northhampston: Edward Elgar, 2019), 66~69면; UK Jurisdiction Taskforce, Legal Statement on Cryptoassets and Smart Contracts, The LawTech Delivery Panel, November 2019, 31~38면; Dieter Martiny, "Virtuelle Währungen, insbesondere Bitcoins, im Internationalen Privat- und Zivilverfahrensrecht", IPRax 38. Jahrgang Heft 6, 2018, 560~562면; 森下哲朗, "仮想通貨に関する国際的な法的問題に関する考察", 金融法務研究会, 『仮想通貨に関する私法上・監督法上の諸問題の検討』, 金融法務研究会報告書(33), 2019. 3, 74면 참조.

회의의 관련 논의는 쟁점을 찾고 향후 본격적인 논의의 전개를 위한 준비 수준으로 보인다. 어느 경우이든 양 기관에서 제시하는 국제사법 연결규칙과 관련한 논의는 향후 각국의 국제사법이나 국제사법의 해석에 상당한 영향력을 줄 수 있으므로 아래에서는 양 기관에서 논의·제시하고 있는 연결점 등에 대해 소개하기로 한다.

(1) 헤이그국제사법회의

2020년 헤이그국제사법회의의 총무·정책이사회(CGAP)는 상설사무국으로 하여금 분산원장기술의 국제사법적 함의와 관련한 전개를 모니터링하여 이를 총무·정책이사회에 보고하도록 하였다. 이에, 상설사무국은 2021년 3월 예비문건[50](이하 '예비문건')과 2022년 3월 예비문건[51]을 작성하여 그간의 활동과 쟁점 등을 보고하고 향후 계획을 제안하였다. 특히, 헤이그국제사법회의는 2023년 5월 UNIDROIT와 공동으로 '디지털자산 및 토큰 공동 프로젝트'를 시작하여, 지난 6월 헤이그에서 1회차 회의를 진행하였고, 10월에는 로마에서 제2차 회의를 개최하였다.[52] 동 프로젝트의 정식 명칭은 HCCH-UNIDROIT Digital Assets and Tokens Joint Project이며, 향후 전문가회의를 위한 주제와 범위 등을 선정하는 작업을 진행하고 있어, 2024년에는 양 기관의 주도로 보다 진전된 디지털자산과

---

50 HCCH, Developments with Respect to PIL Implications of the Digital Economy, including DLT, Prel. Doc. No.4, March 2021.
51 HCCH, Developments with Respect to PIL Implications of the Digital Economy, Doc. No.4 REV, March 2022.
52 이와 관련한 헤이그국제사법회의의 소개는 다음의 링크에서 입수할 수 있다. 우선, 동 프로젝트의 개시 관련 소개는 HCCH, Launch of the HCCH-UNIDROIT Digital Assets and Tokens Joint Project, May 11, 2023 〈https://www.hcch.net/en/news-archive/details/?varevent=913〉; 제1차 회의 관련 소개는 HCCH, Kick-off Meeting of the HCCH-UNIDROIT Digital Assets and Tokens Joint Project, June 12, 2023 〈https://www.hcch.net/en/news-archive/details/?varevent=921〉; 제2차 회의 관련 소개는 HCCH, Second Meeting of the HCCH-UNIDROIT Digital Assets and Tokens Joint Project, October 9, 2023 〈https://www.hcch.net/en/news-archive/details/?varevent=943〉 참조.

관련한 국제사법적 논의가 진행될 것으로 예상된다.

참고로, 2021년 3월 예비문건에 따르면, 분산형시스템을 통해 생성되고 양도되는 디지털자산과 관련된 연결점과 관련하여 예비문건은 공간적 장소를 찾는 전통적인 국제사법적 방법론은 분산원장 네트워크에서의 기능과는 관련성이 없을 수 있다는 점을 확인하며, 우선 준거법 결정에 있어 블록체인이 허가형인지 비허가형인지가 중요한 고려점이 될 수 있다고 한다.[53] 이는 허가형의 경우 해당 시스템에 접근하기 위해 승인을 요하기 때문에 해당 접근자를 확인할 수 있기 때문이다.[54] 그리고 예비문건은 온체인(on-chain) 행위인가, 오프체인(off-chain) 행위인가 즉, 블록체인 내의 행위인가 밖에서의 행위인가를 구분하는 것도 당사자 자치에 영향을 준다는 점을 확인한다.[55] 이는 오프체인상의 약정에서 당사자가 선택한 장소가 효과를 가진다는 것을 담보할 수 없기 때문이다.[56] 나아가, 예비문건은 후술하는 2018년 영국의 금융시장법위원회(Financial Markets Law Commission: FMLC)가 제시한 다양한 연결점을 소개한다. 마지막으로, 상설사무국은 총무·정책이사회에 대해 전문가그룹을 결성하여 디지털자산과 관련한 국제재판관할, 준거법 및 승인·집행에 관한 새로운 협약의 가능성에 대해 평가할 수 있도록 제안한다.[57]

(2) UNIDROIT

헤이그국제사법회의가 아직까지 구체적인 논의를 진행하지 못하고 있는 반면, 기술한 UNIDROIT의 디지털자산원칙 원칙 5는 디지털자산의 물권적 측면에 관한 구체적인 준거법 결정원칙을 제시하고 있다. 연결규칙의 핵심은 종래의 물권적 측면의 연결점인 소재지(situs)를 버리고 블록

---

53 HCCH Prel. Doc. No.4, March 2021, 3~4면.
54 HCCH Prel. Doc. No.4, March 2021, 4면.
55 Ibid.
56 Ibid.
57 Ibid. 2023년 11월 현재까지 HCCH는 이에 관한 구체적인 내용을 제시하고 있지 않고, 앞서 소개한 UNIDROIT와의 공동 프로젝트를 통해 관련 과제를 진행할 것으로 예상된다.

체인시스템 내에서의 양도 및 담보권 설정과 같은 물권적 측면에 대해서도 과감하게 주관적 연결점을 도입한 점이다. 이는 블록체인시스템 내부에서의 디지털자산에 대한 양도나 담보권 설정 행위는 블록체인의 특성상 어느 한 국가를 특정한다는 것이 불가능하거나 가능하다고 하더라도 우연적이거나 밀접한 관련성이 약하다고 보기 때문으로 생각된다.[58] 앞서 소개한 바와 같이 무엇이 물권적 쟁점인가에 대해 디지털자산원칙은 침묵하며, 이는 법정지법에 따라 정하게 된다. 디지털자산원칙상 연결규칙에 관한 세부적인 소개 전에 우선 최종채택안 직전의 의견수렴을 위해 공개된 2023년 1월 의견수렴안[59]과 최종채택안에서 제시하는 디지털자산의 물권적 측면에 관한 연결규칙의 국문시역을 차례로 소개하면 다음과 같다.[60]

2023년 1월 의견수렴안
제2절 국제사법
원칙5 준거법

(1) 제2항의 유보하에, 디지털자산에 관한 물권적 쟁점은 다음 각 호의 법에 따라 규율된다.
　(a) 디지털자산에 그러한 쟁점의 준거법으로 명백하게 규정한 국가의 내국법(그 국가의 저촉법규칙은 제외한다).
　(b) 제(a)호가 적용되지 않는 경우, 디지털자산이 기록된 시스템 또는 플랫폼[61]에서 그러한 쟁점의 준거법으로 규정한 국가의 내국법(그 국가의 저촉법규칙은 제외한다).

---

58 UNIDROIT 2023 C.D. (102) 6, 원칙 5 주석번호 5.4는 전통적인 객관적 연결점을 소재지가 없는 무체물인 디지털자산에 적용하는 것은 논리적이지 않고(incoherent) 무익하다고 평가한다.
59 UNIDROIT 2022 Study LXXXII – PC, January 2023. 동 의견수렴안의 국문시역은 독자의 참고를 위한 것이다.
60 최종채택안과 같은 현재의 형식이 갖추어지기 전의 안인 2021년안상 저촉규칙 관련 부분의 국문시역에 대하여는 천창민, 앞의 논문(2022), 80~81면 참조.
61 여기서 플랫폼이 무엇인지에 대한 설명은 없으나, 디지털자산 거래플랫폼이나 보관기관의 플랫폼은 아닌 것으로 보이며, 시스템의 다른 의미로 쓰는 것으로 보인다(의견조회안,

(c) 제(a)호나 제(b)호가 적용되지 않는 경우에는 다음 각목에 따른다.

A안:
  (i) [법정지국이 여기에 디지털자산에 관한 물권적 쟁점의 준거법 관련 측면이나 준거법 조항을 규정하여야 한다]:
  (ii) 제(i)목에서 다루지 아니하는 범위 내에서, [법정지국이 여기에 이 원칙이 디지털자산에 관한 물권적 쟁점의 준거법이라는 것을 규정하거나 관련 원칙 또는 디지털자산에 관한 물권적 쟁점을 규율하는 이 원칙의 측면들을 규정하여야 한다]
  (iii) 제(i)목 및 제(ii)목에서 다루지 아니하는 범위 내에서, 법정지 국제사법의 연결규칙에 따른 준거법

B안
  (i) [법정지국이 여기에 이 원칙이 디지털자산에 관한 물권적 쟁점의 준거법이라는 것을 규정하거나 관련 원칙 또는 디지털자산에 관한 물권적 쟁점을 규율하는 이 원칙의 측면들을 규정하여야 한다]
  (ii) 제(i)목에서 다루지 아니하는 범위 내에서, 법정지 국제사법의 연결규칙에 따른 준거법

(2) 제1항의 해석과 적용 시에는 다음 각 호에서 규정하는 사항을 고려하여야 한다.
  (a) 디지털자산에 관한 물권적 쟁점과 특히 디지털자산의 취득과 처분은 항상 법의 문제이다.
  (b) 디지털자산이나 디지털자산이 기록되어 있는 시스템 또는 플랫폼에 준거법이 규정되어 있는지를 결정할 때에는 디지털자산이나 시스템 또는 플랫폼에 부착되어 있거나 관련된 기록이 그 관련 디지털자산을 다루는 자에 의해 용이하게 검토될 수 있는 경우 그러한 기록을 고려하여야 한다.
  (c) 디지털자산을 이전, 취득 또는 그 밖의 취급을 함으로써 이를 행한 자는 제1항제(a)호 및 제(b)호에 따른 준거법에 동의한다.

원칙 2 주석번호 21; 원칙 6 주석변호 7 및 12 참조). 이에 따라, 2023년 5월 최종채택안에서는 플랫폼이라는 용어를 삭제하고, '시스템'이라는 하나의 용어만 사용한다.

(d) 제1항에 따른 준거법은 디지털자산이 처음 발행되거나 생성된 시점부터 동일한 기재(description)를 가지는 모든 디지털자산에 적용된다.
(e) 디지털자산이나 그 디지털자산이 기록된 시스템 또는 플랫폼이 그 디지털자산이 처음으로 발행되거나 생성된 시점 이후 시점부터 효력을 가진 준거법을 명백하게 규정한 경우, 그러한 명백한 규정의 발효 이전에 성립된 그 디지털자산에 대한 물권은 그 규정에 영향을 받지 아니한다.
(3) 도산절차의 개시에도 불구하고 그리고 제4항의 유보에, 이 원칙에 따른 준거법은 그러한 도산절차의 개시 전에 발생한 모든 사건과 관련하여 디지털자산에 관한 모든 물권적 쟁점을 규율한다.
(4) 다음 각 호에서 규정하는 사항에 관한 모든 규칙과 같이, 제3항은 도산절차에 에 따른 모든 준거실질법규칙이나 준거절차법규칙에 영향을 미치지 아니한다.
  (a) 채권의 유형별 순위
  (b) 편파적 거래나 채권자를 기망한 이전의 부인
  (c) 도산관재인의 지배 또는 감독하에 있는 자산에 대한 권리의 집행
(5) 타법(other law)은 다음 각 호의 사항을 결정하는 네 적용한다.
  (a) 지배가 아닌 방식으로 제3자에 대한 효력을 가진 디지털자산에 대한 담보권의 제3자효의 준거법
  (b) 지배가 아닌 방식으로 제3자에 대한 효력을 가진 충돌하는 담보권 간의 우선순위를 결정하는 준거법
(6) 보관기관과 그 보관기관의 고객 간의 관계에 대한 준거법의 결정은 타법에 따른다.

2023년 5월 최종채택안
제2절 국제사법
원칙5 준거법

(1) 제2항의 유보하에, 디지털자산에 관한 물권적 쟁점은 다음 각 호의 준거법에 따른다.
   (a) 디지털자산에 그러한 쟁점의 준거법으로 명백하게 규정한 국가의 내국법과 (해당하는 경우) 그 디지털자산에서 명백하게 규정하는 그러한 원칙.
   (b) 제(a)호가 적용되지 않는 경우, 디지털자산이 기록된 시스템에서 명백하게 규정한 국가의 내국법과 (해당하는 경우) 그 디지털자산이 기록된 시스템에서 명백하게 규정하는 그러한 원칙.
   (c) 제(a)호와 제(b)호가 적용되지 않는 경우, 발행인이 있는 동일 기재(description)의 디지털자산을 포함하여, 발행인이 있는 디지털자산과 관련하여, 발행인이 법상 본거(statutory seat)를 가지는 국가의 내국법.
   (d) 제(a)호부터 제(c)호까지가 모두 적용되지 않는 경우에는 다음 각목에 따른다.

   A안:
   (i) 법정지국이 규정하는 바와 같은 법정지법의 그러한 측면 또는 규정
   (ii) 제(d)호제(i)목에서 다루지 아니하는 범위 내에서, 법정지국이 규정하는 바와 같은 그러한 원칙
   (iii) 제(d)호제(i)목 및 제(ii)목에서 다루지 아니하는 범위 내에서, 법정지의 국제사법 규칙에 따른 준거법

   B안
   (i) 법정지국이 규정하는 바와 같은 그러한 원칙
   (ii) 제(d)호제(i)목에서 다루지 아니하는 범위 내에서, 법정지의 국제사법 규칙에 따른 준거법

(2) 제1항의 해석과 적용 시에는 다음 각 호에서 규정하는 사항을 고려하여야 한다.
  (a) 디지털자산에 관한 물권적 쟁점과 특히 디지털자산의 취득과 처분은 항상 법의 문제이다.
  (b) 디지털자산이나 디지털자산이 기록되어 있는 시스템에 준거법이 규정되어 있는지를 결정할 때에는 그 디지털자산이나 그 시스템에 부착되어 있거나 관련된 기록이 그 관련 디지털자산을 다루는 자가 검토할 수 있도록 용이하게 입수할 수 있는 경우 그러한 기록을 고려하여야 한다.
  (c) 디지털자산을 이전, 취득 또는 그 밖에 이를 취급한 자는 제1항제(a)호, 제(b)호 또는 제(c)호에 따른 준거법에 동의한다.
  (d) 제1항에 따른 준거법은 동일한 기재(description)의 모든 디지털자산에 적용된다.
  (e) 디지털자산이나 그 디지털자산이 기록된 시스템의 준거법이 그 디지털자산이 처음으로 발행되거나 생성된 이후 제1항제(a)호, 제(b)호 또는 제(c)호의 작용으로 변경된 경우, 그러한 준거법의 변경 전에 성립된 디지털자산상의 물권은 그러한 변경에 영향을 받지 아니한다.
  (f) 제1항제(c)호에서 규정하는 '발행인'은 다음 각 목의 법인을 말한다.
    (i) 유상의 상거래 흐름에서 디지털자산 또는 동일 기재의 디지털자산을 발행(put)한 법인
    (ii) 대중이 쉽게 확인할 수 있는 방식으로,
      (A) 자신을 상호로 특정(identify)한 법인
      (B) 자신의 법상 본거를 특정한 법인 및
      (C) 자신을 유상의 상거래 흐름에 디지털자산 또는 동일 기재의 디지털자산을 발행한 자로 특정한 법인

(3) 약정이 보관계약인가의 여부를 포함하여, 원칙 10부터 원칙 13까지에서 다루는 쟁점의 준거법은, 그 약정을 규율하는 법과 같이 그 약정에서 명백하게 규정하는 국가의 국내법이며, 그 약정에서 타법(other law)이 그러한 모든 쟁점에 적용된다고 명백하게 규정하는 경우에는 그 타법이다.

(4) 제1항과 제2항은 제3항을 유보로 한다.
(5) 타법은 다음 각 호에서 규정하는 준거법을 결정하는 데 적용한다.
   (a) 지배가 아닌 방식으로 제3자에 대한 효력을 가진 디지털자산에 대한 담보권의 제3자효의 준거법
   (b) 지배가 아닌 방식으로 제3자에 대한 효력을 가진 충돌하는 담보권 간의 우선순위를 결정하는 준거법
(6) 도산절차의 개시에도 불구하고 그리고 제7항의 유보하에, 이 원칙에 따른 준거법은 그러한 도산절차의 개시 전에 발생한 모든 사건과 관련하여 디지털자산에 관한 모든 물권적 쟁점을 규율한다.
(7) 다음 각 호에서 규정하는 사항에 관한 모든 규칙과 같이, 제6항은 도산절차에 따른 모든 준거실질규칙이나 준거절차규칙에 영향을 미치지 아니한다.
   (a) 채권의 유형별 순위
   (b) 편파적 거래나 채권자를 기망한 이전의 부인
   (c) 도산관재인의 지배 또는 감독하에 있는 자산에 대한 권리의 집행

UNIDROIT 디지털자산원칙 원칙5 제1항은 1순위와 2순위로 주관적 연결점을 전면에 둔다. 디지털자산원칙에서 규정하는 주관적 연결점은 디지털자산 자체에서 명백하게 규정하는 내국법[62] 및 원칙들을 1순위로 연결하고, 이러한 준거법을 정한 것이 없으면 디지털자산이 기록된 블록체인시스템 즉, 분산원장스시스템에서 명백하게 정한 내국법 및 원칙들을 2순위로 연결한다. 3순위는 2023년 5월 최종채택안에서 추가된 것으로서 발행인의 법상 본거라는 객관적 연결점이다. 이 세 가지 연결점도 없는 경우 법정지국이 디지털자산의 준거법으로 규정하는 자국법 또는 디지털자산원칙이 보충적으로 적용되고, 이도 아니면 마지막 최종적인 보충규정으로서

---

[62] 내국법(domestic law)은 원칙 5에서만 사용하는 용어이며 그 정의나 해석은 없으나, 2023년 1월 의견조회안의 괄호문구와 같이 저촉법을 제외한 실질법만을 의한 것으로 해석하여야 할 것이다.

법정지의 국제사법에 따라 연결된 준거법에 의하도록 5단계[63]의 연결점을 제시한다. 1단계와 2단계의 주관적 연결점은 후술하는 미국 UCC 제12-107조에서 규정하는 1단계 및 2단계 연결점과 상당히 유사하다. 다만, 주관적 연결점이라고 하더라도 이것이 전통적인 의미의 양도인·양수인, 담보권설정자·담보권자 간의 당사자자치를 의미하는 것은 아니라는 점을 주의할 필요가 있다.[64] 아울러, 물권적 쟁점을 다루는 UNIDROIT원칙이 제1순위와 제2순위 연결점으로서 주관적 연결을 시도한 것은 상당히 파격적이라는 점도 주목할 필요가 있다. 전통적으로 물권적 쟁점에 대해 주관적 연결을 인정하지 아니하는 것은 제3자효를 가진 물권의 특성상 제3자를 보호하기 위한 것이다.[65] 이 점에서 원칙5는 '명백하게 규정하는', '용이하게 입수할 수 있는 경우'라는 문구를 통해 그 주관적 연결점을 제3자

---

[63] A안은 4순위로 법정지국이 규정하는 법정지법상 디지털자산의 물권적 쟁점과 관련하여 규정한 준거법이 적용되도록 규정하고, B안의 4~5단계를 5~6단계로 설정한다. 즉, B안은 A안과 동일하나 A안과 같은 법정지법상 관련 준거법을 상정하지 않고 곧바로 법정지의 관련 원칙을 연결한다는 점에서 차이가 있다.

[64] 2002년 헤이그증권협약이 변형된 주관적 연결규칙으로서 중개기관과 계좌보유자의 계좌약정에 의해 준거법을 결정할 수 있도록 하였다는 점 즉, 전통적인 의미의 당사자 자치와 다르다는 점에서 양자는 유사하며, 이를 '간접적 내지 반사적 당사자 자치'라고 평가할 수 있다. 그러나 헤이그증권협약과 달리 디지털자산원칙상 디지털자산 자체나 디지털자산이 기록된 시스템에서 정하는 준거법은 헤이그증권협약에서 중개기관과 계좌보유자가 계좌약정에서 정하는 것과 다른 의미가 있음을 유의할 필요가 있다. 헤이그증권협약은 대부분 각 국가에서 고도의 금융규제를 받는 금융기관이 중개기관으로서 관여한다는 점과 규제당국에 의한 적극적 간섭이 가능하다는 점에서 당사자 자치가 어느 정도 제어될 수 있는 반면, 디지털자산원칙은 헤이그증권협약과는 다른 차원의 '규제에서 자유로운' 내지 '규제를 회피하는' 발행인 또는 시스템개발자가 자유롭게 내지 규제를 회피하여 준거법을 정할 수 있다는 점에서 규제법으로 일정한 제한을 가하지 않을 경우 조세회피지역 등의 법으로 도피하는 '도피적 준거법선택' 현상이 일어날 우려도 없지 않다. 실제로 상당수의 디지털자산 발행인은 규제가 약한 영국령 버진아일랜드나 리히텐슈타인 등의 국가에서 디지털자산을 발행하는 사례가 많은데, 디지털자산원칙은 물권적 측면에 대해서까지 그러한 국가의 법으로 선택할 수 있는 길을 열어줄 수 있다는 의미가 있다. 물론, 조세회피지역의 법을 선택한다고 그것 자체가 문제 되지는 않을 것이나, 이로 인해 규제회피성향이 강한 디지털자산 발행인이나 블록체인시스템 개발자들이 더욱 비규제지역을 선호할 수 유인이 생겼다는 점은 부인하기 어려울 것이다.

[65] EAPIL, Position Paper: In Response to the Public Consultation on the UNIDROIT Draft Principles and Commentary on Digital Assets and Private Law, March 16th, 2023, 6면 문단번호 16.

가 쉽게 인식할 수 있는 경우에만 이를 인정하고자 하는 취지를 담고 있다고 보아야 할 것이다.[66] 그러므로 디지털자산이나 디지털자산이 기록되어 있는 시스템에서 일반인들이 쉽게 인지할 수 없는 방식으로 준거법이 규정되어 있는 경우에는 그 준거법에 따른 제3자효는 없는 것으로 해석해야 한다고 본다.[67]

이 외에도 원칙5 제2항은 제1항에서 규정하는 연결규칙과 관련하여 해석상 고려할 사항들을 규정한다. 우선 주의할 사항으로서, 원칙5 제1항에서 제시하는 연결점은 보관기관을 이용하지 않는 '온체인' 즉, 블록체인상에서 일어나는 디지털자산의 처분과 담보거래 등의 물권적 측면에 적용된다는 점이다. 따라서 보관기관(custodian)을 통해 보유하는 디지털자산의 처분 및 담보거래 등의 '오프체인' 거래에 대해서는 원칙5 제1항의 적용이 없다. 이는 디지털자산원칙이 보관기관을 통해 디지털자산을 지배하는 경우에 대해서는 별도의 원칙(원칙10~13)을 규정하고 있고, 제1항에 따른 연결점은 개별 디지털자산이나 블록체인 시스템별로 다르게 되지만 보관기관을 통해 간접적으로 디지털자산을 지배하는 경우에는 보관기관과 고객 간의 관계에 대해서는 하나의 법에 의해 규율되는 것이 바람직하기 때문이다.[68] 원칙5 제3항과 제4항은 바로 이러한 취지를 규정하고 있는 것이다.

주관적 연결점과 발행인의 본거라는 연결점은 변경이 가능하므로, 원칙5 제2항 제(e)호는 디지털자산이 처음 발행되거나 생성된 이후 디지털자산이나 그 디지털자산이 기록된 시스템의 준거법이 주관적 연결점을 규정하는 제(a)호, 제(b)호나 발행인의 본거를 규정하는 제(c)호의 작용에 따라 변경된 경우에도 그러한 준거법의 변경 전에 이미 성립된 디지털자산상의 물권은 그러한 변경에도 불구하고 영향을 받지 않고 유효함을 규정

---

66 UNIDROIT 2023 C.D. (102) 6, 원칙 5 주석번호 5.16 참조.
67 EAPIL, 앞의 자료, 6면 문단번호 19도 동지. 나아가 당사자 간 거래의 효력도 없는 것으로 해석하여야 하는 것인지에 대해서는 원칙 5의 문리적 해석상 1순위와 2순위의 주관적 연결점은 무효가 되고, 3순위 이후의 연결점에 따라 결정된 준거법으로 이를 결정하여야 할 것이다. 제3자효에 대해서도 3순위 이후의 연결점에 따라 결정되어야 함은 동일하다.
68 UNIDROIT 2023 C.D. (102) 6, 원칙 5 주석번호 5.18~5.19 참조.

한다. 따라서 준거법의 변경이 있는 경우에도 물권의 우선순위는 그대로 유지될 수 있는 것이다.

한편, 디지털자산이 부동산이나 지재권, 디지털자산 등 다른 자산과 연계된(linked) 경우 그 디지털자산 자체에 대해서는 디지털자산원칙이 적용되나, 그 디지털자산에 연계된 자산 즉, 연계자산(linked assets)에 대해서는 그 자산이 유체물인지 무체물인지 또는 다른 종류의 디지털자산인지와 관계없이 타법이 적용되어 그 디지털자산과 연계자산 간 연계의 존재 여부와 연계요건 및 그 법적 효과에 대한 쟁점을 결정한다(원칙4). 이는 2021년까지 디지털쌍둥이(digital twin)이라고 불리던 디지털자산의 문제로서 당시에도 기초자산(연계자산)에 대해서는 종래의 국제사법 규칙에 따르도록 하여 디지털자산의 준거법과 그 디지털자산에 연계된 자산의 준거법을 분리하여 적용한다는 것이 원칙이었으며,[69] 원칙 4는 이를 보다 정제하여 규정하고 있다.[70]

도산과 관련하여 원칙5는 다음의 두 가지 사항을 규정한다. 첫째, 원칙 5 제6항은 도산절차의 개시에도 불구하고 그리고 제7항의 유보하에, 그러한 도산절차의 개시 전에 발생한 모든 사건과 관련하여 디지털자산에 관한 모든 물권적 쟁점은 원칙5에 따른 준거법에 의한다고 규정하여 도산절차의 개시 전에 완결된 처분에 대한 쟁점은 그 개시 전 원칙5에 따라 결정된 준거법이 결정한다는 종래 국제도산법상의 원칙을 확인한다. 나아가, 제7항은 채권의 유형별 순위, 편파적 거래나 채권자를 기망한 이전의 부인 및 도산관재인의 지배 또는 감독하에 있는 자산에 대한 권리의 집행에 관한 규칙과 같이 도산절차에 따른 모든 도산준거실질규칙이나 도산준거절차규칙은 제6항의 영향을 받지 않고 그대로 적용된다고 규정하여 역시 종래의 국제도산법상의 원칙을 확인한다. 디지털자산보관기관의 도산과 관련해서는 원칙 13에서 별도의 원칙을 규정한다. 따라서 원칙5 제3항 및

---

69 이에 대해서는 2021년안의 C항 참조.
70 참고로, 원칙 14 제2항 및 제3항도 연계된 자산의 담보거래에 대해 타법이 적용된다고 규정한다.

제4항에서 규정하는 도산특칙은 보관기관의 도산에 대해서는 적용되지 않고, 원칙13에서 규정하는 바에 따른다는 점을 주의할 필요가 있다.

마지막으로, 담보거래와 관련하여 원칙 5는 제1항의 연결규칙이 적용된다는 전제하에 특별한 연결점을 제시하지 않고 지배가 아닌 방식으로 설정된 담보권의 제3자효에 대한 쟁점과 비지배의 방식으로 제3자효를 가진 담보권 간의 우선순위에 대해서는 타법이 적용된다고 규정한다(원칙 5(5)). 따라서 점유개정형 양도담보와 같이 지배의 방식이 아닌 방식(비지배 방식)으로 설정된 디지털자산의 담보권에 대해서는 법정지의 국제사법에 따라 결정된 준거법에 따라 동 담보권의 제3자에 대한 대항력과 비지배 방식의 담보권 간[71]의 우선순위의 문제를 규율한다.

2. 영국과 미국, 스위스 및 독일 등에서의 현황

(1) 영국

2018년 FMLC가 공간한 의견서[72]는 디지털자산의 물권적 측면에 관한 영국의 풍성한 논의를 제공한다. 다음으로 2019는 UKJT가 공간한 의견서[73]와 개별 학자들의 논의도 있으나,[74] 이하에서는 지도적인 의견이라고 할 수 있는 FMLC의견서의 내용을 중심으로 소개하기로 한다.

우선, FMLC는 국제사법적 분석의 유용성 측면에서 다음의 세 가지 구분을 제시한다.[75] 첫째, 허가형과 비허가형 시스템: 이에 대한 것은 위 헤이그국제사법회의의 관련 부분에서 언급하였으므로 여기서는 생략한다.

---

71 지배방식에 따른 담보권과 비지배 방식에 따른 담보권의 우선순위에 대해서는 원칙 16에서 지배방식의 담보권이 우선한다고 규정한다.
72 FMLC, Distributed Ledger Technology and Governing Law: Issues of Legal Uncertainty, March 2018.
73 UK Jurisdiction Taskforce, 앞의 의견서, 23~24면 참조.
74 대표적으로, Andrew Dickinson, 앞의 논문, 126~137면; Michael Ng, "Choice of Law for Property Issues Regarding Bitcoin Under English Law", Journal of Private International Law Vol. 15, No. 2, 2019, 135~338면 참조.
75 FMLC, 앞의 의견서, 7~9면.

둘째, 기록장부(record ledger)와 권원장부(title ledger): 기록장부는 기초거래의 문서작업을 통해 수행된 권원양도(title transfer)를 증거하거나 기록하는 것을 말한다. 즉, 그 자체로 권리이전의 형성적 효력이 없고 이미 발생한 권리발생이나 변동을 증거적으로 기록하는 것을 말한다고 평가할 수 있다. 이에 반해, 권원장부는 블록체인 장부상에서 직접 권원이 형성적으로 양도되는 것을 말한다. 이는 장부의 기록이 단지 증거적·형식적이냐 아니면 형성적이냐의 구분이라 할 수 있다. 이 둘을 구분하는 것은 기록장부의 경우 거래의 물권적 효과는 기록된 기초거래에 적용되는 전통적 저촉법규칙이 별도로 적용될 것이므로 준거법의 결정이 분명하기 때문에 논의의 초점을 권원장부에 두려고 하기 때문이다.[76] 셋째, 플랫폼-외부(off-platform) 자산토큰과 플랫폼-내부(on-platform) 자산토큰: 플랫폼-외부 자산토큰은 현실 세계의 기초자산을 표창하거나 이에 고정된 자산토큰을 말한다.[77] 이는 스위스 연방평의회보고서의 표현으로 하자면 블록체인 외생적가치토큰과 내생적가치토큰에 상응하는 것이라 할 수 있다.

FMLC는 공간적 장소에 뿌리를 두고 있는 연결점인 소재지법(lex situs)을 분산원장의 상황에 적용하는 것은 문제라고 하면서 다음의 헤이그증권협약 제2조에서 규정하는 물권적 쟁점을 분산원장에 적용하면 해답을 찾기가 어렵다고 한다.[78] 즉, (1) 분산원장시스템상에 기록된 자산의 법적 성질과 처분의 제3자에 대한 효과는 무엇인가? (2) 해당하는 경우 분산원장시스템상에 기록된 자산의 처분에 대한 대항(완성)요건은 무엇인가? (3) 해당하는 경우, 분산원장시스템상에 기록된 자산상 권리의 실현 요건은 무엇인가? (4) 분산원장시스템상에 기록된 자산의 처분이 배당, 수익 그 밖의 분배금 또는 상환금, 매매금 그 밖의 수익금에 미치도록 권한을 부여

76　FMLC, 앞의 의견서, 9면.
77　FMLC는 장래에는 특정 자산이 블록체인상에서 표창되어 디지털화 되면 새롭게 창출된 디지털자산이 원래의 현실세계의 자산을 대체할 것이기 때문에 이러한 구분도 불분명해질 것이라고 한다(FMLC, 앞의 의견서, 8~9면).
78　FMLC, 위의 의견서, 11~12면.

하는가? (5) 분산원장시스템상에 기록된 자산에 대한 처분의 법적 성질과 이를 처분한 양도인에 대한 효과는 무엇인가? 그리고 (6) 어떤 경우에 분산원장시스템상 기록된 어떤 자의 권리가 다른 자의 권리를 소멸시키거나 그 권리에 우선하는가? 그리고 FMLC는 법원이 기초자산의 소재지법과 다른 법을 적용할 확률은 높지 않은 것으로 보이기 때문에 단지 거래를 지원하는 기술이 새로운 것이라고 하여 분산원장시스템과 관련한 국제사법적 분석이 반드시 급진적으로 다를 필요는 없다고 표명하며, 10가지의 연결점 즉 ① 소재지법, ② 주관적 소재지(elective situs), ③ 수정된 주관적 소재지, ④ 선택간주(deem election), ⑤ 거래/이전/채권양도의 주관적 연결, ⑥ 관련운영관리소재지(PROPA), 마스터암호키보유자의 주거소(PREMA), ⑦ 발행인마스터계좌소재지, ⑧ 참가자(양도인)소재지, 개인키소재지, ⑨ 양도채권의 준거법, ⑩ 코드법(lex digitalis, PResC; 원코더의 주거소)을 제시·분석한다.[79][80]

FMLC는 이상의 다양한 연결점에 대한 분석을 기초로 모든 분산원장시스템에 맞는 하나의 연결점(one-size-fit-all)을 찾기는 어렵고, 적합한 연결점은 개별 분산원장시스템에 따라 다양할 수 있을 것이라는 의견을 제시한다.[81] 하지만, 분산원장시스템과 독립하여 존재하지 않는 디지털자산의 경우 즉, 일명 가상토큰(virtual token)이라고 불리는 블록체인 내생적가치토큰(네이티브토큰)에 대한 물권적 측면의 준거법 결정원칙을 정할 필요성은 긴급하다는 관점에서 이와 관련된 모든 저촉법적 접근법의 시작은 '주관적 소재지(elective situs)' 즉, 블록체인시스템 참가자들이 선택한 소재지가 되어야 한다고 주장한다.[82] 이는 주관적 연결점이 객관적이고 당사자들이 용이하게 확인할 수 있으며, 신기술의 상황에서 준거법 설정을 위한 가장 명확한

---

[79] FMLC, 위의 의견서, 12면.
[80] FMLC에서 제시하는 연결점의 장단점을 요약한 것으로는 HCCH Prel. Doc. No.4, March 2021, Annex I 참조.
[81] FMLC, 앞의 의견서, 21면.
[82] Ibid.

경로(rout)를 제공하기 때문이라고 한다.[83] 그러나 제한없는 당사자 자치는 가능성은 크지 않겠지만 자칫 상당히 부당한 외부적 영향이나 사적 영향을 받을 수 있는데, 이러한 위험은 블록체인시스템 참가자가 고객을 대리하는 중개기관인 경우 및/또는 블록체인시스템상에서 양도된 자산이 당사자가 선택한 곳과 다른 법역에 소재한 현실 세계의 자산인 경우[84]에 가장 현저하다고 한다.[85] 또한 FMLC는 진정한 주관적 소재지나 자유로운 선택이라는 관점에서 준거법을 쉽게 실행할 수 있는 경우에는 관련관리자 또는 운영권한/운영관리자의 소재지(PROPA) 접근법이나 사용자 기준 소재지가 보다 바람직한 결과를 반영한다는 의견을 제시하면서, 이 경우 바람직한 결과는 주로 피규제기관이 그들의 계약에서 특별한 법선택에 동의하는 것을 요건으로 할 때 실현될 수 있다고 한다.[86] 즉, 당사자 자치를 인정하되, 무제한의 당사자 자치에서 파생될 수 있는 문제를 해결하기 위해 현명한 규제적 제한을 가하여 이를 해결한다면 현재의 법적 불확실성에 대한 해결책으로서 가장 효율적이고 명확한 결과를 가져올 수 있다고 한다.[87]

(2) 미국

미국에서는 2018년 통일주법에 관한 전국위원회회의(National Conference of Commissioners on Uniform State Law: NCCUSL)에서 채택한 Uniform Supplemental Commercial Law for the Uniform Regulation of Virtual-Currency Businesses Act에서 UCC 제8편의 간접보유증권에 관한 실질규칙뿐만 아니라 저촉규칙(제8-110조)을 흡수하여 블록체인시스템 '밖'에서 소위 '거래소'라고 불리는 디지털자산사업자와 디지털자산보유자와의 관계에 대한 민사법적 문제의 해결을 시도

83　Ibid.
84　이는 UNIDROIT 디지털자산원칙의 용어로는 연계자산을 의미하는 것으로 보인다.
85　FMLC, 위의 의견서, 21면.
86　Ibid.
87　FMLC, 위의 의견서, 22면.

하였다. 하지만 이는 블록체인시스템 내에서 쟁점에서는 다루지 않는다는 문제가 있었다. 이에, 통일주법전국위원회는 2019년 미국법률위원회(American Law Institute)와 공동으로 디지털자산거래에 관한 사법적 규율체계에 대한 통일상법전 개정 작업을 착수하여 2022년 7월 UCC 제12편에 지배가능전자기록(Controllable Electronic Records)과 관련한 규정을 최종 채택하고, 제9편 담보거래의 관련 부분을 개정하여 디지털자산의 사법적 측면에 관한 실질법적 개혁을 사실상 마무리하였다.[88]

제12-107조에서는 준거법 결정규칙을 규정한다. 이에 관한 국문시역을 우선 소개하면 다음과 같다.

> **제12-107조 준거법**
> (a) [준거법: 일반 원칙] 제(b)항에 규정된 경우를 제외하고, 이 조에서 다루는 사안은 지배가능전자기록 법역의 지역법에 따른다.
> (b) [준거법: 제12-106조] 지배가능계정 또는 지배가능지급무체물을 증거하는 지배가능전자기록의 경우, 유효한 합의에 따라 다른 법역의 지역법을 준거법으로 결정하지 않는 한 제12-106조가 다루는 사안은 지배가능전자기록 법역의 지역법에 따른다.
> (c) [지배가능전자기록의 법역] 이 조에 따른 지배가능전자기록의 법역은 다음의 규칙에 따라 결정된다.

---

[88] 제8편의 투자증권과 관련한 개정은 하지 않고, 공식주석에서 지배가능전자기록등이 '금융자산'에 해당할 수 있다는 언급을 하는 것으로 수정함으로써 중개기관을 통해 지배가능전자기록을 보유하는 경우 증권적권리(security entitlement)가 될 수 있도록 하였다(UCC Section 8-102, official comment 9). 이와 관련하여 한 가지 주의할 것은 지배가능전자기록 등이 금융자산에 해당한다고 하여 제8편에서 규정하는 증권에 해당하게 되는 것은 아니나, 증권에 해당하지 않더라도 투자자가 중개기관에 개설된 계좌를 통하여 디지털자산을 간접적으로 보유하는 경우에는 투자자가 가지는 권리는 디지털자산에 대한 권리가 아니라 증권적 권리이므로, 이때에는 제12편의 규정이 적용되지 않는다는 점이다. 그러나 UNIDROIT 디지털자산원칙과 같이 그 중개기관(보관기관)이 디지털자산을 블록체인상에서 직접 보유하는 경우에는 제12편의 지배가능전자기록 관련 규정이 여전히 적용된다는 점도 유의할 필요가 있다.

(1) 지배가능전자기록 또는 지배가능전자기록에 부착되거나 논리적으로 관련되어 있고 검토를 위해 용이하게 입수할 수 있는 기록이 이 조 또는 [UCC]의 목적상 특정 법역이 지배가능전자기록의 법역이라고 명시적으로 규정하는 경우, 그 법역이 지배가능전자기록의 법역이다.
(2) 제(1)호가 적용되지 않고 지배가능전자기록이 기록된 시스템의 규칙이 검토를 위해 용이하게 입수할 수 있으며 이 조항 또는 [UCC]의 목적상 특정 법역이 지배가능전자기록의 법역임을 명시적으로 규정하는 경우, 그 법역이 지배가능전자기록의 법역이다.
(3) 제(1)호 및 제(2)호가 적용되지 않고 지배가능전자기록 또는 지배가능전자기록에 부착되거나 논리적으로 관련되어 있고 검토를 위해 용이하게 입수할 수 있는 기록이 지배가능전자기록이 특정 법역법이 준거법이라고 명시적으로 규정하는 경우, 그 법역이 지배가능전자기록의 법역이다.
(4) 제(1)호, 제(2)호 및 제(3)호가 적용되지 않고 지배가능전자기록이 기록된 시스템의 규칙을 용이하게 검토할 수 있으며 지배가능전자기록 또는 시스템이 특정 법역법의 적용을 받는다고 명시적으로 규정하는 경우, 그 법역이 지배가능전자기록의 법역이다.
(5) 제(1)호부터 제(4)호까지가 적용되지 않는 경우, 지배가능전자기록의 법역은 컬럼비아특별구이다.
(d) [제12조의 적용가능성] 제(c)항제(5)호가 적용되고 컬럼비아특별구에서 제12조가 중대한 수정 없이 발효되지 않는 경우, 컬럼비아특별구에서 제12조가 중대한 수정 없이 발효되는 것으로 하여 이 조가 다루는 사안에 대한 준거법으로 컬럼비아특별구법을 적용한다. 이 항에서 제12조는 2022년 개정 UCC 제12조를 말한다.
(e) [사안 또는 거래와 지배가능전자기록 법역과의 관련의 불필요] 제(a)항 및 제(b)항에서 지배가능전자기록 법역의 지역법이 이 조에 적용되는 사안을 규율한다고 규정하는 범위 내에서, 그 사안 또는 그 사안과 관련된 거래가 지배가능전자기록의 법역과 관련이 없는 경우에도 그 법이 규율한다.
(f) [매수 시점에 결정된 매수인의 권리] 매수인 또는 적격매수인이 제12-104조에 따라 취득한 권리는 매수 시점에 이 조에 따른 준거법을 적용한다.

우선 UCC 제12-107조의 연결규칙은 앞서 소개한 UNIDROIT의 디지털자산원칙상 연결규칙과 상당히 유사함을 알 수 있다. 형식상으로도 단계적 적용방식을 취하고 있고, 그 내용도 상당히 유사하다. 물론, 디지털자산원칙이 일정한 특정 요건을 만족하는 발행인의 법상 본거를 연결점으로 인정하고 있으며, 법정지법이나 법정지의 국제사법을 연결점으로 제시하고 있는 반면, UCC 제12-107조에서는 그러한 규정을 두고 있지 않다는 점에서 차이가 있다. 하지만 이는 디지털자산원칙은 국제적인 상황에서 적용된다는 것을 상정한 것인 반면, UCC는 원칙적으로 미국의 주간 거래에 적용된다는 점을 염두에 둔 것이라는 것에서 발생하는 차이라고 보아야 할 것이다. 그렇다고 하더라도 디지털자산원칙이 발행인의 본거를 연결점으로 도입한 것은 위의 이유로 설명되지는 않는데, 이는 국제적 합의의 도출 과정에서 나온 협의의 산물 정도로 보아야 할 것이다.[89] 디지털자산원칙상 연결규칙과 UCC 제12편의 연결규칙이 결정적으로 다른 점은 UCC 제12-107조는 최종적인 보충규칙으로서 컬럼비아특별구법을 연결한다는 점인데, 이것도 UCC가 미국의 주간 거래에 적용되는 것을 염두에 둔 미국 국내 모델법이라는 점에서 그 이유를 찾을 수 있을 것이다. 그 외 법정지와 관련한 부분을 제외하고 UCC 제12-107조는 디지털자산원칙보다 상세한 연결점을 제시하고 있다는 점 등 양자의 연결점에 차이가 있음은 분명하나, 제1순위 및 제2순위의 주관적 연결점과 관련해서는 양자의 연결점이 거의 동일하다는 점은 부인하기 어렵다.

제12-107조의 연결규칙을 보다 상세히 소개하면, 디지털자산을 지칭하는 미국 UCC판 용어인 지배가능전자기록의 준거법은 지배가능전자기록의 법역이 속한 지역법(실질법)이 준거법이 되며(제a항), 지배가능전자기

---

89 Matthias Lehmann 교수에 따르면, 발행인과 관련한 연결점은 유럽국제사법협회의 워킹그룹이 제시한 핵심 제한 중 하나라고 한다(Matthias Lehmann, UNIDROIT Principles on Digital Assets and Private Law Adopted, EAPIL Blog, 31 May 2023, 〈https://eapil.org/2023/05/31/unidroit-principles-on-digital-assets-and-private-law-adopted/〉). 참고로, 동 블로그에서 Lehmann 교수는 디지털자산원칙상 발행인에 관한 연결점의 요건이 강화되어 무상으로 디지털자산을 배포하였거나 (airdrop) 법상 본거가 없는 발행인은 제외되어 발행인 연결점의 중요성이 상당히 반감되었다고 평가한다.

록의 법역은 제c항에서 규정하는 단계적 연결에 의한다. 제c항 제1호가 제시하는 첫번째 연결점은 지배가능전자기록(디지털자산)이나 지배가능전자기록에 부착되거나 논리적으로 관련되어 있고 검토를 위해 용이하게 입수가능한 기록이 명확하게 특정 법역이 그 지배가능전자기록의 법역이라고 규정하는 경우 그 법역이 연결점이다. 둘째, 제1호가 적용되지 않고 지배가능전자기록이 기록된 분산원장 시스템의 규칙이 검토를 위해 용이하게 입수가능하고 명확하게 특정 법역이 지배가능전자기록의 법역이라고 규정하는 경우 그 법역이 연결점이 된다(제2호). 셋째, 제1호와 제2호가 적용되지 않고, 지배가능전자기록 또는 그 지배가능전자기록에 부착되거나 논리적으로 관련되고 검토를 위해 용이하게 입수가능한 기록이 명확하게 특정 법역의 법이 그 지배가능전자기록의 준거법이라고 규정하는 경우 그 법역이 연결점이 된다(제3호). 제1호와 제3호의 차이는 제1호는 지배가능전자기록이 특정 법역만 규정한 경우이고, 제3조는 구체적으로 특정 법역의 법을 지정한 경우라는 것이다. 넷째, 제1호부터 제3호까지가 적용되지 않고 지배가능전자기록이 기록된 시스템의 규칙이 심사를 위해 용이하게 입수가능하고 명확하게 특정 법역의 법이 지배가능전기록 또는 그 시스템의 준거법이라고 규정하는 경우 그 법역이 연결점이 된다(제4호). 제2호와 제4호의 차이점도 제3호에서와 동일하게 시스템규칙에서 구체적인 특정 법역의 법을 준거법으로 지정하였는지 아니면 단순히 특정 법역만을 지정하였는가의 차이이다. 마지막으로, 제1호부터 제4호의 연결점이 모두 적용되지 않는 경우 지배가능전자기록의 최종적인 법역은 콜롬비아특별구(워싱턴DC)가 된다. 따라서 현재 상당수의 디지털자산이 제1호부터 제4호까지에서 규정하는 연결점을 지정하지 않은 상태여서 미국 법원에서 디지털자산의 물권적 측면이 쟁점이 다투어질 경우 워싱턴DC법이 준거법이 될 가능성이 높다. 물론, UNIDROIT 디지털자산원칙에서와 같이 향후 디지털자산 자체의 준거법이나 그 디지털자산이 기록된 블록체인 시스템 내지 플랫폼의 준거법을 구체적으로 지정하는 사례가 점차 늘어날 것으로 전망되며, 미국 UCC 제12편과 디지털자산원칙은 결국 이 방향을 제시하고 있는

것으로 생각된다.[90]

(3) 스위스
1) 연방평의회보고서의 논의

스위스 연방평의회(Bundesrat)보고서는 국제사법적 분석의 관점에서 디지털자산의 분류를 그 디지털자산이 표창하는 청구권, 사원권, 물권 및 암호통화[91]로 분류한다. 이 같은 네 가지 유형의 분류방법을 택한 것은 디지털자산이 표창 내지 증거하는 권리 등이 기존 국제사법의 연결점에 대응할 수 있으므로, 블록체인이라는 특성을 감안하여 기존의 연결점이 여전히 유효한 것인지를 분석하는데 유용하기 때문으로 생각된다. 연방평의회의 이 같은 유형화에 따른 분석을 UNIDROIT 디지털자산의 용어에 따르면 연계자산의 경우 연계된 자산의 물권에 관한 쟁점은 타법에 따라 결정된다는 점과 같은 맥락에서 이해할 수 있으며, 우리나라의 경우 사실상 토큰증권 즉, 증권형 디지털자산의 쟁점에서 이를 접목할 수 있다.[92] 이 점을 염두에 두고 각 유형별 연결점을 분석한 연방평의회보고서의 내용을 소개하면 다음과 같다.

우선 청구권(債權)이 연계된 디지털자산(token)과 관련하여, 연방평의회보고서는 일반 국제사법원칙에 따라 당사자 자치가 적용되고, 당사자의 준거법 지정이 없는 경우 스위스 국제사법 제117조 제1항 및 제2항에 따라 객관적 연결로서 가장 밀접한 관련을 가지는 곳을 탐구하게 되는데, 제3항은 계약과 관련하여 특징적 이행(급부)의무가 있는 곳을 제시한다. 이를 서비스이용형(유틸리티) 디지털자산에 대응하면, 특징적 이행은 쟁점이 된

---

90 실무적으로 이 방향으로 가는 것에 대한 예상을 언급한 것으로는, UCCUSL, Uniform Commercial Code Amendments (2022), November 17, 2022, 262면 공식주석 3 참조.
91 여기서 암호통화란 디지털자산이 통화로서 지급결제 수단으로 이용되는 것을 의미하는 것으로 보인다.
92 필자가 스위스의 현지 전문가 인터뷰를 통해 확인한 것도 스위스의 관련 논의와 DLT법에 따른 관련 법률의 개정은 사실상 증권형 토큰의 맥락에서 이해하는 것이 보다 정확하다고 한다.

서비스를 제공하는 계약당사자 즉, 동 디지털자산을 발행한 당사자(발행인)가 밀접한 관련을 가진다고 하면서 이론에 따라 사채의 경우 발행인의 본거나 발행지가 되는데 이것은 토큰화된 즉, 디지털자산으로 화체된 채권의 경우에도 적용된다고 한다.[93] 하지만 인터넷상에서 발행된 디지털자산의 경우 그 발행지를 결정하는 것이 어렵다는 것을 감안하면, 아마도 연결점은 발행인의 본거가 있는 곳이어야 한다고 한다.[94] 그리고 디지털자산의 양수인이 소비자에 해당하는 경우 스위스 국제사법 제120조 제1항의 소비자 보호 특칙이 적용될 수 있고 이 경우 소비자의 상거소지법이 적용될 수 있을 것이나, 아직까지 인터넷상에서 체결된 계약에 대해 이 규칙을 어떻게 적용되어야 하는지가 완전히 명확한 것은 아니라고 한다.[95] 그리고 제120조 제2항에 따라 소비자계약에 대해서는 주관적 연결이 허용되지 않는다. 한편, 유가증권과 관련한 국제사법 이론과 같이, 계약의 준거법이 디지털자산에 청구권이 법적으로 유효하게 화체될 수 있는지 그리고 어느 범위까지 그 청구권의 양도가 그 디지털자산의 양도에 연결될 수 있는 것인지에 대한 쟁점에도 적용된다고 하는 것이 일리가 있으나, 유가증권에 관한 견해가 여전히 갈리기 때문에 디지털자산화된 청구권에 대해서도 명확한 결론을 내리기 어렵다고 한다.[96] 그리고 물품에 대한 권원증서와 관련한 청구권의 유동화에 관한 쟁점을 다루는 제106조 제1항[97]이 유추적용될 수 있는가와 관련하여, 연방평의회보고서는 제106조 제1항에 따르면 디지털자산에서 지정된 법이어야 하고, 대부분의 경우 이 요건을 만족할

---

93 연방평의회보고서, 74면.
94 Ibid. 후술하는 바와 같이 개정 스위스 국제사법 제145a조 제1항은 이를 반영하여 본거를 최우선 객관적 연결점으로 규정한다.
95 연방평의회보고서, 75면.
96 Ibid.
97 개정전 제106조 제1항은 다음과 같다. 물품증권에서 지정한 법이 그러한 증서가 물품을 표창하는가를 결정한다. 그러한 지정이 없는 경우, 발행인의 지점이 있는 곳의 국가의 법에 따른다(Das in einem Warenpapier bezeichnete Recht bestimmt, ob das Papier die Ware vertritt. Ist im Papier kein Recht bezeichnet, so gilt das Recht des Staates, in dem der Aussteller seine Niederlassung hat).

가능성이 높다고 평가하며 발행인이 디지털자산의 약관에서 그 법을 지정하는 것을 상정한다.[98]

사원권이 연계된 디지털자산과 관련하여, 연방평의회보고서는 사원권은 쟁점이 된 회사의 준거법에 따르고, 회사의 준거법은 스위스 국제사법 제154조 제1항에 따라 설립준거법이 적용되므로, 이 회사의 설립준거법이 사원권이 디지털자산에 법적으로 유효하게 표창된 것인지 그리고 어느 범위까지 그 사원권의 양도가 그 디지털자산의 양도와 관련된 것인지에 대한 쟁점에 적용된다고 한다.[99]

물권이 연계된 디지털자산과 관련하여, 스위스 국제사법 제99조 이하에 따라 물건소재지법이 물권의 득실뿐만 아니라 내용도 규율한다. 그러나 디지털자산이 상술한 물품증권에 상응하는 경우 국제사법 제106조 제1항과 제3항[100]이 적용되지만, 디지털자산은 국제사법의 목적상 물건으로 분류될 수 없으므로 동조 제2항[101]은 적용되지 않기 때문에 유추적용의 필요성이 있다고 한다.[102]

디지털자산의 전매(resale)와 관련한 분쟁은 관련 매매계약의 준거법에 따를 것이나 분쟁이 매매계약 자체가 아니라 매도되었거나 매도될 권리의 지위에 관한 경우에는 그 권리의 준거법이 적용되지만, 이 경우 국제사법 제145조의 채권양도에 관한 규정은 적용되지 않는다고 하며, 디지털자산

---

98 연방평의회보고서, 75면.
99 Ibid.
100 제106조 제3항은 다음과 같다. 복수의 당사자중 일부는 직접적으로 다른 일부는 물품증권을 기초로 물품에 대한 물권을 주장하는 경우, 물품 자체의 준거법이 누구의 권리가 우선하는가를 결정한다(Machen verschiedene Parteien dingliche Rechte an der Ware geltend, die einen unmittelbar, die anderen aufgrund eines Warenpapiers, so entscheidet über den Vorrang das auf die Ware selbst anwendbare Recht).
101 개정 전 제106조 제2항은 다음과 같다. 증서가 물품을 표창하는 경우, 증서와 물품에 대한 물권은 동산으로서 그 물품증권의 준거법에 따른다(Vertritt ein Papier die Ware, so unterstehen die dinglichen Rechte am Papier und an der Ware dem Recht, das auf das Warenpapier als bewegliche Sache anwendbar ist).
102 연방평의회보고서, 76면.

에 표창된 청구권은 계약에 따라 직접 양도되는 것이 아니라 증서의 이전에 의해 양도되는 증권화된 청구권과 같이 취급해야 한다고 한다.[103] 하지만 디지털자산에서는 실물증서에 대한 권리에 상응하는 권리가 없다는 점에서 전통적인 증권소재지법이라는 연결점은 유추적용할 수 없고, 유가증권의 경우에도 장소는 가변적이고, 인식하기 어렵다는 이유 등으로 인해 장소 자체를 연결점으로 하기는 어렵다고 한다.[104] 따라서 디지털자산 양도의 유효성에 대해서는 해당 디지털자산과 디지털자산에 부착된 권리[105]의 연결이 발생하는 법에 따라 평가되어야 하며, 이는 쟁점인 권리를 규율하는 법이 되어야 한다고 한다.[106]

디지털자산의 담보권과 관련해서는 제105조에 따라 지정된 법이 적용될 수 있는데, 디지털자산에 표창된 권리는 이 조항의 목적상 유가증권으로 취급하여야 한다고 한다. 참고로, 제105조 제1항은 청구권(채권), 유가증권, 그 밖의 권리에 대한 질권(Verpfändung)은 당사자가 선택한 법에 따를 수 있지만, 그 법선택은 제3자에 대해서는 주장할 수 없다고 규정한다.[107]

연방평의회보고서는 국제사법의 목적상 '암호통화'는 통화로 간주될 수 없으므로 통화에 관한 제147조가 적용되지 않는다고 한다.[108] 채무가 결제되는 수단은 쟁점이 된 계약의 준거법에 의해 결정되고, 비계약적 채무 즉, 법정채권의 경우 암호통화는 통화로서 기능할 수 없을 가능성이 높다고 한다.[109]

---

103 Ibid.
104 연방평의회보고서, 76~77면.
105 이는 기술한 바와 같이 UNIDROIT 디지털자산원칙의 연계자산을 의미한다고 평가할 수 있다.
106 연방평의회보고서, 77면(하지만 연방평의회보고서는 적어도 디지털자산에 표창된 청구권과 관련하여, 제시한 바와 같이 토큰화된 권리의 준거법에 대한 문제가 명쾌하게 결론이 난 것으로 보아서는 안된다고 한다).
107 Die Verpfändung von Forderungen, Wertpapieren und anderen Rechten untersteht dem von den Parteien gewählten Recht. Die Rechtswahl kann Dritten nicht entgegengehalten werden.
108 연방평의회보고서, 77면.
109 Ibid.

마지막으로, 연방평의회보고서는 주식이나 사채의 공모와 관련한 투자설명서 책임은 제156조에 따라 발행회사의 준거법 또는 발행지법에 따라 주장될 수 있다는 기술을 하고 있는데,[110] 이는 디지털자산의 공모 즉, ICO(Initial Coin Offering)에 대해서도 적용가능하다는 것을 전제로 하는 것으로 보인다.

2) 개정 스위스 국제사법의 내용

2021년 2월부터 시행된 일명 DLT법[111]에 따라, 위에서 논의한 사항을 반영하여 국제사법의 일부 규정이 개정되었다. 동 개정으로 제105조 제2항, 제106조 및 제108a조가 개정되었고, 제145a조가 신설되었다.[112] 우선 이에 관한 국문시역을 소개하면 다음과 같다.

제105조 제2항
② 법을 선택하지 아니한 경우, 청구권(채권)의 담보권은 담보권자의 상거소지법에 따른다. 그 밖의 권리에 대한 담보권의 경우에도 같다. 다만, 무증서증권(Wertrecht), 유가증권 또는 등가의 권원증권(Titel)에 표창된 경우에 한한다. 그 밖의 경우 그 담보권은 그 권리의 준거법에 따른다.

제106조 물품증권과 등가의 권원증권(Title)
① 제145a조 제1항에서 지정된 법은 권원증권이 물품을 표창하는지 여부를 결정한다.

---

110 연방평의회보고서, 76면(관할과 관련한 쟁점에 대해서는 동보고서 73면 참조).
111 DLT법의 정식명칭은 전자적 분산원장기술의 발전에 따른 연방법의 조정에 관한 연방법률(Bundesgesetz zur Anpassung des Bundesrechts an Entwicklungen der Technik verteilter elektronischer Register)이다.
112 이에 관한 간단한 소개로는 우선 Rashid Bahar, "Conflict of Laws on Distributed Ledger and Negotiable Instruments" CapLaw, No. 1/2020, 17~21면 참조.

> ② 물품이 실물증권에 의해 표창되는 경우, 그 실물증권과 물품에 대한 물권은 동산과 같이 그 실물증권의 준거법에 따른다.
> ③ 복수의 당사자 중 일부는 직접적으로 다른 일부는 증서를 기초로 물품에 대한 물권을 주장하는 경우, 물품 자체의 준거법이 누구의 권리가 우선하는가를 결정한다.
>
> **제108a조 정의**
> 간접보유증권이란 중개기관에 보유된 유가증권에 관한 특정 권리의 준거법에 관한 2006년 7월 5일 헤이그협약에 규정된 중개기관에 보유된 유가증권을 말한다.
>
> **제145a조 권원증권(Title)에 의한 양도**
> ① 청구권(Forderng)이 紙面권원증권(Title) 또는 이와 등가의 권원증권(Title)을 통해 표창되었는지 및 그 권원증권에 의해 양도되는지의 여부는 그 권원증권에 지정된 법에 따라 결정된다. 그 권원증권에 법의 지정이 없는 경우에는 발행인의 본거가 있는 국가의 법에 따르고, 본거가 없는 경우에는 발행인의 상거소지법에 따라 결정한다.
> ② 실물증권에 대한 물권과 관련한 사항은 제7장의 규정에 따른다.

DLT법의 입법이유서상 국제사법과 관련한 설명[113]에 따르면, 블록체인과 관련한 국제사법 개정을 통할하는 핵심은 기존의 유가증권 이론을 실물증권에 의해 표창되지 아니한 경우에도 디지털자산과 같이 텍스트 형태로 알 수 있는 경우에는 유가증권의 등가물로 보고 기존의 유가증권에 관한 연결규칙을 적용하되, 기존 실물증권에 적용되던 증권소재지법은 디지털자산에 적용할 수 없으므로 이에 관한 적용은 배제한다는 것으로 요약할 수 있다. 이에 따라, 양도 및 담보권과 관련해서는 사실상 UNIDROIT

---

113 Botschaft zum Bundesgesetz zur Anpassung des Bundesrechts and Entwicklungen der Technik verteilter elektronischer Register(이하, '입법이유서'로 인용한다), 297~300면.

디지털자산원칙과 같이 주관적 연결[114]을 인정하고 있다고 평가할 수 있다. 다만, 디지털자산원칙과 달리 스위스 국제사법상으로는 이러한 담보권과 관련한 법 선택을 제3자에게 주장할 수 없다는 차이가 있다. 그리고 유가증권 등으로 표창되지 않은 경우에는 권리 자체의 준거법에 따르도록 하는데, 비트코인[115]과 같이 권리 자체가 없기 때문에 준거법의 결정 자체가 어렵고 이 경우에는 결국 가장 밀접한 관련을 찾는 작업을 할 수밖에 없을 것으로 보인다.[116]

헤이그증권협약과 관련한 제108a조의 개정은 정의규정을 보다 명확히 하는 정도의 의미만 가지며 디지털자산과 관련하여 큰 의미를 가지는 것은 아니므로, 디지털자산과 관련하여 의미를 가지는 것은 결국 담보권과 관련한 제105조 제2항의 개정과 물품증권에 관한 제106조의 개정 및 신설한 제145a조라고 할 수 있다. 제145a조는 청구권을 화체시킨 디지털자산, 106조는 물권을 화체시킨 디지털자산의 양도와 관련한 준거법의 지정에 관한 규칙을 규정한다.

담보권에 관한 제105조 제1항은 제3자에 대한 주장은 제한되지만, 원칙으로서 담보권의 준거법을 당사자가 결정할 수 있도록 규정하고, 제1항의 주관적 연결에 대한 보충규정으로서 제2항은 객관적 연결점인 담보권자의 상거소를 규정한다. 개정법은 종래의 규칙을 기타 권리의 담보권이 무증서증권 및 유가증권과 그 등가물로 화체된 때에도 적용한다는 점을

---

114 물론 여기에서의 주관적 연결은 양도인·담보설정권자와 양수인·담보권자 간의 당사자 자치를 의미하는 것이 아니라 블록체인시스템 참가자의 당사자 자치를 의미한다는 점에서 전통적인 의미의 주관적 연결과는 다르다.
115 비트코인은 발행인도 없고, 그 자체에 특정 권리가 부여되어 있지 않다. 따라서 권리의 존재를 기초로 유가증권으로 성질될 수 없다. 그리고 권리 자체도 없으므로 전통적인 시각에서는 국제사법적 분석이 어려워진다. 그러나 일부 유틸리티 토큰 즉, 서비스이용형 디지털자산의 경우에는 서비스를 이용하기 위해 만들어졌고 그 서비스제공자에 대한 청구권이 존재한다고 볼 수 있으므로, 신설된 제145a조가 적용될 수 있을 것으로 생각된다.
116 실질법적 관점에 대해 연방평의회보고서는 비트코인과 같이 기존의 권리유형에 포함되지 않는 디지털자산은 자유롭게 양도가 가능하다고만 기술하고, 이와 관련된 국제사법적 연결점에 대해서는 언급하지 않는다. 이것이 국제사법적 연결점도 당사자들이 자유롭게 결정할 수 있다는 것인지는 분명하지 않다.

분명히 한다는 점에 의의가 있다.

청구권(채권)을 화체한 디지털자산의 양도와 관련해서는 디지털자산원칙과 같이 변형된 형태의 당사자 자치에 의한 주관적 연결을 허용한다. 즉, 블록체인 참가자들이 약관 등의 형태로 양도의 준거법을 정할 수 있도록 한다. 준거법의 지정이 없는 경우 법인격의 유무와 상관없이 디지털자산발행인의 본거가 있는 곳의 법이 우선 적용되고, 본거가 없을 때에는 디지털자산발행인의 상거소지법이 보충규칙으로 적용된다. 연방평의회 보고서에서는 유가증권의 경우 발행인의 본거와 발행지 양자의 연결점이 논의된다고 제시했지만, 최종적으로는 디지털자산의 경우 발행지의 결정이 어렵다는 점을 감안하여 발행인의 본거만을 규정한 것으로 보인다. 또한 통상 본거는 법인이나 단체를 상정하지만 여기서는 법인격의 유무나 단체인가의 여부를 묻지 않기 때문에 개인사업자의 경우에도 우선 본거가 있는 곳의 법이 적용되는데, 이는 주로 사업장이 있는 곳이 될 것으로 예상된다.

동산과 같은 현실 세계의 유체물을 표창하는 디지털자산과 관련하여, 우선 그 디지털자산의 현실 세계에 존재하는 유체물 등에 대한 물권의 화체여부에 대해서는 제106조 제1항에 따라 청구권을 화체한 디지털자산의 양도의 준거법 결정원칙과 동일한 규정인 제145a조 제1항이 적용되어 당사자 자치에 의해 블록체인시스템에서 지정한 국가의 법에 따르게 된다. 하지만, 현실세계의 유체물에 대한 물권 및 디지털자산 자체의 양도에 대한 별도의 규정은 없다. 이는 제106조 제2항의 양도 관련 규정은 전통적인 의미의 실물증권에 한해 적용되고 무체물에 대한 물권이라는 것은 존재하지 않기 때문이다.[117] 하지만 제3항에 따라 동일한 물품에 대하여 화체된 물권에 근거한 권리주장과 디지털자산에 근거한 권리주장이 있을 경우 이에 대해서는 현실 세계에 존재하는 물품의 준거법이 그 우선순위를 정하도록 규정한다.

---

117 입법이유서, 298면.

요컨대, 개정 스위스 국제사법은 DLT법에 따라 개정된 채무법에서 새롭게 도입된 등록부무증서증권(Registerwertrechte)[118]이나 블록체인, 분산원장 등과 같은 용어를 사용하지 않고, 기존의 유가증권과 동등한 가치를 가지는 것 즉, 유가증권 등가물이라는 개념을 동원하여 물권적 영역의 문제 즉, 양도나 담보권과 같은 문제를 유가증권과 관련한 기존의 국제사법 이론을 조정하여 개정 국제사법에 포함하였다. 하지만 비트코인이나 이더와 같이 발행인도 없는 블록체인 내생적가치토큰(native token)의 양도에는 이를 적용하기 어려울 것이다. 이는 증권형 가상자산 즉, 증권토큰과 같이 제145a조 제1항은 청구권을 화체한 디지털자산을, 제106조는 물품증권과 같이 동산을 화체한 것을 전제로 하므로, 청구권도 없고 동산을 화체하지도 않은 비트코인 등과 같은 블록체인 내생적가치토큰에 대한 연결규칙에 대해서는 여전히 스위스 국제사법상 명문의 규정이 없다고 할 수 있기 때문이다. 그러나 담보권에 대해서는 이러한 제한이 없으므로 담보거래의 당사자들이 준거법을 결정할 수 있고(제150조 제1항),[119] 이러한 준거법의 지정이 없는 경우 객관적 연결점으로서 이러한 유형의 디지털자산이 유가증권 등가물로 화체되었다고 평가[120]할 수 있다면 담보권자의 상거소지법에 의하게 될 것이다(제150조 제2항). 이 점에서 유가증권 등가물 즉, 증권형 토

---

118 개정 채무법 제973d조 제1항에 따르면 등록부무증서증권 내지 등록부가치권은 당사자의 '합의에 따른 권리'로서 가치권등록부(Wertrechteregister)에 등록되고 가치권등록부를 통해서만 권리의 주장과 양도가 가능한 권리로 정의되어 있다 즉, 등록부가치권은 합의에 따른 권리이고, 가치권등록부에 기재함으로써 성립되므로 채무자(발행인)는 항상 등록합의에 따라 가치권등록부를 운영하여야 하며(제973d조 제4항), 가치권등록부에 등록되지 않는 한 해당 권리는 일반적인 지명채권인 단순가치권에 불과하다(제973c조 제4항 참조). 참고로, 개정된 채무법 제973c조는 종래의 가치권(무증서증권)을 등록부가치권과 구분하기 위해 단순가치권(Einfache Wertrechte)이라고 칭한다.
119 스위스 국제사법 제150조 제1항은 제2항과 달리 화체 여부에 대한 제한이 없고, '기타의 권리'에 디지털자산에 대한 권리가 포섭될 수 있을 것이므로 담보권에 대해 곧바로 당사자 자치가 허용된다고 보는 것이다.
120 화체 여부의 평가를 위한 준거법은 결국 국제유가증권법 이론에 따라 화체된 권리의 준거법에 의해야 할 것이다. 그런데 비트코인이나 이더와 같은 디지털자산은 디지털자산이 화체하는 권리 그 자체의 성격이 모호하여 다시 그 권리의 성질결정이 선행되어야 할 것인데, 결국 이는 법정지법에 따를 수밖에 없을 것이다.

큰(증권토큰)이 아닌 순수한 디지털자산 즉, 블록체인 내생적가치토큰의 양도에 관한 연결규칙에 대해서는 스위스 국제사법상으로도 흠결이 존재한다고 평가할 수 있다.

(4) 독일

2019년 9월 18일 독일은 블록체인전략[121]을 발표하며 독일법이 전자적인 형태의 유가증권에 문호를 개방하여야 함을 선언하고, 이러한 블록체인전략의 일환으로 2020년 8월 11일 법무부와 재무부가 공동으로 전자유가증권도입법(Gesetz zur Einführung elektronischer Wertpapiere: eWpG)[122] 제정안을 발표하였으며, 2021년 5월 연방의회의 의결을 거쳐 2021년 6월 10일부터 동법이 시행되고 있다.[123] 연혁적으로, 독일과 오스트리아를 제외한 모든 OECD 국가와 스위스에서 전자적 형태의 유가증권에 대한 법적 정비를 완료하였음에도 독일은 그간 실물 유가증권이 존재하는 것을 전제로 한 법제만 존재하였는데, 전자유가증권도입법을 통해 전자유가증권법뿐만 아니라 전자유가증권제도의 도입에 따른 다른 영역의 법률 즉, 상장허가명령(BörsZulV), 증권투자설명서법(WpPG), 증권예탁법(DepotG), 은행법(KWG), 저당증권법(PfandBG) 및 집합투자업법(KAGB)의 관련 부분도 같이 개정하여 전자유가증권법제의 정비를 완성하였다. 전자유가증권도입법이 전자유가증권법(eWpG)[124] 외에 위 다른 법률의 정비법안도 같이 포함하

---

121 동 문건의 정식명칭은 Blockchain-Strategie der Bundesregierung: Wir stellen die Weichen für die Token-Ökonomi(연방정부의 블록체인전략: 토큰경제의 진로를 설정하였습니다)이며, 동 문건은 다음에서 입수할 수 있다(⟨https://www.bmwk.de/Redaktion/DE/Publikationen/Digitale-Welt/blockchain-strategie.pdf?__blob=publicationFile&v=8⟩).
122 BT Drucksache 19/26925, 24. 02. 2021.
123 독일의 전자유가증권도입법을 개관하는 국내문헌으로는 우선 정대익, "독일 전자증권법의 주요내용에 대한 검토", 금융법연구 제18권 제3호, 2021, 5면 이하 참조. 독일 문헌으로는 Schulz/Neumann (hrsg.), *eWpG: Kommentar zum Gesetz über elektronische Wertpapiere mit Börsen-, Prospekt-, Depot-, Schuldverschreibungs-, Aufsichtsund Investmentrecht*, RWS Verlag, 2023; Omlor/Möslein/Grundmann (hrsg.), *Elecktronische Wertpapiere*, Mohr Siebeck 2023 참조.
124 문헌에 따라서는 전자유가증권도입법과 전자유가증권법 모두를 약칭하여 eWpG라고도

고 있으나, 이러한 법령의 개정은 전자유가증권의 도입에 따라 조정이 필요하거나 추가할 사항을 개정하는 것이라고 할 수 있으므로, 전자유가증권도입법의 핵심은 전자유가증권과 관련한 부분이라고 할 수 있다.

전자유가증권법상 전자유가증권제도는 종이로 된 실물 유가증권만을 인정하던 기존의 독일법제 즉, 실물증권 화체 강제주의를 버리고, 전자적인 형태로도 유가증권을 발행할 수 있도록 한 것이다.[125] 그리고 전자유가증권의 법적 성질은 유가증권이론에 따라 종이에 화체되던 권리를 전자적인 형태로 그 화체의 매체를 바꾼 것에 불과하며, 실물로 발행된 유가증권 증서와 동일한 법적 효력을 가진다(eWpG 제2조 제2항). 전자유가증권 제2조 제1항은 "유가증권은 전자적 유가증권으로도 발행할 수 있다. 전자유가증권은 증서를 발행하는 대신에 발행인이 제4조에서 규정하는 전자유가증권 등록부에 등록(Eintragung)함으로써 발행된다"고 규정함으로써 화체의 방식만 다르지, 그 실질은 여전히 동일하다는 점을 시사한다. 이러한 방식의 장점은 기존의 유가증권법리를 전자유가증권에도 그대로 적용할 수 있고 이를 기초로 이론들을 발전시킬 수 있다는 점이라고 평가할 수 있다. 또한, '화체'라는 방법을 명확히 하기 위해 전자유가증권법은 전자유가증권 자체를 물건으로 간주(제2조 제3항)하는 법적 기술을 동원하고 있는 점은 전자유가증권법의 가장 기초적인 특징 중 하나라고 평가할 수 있다.

전자유가증권 거래의 연결규칙과 관련하여 전자유가증권법은 제32조에서 증권예탁법 제17a조[126]의 사례와 유사한 특칙을 규정한다.[127] 제32조

하나, 현재 공식적으로 eWpG는 전자유가증권법 자체도 의미한다.
125 따라서 별도의 '전자유가증권'이라는 유형의 유가증권을 창설한 것이 아님을 주의할 필요가 있으며, 이 점에서 오해를 피하기 위해 아래에서는 전자증권이 아니라 전자유가증권이라는 용어를 사용한다(정확히는 '전자적 유가증권'이라는 번역용어가 원문과 그 의미에 더 부합한다).
126 증권예탁법 제17a조와 관련한 해설에 대해서는, 천창민, "간접보유증권의 국제재판관할과 준거법", 국제사법연구 제19권 제1호, 2013, 521~524면 참조.
127 독일 전자유가증권법상 연결규칙인 제32조에 대한 문헌으로는 우선, Sophia Schwemmer, 앞의 논문, 336면 이하; Felix Wilke, "Das IPR der elektronischen Wertpapiere", IPRAX 2021 Heft 6, 502면 이하; Felix Wilke, The Law Applicable to Electronic Securities: A New German Conflicts Rule, EAPIL Blog, 25 June

의 국문시역을 우선 소개하면 다음과 같다.

> **제32조 준거법**
> ① 증권예탁법(Depotgesetz) 제17a조가 적용되지 아니하는 범위 내에서, 전자유가증권에 대한 권리 및 전자유가증권의 처분은 그 전자유가증권이 등록되어 있는 전자유가증권등록부를 관리하는 등록부관리기관을 감독하는 국가의 법에 따른다.
> ② 등록부관리기관이 감독을 받지 아니하는 경우에는 그 등록부관리기관의 본거가 결정적이다. 등록부관리기관의 본거를 결정할 수 없는 경우에는 그 전자유가증권 발행인의 본거가 결정적이다.

　제32조의 적용범위는 전자유가증권에 대한 권리와 그러한 전자유가증권의 처분에 대한 쟁점이다. 즉, 제32조는 증권형 디지털자산(토큰증권)인 전자유가증권의 물권적 측면에 대한 준거법을 정하는 것이 그 쟁점이다. 그리고 제32조에서 규정하는 특별연결규칙은 우선 전자유가증권이 증권예탁법에 따라 혼장보관되면 증권예탁법 제17a조에서 규정하는 연결점 즉, 유가증권 등록부 감독소재지 또는 계좌관리기관의 소재지의 법에 따라 규율되고, 제17a조가 적용되는 혼장예탁이 아닌 경우에 보충적으로 적용된다.

　전자유가증권법 제32조 제1항은 원칙규정으로서 전자유가증권이 이 같은 간접보유증권이 아닌 경우에 한하여 즉, 예탁된 증권이 아닌 경우에 한하여 전자유가증권 등록부관리기관의 감독소재지를 최우선 연결점으로 규정한다. 그리고 동조 제2항은 그 등록부관리기관이 감독을 받지 아니하는 때에는 그 등록부관리기관의 본거를 2단계 연결점으로, 등록부관리기관의 본거를 결정할 수 없는 때에는 해당 전자유가증권 발행인의 본거를 3단계 연결점으로 규정한다.

　2021 참조.

등록부관리기관의 감독 소재지를 1단계 연결점으로 둔 것은 전자유가증권은 물건으로 분류되는 실물증권이 아니어서 소재지법을 준거법으로 정할 수 없고, 전자유가증권등록부의 경우에는 등록부의 소재지를 특정하기 어렵기 때문이다.[128] 그리고 제32조 제2항은 원 초안에는 없었던 것인데, 감독을 받지 않은 등록부관리기관이 있음을 감안하여 단계적 적용 형태로 입법과정에서 추가된 것이다. 한편, 원칙규정인 감독소재지와 관련하여, 감독기관의 본거와 실제 감독을 수행하는 곳이 다를 경우가 있는데, 이 경우에는 어떻게 되는지 문제된다는 의견도 있다.[129]

요컨대, 독일은 디지털자산의 유형 중 하나인 증권형 디지털자산 즉, 토큰증권(security token)의 물권적 측면에 관한 법적 정비를 완료하고, 토큰증권에 관한 저촉규칙을 명확히 함으로써 이 분야에 대한 법적 확실성을 도모하였다고 평가할 수 있다. 그리고 혼장예탁된 전자유가증권과 개별등록된 전자유가증권의 연결점을 감독 소재지로 통일함에 따라 양자가 동일하게 연결될 수 있도록 함은 물론 감독법과도 동일한 국가의 법으로 통일함으로써 거래당사자의 편의성을 도모하였다고 평가할 수 있다. 그러나 스위스와 유사하게 비증권형 디지털자산에 대해서는 동 저촉규칙이 적용되지 않으며,[130] 비증권형 디지털자산에 대한 (국제)사법적 쟁점에 대한 구체적인 입법적 움직임은 아직까지 관찰되지 않는다.

(5) 유럽법연구소(ELI)의 디지털자산담보원칙

2022년 비영리 독립연구기관인 유럽법연구소(European Law Institute: ELI)가 발표한 디지털자산의 담보로서의 사용에 관한 원칙(ELI Principles on the Use of Digital Assets as Security, 이하 'ELI 디지털자산담보원칙')[131]은 약정담보

128　BT Drucksache 19/26925, 69면.
129　Felix Wilke, 앞의 논문(2021), 506면 이하; Felix Wilke, 앞의 글(2021).
130　Sophia Schwemmer, 앞의 논문, 336면
131　ELI, ELI Principles on the Use of Digital Assets as Security: Report of the European Law Institute, 2022.

물권에 적용되는 총 5개의 원칙에서 ELI 디지털자산담보에 관한 실질법 및 저촉법과 관련한 원칙을 제시하고 있다. ELI 디지털자산담보원칙은 담보권의 성립 및 완성과 관련하여 원칙3과 원칙4에서 동일한 준거법 결정 원칙을 규정한다.

ELI 디지털자산담보원칙상 준거법 결정 원칙은 UNIDROIT 디지털자산원칙의 것과 유사하게 단계별 연결을 하고 있으며, 특히 1단계 연결점으로서 디지털자산 자체와 명확하게 연결된 법을 준거법으로 규정한다는 점에서 양자의 유사점을 찾을 수 있다. 디지털자산담보의 준거법에 관한 원칙은 원칙3 제3항(담보권의 성립 관련)과 원칙4 제3항(담보권의 대항력 관련)에서 규정하고 있는데, 양자는 동일한 내용을 규정하므로 하나의 문장으로 이를 소개하면 다음과 같다. "원칙3 제2항/원칙4 제2항의 적용배제로서,[132] 디지털자산 자체가 명백하게 특정의 한 법역과 관련이 있는 경우에는 그 법역법을 준거법으로 간주한다." 여기서 '디지털자산 자체가 명백하게 특정의 한 법역과 관련이 있는 경우'라는 조문 자체만 보면 이것이 무엇을 의미하는지 분명하지 않으나, 관련 해설에 따르면 이는 디지털자산 자체의 법이라고 한다.[133] 그러나 해설이 제시하는 예에 따르면 다시 디지털자산 자체의 법 자체가 무엇인지 애매하다. 즉, 해설에서는 예컨대, 디지털자산의 발행인이 허가형/폐쇄형 분산원장시스템에서 특정 법역법에 설립되고 하나의 법을 적용받으면서 운영하는 것을 동 시스템의 모든 참가자가 알고 있는 경우에 그 법이 준거법이라고 소개하는데, 이는 디지털자산 자체의 법이라기보다는 분산원장시스템의 법을 의미하는 것으로 볼 수도 있기 때문이다. 특히, 디지털자산 자체에서 특정 국가의 법 또는 원칙을 규정하는 반면 분산원장시스템은 그와 다른 법을 지정하는 경우 어떤 법이 준거법이 되느냐가 문제될 수 있기 때문이다. 동 원칙은 조문 자

---

132 ELI디지털자산담보원칙원칙 3(2) 및 원칙4(2)은 후술하는 바와 같이 담보권설정자소재지를 연결점으로 제시한다. 동 원칙들의 3항은 바로 이 객관적 연결점인 담보권설정자소재에 우선하여 적용되는 주관적 연결점이 디지털자산 자체의 연결점을 제시한다.
133 ELI, 위의 자료, 27면.

체에 충실하자면 디지털자산 자체가 특정국의 법을 지정하는 경우 그것이 더 밀접한 관련이 있다고 보아야 할 것이므로 그 법이 시스템의 법보다 우선되어야 할 것으로 생각된다. 어느 경우이든 원칙3 제2항과 원칙4 제2항에서 제시하는 1단계 원칙의 핵심은 UNIDROIT 디지털자산원칙의 원칙5와 같이 주관적 연결을 인정한다는 점이다.

ELI 디지털자산담보원칙은 객관적 연결점으로 다음의 연결점을 2단계로 제시한다. 즉, 2단계 연결점은 담보권의 성립 당시 담보권설정자의 사업소이다. 이때, 담보권설정자의 사업소가 복수의 법역에 존재하는 경우에는 그 본점/중앙경영지(central administration)로 연결하며, 사무소가 없는 경우에는 담보권설정자의 상거소로 연결한다.[134] ELI 디지털자산담보원칙이 객관적 연결점(2순위 연결점)으로 담보권설정자를 선택한 것은 UNCRITAL 모델담보법 제86 및 제90조 등을 참고한 것이다.[135] 담보권설정자의 소재지를 연결점으로 할 경우의 장점으로는 다음이 제시되고 있다.[136] 첫째, 그 적용에 있어 상대적으로 안정적이며 담보권자에 대해 투명하다는 점이다. 둘째, 복수의 담보권자가 동일한 담보물인 디지털자산에 대해 다투는 경우 그 순위를 결정하는데 유리하다. 셋째, 도산절차에서 담보권설정자의 소재지법이 적용되는 것이 일반적인데, 이 경우 담보권과 도산법 양자가 동일하여 유리하다는 장점이 있다. 마지막으로 복수의 디지털자산을 담보로 설정할 경우 하나의 준거법으로 규율할 수 있다는 장점이 있다.

3. 우리 국제사법에 따른 디지털자산의 물권적 쟁점에 관한 분석

(1) 관련 우리 국제사법 규정과 한계

2001년 7월 1일 전면개정된 우리 「국제사법」상 준거법 결정규칙은 유럽의 1980년 로마협약(Rome Convention)을 비롯한 유럽에서 논의와 스위스

134　ELI디지털자산담보원칙 원칙3(2) 및 원칙4(2)
135　ELI, 앞의 자료, 27면.
136　Ibid.

국제사법의 연결규칙을 대폭 수용하여 개정 전 국제사법인 「섭외사법」에 비해 한층 선진화된 연결규칙을 규정한다.[137] 하지만 물권과 관련해서는 채권에 비해 상대적으로 개정의 폭이 크지 않았다. 물권에 관한 연결규칙은 제33조 내지 제37조[138]에서 총 5개의 비교적 적은 수의 조문으로 규정되어 있다.[139]

우선, 제33조는 동산 및 부동산에 관한 물권 또는 등기하여야 하는 권리는 그 동산·부동산의 소재지법에 따른다(제1항)고 규정하고, 이러한 권리의 득실변경은 그 원인된 행위 또는 사실의 완성 당시 그 동산·부동산의 소재지법에 따르도록 규정한다. 따라서 제33조가 적용되기 위해서는 동산이나 부동산에 해당하여야 한다. 그런데 여기의 동산이나 부동산의 개념은 반드시 우리 민법의 동산과 부동산의 개념과 동일하게 해석해야 할 필요는 없으며, 국제사법의 목적과 기능, 정의에 비추어 국제사법의 독자적 해석이 가능하다고 보는 것이 일반적이다.[140] 즉, 국제사법도 법정지의 국내법의 하나이므로, 그 지시개념도 '일단'은 법정지의 실질법에 따라 해석하는 것이 원칙이나, 법정지의 실질법에서 출발하는 성질결정의 원칙이 명백히 부당한 경우가 있기 때문에, 부동산과 동산의 구별에 대한 판단은 법정지의 국내 실질법에 의하지 않고 물건 소재지국의 법에 의한다는 것이 일반적 견해이다.[141] 이 견해에 따르면, 디지털자산의 물건성과 관련

---

[137] 2022년 1월 4일 전부개정되고, 동년 7월 5일부터 시행된 신국제사법은 국제재판관할과 관련한 정치한 연결규칙의 도입을 위한 것이어서 준거법과 관련한 연결규칙의 내용은 2001년 개정 국제사법의 것과 동일하다. 이하 관련 국제사법의 조문은 신국제사법의 것이다.
[138] 제33조는 물권 통칙으로서 물권의 준거법을 제34조는 운송수단, 제35조는 유가증권, 제36조는 이동중의 물건, 제37조는 채권 등에 대한 약정담보물권을 규정한다.
[139] 국제사법에서 규정하는 물권 조문 전반을 분석한 문헌으로는 우선 천창민, "국제사법상 물권 관련 규정에 관한 소고", 재산법연구 제40권 제1호, 2023, 137면 이하 참조.
[140] 석광현, 『국제사법해설』, 박영사, 2013, 30~31면; 최흥섭, 『한국 국제사법 I』, 한국학술정보, 2019, 89~93면.
[141] 황산덕, 『국제사법』, 3정판, 박영사, 1956년, 166면; 서희원, 『국제사법강의』, 신고판, 대정문화사, 1995, 194면; 이호정, 『국제사법』, 경문사, 1985, 269면; 김용한·조명래, 『국제사법원론』, 전정판, 정일출판사, 1995, 247; 최흥섭, 위의 책, 90면 각주 25 및 261면 참조. 참고로, 동산과 부동산의 구분에 대한 문제는 국제사법이 법문에서 물건이 아니라

하여 우리 민법과는 다르게 해석할 여지가 있다. 그런데 가상의 세계에서 데이터로 존재하는 디지털자산의 경우 이 디지털자산이 특정 국가에 소재한다는 것을 상정하기 어려우므로 결국 다시 법정지의 실질법 개념 즉, 우리 민법에 따를 수밖에 없다는 결론에 이른다. 따라서 디지털자산의 물권적 측면과 관련하여 유추적용 여부에 대한 논의는 있을 수 있으나 제19조가 직접 적용될 수는 없다고 본다. 그리고 가사 제19조가 적용될 수 있다고 하더라도 소재지를 특정하기 어려운 디지털자산에 대해서는 목적물소재지가 큰 의미를 가진다고 하기는 어렵다.

무기명증권의 준거법에 관한 제35조도 국제유가증권법 법리에 따라 "무기명증권에 관한 권리의 득실변경[142]은 그 원인된 행위 또는 사실의 완성 당시 그 무기명증권의 소재지법에 의한다"고 규정한다. 그러나 제35조 명문의 규정에도 불구하고, 중개기관에 보유된 증권인 간접보유증권에 대해서는 증권소재지가 아니라 중개기관과 증권보유자의 관계를 중시하는 PRIMA(Place of Relevant InterMediary Approach) 즉, 중개기관소재지법이 적용된다는 견해[143]가 유력하다.[144] 결론적으로 어느 경우이든 실물증권으로 발행된 것도 아니고 중개기관을 통해 보유되지도 않는 디지털자산의 경우에는 제35조 또한 직접적인 의미를 가지지 못한다.[145]

동산과 부동산의 용어를 사용하므로 원칙상 국제사법의 해석에 따라야 할 문제이나, 대륙법계 국제사법에서 동산과 부동산의 구분 문제는 해당 동산 또는 부동산의 소재지법에 따르도록 하고 있으므로 여기서도 국제사법 해석론의 예외로서 소재지법에 의한다는 견해를 취한다.
142 제35조의 문언에도 불구하고 여기서의 득실변경은 실물 무기명증권 자체에 대한 권리의 득실변경에 한정하고, 무기명증권에 화체된 권리는 득실만 가능하다고 해석한다(석광현, 앞의 책, 252~256면). 이는 해석상 당연하다.
143 석광현, 앞의 책, 254~259면; 천창민, "외화증권 예탁법리의 정립 방향에 관한 고찰", 국제사법연구 제20권 제2호, 2014, 139~141면 참조. 참고로, 디지털자산 중 증권에 해당하는 토큰증권의 경우에도 중개기관소재지법이 적용되어야 할 것이다.
144 대법원 2010. 1. 28. 선고 2008다54587 판결은 예탁된 포괄증권에 대해 누가 사채권자인가에 대한 문제와 관련하여, 중개기관소재지법을 선택하지는 않았지만, 중개기관을 통해 보유하는 포괄증권에 대해 국제사법 제21조(현 제35조)의 증권소재지법을 적용하지 않았다는 점에서 의의가 있다. 동 판결에 대한 상세는 천창민, 위의 논문 참조.
145 다만, 해석상 유추적용의 가능성은 있다고 본다.

반면, 債權 등에 대한 약정담보물권을 규정하는 제37조는 디지털자산의 담보에도 일부 그 적용가능성이 있다. 제37조는 앞서 소개한 스위스 국제사법 제105조를 참조한 것이다. 제37조는 "채권·주식 그 밖의 권리 또는 이를 표창하는 유가증권을 대상으로 하는 약정담보물권은 담보대상인 권리의 준거법에 따른다. 다만, 무기명증권을 대상으로 하는 약정담보물권은 제35조에 따른다"고 규정한다. 여기서 "그 밖의 권리"는 주식 이외의 사원권, 주식예탁증서, 지식재산권을 예로 들 수 있고,[146] 중개기관에 보유된 예탁증권이나 전자증권[147]도 여기에 포함될 수 있다.[148] 따라서 디지털자산의 경우도 그 밖의 권리로 보고[149] 디지털자산의 약정담보물권에 대해서는 담보대상인 권리의 준거법에 의할 수 있을 것이다. 그리고 디지털자산의 경우 그 권리의 준거법은 스위스 연방평의회보고서와 같이 디지털자산이 표창하는 권리를 청구권(채권), 사원권, 물권, 지급결제수단으로 분류하여, 그 권리가 채권이면 블록체인 참여자가 지정한 준거법, 사원권이면 발행인의 설립준거법, 물권이면 현실세계에 존재하는 내상물의 소재지법에 따른다고 해석[150]할 수 있을 것이다. 그리고 그 각각의 준거법이 권리와 디지털자산의 결합 정도 즉, 그 권리가 유가증권과 유사하게[151] 디지털자산에 화체되었는가를 결정하게 될 것이다. 다만, 담보권자가 복수의 디지털자산을 보유하고 있는 경우 그 디지털자산별로 담보권의 대항요건을 만족하여야 한다는 불편함이 있을 수 있다는 문제가 있다. 그리고 디지털자산이 표창하는 것이 채권(청구권)일 경우 그 채권의 준거법에 따라 약정담보물권의 준거법이 정해지는데, 해당 채권의 주관적 지정이 없을 경우

---

146 석광현, 앞의 책, 265면.
147 한국의 전자증권법상 전자증권의 성질과 국제사법적 분석에 대해서는, 천창민, "전자증권의 국제사법적 쟁점", BFL 제96호, 2019. 7, 94면 이하 참조.
148 석광현, 앞의 책, 266~268면; 천창민, 위의 논문, 96면.
149 그러나 비트코인과 같이 아무런 권리가 없는 디지털자산의 경우까지 그러한 디지털자산을 그 밖의 권리로 볼 수 있을지는 명확하지 않다. 사견으로는 부정적이다.
150 연방평의회보고서, 77면.
151 석광현, 앞의 책, 253면; 천창민, 앞의 논문(2019), 30면; 천창민, 앞의 논문(2013), 528면.

의 객관적 연결점에 대해서는 앞서 소개한 바와 같이 채권에 관한 국제사법 제45조(당사자 자치), 제46조(준거법 결정 시의 객관적 연결) 및 제47조(소비자계약)에 따라 정해질 수 있을 것이다. 하지만, 채권, 사원권, 물권 등을 표창하는 것이 아닌 디지털자산 즉, 비트코인 등과 같이 종래의 실질법으로 유형화 되지 않는 권리를 표창하는 디지털자산의 약정담보물권에 대해서는 권리 자체가 있는 것인지도 의문이며, 권리가 있다고 할 경우에도 그 성질이 모호하여 어떤 연결점이 가장 밀접한 관련을 가지는 것인지 알기 어렵다는 문제가 있다. 그리고 국제사법 제37조 본문의 연결점은 채권·주식, 기타 권리나 이를 표창하는 유가증권의 약정담보물권에만 적용되고, 무기명증권[152]에 대해서는 그 적용이 없다. 무기명증권의 약정담보물권의 연결점은 제21조 무기명증권의 소재지법에 따라서 정해지므로 위에서 제35조와 관련하여 논의한 문제가 동일하게 제기된다.

(2) 전통적인 권리로 유형화되는 않는 것을 표창하는 디지털자산의 준거법

디지털자산의 물권적 측면에 관한 저촉법적 분석을 위해서는 가장 먼저 그 디지털자산의 보유자가 자신의 전자지갑을 통해 이를 직접 보유하느냐 아니면 디지털자산사업자를 통해 보유하는가를 구분하는 것이 유용하다. 후자의 경우 보유자가 가지는 권리는 디지털자산 자체가 아니라 디지털자산사업자에 대한 디지털자산양도/이전청구권으로 볼 수 있기 때문에[153] 채권에 관한 국제사법 제45조 내지 제47조를 적용할 수 있기 때문이

---

152 디지털자산은 그 익명성으로 인해 무기명증권과 유사한 특성이 있다. 그러나 무기명증권의 개념은 실물증권의 존재를 필요로 하고 그 존재가 없는 경우에는 전자증권법과 같은 별도의 특별법에 의해 그 양도 요건이 정해지며, 나아가 전자증권에 대해서도 간접보유증권으로 취급하여 관련중개기관소재지법이 여전히 유효한 것인지의 쟁점이 있다(이에 대해서는 천창민, 앞의 논문(2019) 참조). 참고로, 우리나라의 전자증권제도는 2019년 9월 16일부터 도입되었다. 하지만 기명·무기명증권의 개념 없이 대체주식, 대체사채 등의 별도 개념을 도입한 일본과 달리 우리나라는 전자증권제도의 도입에도 불구하고 여전히 기명증권과 무기명증권의 개념이 여전히 존재한다.

153 일반적으로 디지털자산사업자는 자신의 명의로 자신의 고객이 보유한 디지털자산을 자

다. 디지털자산사업자와 디지털자산보유자의 관계가 더 밀접한 관련이 있다고 본다면 해당 디지털자산사업자의 소재지법이 PRIMA와 유사하게 적용될 수도 있을 것이다. 다만, 국제사법상 물권적 측면에 대해서는 당사자자치가 허용되지 않으므로 디지털자산사업자와 디지털자산보유자의 계약에 의해 물권적 측면을 규정할 수는 없을 것이다. 이같이 디지털자산사업자가 개설한 거래플랫폼에서 거래하는 것을 '오프체인거래', 디지털자산을 블록체인시스템을 통해 직접 보유하며 거래하는 경우를 '온체인거래'라고도 하는데, 국제사법적 분석에서 더 어려운 문제를 야기하는 것은 바로 온체인 거래이다.

그리고 이러한 보유방식의 차이 외에도 블록체인이 허가형(permissioned) · 비허가형(permissionless)인지 아니면 공개형(public) · 비공개형(private)인지도 국제사법 분석에서 중요한 요소이다. 비공개형 · 허가형의 경우에는 장부의 형태만 분산하여 일부 허가된 소수의 참가자들이 공유하는 형태이지, 그 운영은 종래의 중앙집중화된 시스템과 크게 다를 바 없는 것이 대부분이다. 따라서 비공개형 · 허가형 블록체인상에서 현행 실질법상 전통적인 권리의 유형으로 분류되지 아니하는 것을 표창하는 디지털자산이 존재하는 경우 그 디지털자산의 귀속, 양도, 담보권 등의 물권적 쟁점에 대해서는 해당 시스템을 운영하는 자의 소재지(PROPA)법이 가장 밀접한 관련을 가진다고 보는 것이 합리적일 것이다.

그렇다면 디지털자산사업자를 통하지 아니하고 공개형 · 비허가형 블록

신의 전자지갑에 보유하고, 고객(투자자)의 '계좌'에는 이와 관련된 단순한 숫자를 기록한다. 이 숫자의 법적 의미는 그 고객의 지시가 있을 경우 해당 디지털자산을 고객의 공개키값으로 양도/이전하겠다는 채무라고 보아야 한다. 예컨대, A가 X라는 디지털자산사업자를 통해 비트코인 5개를 보유하고 있을 때, X는 자신이 관리하는 A의 계좌에 비트코인 5라는 숫자를 기록하지만 이 5라는 숫자는 블록체인상의 비트코인 5를 의미하지 않는다. 물론, 사업모델에 따라 디지털자산사업자가 디지털자산 전자지갑서비스를 제공하고, 거래 후에 디지털자산을 직접 개개 투자자의 전자지갑으로 '양도'하는 경우에는 달리 보아야 할 것이다. 현재 우리나라의 모든 디지털자산사업자(가상자산이용자보호법상 용어는 가상자산사업자이다)는 자신의 지갑에 고객의 디지털자산을 이전하고, 고객에게는 사업자가 관리하는 전산상에 고객의 보유분에 해당하는 값을 기재하는 방식을 취한다.

체인시스템에서 발행되는 디지털자산으로서 실질법상의 전통적인 권리로 유형화 되지 않는 디지털자산을 직접 보유하는 경우의 물권적 측면에 대한 쟁점의 연결점을 찾는 것이 국제사법적 분석에서 가장 문제된다고 할 수 있다. 우선 생각해 볼 수 있는 것은 동산의 점유에 상응하는 디지털자산에 대한 지배를 가진 자의 속인법에 따라 이를 결정하는 것이 합리적이라 할 수 있는데, 디지털자산에서는 지배를 가진다는 의미는 결국 개인암호키를 가진다는 의미로 추정될 수 있을 것이므로, 분쟁이 된 행위 당시 디지털자산에 대한 개인암호키를 보유하고 있는 자의 속인법에 따라 이를 해결하는 것이 현행 한국 국제사법상 가장 직관적이라고 생각된다. 그러나 개인암호키는 공시성을 가지지 못하므로, 이를 제3자에 대한 효력을 가지는 물권준거법에 적용할 수 있는 것인지에 대해서는 여전히 명쾌하지 못하다는 문제가 있다.

우리 국제사법은 물권적 측면에 대해서는 주관적 연결을 허용하지 아니한다. 따라서 국제사법의 개정을 위한 입법론으로는 몰라도 현행법의 해석으로는 UNIDROIT 디지털원칙 원칙5 및 미국의 신설된 UCC 제12-7조나 스위스 국제사법 제145a조 등에서 제시하는 당사자자치를 인정하기는 어렵다. 전통적으로 물권적 측면의 준거법에 대해 소재지법을 적용해 온 것은 그것이 객관적이어서 제3자가 권리 유무를 쉽게 확인할 수 있어 일응 그 목적물의 소재지법이 물권적 측면에 적용될 것이라는 합리적 믿음을 가지고 있을 뿐만 아니라, 그 국가의 영토 내에 목적물이 존재함에도 불구하고 법원이 소재지법과 배치하는 판결을 하게 되면 효과적이지 않기 때문에 소재지법을 적용하는 것이다.[154] 그래서 영국에서는 채권·기타재산권(choses in action)의 경우에도 그것이 집행될 수 있는 곳에 소재한다고 간주하여 왔다.[155] 그러나 공개형·비허가형 블록체인상의 디지털자산에서

---

154 Lord Collins of Mapesbury ed., *Dicey, Morris and Collins on the Conflict of Law*, 15th ed., (London, Sweet & Maxwell, 2012), para 22-025; UK Jurisdiction Taskforce, 앞의 의견서, 23면.
155 Dicey, Morris and Collins, 위의 책, para 22-025.

는 권리의 귀속 문제와 관련하여 그러한 집행소재지를 찾는 것이 상당히 어렵고 가능하다고 하더라도 우연한 장소일 경우가 많을 것이다. 예컨대, 영국법에 따라 비트코인의 최밀접관련지는 비트코인시스템 운영에 제일 많이 관여하는 자들의 소재지가 미국의 메사추세츠주이므로 비트코인과 관련된 물권적 측면은 메사추세츠주법에 따른다고 하는 주장[156]이 있는데, 이는 상당히 우연적일 뿐만 아니라 실제 집행을 할 수 있는 곳도 아니어서 설득력 있는 의미를 주기는 힘들다. 따라서 현행 국제사법의 해석론으로서는, 전통적인 유형에 속하지 아니하는 권리를 표창하는 디지털자산의 귀속, 양도, 담보 등에 대해서는 일부 단점[157]이 있다고 하더라도 당해 문제된 법률행위 당시 개인암호키보유자의 설립준거법(법인·단체의 경우) 또는 상거소지법(사람의 경우)에 따른다고 하여야 할 것이다. 이 연결점은 권리의 귀속 및 양도와 관련해서는 모든 디지털자산에 대해서도 적용된다고 보아야 할 것이고, 전통적인 분류가 가능한 디지털자산의 담보권은 제37조에 따라 그 화체된 권리의 준거법에 따르게 될 것이다. 이 경우 양도와 담보의 준거법이 다르게 될 수 있는데 이는 현행 국제사법의 한계로 보아야 할 것이다. 장래 입법론으로서는 디지털자산과 관련한 별도의 연결점을 두는 것이 바람직할 것이며, UNIDROIT 디지털자산원칙과 UCC 제12-7조에서 제시하는 주관적 연결점에 대한 검토도 적극적으로 감안해야 할 시점으로 보인다. 그리고 주관적 연결점의 경우 준거법의 변경이 가능하므로 그 변경에 따른 문제와 도산과 관련한 쟁점도 아울러 검토가 되어야 할 것이다.

---

156 Michael Ng, 앞의 논문, 336~338면.
157 FMLC, 앞의 의견서, 20면 문단번호 6.23은 개인키의 소재지는 개인키보유자의 주거소, 주이익중심지 또는 주소지로 추정할 수 있지만 하나의 키가 복수의 법역에 걸쳐서 여러 요소로 구성되어 있을 때에는 그 키의 소재지를 객관적으로 결정하는 것은 어렵다고 한다.

IV. 맺는말

이 글은 디지털자산 거래와 관련한 물권적 측면의 준거법 결정과 관련한 문제를 외국의 주요 입법례 등의 동향과 우리법상 해석론을 중심으로 살펴보았다. 이를 위해 우선 실질법상 디지털자산의 유형과 실질법적 관점의 법적 성질을 살펴보았고, 우리법상 블록체인 내생적가치디지털자산은 기존의 법률에서는 존재하지 않는 특수한 형태의 재산권이라고 보았다. 반면, 외생적가치 디지털자산은 외부에서 이미 형성된 권리를 디지털자산에 의해 표창 내지 표시·증거하는 것이므로 대부분 채권이나 사원권 등의 전통적인 권리에 포섭될 수 있다고 보았다. 물론, 어느 경우에서든 우리 민법상 물건에는 해당되지 않는다고 해석하였다.

다음으로, 디지털자산에 관한 민사법적 통일규범의 도출을 목표하는 UNIDROIT가 진행한 디지털자산 프로젝트의 디지털자산원칙상 연결원칙에 대해서도 살펴보았다. 미국의 UCC 제12-7조에서 제시하는 주연결점과 상당히 유사하여 이에 관한 반감이 있을 수도 있으나, 향후 개별 국가의 입법에 상당한 시사점을 줄 수 있을 것으로 생각된다. 그간 우리나라는 디지털자산에 대한 논의를 터부시해 온 바람에 규제법적 측면은 물론이고 민사법적 측면의 논의도 큰 진보를 하지 못하였다. UNIDROIT 디지털자산원칙을 참조로 하여 규제법적 영역뿐만 아니라 민사법적 측면도 같이 학계와 정부 및 국회에서 활발하게 논의할 수 있기를 기대한다.

마지막으로, 이 글은 현행 국제사법에 따른 디지털자산 거래의 물권적 측면에 대한 해석론을 전개하였다. 디지털자산의 귀속 및 양도에 대해서는 현행 국제사법의 규정이 직접 적용될 수 있는 여지는 없으며, 담보권과 관련하여 제37조의 연결점 즉, '그 밖의 권리'의 준거법이 상당수의 디지털자산에 적용될 수 있다고 보았다. 하지만 전통적인 유형에 해당하지 않는 권리를 표창하는 디지털자산의 경우에는 이 규정을 그대로 적용하기 어렵고 이는 개인암호키보유자의 설립준거법 또는 상거소지법에 따라 결정해야 한다고 보았다. 그리고 모든 디지털자산의 귀속과 양도에 관한 연결점도 잠정적인 해석상 개인암호키보유자의 설립준거법 또는 상거소지법이 가장 밀접한 관련이 있다고 보았다. 다만, 디지털자산사업자와 같은 중개기관을 통해 디지털자산을 보유하는 경우에는 이러한 연결점이 아니라 디지털자산사업자의 소재지법이 더 밀접한 관련이 있는 것으로 제시하였다. 그리고 우리 국제사법은 주관적 연결을 인정하지 아니하므로 거래당사자가 자신의 물권적 측면에 관한 준거법을 지정하는 경우는 인정되지 않는다. 다만, UNIDROIT 디지털자산원칙에서 제시하는 바와 같이 디지털자산의 경우에는 최밀접관련지법을 정한다는 것이 어렵다는 것은 부인하기 어려우므로 입법론으로서 향후 주관적 연결점 도입에 대해서도 개방적인 자세로 이를 적극 검토할 필요가 있을 것이다. 다만, 물권적 측면에 대한 주관적 연결점의 도입에 따른 부작용을 적절히 제어할 수 있는 방안도 같이 논의되어야 할 것이다.

* 이 글은 국제사법연구 제29권 제2호(2023.12)에 게재된 것을 일부 수정·보완한 것임을 밝힙니다.

저자 이력

(가나다 순)

김정민

    현) 법무법인 위온 파트너 변호사
    전) 디파이 스타트업 법무총괄
    전) 이지케어텍 국내 법무총괄
    전) SK텔레콤 법무실 변호사
    전) 현대자동차 지적재산법무팀 변호사
    전) SK텔레콤 정보기술연구원 소프트웨어 엔지니어
    역서 :『기계의 반칙』(2023)
           『기계는 어떻게 생각하고 학습하는가』(2018)

김준영

    현) 김·장 법률사무소 변호사
    현) KAIST 문술미래전략대학원 겸직교수
    전) 금융감독원 금융분쟁조정위원회 전문위원

류경은

    현) 고려대학교 법학전문대학원 부교수
    현) 금융위원회 가상자산위원회 민간위원
    전) 대법원 재판연구관
    전) 서울중앙지법 서울남부지법 등 각급 법원 판사

장규현
- 현) 호서대학교 경영대학 디지털금융경영학과 교수
- 현) 디지털자산정책포럼 간사
- 전) 고려대학교 정보보호대학원 연구교수
- 전) 미 국무부 IVLP(International Visitor Leadership Program) Promoting Cybersecurity 수료
- 전) 고려대학교 시간강사
- 전) SK경영경제연구소 정보통신연구실 위촉연구원

천창민
- 현) 서울과학기술대학교 경영학과(GTM전공) 부교수
- 현) 국무조정실 신산업규제혁신위원회 위원
- 현) 금융위원회 혁신금융심사위원회 위원
- 현) 금융위원회 적극행정위인회 민간위원
- 현) 금융위원회 법령해석위원회 위원
- 현) 한국핀테크산업협회 핀테크ESG위원회 전문위원
- 현) 한국예탁결제원 글로벌사업자문위원회 위원
- 전) 글로벌법인식별기호재단(GLEIF) 이사
- 전) 금융감독원 가상자산리스크협의회 위원장
- 전) 금융정보분석원 가상자산신고심사위원회 위원장
- 전) 예금보험공사 예금보험자문위원회 위원

한서희
- 현) 법무법인(유한) 바른 파트너 변호사(디지털자산혁신산업팀장)
- 현) 한국예탁결제원 청산결제자문위원회 위원
- 현) 한국인터넷진흥원 ISMSP 자격심의위원
- 전) 금융감독원 가상자산 검사 감독 준비단

디지털금융의 법과 실무 1

초판 1쇄 발행일 2025년 3월 15일

지은이 김정민 김준영 류경은 장규현 천창민 한서희
임프린트 캐피털북스
발행처 서울파이낸스앤로그룹
발행인 김정수

출판등록 제310-2011-1호
등록일자 2011년 1월 3일
주소 서울 영등포구 국제금융로 20 율촌빌딩 5층 R565호 (여의도동)
전화 02-701-4185
팩스 02-701-4612
이메일 sflibf@naver.com

copyright ⓒ 2025 김정민 김준영 류경은 장규현 천창민 한서희
ISBN 979-11-978500-4-2 (93360)

* 캐피털북스는 서울파이낸스앤로그룹의 법률·금융·경제·경영 관련 도서출판 임프린트입니다.